RP Richter & Partner (Hrsg.)

Gewerbesteuer

RP Richter & Partner (Hrsg.)

Gewerbesteuer

Gestaltungsberatung in der Praxis

GABLER

Bibliografische Information Der Deutschen Nationalbibliothek
Die Deutsche Nationalbibliothek verzeichnet diese Publikation in der
Deutschen Nationalbibliografie; detaillierte bibliografische Daten sind im Internet über
<http://dnb.d-nb.de> abrufbar.

1. Auflage 2008

Alle Rechte vorbehalten
© Betriebswirtschaftlicher Verlag Dr. Th. Gabler | GWV Fachverlage GmbH, Wiesbaden 2008

Lektorat: RA Andreas Funk

Der Gabler Verlag ist ein Unternehmen von Springer Science+Business Media.
www.gabler.de

Umschlaggestaltung: KünkelLopka Medienentwicklung, Heidelberg
Druck und buchbinderische Verarbeitung: Wilhelm & Adam, Heusenstamm
Gedruckt auf säurefreiem und chlorfrei gebleichtem Papier
Printed in Germany

ISBN 978-3-8349-0696-0

Vorwort

Die schon seit langer Zeit andauernde Diskussion über die Abschaffung der Gewerbesteuer flammte im Rahmen der Reformüberlegungen zur Unternehmensteuerreform 2008 erneut auf. Kritiker, die die Abschaffung der Gewerbesteuer befürworteten, sahen die Gewerbesteuer insbesondere deshalb als nicht mehr zeitgemäß an, weil sie nur einen verhältnismäßig kleinen Kreis der Steuerpflichtigen träfe, die kommunale Leistungen in Anspruch nähmen. Die Forderungen zur Reform der Gewerbesteuer reichten von der ersatzlosen Abschaffung der Gewerbesteuer bis hin zu einer integrierten Gewinnsteuer mit Hebesatzrecht der Gemeinden. Durchgesetzt hat sich schließlich die Beibehaltung der Gewerbesteuer.

Im Rahmen der Unternehmsteuerreform 2008 wurden dabei zahlreiche einzelgesetzliche Änderungen im GewStG vorgenommen, die den Gemeinden eine Verstetigung ihres Steueraufkommens sichern sollen, die für zahlreiche Unternehmen allerdings erhebliche, teilweise negative, Konsequenzen in der Zukunft haben werden. Die Gewerbesteuer bleibt damit auch nach In-Kraft-Treten der Unternehmensteuerreform 2008 eine tragende Säule der Gemeindefinanzierung.

Das Buch bietet eine systematische, umfassende Darstellung der Gewerbesteuer und gibt dem Leser in der praktischen Anwendung Hilfestellungen bei der Lösung aller wesentlichen Fragestellungen rund um die Gewerbesteuer. Anhand von zahlreichen Beispielen und Praxishinweisen werden die gewerbesteuerlichen Konsequenzen verschiedener, in der Praxis gängiger Sachverhalte illustriert. Dabei werden neben der Ermittlung des Gewerbeertrags unter Berücksichtigung der Hinzurechnungs- und Kürzungsvorschriften u.a. Schwerpunkte bei den gewerbesteuerlichen Konsequenzen und der gewerbesteuerlichen Verlustnutzung im Rahmen von Unternehmensumstrukturierungen gesetzt.

Das Werk berücksichtigt den Rechtszustand bis zum Erhebungszeitraum 2007 sowie die gewerbesteuerlichen Änderungen durch die Unternehmensteuerreform 2008, die den bis zum Erhebungszeitraum 2007 gültigen gesetzlichen Regelungen jeweils gegenübergestellt werden.

München, im Januar 2008

Inhaltsübersicht

Abkürzungsverzeichnis

a.A.	Anderer Auffassung
Abschn.	Abschnitt
AEAO	Anwendungserlass zur Abgabenordnung
a.F.	alte Fassung
AG	Aktiengesellschaft
AO	Abgabenordnung
AStG	Außensteuergesetz
BB	Betriebsberater (Zeitschrift)
BC	Bilanzbuchhalter und Controller (Zeitschrift)
BdF	Bundesamt der Finanzen
BFH	Bundesfinanzhof
BFHE	Entscheidungen des Bundesfinanzhofes
BFH/NV	Sammlung amtlich nicht veröffentlichter Entscheidungen des BFH
BGB	Bürgerliches Gesetzbuch
BGBl	Bundesgesetzblatt
BMF	Bundesministerium der Finanzen
BPflV	Bundespflegesatzverordnung
BR-Drs.	Bundesratsdrucksache
BStBl	Bundessteuerblatt
BSG	Bundessozialgericht
BSHG	Bundessozialhilfegesetz
BT-Drs.	Bundestagsdrucksache
BV	Betriebsvermögen
BVerfG	Bundesverfassungsgericht
BVerwG	Bundesverwaltungsgericht
BewG	Bewertungsgesetz
bzw.	beziehungsweise
d.h.	das heißt
DB	Der Betrieb (Zeitschrift)
DBA	Doppelbesteuerungsabkommen
DStR	Deutsches Steuerrecht (Zeitschrift)
DStRE	Deutsches Steuerrecht Entscheidungsdienst
DStZ	Deutsche Steuer-Zeitung (Zeitschrift)
EBITDA	Earnings before Interests Taxes Depreciation and Amortization
EFG	Sammlung der Entscheidungen der Finanzgerichte
EStB	Ertrag-Steuer-Berater (Zeitschrift)
EStDV	Einkommensteuerdurchführungsverordnung
EStG	Einkommensteuergesetz
EStH	Einkommensteuer-Hinweise
EStR	Einkommensteuer-Richtlinien
etc.	et cetera
EuGH	Europäischer Gerichtshof
EWR	Europäischer Wirtschaftsraum

EZ	Erhebungszeitraum
f.	folgende(r)
FG	Finanzgericht
ff.	fort folgende(r)
FR	Finanzrundschau
GbR	Gesellschaft des bürgerlichen Rechts
gem.	gemäß
GewO	Gewerbeordnung
GewSt	Gewerbesteuer
GewStDV	Gewerbesteuerdurchführungsverordnung
GewStG	Gewerbesteuergesetz
GewStR	Gewerbesteuer-Richtlinien
GG	Grundgesetz
ggf.	gegebenenfalls
gl.A.	gleicher Auffassung
GmbH	Gesellschaft mit beschränkter Haftung
GmbHG	Gesetz betreffend die Gesellschaften mit beschränkter Haftung
GmbHR	GmbH-Rundschau (Zeitschrift)
HEV	Halbeinkünfteverfahren
HGB	Handelsgesetzbuch
h.M.	herrschende Meinung
IAS	International Accounting Standards
i.d.F.	in der Fassung
i.d.R.	in der Regel
IDW	Institut der Wirtschaftsprüfer
IFRS	International Financial Reporting Standards
INF	Information über Steuer und Wirtschaft (Zeitschrift)
InsO	Insolvenzordnung
i.S.d.	im Sinne des
i.S.v.	im Sinne von
KG	Kommanditgesellschaft
KGaA	Kommanditgesellschaft auf Aktien
KHEntgG	Krankenhausentgeltgesetz
KStG	Körperschaftsteuergesetz
KStR	Körperschaftsteuer-Richtlinien
KWG	Gesetz über das Kreditwesen
m.w.N.	mit weiteren Nachweisen
n.F.	neue Fassung
NWB	Neue Wirtschaftsbriefe (Zeitschrift)
OHG	Offene Handelsgesellschaft
OFD	Oberfinanzdirektion
p.a.	per annum
PV	Privatvermögen
Rev.	Revision
RFH	Reichsfinanzhof
RStBl	Reichssteuerblatt
Rn	Randnummer

S.	Seite
SBV	Sonderbetriebsvermögen
SE	Societas Europaea
SEStEG	Gesetz über steuerliche Begleitmaßnahmen zur Einführung der Europäischen Gesellschaft und zur Änderung weiterer steuerrechtlicher Vorschriften
SGB	Sozialgesetzbuch
Solz	Solidaritätszuschlag
SolzG	Solidaritätszuschlagsgesetz
Stbg.	Steuerberatung (Zeitschrift)
StBp	Die steuerliche Betriebsprüfung (Zeitschrift)
SteuerStud	Steuer und Studium (Zeitschrift)
StuB	Steuer und Betrieb (Zeitschrift)
u.a.	unter anderem
u.ä.	und ähnliches
u.E.	unseres Erachtens
UntStFG	Unternehmenssteuerfortentwicklungsgesetz
UStG	Umsatzsteuergesetz
UStR	Umsatzsteuer-Richtlinien
UmwG	Umwandlungsgesetz
UmwStG	Umwandlungssteuergesetz
usw.	und so weiter
u.U.	unter Umständen
v.a.	vor allem
vgl.	vergleiche
v.H.	vom Hundert
VV	Verlustvortrag
VZ	Veranlagungszeitraum
WEG	Wohnungseigentumsgesetz
ZPO	Zivilprozessordnung
z.T.	zum Teil

Literaturverzeichnis

Barzen, Unternehmensteuerreform 2008: Änderungen bei der Gewerbesteuer, BC 2007, 192;

Bauschatz, Die Einpersonen-GmbH & Co. KGaA als Holdinggesellschaft, DStZ 2007, 39;

Beckel, Gewerbesteuer-Rückstellung, NWB Fach 5, 1513;

Beck'scher Bilanzkommentar; 6. Aufl. 2006;

Bergemann/Markl/Althof, Die Gewerbesteuer im Lichte des Regierungsentwurfs zur Unternehmensteuerreform 2008 – Die Auswirkungen der geplanten Änderungen für die Praxis, DStR 2007, 699;

Biermann/Rau, Vergleichsgrößen bei der Zuführung neuen Betriebsvermögens nach § 8 Abs. 4 KStG. Die neue Sicht des BFH zum Begriff des Restaktivvermögens? GmbHR 2002, 509;

Böhme, Grundlagen und Grenzen der Steuervergünstigungen für Krankenhäuser, DStZ 1987, 552;

Blümich, Einkommensteuergesetz, Körperschaftsteuergesetz, Gewerbesteuergesetz, Kommentar;

Buchna, Gemeinnützigkeit im Steuerrecht, 9. Aufl., 2007;

Crezelius, Das Argumentationsmuster des sog. Gesamtplans, FR 2003, 537;

Dörfler/Vogl, Unternehmensteuerreform 2008: Auswirkung der geplanten Zinsschranke anhand ausgewählter Beispiele, BB 2007, 1084;

Dörfler/Wittkowski, Verschärfung der Verlustnutzung bei Kapitalgesellschaften: Wie § 8c KStG-E das Kinde mit dem Bade ausschüttet, GmbHR 2007, 513;

Dötsch/Jost/Pung/Witt, Die Körperschaftsteuer Kommentar;

Engers, Schädlicher Gesellschafterwechsel i.S.v. § 8 Abs. 4 KStG beim Zusammentreffen von kapitalverändernden Maßnahmen und Anteilsübertragungen, BB 2006, 743;

Fehling, Gewerbliche Tätigkeit bei Verklammerung von „Verleasung" und Veräußerung, NWB Fach 5, 1631;

Förster, Anrechnung der Gewerbesteuer auf die Einkommensteuer nach der Unternehmensteuerreform 2008, DB 2007, 760;

Frey/Weißgerber, Die neue Gegenständlichkeit des BFH bei der Verlustnutzung, GmbHR 2002, 135;

Frotscher, Zur „Zuführung neuen Betriebsvermögens" nach § 8 Abs. 4 KStG – Anmerkungen zum BFH-Urteil vom 8. 8. 2001, I R 29/00, DStR 2002, 10;

Fuhrmann, H.a.a.S.-Report: Hinweise auf aktuelles Steuerrecht, StB 2005, 407;

Gersch, in: Klein, Abgabenordnung Kommentar, 2006;

Glanegger/Güroff, Gewerbesteuergesetz Kommentar, 2006;

Gunter, Gewerbesteuerpflicht von Kurkrankenhäusern, Rehabilitations- und Vorsorgeeinrichtungen?, BB 1994, 1903;

Grützner, Verschärfung der bisherigen Einschränkungen beim Verlustabzug nach § 8 Abs. 4 KStG durch § 8c KStG-E, StuB 2007, 339;

Hans/Engelen, Wegfall der Mantelkaufregelung durch das Unternehmensteuerreformgesetz. Beispielsfälle zur Übergangsregelung, NWB 2007, 1981;

Heintges/Kamphaus/Loitz; Jahresabschluss nach IFRS und Zinsschranke, DB 2007, 1261;

Herzig/Bohn, Modifizierte Zinsschranke und Unternehmensfinanzierung, DB 2007, 1;

Herzig/Lochmann, Unternehmensteuerreform 2008, DB 2007, 1037;

Vogel/Schwarz, Umsatzsteuergesetz Kommentar;

Jost, Betriebsaufspaltung im steuerfreien Bereich gemeinnütziger Körperschaften – Auswirkungen des BFH-Urteils vom 29. 3. 2006 – X R 59/00, DB 2007, 1664;

Kirnberger, Durchgriff der GewSt-Befreiung auf das Besitzunternehmen, EStB 2006, 339;

Klähn, Zur Gewerbesteuerpflicht von Krankenhäusern nach § 3 Nr. 20 Buchst. b GewStG, StBp 2006, 380;

Knorr/Klaßmann, Die Besteuerung der Krankenhäuser, 3. Aufl., 2004;

Köhler, Erste Gedanken zur Zinsschranke nach der Unternehmensteuerreform, DStR 2007, 597;

Kollruss, Die hybride Rechtsform der GmbH & Co. KGaA – Möglichkeit zur Steuergestaltung im Rahmen der pauschalierten Gewerbesteueranrechnung, GmbHR 2003, 709;

Kollruss, Beim Schlussgesellschafter ist Schluss: Keine GewSt-Anrechnung nach § 35 EStG bei Beteiligung von Organgesellschaft an Personengesellschaft, DStR 2007, 378;

Kusterer, Die Kommanditgesellschaft auf Aktien im Wandel, FR 2003, 502;

Lademann, Kommentar zum Einkommensteuergesetz;

Lenski/Steinberg, Kommentar zum Gewerbesteuergesetz;

Lippross, Umsatzsteuer Kommentar;

Lüdenbach/Hoffmann, Der IFRS-Konzernabschluss als Bestandteil der Steuerbemessungsgrundlage für die Zinsschranke nach § 4h EStG-E, DStR 2007, 636;

Maiterth/Müller: Abschaffung der Verlustübernahme bei Verschmelzung von Körperschaften – steuersystematisch geboten oder fiskalisch motiviert? BB 2006, 1861;

Meyer-Scharenberg, Gewerbesteuer-Kommentar, 1996;

Middendorf/Stegemann, Die Zinsschranke nach der geplanten Unternehmenssteuerreform 2008 – Funktionsweise und erste Gestaltungsüberlegungen, INF 2007, 305;

Mielke, Die neue Gewerbeertragsteuerformel der Personengesellschaften, DB 1993, 2446;

Mies/Behrends/Schumacher, Inanspruchnahme der erweiterten Kürzung gemäß § 9 Nr. 1 Satz 2ff. GewStG im Falle der Mitvermietung von Betriebsvorrichtungen, BB 2007, 810;

Müller-Gatermann, Unternehmensteuerreform 2008, Stbg. 2007, 145;

Neyer, Die gegenständliche Betrachtungsweise bei Prüfung der wirtschaftlichen Identität gemäß § 8 Abs. 4 KStG, BB 2002, 754;

Neyer, Verlustnutzung nach Anteilsübertragung: Die Neuregelung des Mantelkaufs durch § 8c KStG n.F., BB 2007, 1415;

Nietsch, Steuermesszahlen nach dem Gewerbeertrag bei Personengesellschaften, deren Mitunternehmer Kapitalgesellschaften sind, DB 1978, 1426;

Ortmann-Babel/Zipfel, Unternehmensteuerreform 2008 Teil I: Gewerbesteuerliche Änderungen und Besteuerung von Kapitalgesellschaften und deren Anteilseignern, BB 2007, 1869;

Ott, Unternehmensteuerreform 2008: Die Änderungen bei der Gewerbesteuer, StuB 2007, 563;

Palandt, Bürgerliches Gesetzbuch, 66. Aufl., 2007;

Prinz/Simon, Kuriositäten und Ungereimtheiten des UntStFG: Ungewollte Abschaffung des gewerbesteuerlichen Schachtelprivilegs für Kapitalgesellschaften?, DStR 2002, 149;

Rädler, Das „Überwiegen" des Bankgeschäfts i.S.v. § 19 GewStDV bei der Absatzfinanzierung von Kraftfahrzeugen im Gewerbesteuerrecht, DB 1991, 2309;

Rau/Dürrwächter, Kommentar zum Umsatzsteuergesetz;

Reichert/Stöbener, Voraussetzungen und Folgen der gewerbesteuerlichen Organschaft, SteuerStud 2003, 152;

Rödder/Schumacher, Unternehmenssteuerfortentwicklungsgesetz: Wesentliche Änderungen des verkündeten Gesetzes gegenüber dem Regierungsentwurf, DStR 2002, 105;

Rödder, Gewerbesteuerliche Behandlung einer Personengesellschaft im Rahmen des sog. Treuhandmodells – Zugleich Anmerkung zur Verfügung der OFD Münster vom 16.03.2005, DStR 2005, 955;

Rödder/Schumacher, Das kommende SEStEG – Teil II: Das geplante neue Umwandlungssteuergesetz – Der Regierungsentwurf eines Gesetzes über steuerliche Begleitmaßnahmen zur Einführung der Europäischen Gesellschaft und zur Änderung weiterer steuerrechtlicher Vorschriften, DStR 2006, 1525;

Rödder/Stangl, Überblick über die endgültige Fassung und die Änderungen gegenüber dem Regierungsentwurf, DStR 2007, 369;

Rogall, Ungereimtheiten bei der Gewerbesteuer im Zusammenhang mit Beteiligungen an Kapitalgesellschaften, DB 2004, 2176;

Scheffler, Hinzurechnung von Leasingraten nach der Unternehmensteuerreform 2008: Verlust des Leasingvorteils und Verzerrungen durch Pauschalierung, BB 2007, 874;

Scheunemann/Socher, Zinsschranke beim Leveraged Buy-out, BB 2007, 1144;

Schiller, Erfassung von Schachteldividenden im Gewerbeertrag von Mitunternehmerschaften, DB 2006, 1127;

Schnädter, Die Belastungen durch die Gewerbesteuer und Möglichkeiten, sie zu vermeiden, BB 1988, 313;

Schönherr/Lemaitre, Die Umwandlung von Kapitalgesellschaften in Personengesellschaften durch Verschmelzung und Formwechsel nach der Neufassung des UmwStG durch das SEStEG, GmbHR 2007, 173;

Schönherr/Lemaitre, Neuregelung zum Mantelkauf – Änderungen durch die Unternehmensteuerreform 2008, Steuer-Journal 15/2007, 17;

Schmidt, Einkommensteuergesetz Kommentar, 26. Aufl. 2007;

Schmincke/Heuel, § 8 Nr. 4 GewStG: Gewerbesteuerfalle bei der Kapitalgesellschaft & Co. KGaA, FR 2004, 861;

Schmitt/Hörtnagl/Stratz, Umwandlungsgesetz, Umwandlungssteuergesetz, Kommentar, 2006;

Spangemacher, Gewerbesteuer Kommentar, 13. Aufl., 2000, 376;

Starke, Gewerbesteuerliche Behandlung von Dividenden, FR 2005, 681;

Strahl, Die Bedeutung der Gesamtplanrechtsprechung bei der Umstrukturierung von Personengesellschaften unter steuerneutraler Ausgliederung einzelner Wirtschaftsgüter, FR 2004, 929;

Thönnes, Ermittlung der Gewerbesteuer von Einzelunternehmen und Personengesellschaften, StStud 2002, 153;

Tipke/Kruse, Abgabenordnung, Finanzgerichtsordnung, Kommentar;

Töben/Fischer, Die Zinsschranke – Regelungskonzept und offene Fragen, BB 2007, 974;

Töben/Fischer, Die Zinsschranke für Kapitalgesellschaften, GmbHR 2007, 532;

Weber-Grellet, Wo beginnt die Grenze zur „Liebhaberei"? (Teil I), DStR 1992, 561;

Wendt, Zur Grauzone zwischen Betriebsaufgabe und Betriebsänderung, FR 1998, 277;

Wiese, Der Untergang des Verlust- und Zinsvortrages bei Körperschaften – Zu § 8c KStG i.d.F. des Regierungsentwurfs eines Unternehmensteuerreformgesetzes 2008, DStR 2007, 741;

Wollseiffen, Berücksichtigung des Staffeltarifs bei der Gewerbesteuer durch modifizierte Freibeträge, FR 1998, 777;

Bearbeiterverzeichnis

§ 1   Amelie Fröhlich, Oliver Hubertus

§ 2   Klaus Bührer, Oliver Hinterhölzel, Sonja Wiswedel

§ 3   Achim Bergemann, Michael Raffel

§ 4   Michael Brunner, Martin Costa, Frank Schönherr, Karola Schulz

§ 5   Friedrich Wamsler

§ 6   Alexander Krüger, Claus Lemaitre, Winfried Stäblein

§ 7   Humbert Lechner, Monika Schmidt

§ 8   Michael Althof, Achim Bergemann

§ 1 Gewerbesteuerpflicht

A. Gewerbesteuer als Objektsteuer

Gegenstand der Gewerbesteuer sind jeder stehende Gewerbe- sowie jeder Reisegewerbebetrieb, soweit diese jeweils im Inland betrieben werden (§§ 2 Abs. 1 S. 1, 35a Abs. 1 GewStG). Die Vermögensverwaltung und die freie Berufstätigkeit werden von der Gewerbesteuer nicht erfasst. Wer Inhaber eines Gewerbebetriebs ist, ist dabei ohne Bedeutung; die Gewerbesteuer knüpft allein an das Vorliegen eines Gewerbebetriebs als solchen an. Dem gewerbetreibenden Unternehmer wird (nur) die Rolle des Schuldners der Gewerbesteuer (= Steuersubjekt) zugewiesen (§ 5 GewStG). Diese sachlichen/objektbezogenen Anknüpfungspunkte der Gewerbesteuer sowie ihrer Zuordnung in § 3 Abs. 2 AO zu den Realsteuern weist die Gewerbesteuer ihrem Wesen nach als Sach- bzw. Objektsteuer aus.

1

Die Steuergesetze enthalten keine Legaldefinition des Begriffs der Realsteuer; der Begriff der Objektsteuer ist gänzlich unerwähnt. Den Objektcharakter der Gewerbesteuer umschreibt der BFH dahingehend, das das Steuerobjekt (= Gewerbebetrieb) mit der ihm eigenen Ertragskraft ohne Rücksicht auf die persönlichen Merkmale des Steuersubjekts und seiner persönlichen Beziehung zum Steuerobjekt erfasst wird; die Objektsteuer stellt nicht auf die persönliche Leistungsfähigkeit ab.[1]

Die Gewerbsteuer als auf dem Objekt „Gewerbebetrieb" lastende Steuer ist eine ausschließlich durch den Gewerbebetrieb verursachte Aufwendung. Diese kann bis einschließlich Erhebungszeitraum 2007 im Rahmen des § 4 Abs. 4 EStG als Betriebsausgabe abgezogen werden, was zu einer Verminderung der Einkommen- und Körperschaftsteuer und über § 7 GewStG auch zu einer Verminderung der Gewerbsteuer selbst führt. Die Regelung des § 7 GewStG legt den einkommen- oder körperschaftsteuerlichen Gewinn aus Gewerbebetrieb der Ermittlung der Gewerbesteuer als Bemessungsgrundlage zu Grunde. Der Gesetzgeber hat im Rahmen des Unternehmensteuerreformgesetzes 2008 diese Steuersystematik aufgegeben. In § 4 Abs. 5b EStG n.F. ist nun ausdrücklich normiert, dass die Gewerbsteuer sowie die auf diese entfallenden Nebenleistungen keine Betriebsausgaben (mehr) darstellen. Die Gewerbesteuer ist damit ab dem Erhebungszeitraum 2008 weder im Rahmen der Einkommen- und Körperschaftsteuer als Betriebsausgabe zu berücksichtigen noch mindert sie über § 7 GewStG ihre eigene Bemessungsgrundlage. Als Konsequenz dieser Gesetzesänderung kann die Gewerbsteuer in Abweichung zu R 6.3 Absatz 5 Satz 2 EStR (2005) unter anderem auch nicht mehr als Bestandteil der Herstellungskosten durch den Steuerpflichtigen aktiviert werden; ansonsten wäre zumindest einen Teil der Gewerbesteuer im Rahmen der (steuerrechtlichen) Absetzungsvorschriften entgegen der Ratio des § 4 Abs. 5b EStG n.F. Steuer mindernd zu berücksichtigen.

2

Die Gewerbsteuer begründet damit zukünftig bei den Ertragsteuern eine Effektivsteuerbelastung, soweit eine Gewerbesteueranrechnung im Rahmen des § 35 EStG nicht einschlägig ist. Sie ist nicht mehr als „Kostensteuer" zu qualifizieren.[2]

---

1   BFH v. 24.10.1990, X R 64/89, BStBl II 1991, 358; BFH v. 07.03.2007, I R 60/06, DStR 2007, 1033.
2   U.a. Glanegger/Güroff, § 1 Rn 15; Lenski/Steinberg, § 1 Rn 6; Meyer-Scharenberg, § 1 Rn 3.

1

B. Gewerbebetrieb im Inland

I. Gewerbebetrieb kraft gewerblicher Tätigkeit

1. Voraussetzungen der gewerblichen Tätigkeit

3 Den Gewerbesteuerobjekten des stehenden Gewerbebetriebs und des Reisegewerbebetriebs ist gemein, dass diese jeweils das Vorliegen eines Gewerbebetriebs voraussetzen, um unter den Anwendungsbereich des Gewerbesteuergesetzes zu fallen. Stehender Gewerbebetrieb ist jeder Gewerbebetrieb, der kein Reisegewerbe ist (§ 1 GewStDV). Reisegewerbebetrieb ist ein Gewerbebetrieb, dessen Inhaber nach der Gewerbeordnung einer Reisegewerbekarte bedarf (§§ 35a Abs. 2 GewStG, 35 GewStDV).

Gewerbebetrieb ist ein gewerbliches Unternehmen im Sinne des Einkommensteuergesetztes (§ 2 Abs. 1 Satz 2 GewStG). Die Begriffsbestimmung des Gewerbebetriebs ist im Einkommensteuergesetz unter § 15 Abs. 2 normiert. Ein Gewerbebetrieb liegt danach vor, wenn folgende Voraussetzungen kumulativ erfüllt sind:

- ■ Selbständige Betätigung (R 15.1 EStR 2005/ H 15.1 EStH 2005),
- ■ Nachhaltigkeit der Betätigung (H 15.2 EStH 2005),
- ■ Gewinnerzielungsabsicht (15.3 EStH 2005),
- ■ Beteiligung am allgemeinen wirtschaftlichen Verkehr (H 15.4 EStH 2005).

Darüber hinaus darf es sich bei der ausgeübten Tätigkeit nicht um Land- und Forstwirtschaft (R 13.2, R 15.5 EStR 2005/ H 13.2, H 15.5 EStH 2005), um eine freiberufliche oder andere selbständige Arbeit (H 15.6 EStH 2005) oder um bloße Vermögensverwaltung (R 15.7 EStR 2005/ H 15.7 EStH 2005) handeln.

a) Selbständigkeit

4 In Abgrenzung zur unselbständigen Arbeit nach § 19 EStG ist selbständig tätig, wer eine Tätigkeit **auf eigene Rechnung und Gefahr** ausübt, dabei das Erfolgsrisiko der eigenen Betätigung trägt (**Unternehmerrisiko**), und weitgehend frei darüber entscheiden kann, ob und in welcher Art sowie in welchem Umfang er die Tätigkeit ausüben will (**Unternehmerinitiative**)[3]; hierbei ist auf die persönliche Selbständigkeit abzustellen.[4]

Für die Frage, ob ein Steuerpflichtiger selbständig oder nicht selbständig tätig ist, kommt es nicht allein auf die im Einzelfall bestehenden vertraglichen Beziehungen, die Art der Tätigkeit oder die gewählte Vergütungsform an. Maßgeblich ist unter Berücksichtigung der Verkehrsauffassung das Gesamtbild der Verhältnisse. Es muss abgewogen werden, welche Umstände für und gegen die Selbständigkeit der Betätigung sprechen. Vorrangig ist bei der Abwägung der Gesamtumstände auf das rechtlich erhebliche tatsächliche Verhalten im **Innenverhältnis** zwischen den Beteiligten abzustellen. Nur ausnahmsweise ist auch das Auftreten nach außen (ob im eigenen Namen oder

---

3   H 15.1 (Allgemeines) EStH 2005; BFH v. 27.09.1988, VIII R 193/83, BStBl II 1989, 414.
4   BFH v. 17.01.1973, I R 191/72, BStBl II 1973, 260.

im Namen des Auftraggebers) heranzuziehen, wenn sich die für und gegen die Selbständigkeit sprechenden Umstände nicht eindeutig ermitteln und abgrenzen lassen.[5]

Hinsichtlich ein und derselben Betätigung schließen sich die gewerbliche Unternehmereigenschaft (§ 15 EStG) und die nicht selbständige Tätigkeit (§ 19 EStG) tatbestandlich aus. Möglich ist es jedoch, dass eine natürliche Person selbständige und unselbständige Tätigkeiten nebeneinander ausübt.[6]

Die Begriffe der selbständigen und unselbständigen Tätigkeit sind ausschließlich nach steuerlichen Gesichtspunkten zu beurteilen. Das Arbeits- und Sozialrecht verwendet die Begriffe der selbständigen/unselbständigen Tätigkeit zwar ebenfalls, jedoch nicht inhaltsgleich zum Steuerrecht. Die sozial- und arbeitsrechtliche Einordnung einer Tätigkeit als selbständig oder unselbständig entfaltet im Steuerrecht allenfalls indizielle Wirkung.[7] Das Auseinanderfallen des arbeits- und sozialversicherungsrechtlichen Verständnisses vom steuerrechtlichen Inhalt einer selbständigen/unselbständigen Tätigkeit lässt sich unter anderem am Beispiel angestellter **Vorstandsmitglieder** und **Geschäftsführer** von Kapitalgesellschaften illustrieren. Aus Sicht des Arbeitsrechts sind Vorstands- und Geschäftsführungsmitglieder keine Arbeitnehmer, ihnen ist insofern z.B. der Zugang zu den Arbeitsgerichten versagt, wenn sie ihre Ansprüche aus dem Vorstands- bzw. Geschäftsführeranstellungsvertrag durchsetzen wollen. Steuerrechtlich ist hingegen regelmäßig eine unselbständige Tätigkeit anzunehmen, wenn gegenüber den Aufsichtsorganen Weisungsgebundenheit vorliegt und kein eigenes wirtschaftliches (Verlust-) Risiko von den Vorstands- bzw. Geschäftsführungsmitgliedern getragen wird.[8] Sozialversicherungsrechtlich kann beim Gesellschafter- und beim Fremdgeschäftsführer einer Gesellschaft mit beschränkter Haftung sowohl eine selbständige, als auch eine nicht selbständige Tätigkeit im Sinne der Regelung des § 7 SGB IV vorliegen.[9]

Die Frage der Selbständigkeit natürlicher Personen ist für die Einkommensteuer und die Gewerbesteuer und darüber hinaus auch für die Umsatzsteuer grundsätzlich nach gleichen Grundsätzen zu beurteilen. Hinsichtlich der Umsatzsteuer schränkt der BFH herbei allerdings ein, dass eine Bindung an die ertragsteuerrechtliche Beurteilung für das Umsatzsteuerrecht nicht zwingend besteht.[10] Der BFH hat in dieser Entscheidung zur Thematik der Qualifikation einer natürlichen Person als (selbständiger) Unternehmer ausdrücklich betont, dass die Ausführungen des BMF im Rahmen der hierzu im Schreiben vom 23.12.2003[11] vertretenen Auffassung zu weitgehend sind; diese Einschränkung des BFH wird insofern wohl auch für die hierzu vorgegebenen, noch weiter reichenden Abgrenzungskriterien/-maßstäbe des BMF im Schreiben vom 31.05.2007 gelten müssen.[12]

Auf der Grundlage dieses Grundverständnisses hat die Rechtsprechung einen (nicht abschließenden) Kriterienkatalog entwickelt, der bei der erforderlichen Abwägung der Umstände des Einzelfalls eine Abgrenzung gegen eine selbständige und für eine unselbständige Arbeit erleichtern sollte:[13]

5   H 15.1 (Gesamtbeurteilung) EStH 2005; BFH v. 18.01.1991, VI R 122/87, BStBl II 1991, 409; BFH v. 14.12.1978, I R 121/76, BStBl II 1979, 188.
6   H 15.1 (Natürliche Personen) EStH 2005; BFH v. 03.07.1991, X R 163-164/87, BStBl II 1991, 802.
7   U.a. BFH v. 14.12.1978, I R 121/79, BStBl II 1979, 188; BFH v. 10.03.2005, V R 29/03, BStBl II 2005, 730; BFH v. 20.04.1988, X R 40/81, BStBl II 1988, 804.
8   BFH v. 13.02.1980, I R 17/78, BStBl II 1980, 303.
9   U.a. BSG v. 24.11.2005, B 12 RA 1/04 R, DStR 2006, 434-438.
10 U.a. BFH v. 10.03.2005, V R 29/03, BStBl II 2005, 730.
11 BMF v. 23.12.2003, IV B 7-S 7100-246/03, BStBl I 2004, 240.
12 BMF v. 31.05.2007, IV A 5-S 7100/07/0031, 2007/0222008, BStBl I 2007, 503.
13 U.a. BFH v. 14.06.1985, VI R 150-152/82, BStBl II 1985, 661; BFH v. 10.03.2005, V R 29/03, BStBl II 2005, 730; BFH v. 05.10.2005, VI R 152/01, BStBl II 2006, 94; FG Hamburg v. 19.03.2007, 5 K 193/05, Steuer-Eildienst 2007, 355 (Revision eingelegt, VI R 19/07).

1

- Persönliche Abhängigkeit,
- Weisungsgebundenheit hinsichtlich Ort, Zeit und Inhalt der Tätigkeiten,
- Urlaubsanspruch, Anspruch auf sonstige Sozialleistungen, Fortzahlung der Bezüge im Krankheitsfall, Überstundenvergütung,
- Unselbständigkeit in Organisation und Durchführung der Tätigkeit, Ausübung gleich bleibend an einem bestimmten Ort und zu festen Arbeitszeiten, zeitlicher Umfang der Dienstleistung, Notwendigkeit der engen ständigen Zusammenarbeit mit anderen Mitarbeitern,
- Eingliederung in den Betrieb,
- fehlendes Unternehmerrisiko und fehlende Unternehmerinitiative, kein Kapitaleinsatz,
- keine Pflicht zur Beschaffung von Arbeitsmitteln,
- Schulden der Arbeitskraft und nicht des Arbeitserfolges,
- Ausführung einfacherer Tätigkeiten.

b)   Nachhaltigkeit

5   Eine Tätigkeit ist nachhaltig, wenn sie von der Absicht getragen ist, sie zu wiederholen und daraus eine ständige Erwerbsquelle zu machen, und wenn sie sich objektiv - i.d.R. durch Wiederholung - als nachhaltig darstellt. Der Begriff der Nachhaltigkeit ist dabei nicht restriktiv auszulegen. Da die Wiederholungsabsicht ebenso wie die Gewinnerzielungsabsicht innere Tatsachen sind, die nur anhand äußerer Merkmale beurteilt werden können, kommt den tatsächlichen Umständen hierbei besondere Bedeutung zu. Das Merkmal der Nachhaltigkeit dient dazu, nur gelegentliche Tätigkeiten, insbesondere einmalige Veräußerungsvorgänge im privaten Umfeld, aus dem Bereich der gewerblichen Tätigkeit auszuschließen.[14]

Eine einmalige Tätigkeit wird grundsätzlich nicht nachhaltig ausgeübt. Ausnahmsweise kann aber auch eine einmalige Tätigkeit nachhaltig sein, wenn sie mit dem erforderlichen Willen ausgeübt wird, sie (bei sich bietender Gelegenheit) zu wiederholen, oder wenn sie sich auf andere Weise als durch die tatsächliche Wiederholung objektiv als nachhaltig darstellt. Da bereits unter diesen Voraussetzungen eine auch nur einmalig ausgeübte Tätigkeit nachhaltig sein kann, wurden in der Konsequenz sonstige im Einzelfall gegen das Vorliegen der Nachhaltigkeit diskutierte Umstände, wie eine über einen bestimmten Zeitraum **ununterbrochen fortgeführte Tätigkeit,** der im Einzelfall vorliegende **Arbeitsaufwand** oder die **Größe des Handelsobjekts** von der Rechtsprechung für die Beurteilung der Nachhaltigkeit als nicht relevant erachtet, da mit diesen eine Restriktion des Nachhaltigkeitsbegriffs einhergehen würde, die von der Rechtsprechung - und der Finanzverwaltung - nicht gewollt ist.[15]

Neben den vorstehenden Ausnahmen, die bei entsprechender Wiederholungsabsicht eine einmalige Tätigkeit als nachhaltig qualifizieren, hat die Rechsprechung darüber hinaus auch einmalige Handlungen als nachhaltig erachtet, die keine Wiederholungsabsicht erkennen ließen. Die Nachhaltigkeit wurde hierbei damit begründet, dass das zu beurteilende Einzelgeschäft die Erfüllung einer Vielzahl unterschiedlicher Handlungen/Einzeltätigkeiten erfordert, die in einem gewissen inneren Zusammenhang stehen und in ihrer Gesamtheit eine solche Würdigung rechtfertigen.[16]

---

14   U.a. BFH v. 23.10.1987, III R 275/83, BStBl II 1988, 293; BFH v. 10.12.1998, III R 61/97, BStBl II 1999, 390; BFH v. 01.12.2005, IV R 65/04, BStBl II 2006, 259; FG Düsseldorf v. 04.05.2006, 14 K 5266/02 G, F, EFG 2006, 1513 (Revision eingelegt, IV R 38/06).

15   U.a. BFH v. 31.07.1990, I R 173/83, BStBl II 1991, 66 m.w.N.

16   U.a. BFH v. 09.12.2002, VIII R 40/01, BStBl II 2003, 294 m.w.N.

Allerdings hat die Rechtsprechung in diesen (Ausnahme-) Fällen auch anerkannt, dass eine Vielzahl von Einzeltätigkeiten, die nicht mit Wiederholungsabsicht ausgeführt werden, nur dann geeignet sind, das Tatbestandsmerkmal der Nachhaltigkeit zu erfüllen, wenn mit der erforderlichen Gewissheit feststeht, dass die maßgeblichen Aktivitäten mit dem Ziel entfaltet wurden, einen angestrebten Veräußerungserlös zu erhöhen.[17] Wird durch eine einmalige Betätigung ohne Wiederholungsabsicht ein Dauerzustand geschaffen, der über einen längeren Zeitraum zu Einkünften führt, soll dies ebenso wenig wie die einmalige Ausnutzung einer Gewinnchance oder die Tätigkeit in Form einer einmaligen Veranstaltung nicht nachhaltig sein.[18]

Äußere Merkmale, die für die Annahme der Wiederholungsabsicht sprechen können, sind per se **tatsächliche Wiederholungen**, d. h. eine Mehrzahl von Tätigkeiten, die regelmäßig auf das Vorliegen einer Wiederholungsabsicht schließen lassen. Auch hier gilt jedoch nicht zwingend, dass ohne eine tatsächliche Wiederholung der Nachweis für die Wiederholungsabsicht nicht geführt werden kann bzw. die Wiederholungsabsicht zwingend anzunehmen ist, wenn eine Mehrzahl gleichartiger Handlungen wiederholt vorgenommen werden. Es ist sowohl möglich, die Wiederholungsabsicht aus anderen objektiven Umständen herzuleiten als auch den Nachweis zu führen, dass gleichartige Handlungen nicht mit Wiederholungsabsicht erfolgt sind.[19] Für die Annahme der Wiederholungsabsicht kann es im Übrigen sogar schon genügen, wenn der Entschluss zur Wiederholung objektiv nachweisbar gefasst wurde, mangels entsprechender Gelegenheiten die tatsächliche Wiederholung aber unterblieben ist.[20]

6

c)   Gewinnerzielungsabsicht

Weitere Voraussetzung für die Annahme eines Gewerbebetriebs ist die Absicht, einen Gewinn, d.h. **positive Einkünfte** zu erzielen; die Gewinnerzielungsabsicht braucht dabei nicht der Hauptzweck der Betätigung zu sein (§ 15 Abs. 2 Satz 3 EStG). Fehlt die Gewinnerzielungsabsicht, ist die Betätigung unabhängig davon, ob sie die Voraussetzungen für das Vorligen einer gewerblichen oder sonstigen Einkunftsart im Sinne des Einkommensteuergesetzes erfüllt, als Liebhaberei zu qualifizieren.[21]

7

Gewinnerzielungsabsicht ist das Streben des Steuerpflichtigen nach Betriebsvermögensmehrung im Sinne eines **Totalgewinns.** Es muss über die gesamte Dauer der Tätigkeit ein positives Gesamtergebnis vom Beginn bis zum Ende der steuerlich relevanten Tätigkeiten durch Veräußerung, Aufgabe oder Liquidation des Betriebs (**Totalperiode**) entstehen. **Veräußerungs- bzw. Aufgabegewinne** sind bei der Ermittlung des Totalgewinns ebenfalls zu berücksichtigen; ob diese beispielsweise nach § 16 Abs. 4 EStG steuerfrei sind, ist unerheblich.[22]

Nicht genügend ist es allerdings, wenn die Tätigkeit vom Steuerpflichtigen zur bloßen Deckung etwaiger mit ihr einhergehender (Selbst-) Kosten ausgeführt wird. Ferner soll auch eine nur geringe, nicht wirtschaftlich ins Gewicht fallende Mehrung des Betriebsvermögens für die Annah-

---

17   BFH v. 28.04.2005, IV R 17/04, BStBl II 2005, 606.
18   BFH v. 14.11.1963, IV 6/60 U, BStBl III 1964, 139; Markl/Zeidler in Lademann, § 15 EStG Rn 14; Stuhrmann in Blümich, § 15 EStG Rn 34.
19   U.a. BFH v. 29.10.1997, X R 112, 153/94, BFH/NV 1998, 853; BFH v. 23.10.1987, III R 275/83, BStBl II 1988, 293; H 15.2 (Wiederholungsabsicht) EStH (2005).
20   BFH v. 13.12.1995, XI R 43-45/89, BStBl II 1996, 232; BFH v. 08.07.1982, IV R 20/78, BStBl II 1982, 700.
21   H 15.3 (Abgrenzung der Gewinnerzielungsabsicht zur Liebhaberei) EStH (2005), BFH v. 29.03.2001, IV R 88/99, BStBl II 2002, 791.
22   BFH v. 18.09.1996, I R 69/95, BFH/NV 1997, 408.

1

me der Gewinnerzielungsabsicht nicht genügen.[23] Auch stellt das Gesetz in § 15 Abs. 2 Satz 2 EStG mittlerweile klar, dass die bloße **Minderung der Einkommensteuer** nicht Gewinn im Sinne der Vorschrift sein kann.

8   **Der Umstand, dass im Rahmen eines Betriebs über einen bestimmten Zeitraum Verluste erzielt werden, führt aufgrund der Anknüpfung der Gewinnerzielungsabsicht an einen Totalgewinn nicht dazu, dass dem Betrieb allein aufgrund einer solchen Verlustsituation zwingend die Anerkennung der Gewerblichkeit zu versagen ist. Dies gilt dem Grunde nach auch für die Fälle der so genannten Anlaufverluste, selbst wenn diese von ungewöhnlich langer Dauer sein sollten.[24] I.d.R. besteht bei einem neu gegründeten Unternehmen ein Anscheinsbeweis,** dass es in der Absicht der Gewinnerzielung betrieben wird. Eine Entkräftung des Anscheinsbeweises ist jedoch möglich, wenn ernsthaft dargelegt wird, dass im konkreten Einzelfall nicht das Streben nach einem Totalgewinn, sondern persönliche Gründe für die Gründung und Fortführung des Unternehmens bestimmend sind oder die Tätigkeit von Anfang an erkennbar ungeeignet ist, auf Dauer einen Gewinn zu erzielen.[25]

Auch Sonderabschreibungen können grundsätzlich Anlaufverluste verursachen. Allerdings werden durch diese auch stille Reserven im jeweiligen Betrieb gebildet, die bei dem in der Ermittlung eines Totalgewinns einzubeziehenden Veräußerungs-/Aufgabegewinn Berücksichtigung finden. Sonderabschreibungen dürfen sich insofern im Ergebnis auf den Totalgewinn nicht auswirken.[26]

Die Gewinnerzielungsabsicht stellt ein subjektives Tatbestandsmerkmal dar. Ob dieses **subjektive** Tatbestandsmerkmal im Einzelfall erfüllt ist, lässt sich nur anhand nachweisbarer **objektiver Umstände** feststellen.[27] Die Gewinnerzielungsabsicht ist grundsätzlich anzunehmen, wenn über mehrere Jahre (erhebliche) Gewinne erzielt werden; diese Vermutung gilt dabei unabhängig davon, dass ggf. aus einzelnen Geschäften im Zusammenhang mit der ausgeübten Tätigkeit Verluste entstanden sind.[28] Liegt eine mit positiven Ergebnissen einhergehende Zeitspanne nicht vor, und kann im Rahmen einer durchzuführenden Ergebnisprognose nicht dargestellt werden, dass die jeweilige Tätigkeit aus objektiven Gründen nicht geeignet ist Gewinne zu erzielen, kann eine Gewinnerzielungsabsicht nur dann noch angenommen werden, wenn diese Feststellung aus weiteren äußeren Anzeichen möglich ist. Hierbei sind auch die Verhältnisse eines bereits abgelaufenen Zeitraums, die Struktur des jeweiligen Betriebes sowie die Betriebsführung maßgeblich.[29] Sind in der Vergangenheit bereits hohe Verluste eingetreten, führt der Steuerpflichtige jedoch ohne jegliche Änderungen sein Betriebskonzept fort, so sprechen gewichtige Gründe dafür, dass die Tätigkeit aus rein persönlichen Gründen ohne Gewinnerzielungsabsicht ausgeführt wird.[30] Ist die in Frage stehende Tätigkeit allerdings mit einem besonders hohen Risiko verbunden, kann allein aufgrund dieses Risikos die Gewinnerzielungsabsicht nicht verneint werden, sofern die durchzuführende Ergebnisprognose nicht bloß eine theoretische glücksspielartige Gewinnchance ergibt.[31]

---

23   BFH v. 26.06.1985, IV R 149/83, BStBl II 1985, 549; BGH v. 18.05.1995, IV R 31/94, BStBl II 1995, 718; a.A. Stuhrmann in Blümich, § 15 EStG Rn 38 m.w.N.

24   BFH v. 29.10.1981, IV R 138/78, BStBl II, 381; BFH v. 22.04.1998, XI R 10/97, BStBl II 1998, 663; BFH v. 28.11.1985, IV R 178/83, BStBl II 1986, 293.

25   BFH v. 21.08.1990, VIII R 25/86, BStBl II 1991. 564; BFH v. 15.11.1984, IV R 139/81, BStBl II 1985, 205; H 15.3 (Anlaufverluste) EStH (2005).

26   A.A. BFH v. 21.07.2004, X R 33/03, BStBl II 2004, 1063.

27   U.a. BFH v. 22.04.1998, XI R 10/97, BStBl II 1998, 663.

28   BFH v. 18.05.1995, IV R 31/94, BStBl II 1995, 718.

29   U.a. Weber-Grellet DStR 1992, 561, Markl/Zeidler in: Lademann, § 15 EStG Rn 23.

30   BFH v. 17.11.2004, X R 62/01, BStBl II 2005, 336.

31   BFH v. 22.01.1981, IV B 41/80, BStBl II 1981, 424; einschränkend BFH v. 21.08.1990, VIII R 25/86, BStBl II 1991, 564.

Die Gewinnerzielungsabsicht muss nicht zwingend bereits im Zeitpunkt der Aufnahme der Tätigkeit oder sogar schon davor vorgelegen haben; sie kann zunächst fehlen und dann einsetzen oder aber auch später wegfallen.[32] Dies gilt auch für die Fälle der Einzel- und Gesamtrechtsnachfolge. Rechtsvorgänger und Rechtsnachfolger können eine durch Rechtsnachfolge „übergegangene" Tätigkeit mit unterschiedlichen Intentionen ausführen; der Rechtsvorgänger kann noch ohne jegliche Gewinnerzielungsabsicht handeln, wohingegen der Rechtsnachfolger sein Tun von Anfang an auf die Erzielung von Gewinnen abstellt.[33]

d)   Beteiligung am allgemeinen wirtschaftlichen Verkehr

Eine Teilnahme am allgemeinen wirtschaftlichen Verkehr liegt vor, wenn Wirtschaftsgüter oder Leistungen am allgemeinen Markt für Dritte äußerlich erkennbar gegen Entgelt angeboten werden.[34] Dieses Tatbestandsmerkmal erfordert, dass ein Steuerpflichtiger mit Gewinnerzielungsabsicht nachhaltig am Leistungs- und Güteraustausch teilnimmt oder aber geistige sowie sonstige immaterielle Leistungen anbietet. Eigene Leistungen müssen dabei nicht angeboten werden; es genügt auch der Einsatz fremder Arbeitskräfte.[35] Das Merkmal der Teilnahme am allgemeinen wirtschaftlichen Verkehr ist insgesamt extensiv ausgelegt.[36]

9

Der Steuerpflichtige muss sich an die Allgemeinheit, also an eine unbestimmte Anzahl von Personen wenden. Ob der Personenkreis weit bemessen ist oder ein eng begrenzter Kreis der Allgemeinheit vorliegt, spielt keine Rolle. Von der Rechtsprechung wurden dabei jedoch auch solche Sachverhalte anerkannt, bei denen der Leistungskreis auf lediglich einen Abnehmer begrenzt war; zusätzlich wurde in diesen Fällen gefordert, dass die Tätigkeit nach Art und Umfang dem Bild einer unternehmerischen Marktteilnahme zu entsprechen hat.[37] Die Tätigkeit muss nach außen irgendwie hervortreten, wobei eine Erkennbarkeit für die beteiligten Kreise ausreichend ist. Der Steuerpflichtige muss seine Bereitschaft zum Ausdruck bringen, an jeden Kunden im Sinne einer Teilhabe am Marktgeschehen zu leisten, der seinerseits bereit ist, die geforderte Gegenleistung zu erbringen.[38]

Keine Betätigung am allgemeinen wirtschaftlichen Verkehr soll vorliegen, wenn keinerlei Absicht ersichtlich ist, mit der Tätigkeit am Wirtschaftsleben teilzunehmen, der Steuerpflichtige als reiner Abnehmer ohne eigene Leistungserbringung am Marktgeschehen partizipiert sowie bei der Ausübung unmittelbarer hoheitlicher Gewalt.[39]

---

32   BFH v. 25.06.1984, GrS 4/82, BStBl II 1984, 751.
33   BFH v. 24.08.2000, IV R 46/99, BStBl II 2000, 674, Markl/Zeidler in: Lademann, § 15 EStG Rn 22.
34   BFH v. 10.12.1998, III R 61/97, BStBl II 1999, 390.
35   BFH v. 09.07.1986, I R 85/83, BStBl II 1986, 851; BFH v. 31.07.1990, I R 173/83, BStBl II 1991, 66; BFH v. 04.07.1968, IV R 77/67, BStBl II 1968, 718.
36   BFH v. 10.12.2001, GrS 1/98, BStBl II 2002, 291.
37   BFH v. 09.07.1986, I R 85/83, BStBl II 1986, 851; BFH v. 31.07.1990, I R 173/83, BStBl II 1991, 66; BFH v. 17.03.1981, VIII R 149/78, BStBl II 1981, 522; BFH v. 31.08.2005, XI R 62/04, BFH/NV 2006, 505.
38   BFH v. 02.04.1971, VI R 149/67, BStBl II 1971, 620.
39   BFH v. 18.07.1990, I R 98/87, BStBl II 1990, 1073; BFH v. 02.12.1998, X R 83/96, BStBl II 1999, 534.

1

2.   Abgrenzung zwischen Gewerbebetrieb und Land- und Forstwirtschaft

10   Die Tätigkeit einer Einzelperson ist nicht als gewerblich anzusehen, wenn es sich bei dieser Tätigkeit um die Ausübung eines land- oder forstwirtschaftlichen Betriebes handelt. Unter Land- und Forstwirtschaft versteht man die planmäßige Nutzung der natürlichen Kräfte des Bodens zur Erzeugung von Pflanzen und Tieren sowie die Verwertung der dadurch selbstgewonnenen Erzeugnisse. Ob im Einzelfall eine land- und forstwirtschaftliche Tätigkeit ausgeübt wird, ist nach dem Gesamtbild der Verhältnisse zu beurteilen.[40] Zur Land- und Forstwirtschaft zählen nach § 13 Abs. 2 Nr. 1 EStG auch die land- und forstwirtschaftlichen Nebenbetriebe. Als Nebenbetrieb gilt dabei ein Betrieb, der dem land- und forstwirtschaftlichen Betrieb zu dienen bestimmt ist; zu den Nebenbetrieben kann insoweit z.B. die Sektkellerei eines Winzers, eine Brennerei oder aber eine Biogasanlage gehören.[41] Eine land- und forstwirtschaftliche Tätigkeit ist nicht gegeben, wenn im Rahmen der Tierzucht oder Tierhaltung die Grenzen des § 13 Abs. 1 Nr. 1 EStG überschritten werden oder aber aus sonstigen Gründen von einer gewerblichen Tierzucht oder Tierhaltung (z.B. regelmäßig beim Züchter von Haustieren) auszugehen ist.[42] Ferner gehört nicht zur land- und forstwirtschaftlichen Tätigkeit die gewerbliche Bodenbewirtschaftung, die in erster Linie die Gewinnung von Bodenschätzen erfasst. Etwas anderes kann dabei allenfalls dann gelten, wenn sich die Bodenbewirtschaftung als land- und forstwirtschaftlicher Nebenbetrieb darstellt (§ 15 Abs. 1 Nr. 1 Satz 2 EStG).

Hinsichtlich der Beherbergung von Fremden, des Absatzes eigener Produkte, des Zukaufs fremder Erzeugnisse und der land- und forstwirtschaftlichen Dienstleistungen wird auf die hierzu ergangenen Einkommensteuerrichtlinien verwiesen.[43]

3.   Abgrenzung zwischen Gewerbebetrieb und selbständiger Arbeit

11   Wer eine selbstständige Arbeit (§ 18 EStG) ausübt, ist nach § 15 Abs. 2 Satz 1 Hauptsatz 2 EStG nicht gewerblich tätig; die gewerbliche und selbstständige Betätigung schließen sich tatbestandlich aus.[44] Trotz dieses Alternativverhältnisses ist beiden Tätigkeitsformen jedoch gemein, dass sie jeweils eine selbstständige, nachhaltige, mit Gewinnerzielungsabsicht unternommene Teilnahme am allgemeinen wirtschaftlichen Verkehr darstellen.[45] Bisher ist an die selbstständige Tätigkeit allerdings noch keine Gewerbesteuerpflicht geknüpft und auch sonstige Rahmenbedingungen, unter anderem in Form fehlender gesetzlicher Buchführungspflichten (z.B. nach den Regelungen des HGB oder nach §§ 140 ff. AO), lassen in der Praxis naturgemäß die Intention des Steuerpflichtigen erkennen, seine Tätigkeit möglichst im Bericht des § 18 EStG ansiedeln zu wollen.

Das Einkommensteuergesetz enthält in § 18 weder eine Legaldefinition des Begriffs der selbstständigen Arbeit, noch eine Legaldefinition der aus Sicht des Gesetzgebers als Untergruppen der selbstständigen Arbeit genannten freiberuflichen Tätigkeit (§ 18 Abs. 1 Nr. 1 EStG) sowie der

40   R 15.5 Abs. 1 EStR 2005.
41   R 15.5 Abs. 3 EStR 2005; BMF v. 06.03.2006, IV C 2 - S 2236- 10/05; IV B 7-S 2734-4/05, BStBl I 2006 S. 248.
42   U.a. H 15.5 (Tierzucht) EStH 2005.
43   R 15.5 EStR 2005/H 15.5 EStH 2005.
44   BFH v. 07.07.1971, I R 41/70, BStBl II 1971, 771.
45   H 15.6 (Allgemeines) EStH 2005.

sonstigen selbstständigen Arbeit (§ 18 Abs. 1 Nr. 3 EStG). Der Gesetzeswortlaut führt unter § 18 Abs. 1 Nr. 1 Sätze 3, 4 EStG lediglich einige Charakterzüge auf, die für die Annahme einer selbstständigen Tätigkeit wesentlich sind: persönliche Ausübung der Tätigkeit, Einsatz des eigenen geistigen Vermögens sowie die eigene verantwortliche und leitende Verwertung von Kenntnissen. Darüber hinaus wurden von der Rechtsprechung und Literatur als Leitlinien der selbstständigen Arbeit das Zurücktreten des Kapitaleinsatzes, die Qualität der Berufsausbildung und der Charakter der jeweiligen Tätigkeit hervorgehoben.[46] Die persönliche Ausübung der Tätigkeit ist als tragendes Wesensmerkmal der selbstständigen Arbeit damit dem Grunde nach immer bereits dann eingeschränkt, wenn der Steuerpflichtige bei seiner Tätigkeit durch Mitarbeiter unterstützt wird. Sofern er hierbei aufgrund seiner eigenen Fachkenntnisse, bezogen auf die Gesamttätigkeit, allerdings weiterhin leitend tätig bleibt und eigenverantwortlich mitwirkt, steht die Beschäftigung fachlich vorgebildeter Mitarbeiter der selbstständigen Tätigkeit nicht entgegen (§ 18 Abs. 1 Nr. 1 Satz 3 EStG). Nach der Entscheidung des BFH vom 01.02.1990 erbringt ein Berufsträger nur dann noch eine freiberufliche Arbeitsleistung, wenn die Ausführung jedes einzelnen ihm erteilten Auftrags ihm und nicht dem fachlichen Mitarbeiter, den (technischen) Hilfskräften oder dem Unternehmen als Ganzem zuzurechnen ist.[47]

Übt ein Steuerpflichtiger nebeneinander gewerbliche und selbstständige Tätigkeiten aus und besteht zwischen diesen nach der Verkehrsanschauung kein sachlicher und wirtschaftlicher Zusammenhang oder allenfalls gewisse sachliche und wirtschaftliche Berührungspunkte (so genannte „gemischte Tätigkeit"), sind die Tätigkeiten getrennt zu erfassen. Sind die Tätigkeiten dagegen derart miteinander verflochten, dass sie sich gegenseitig unlösbar bedingen, so sind sie einheitlich zu bewerten. Bei einem Einzelunternehmer führt dies dazu, dass die Tätigkeit entsprechend ihrem vorrangigen Gepräge insgesamt als freiberuflich oder insgesamt als gewerblich zu qualifizieren ist.[48]

Eine freiberufliche Tätigkeit liegt grundsätzlich auch dann noch vor, wenn sich mehrere Angehörige (unterschiedlicher) freier Berufe zur gemeinsamen Berufsausübung in einer Personengesellschaft zusammenschließen. Hierbei müssen allerdings sämtliche Gesellschafter die Merkmale eines freien Berufs erfüllen; die Aufnahme einer Kapitalgesellschaft als Gesellschafter oder eines Nicht-Freiberuflers ist ebenso schädlich, wie die nur kapitalmäßige Aufnahme eines Freiberuflers, der nicht (mehr) in der Gesellschaft leitend und eigenverantwortlich tätig ist.[49] Übt eine solche Personengesellschaft jedoch - auch nur geringfügig[50] – eine gewerbliche Betätigung aus, führt dies nach § 15 Abs. 3 Nr. 1 EStG dazu, dass der gesamte Betrieb als gewerblich zu behandeln ist, sofern die Tätigkeiten nicht untrennbar verflochten und deshalb insgesamt entweder als gewerblich oder als freiberuflich zu qualifizieren sind.[51] Um eine solche Infizierung nach § 15 Abs. 3 Nr. 1 EStG zu vermeiden, kann eine Ausgliederung des gewerblichen Geschäftsbereichs auf eine personenidentische Gesellschaft angedacht werden.[52]

46 U.a. BFH v. 31.05.2001, IV R 49/00, BStBl II 2001, 828; BFH v. 01.04.1982, IV R 130/79, BStBl II 1982, 589; Markl/Zeidler in: Lademann, § 15 EStG Rn 57.
47 BFH v. 01.02.1990, IV R 140/88, BStBl II 1990, 507.
48 BFH v. 11.07.1991, IV R 33/90, BStBl II 1992, 353; BFH v. 21.12.1976, VIII R 27/72, BStBl II 1977, 244; BFH v. 24.04.1997, IV R 60/95, BStBl II 1997, 567; BFH v. 02.10.2003, IV R 48/01, BStBl II 2004, 363; BFH v. 04.11.2004, IV R 63/02, BStBl II 2005, 362.
49 BFH v. 11.06.1985, VIII R 254/80, BStBl II 1985, 584; BFH v. 10.08.1994, I R 133/93, BStBl II 1995, 171.
50 Siehe hierzu aber auch BFH v. 11.08.1999, XI R 12/98, BStBl II 2000, 229.
51 BFH v. 24.04.1997, IV R 60/95, BStBl II 1997, 567.
52 U.a. BFH v. 17.01.2007, XI R 19/05, BFH/NV 2007, 1315; BFH v. 12.06.2002, XI R 21/99, BFH/NV 2002, 1554.

1

4. Abgrenzung zwischen Gewerbebetrieb und Vermögensverwaltung

12 Eine gewerbliche Betätigung des Steuerpflichtigen ist nicht anzunehmen, wenn es sich bei der Tätigkeit um die bloße Verwaltung eigenen Vermögens handelt. Der Vermögensverwaltende Bereich ist überschritten, wenn die Betätigung sich noch als Nutzung von Vermögen im Sinne einer Fruchtziehung aus zu erhaltenden Substanzwerten darstellt und die Ausnutzung substanzieller Vermögenswerte durch Umschichtung nicht entscheidend in den Vordergrund tritt. Wird eine Tätigkeit in den Grenzen eines solchen vermögensverwaltenden Bereichs ausgeübt, liegt selbst dann keine gewerbliche Betätigung vor, wenn dabei im Übrigen auch die positiven Tatbestandsmerkmale einer gewerblichen Tätigkeit erfüllt werden.[53]

Der vermögensverwaltenden Tätigkeit ist immanent, dass Vermögen erworben werden kann, ohne in den gewerblichen Bereich zu gleiten; nur wenn der Steuerpflichtige Vermögen hat, kann er aus diesem auch Früchte ziehen. Der Umfang des erworbenen Vermögens ist für die Vermögensverwaltung nicht entscheidend; auch sehr umfangreiche Vermögen, deren Verwaltung die Unterhaltung eines Büros und eine kaufmännischen Einschlag erfordern, begründen noch keinen Gewerbebetrieb. Auch eine Veräußerung von Vermögen führt nicht bereits zur Begründung der Gewerblichkeit, sofern hierdurch nicht die Ausnutzung substanzieller Vermögenswerte durch Umschichtung entscheidend in den Vordergrund tritt. Ob sich die jeweilige Tätigkeit noch im Bereich der privaten Vermögensverwaltung bewegt oder diesbezüglich die Grenzen zur Gewerblichkeit schon überschritten sind, muss für den jeweiligen Einzelfall nach der Verkehrsanschauung ermittelt werden. Hierbei ist zu berücksichtigen, dass die Beurteilung, ob eine Tätigkeit noch der privaten Vermögensverwaltung zuzuordnen ist, nicht für alle Wirtschaftsgüter nach einheitlichen Maßstäben zu beurteilen ist; es müssen die jeweiligen artspezifischen Besonderheiten beachtet werden.[54]

Das bloße Halten und Verwalten von Beteiligungen an Kapitalgesellschaften und von Wertpapieren im weiteren Sinn erfüllt nicht die Voraussetzungen einer gewerblichen Tätigkeit. Werden zusätzlich auch noch Wertpapiere an- und verkauft, führt auch dieser Umstand allein ebenfalls noch nicht zur Annahme eines Gewerbebetriebes; dies gilt selbst dann, wenn der An- und Verkauf einen erheblichen Umfang annimmt und sich über einen längeren Zeitraum erstreckt. Erst wenn die Umschichtung von Vermögenswerten sowie die Substanzverwertung in den Vordergrund rücken und nach der Verkehrsanschauung keine vermögensverwaltende Tätigkeit mehr angenommen werden kann, sind die Wertpapiertransaktionen dem gewerblichen Bereich zuzuordnen. Nach der hierzu ergangenen Rechtsprechung ist diese Grenze maßgeblich dann überschritten, wenn der Steuerpflichtige, einem Wertpapier- oder Finanzunternehmen gleich, nicht nur für sich selbst und auf eigene Rechnung, sondern auch für Dritte und für fremde Rechnung tätig wird. Weitere Beweisanzeichen für eine gewerbliche Wertpapierhandelstätigkeit sollen das Unterhalten eines Büros oder einer Organisation zur Durchführung von Geschäften, das Ausnutzen eines Marktes unter Einsatz beruflicher Erfahrungen sowie das Anbieten von Wertpapieren gegenüber einer breiten Öffentlichkeit sein. Nach der Verkehrsanschauung soll es für die Annahme der Gewerblichkeit nicht genügen, wenn mit dem Ankauf von Wertpapieren eine Dauerkapi-

---

53 R 15.7 Abs. 1 EStR 2005; BFH v. 23.01.2003, IV R 75/00, BStBl II 2003, 467.
54 BFH v. 06.10.1982, I R 7/79, BStBl II 1983, 80; BFH v. 21.08.1990, VIII R 271/84, BStBl II 1991, 126; BFH v. 04.03.1980, VIII R 150/76, BStBl II 1980, 389; BFH v. 10.12.2001, GrS 1/98, BStBl II 2002, 291; BFH v. 20.07.2003, X R 7/99, BStBl II 2004, 408.

talanlage mit bestimmendem Einfluss auf die Geschäftsführung einer Kapitalgesellschaft gesucht und erreicht wird. Hinsichtlich des Zusammenschlusses von Kapitalanlegern zu Venture Capital und Private Equity Fonds gelten die vorstehenden Abgrenzungskriterien für die Frage der Qualifikation der Tätigkeit der Fondsgesellschaft (i.d.R. eine Personengesellschaft) weitgehend entsprechend; die Fondsgesellschaft kann dem Grunde nach sowohl vermögensverwaltend als auch gewerblich tätig sein.[55]

Die Vermietung von Grundstücken oder Grundstücksteilen ist regelmäßig Vermögensverwaltung. Um der Tätigkeit einen gewerblichen Charakter zu verleihen, müssen besondere Umstände hinzutreten, die nach der Verkehrsanschauung der Tätigkeit das gewerbliche Gepräge geben, hinter der die bloße Nutzung des Vermögens zurück tritt. Dies ist unter anderem dann der Fall, wenn zu der reinen Vermietungstätigkeit weitere, nicht übliche Sonderleistungen hinzutreten oder die Verwaltung des Grundbesitzes infolge des ständigen und schnellen Wechsels der Mieter eine Tätigkeit erfordert, die eine gewisse unternehmerische Organisation erfordert.[56]   13

Die Abgrenzung der Vermögensverwaltung von der gewerblichen Tätigkeit tritt insbesondere im Zusammenhang mit der Veräußerung von Grundstücken hervor. Auch hier gilt der Grundsatz, dass eine Tätigkeit in Form des Erwerbs, der Verwaltung, der Veräußerung und der etwaigen zwischenzeitlichen Nutzungsüberlassung von Grundstücken, die vorrangig noch auf die Fruchtziehung aus zu erhaltender Substanz gerichtet ist, Vermögensverwaltung darstellt. Erst wenn besondere Umstände hinzukommen, nach denen die Ausnutzung substanzieller Vermögenswerte durch Umschichtung in den Vordergrund tritt, ist die Grenze zur Gewerblichkeit überschritten. Als maßgebliche Abgrenzungskriterien hat die Rechtsprechung dabei insbesondere auf die Anzahl der veräußerten Objekte, den zeitlichen Zusammenhang sowie das Vorliegen einer Veräußerungsabsicht beim Erwerb oder der Bebauung eines Grundstücks abgestellt. In Konkretisierung dieser Indizien hat der BFH die so genannte Drei-Objekt-Grenze eingeführt und in ständiger Rechtsprechung fortgeführt. Diese Grenze besagt, dass im Falle eines engen zeitlichen Zusammenhangs – i.d.R. 5 Jahre – zwischen Anschaffung bzw. Errichtung und Verkauf von mehr als drei Immobilienobjekten von einem gewerblichen Grundstückshandel auszugehen ist. Die Drei-Objekt-Grenze ist in diesem Kontext jedoch nicht als starres Gebilde zu verstehen; auch sie entfaltet nur eine Indizwirkung. Es muss insofern berücksichtigt werden, dass unabhängig hiervon auch beim Vorliegen sonstiger Umstände im Einzelfall ein gewerblicher Grundstückshandel angenommen werden kann; dies gilt selbst dann, wenn nur „Ein-Objekt" erworben, umgebaut und veräußert wird.[57] Hinsichtlich weiterer Einzelheiten zur Abgrenzung der Vermögensverwaltung vom gewerblichen Grundstückshandel wird auf das hierzu ergangene Schreiben des BMF vom 26.03.2004 verwiesen.[58]

Wird der Gewerbebetrieb nicht von einem Einzelunternehmer, sondern von einer offenen Handelsgesellschaft, Kommanditgesellschaft oder andere Personengesellschaft im steuerlichen Sinn ausgeübt und sind die Gesellschafter als Mitunternehmer anzusehen, so liegt ebenfalls ein Gewerbebetrieb nach § 2 Abs. 1 GewStG vor. Die Voraussetzungen der Mitunternehmerschaft stimmen weitgehend mit den zur „Selbstständigkeit" der gewerblichen Tätigkeit dargestellten Kriterien

---

55   BFH v. 19.03.1981, IV R 167/80, BStBl II 1981, 527; BFH v. 20.12.2000, X R 1/97, BStBl II 2001, 706; BFH v. 30.07.2003, X R 7/99, BStBl II 2004, 408; BFH v. 20.12.2000, X R 67/98, BFH/NV 2001, 1015; BFH v. 04.03.1980, VIII R 150/76, BStBl II 1980, 389; BMF v. 16.12.2003, IV A 6-S 2240-153/03, BStBl I 2004, 40.

56   BFH v. 21.08.1990, VIII R 271/84, BStBl II 1991, 126; BFH v. 24.10.2000, IX R 58/97, BFH/NW 2001, 752.

57   BFH v. 08.08.1979, I R 186/78, BStBl II 1980, 106; BFH v. 10.12.2001, GrS 1/98, BStBl II 2002, 291; BFH v. 09.12.1980, VIII R 317/82, BStBl II 1988, 244; BFH v. 28.04.2005, IV R 17/04, BStBl II 2005, 606; BFH v. 01.12.2005, IV R 65/04, BStBl II 2006, 259.

58   BMF v. 26.03.2004, IV A 6 - S 2240 - 46/04, BStBl I 2004, 434.

1

überein. Mitunternehmer ist derjenige, der Mitunternehmerrisiko trägt und in der Personengesellschaft Mitunternehmerinitiative entfaltet.[59] Die Personengesellschaft ist bereits dann als gewerblich zu qualifizieren, wenn sie neben der gewerblichen Betätigung im Sinne des § 15 Abs. 1 Satz 1 Nr. 1 EStG auch noch andere Tätigkeiten (z.B. Land- oder Forstwirtschaft oder Vermögensverwaltung) ausführt, die ggf. nur einen geringen Umfang einnehmen; die gewerbliche Tätigkeit färbt gem. § 15 Abs. 3 Nr. 1 EStG auf die übrigen Tätigkeiten ab.[60] Trotz gewerblicher Tätigkeit ist die Regelung des § 15 Abs. 3 Nr. 1 EStG allerdings nicht anwendbar, wenn die gewerbliche Tätigkeit zusammen mit einer freiberuflichen oder land- und forstwirtschaftlichen Betätigung im Sinne einer untrennbaren Einheit ausgeführt wird. Je nach Gepräge der Betätigung liegt eine gewerbliche, freiberufliche oder land- und forstwirtschaftliche Tätigkeit vor.[61]

II.   Gewerbebetrieb kraft Rechtsform

14   Anders als beim Gewerbebetrieb kraft Tätigkeit, bei welchem allein der Inhalt der ausgeübten Tätigkeit über die Gewerblichkeit entscheidet, kommt es beim Gewerbebetrieb kraft Rechtsform nach der gesetzlichen Fiktion unter § 2 Abs. 2 S. 1 GewStG ausschließlich auf das „Rechtskleid" an, in welchem ein Unternehmen betrieben wird. Kapitalgesellschaften, Genossenschaften, einschließlich Europäischer Genossenschaften, sowie Versicherungs- und Pensionsvereine auf Gegenseitigkeit gelten stets als gewerblich, unabhängig davon, ob das Wesen ihrer Tätigkeit im Sinne der Tatbestandsvoraussetzungen der §§ 2 Abs. 1 S. 2 GewStG, 15 Abs. 2 EStG als gewerblich anzusehen ist. Insofern sind daher auch die in der Rechtsform einer Kapitalgesellschaft ausgeführten selbständigen Tätigkeiten eines Wirtschaftsprüfers, Steuerberaters oder Rechtsanwalts, oder aber originär vermögensverwaltende Tätigkeiten nach der Gesetzesfiktion stets gewerblich.[62] Von der Regelung des § 2 Abs. 2 S. 1 GewStG werden dabei auch ausländische Unternehmen, die im Inland eine Betriebsstätte unterhalten, in ihrer Rechtsform einem inländischen Unternehmen der in § 2 Abs. 2 S. 1 GewStG bezeichneten Art entsprechen und im Inland rechtsfähig sind, erfasst.[63]

Die nicht in den Anwendungsbereich des § 2 Abs. 2 S. 1 GewStG fallenden sonstigen juristischen Personen des privaten Rechts (rechtsfähige Vereine und Stiftungen) sind dagegen nicht bereits kraft ihrer Rechtsform in vollem Umfang gewerblich tätig. Dennoch hat auch hier der Gesetzgeber eine zumindest partielle Gewerbesteuerpflicht an das Vorliegen eines bzw. mehrerer, in diesen juristischen Personen sowie in nicht-rechtsfähigen Vereinen betriebenen wirtschaftlichen Geschäftsbetriebe geknüpft. Nach § 2 Abs. 3 GewStG „gilt" bei diesen der wirtschaftliche Geschäftsbetrieb als Gewerbebetrieb. Im Rahmen des § 2 Abs. 3 GewStG wird danach die Gewerbsteuerpflicht als Folge tätigkeitsbezogener (Unterhalten eines wirtschaftlichen Geschäftsbetriebs) und rechtsformspezifischer (rechtsfähige Vereine und Stiftungen, nicht-rechtsfähigen Vereine) Merkmale begründet.

Nicht unmittelbar unter die Regelung des § 2 Abs. 2 S. 1 GewStG fällt ferner die gewerblich geprägte Personengesellschaft des § 15 Abs. 3 Nr. 2 EStG; bei dieser Gesellschaft handelt es sich nicht um den in § 2 Abs. 2 S. 1 GewStG benannten Rechtsformtypus einer Körperschaft. Dennoch gehört auch die gewerblich geprägte Personengesellschaft im weiteren Sinn zu den Gewerbebetrieben kraft Rechtsform. § 15 Abs. 3 Nr. 2 EStG setzt tatbestandlich neben dem Vorliegen einer Personengesellschaft voraus, dass nur Kapitalgesellschaften als persönlich haftende Gesellschafter

---

59   H 15.8 Abs. 1 EStH 2005.
60   R 15.8 Abs. 5 EStR 2005; H 15.8 Abs. 5 EStH 2005.
61   BFH v. 24.04.1997, IV R 60/95, BStBl II 1997, 567; BFH v. 27.01.1995, IV B 109/94, BFH/NV 1995, 772.
62   U.a. BFH v. 03.12.2003, IV B 192/03, BStBl II 2004, 303, BFH v. 22.08.1990, I R 67/88, BStBl II 1991, 250.
63   Abschn. 13 Abs. 2 Satz 1 GewStR 1998.

an der Personengesellschaft beteiligt und auch nur diese oder Nicht-Gesellschafter in der Gesellschaft geschäftsführungsbefugt sein dürfen. Sind diese Merkmale erfüllt, so kommt es aufgrund der gesetzlichen Fiktion auch bei der gewerblich geprägten Personengesellschaft nicht darauf an, welche mit Einkünfteerzielungsabsicht unternommene Tätigkeit sie ausübt; sie „gilt" im Falle der Erfüllung der in § 15 Abs. 3 Nr. 2 EStG benannten Merkmale immer in vollem Umfang als gewerblich.[64]

III. Betriebsstättenbegriff

Der Betriebsstättenbegriff ist ein zentraler Anknüpfungspunkt im Rahmen der gewerbesteuer- **15** rechtlichen Regelungen. Unter anderem entschiedet das Vorliegen einer Betriebsstätte darüber, ob und in welchem Umfang ein stehender Gewerbebetrieb im Inland der Gewerbesteuer unter fällt (§ 2 Abs. 1 S. 3 GewStG) oder aber welche Gemeinde bei einem stehenden Gewerbebetrieb zur Erhebung der Gewerbesteuer berechtigt ist (§ 4 Abs. 1 GewStG)

Der Begriff der Betriebsstätte ist im Gewerbesteuergesetz selbst nicht spezialgesetzlich geregelt. Es findet für das Gewerbesteuerrecht vielmehr die allgemeine Begriffsdefinition des § 12 AO Anwendung. Nach Satz 1 dieser Vorschrift ist eine Betriebsstätte anzunehmen bei jeder festen Geschäftseinrichtung oder Anlage, die der Tätigkeit eines Unternehmens dient, von einer gewissen Dauer ist und über die der Steuerpflichtige nicht nur vorübergehende Verfügungsmacht hat.[65]

Eine Geschäftseinrichtung erfasst allgemein jeden körperlichen Gegenstand und jede Zusammenfassung körperlicher Gegenstände, die geeignet sind, Grundlagen einer Unternehmenstätigkeit zu sein. Ausgehend von dieser Begriffsbeschreibung wurde in Rechtsprechung und Literatur bisher weitgehend offen gelassen, zusätzlich eine eigenständige Definition der „Anlage" zu formulieren, die von der „Geschäftseinrichtung" merklich abgrenzbar ist. Die hierzu vorgenommenen Ansätze gehen dahin, die weitgehend identischen Begrifflichkeiten durch ihre Größe, ihre räumliche Ausdehnung oder ihre kaufmännische bzw. technische Zweckbestimmung voneinander unterscheidbar zu machen.[66] Geschäftseinrichtungen und Anlagen können Gebäude und einzelne Räume sowie sonstige Einrichtungsgegenstände von wirtschaftlich ins Gewicht fallender Bedeutung oder rein mechanische Anlagen, wie z.B. Windkraftanlagen oder Verkaufsautomaten, sein.[67] Der Begriff der Geschäftseinrichtung bzw. Anlage ist sehr weit auszulegen. Jeder körperliche Gegenstand, der als Grundlage einer Unternehmenstätigkeit geeignet ist, kann eine Geschäftseinrichtung sein; somit auch der Laptop oder Orderblock eines Verkäufers im Außendienst.[68] Nicht genügend für eine „Anlage" oder „Geschäftseinrichtung" ist es jedoch, wenn diese ausschließlich zu Wohn-, Erholungs-, Sport- oder ähnlichen, nicht gewerblichen Tätigkeiten dient.[69]

Um dem Betriebsstättenbegriff eine aussagekräftige Kontur zu verleihen und die Zahl der ört- **16** lichen Anknüpfungspunkte in sachgerechter Weise zu begrenzen, muss es sich um eine „feste" Geschäftseinrichtung oder Anlage handeln. Das Merkmal der Festigkeit erfordert, dass ein bestimmter, auf Dauer angelegter Bezug der Einrichtung zu einem bestimmten Teil der Erdoberfläche besteht.[70] Insofern kann bei Flugzeugen oder Seeschiffen – mit Ausnahme eines im inlän-

---

64 U.a. Abschn. 11 Abs. 4 GewStR 1998, BFH v. 20.11.2003, IV R 05/02, BStBl II 2004, 464.

65 U.a. BFH v. 03.02.1993, I R 80-81/91, BStBl II 1993, 462.

66 BFH v. 03.02.1993, I R 80-81/91, BStBl II 1993, 462; Meyer-Scharenberg, § 2 Rn 748; Obermeier in: Blümich, § 2 GewStG Rn 856; Lenski/Steinberg, § 2 Rn 3107.

67 BFH v. 04.04.2007, I R 23/06, DStrE 2007, 1259-1261; BFH v. 13.05.1958, I B 49/58 U, BStBl III 1958, 379; BFH v. 14.07.1971, I R 127/68, BStBl II 1971, 776; BFH v. 03.02.1993, I R 808/91, BStBl II 1993, 462.

68 BFH v. 17.09.2003, I R 12/02, BStBl II 2004, 396; BFH v. 30.10.1996, II R 12/92, BStBl II 1997, 12.

69 Abschn. 22 Abs. 4 S. 4 GewStR 1998.

70 U.a. BFH v. 09.10.1974, I R 128/73, BStBl II 1975, 203; BFH v. 17.09.2003, I R 12/02, BStBl II 2004, 396.

dischen Schiffsregister eingetragenen Kauffahrtsschiffes nach § 2 Abs. 1 Satz 3 GewStG – keine Betriebsstätte begründet werden. Sofern die mobile Einrichtung allerdings einen gewissen stetigen und turnusmäßigen Bezug zu bestimmten Punkten der Erdoberfläche aufweist, genügt dies für die Annahme einer festen Einrichtung. So kann z.B. ein Verkaufsstand auf einem Wochenmarkt, der mehrmals im Jahr und meist an der gleichen Stelle wiederholt wird, eine Betriebsstätte entstehen lassen, wohingegen Verkaufsstände auf Weihnachtsmärkten diesem Erfordernis nicht genügen.[71] Unerheblich ist, ob die jeweilige Geschäftseinrichtung auch an der Erdoberfläche sichtbar ist. Es genügt, dass überhaupt eine örtliche Fixierung mit dem Erdboden besteht. Auch unterirdisch verlegte Leitungssysteme weisen daher das Erfordernis einer festen Verbindung mit dem Erdboden aus.[72]

Wann eine Geschäftseinrichtung von einer gewissen Dauer ist, wurde im Hinblick auf eine Mindestzeitspanne in Rechtsprechung und Schrifttum abschließend noch nicht geklärt.[73] Die Dauerhaftigkeit wird in Anlehnung an § 12 Abs. 2 Nr. 8 AO regelmäßig jedoch anzunehmen sein, wenn eine Mindestzeit von sechs Monaten erreicht ist.[74]

Die feste Geschäftseinrichtung oder Anlage muss dem Steuerpflichtigen ferner gehören oder es muss ihm darüber eine gewisse, nicht nur vorübergehende Verfügungsmacht zustehen.[75] Der Steuerpflichtige muss eine Rechtsposition innehaben, die ihm ohne seine Mitwirkung nicht ohne weiteres entzogen oder die ohne seine Mitwirkung nicht ohne weiteres verändert werden kann. Ob die Rechtsposition auf Eigentum oder auf entgeltlicher oder unentgeltlicher Nutzungsüberlassung beruht, ist ebenso unerheblich, wie das nach außen hin erkennbare Hervortreten der Verfügungsmacht.[76] Nicht ausreichend ist die bloße Berechtigung zur Nutzung einer Einrichtung im Interesse eines anderen oder die tatsächliche Mitbenutzung eines Raumes.[77]

Die feste und auf Dauer angelegte Geschäftseinrichtung oder Anlage stellt für sich allein noch keine Betriebsstätte dar. Als weiteres Tatbestandsmerkmal muss hinzukommen, dass die Einrichtung oder Anlage der Tätigkeit des gewerblichen Unternehmens dient, in ihr Aktivitäten stattfinden, die unmittelbar zur Förderung des gewerblichen Unternehmenszwecks erforderlich sind. Ob hierbei die Tätigkeit im Einzelnen kaufmännischer, buchhalterischer, technischer oder handwerklicher Art ist, ist unerheblich.[78] Mit der Ausführung der Tätigkeit müssen nicht zwingend der Unternehmer selbst oder seine Arbeitnehmer betraut sein; es ist bereits ausreichend, wenn sie von einem ständigen Vertreter im Sinne des § 13 AO vorgenommen wird.[79] Das Erfordernis der Förderung des gewerblichen Unternehmenszwecks fehlt bei solchen Einrichtungen, die zwar noch zum Vermögen eines gewerblichen Unternehmens gehören, jedoch insgesamt nicht mehr in dem Unternehmen tatsächlich oder wirtschaftlich genutzt werden; z.B. sind stillgelegte Betriebsgrundstücke, die auch nicht mehr als Kreditsicherheit dienen, oder sonstige an andere Unternehmen verpachtete Grundstücke keine Betriebsstätten.[80] Auch der bloße Besitz eines Grundstücks für sich alleine begründet noch keine Betriebsstätte.[81]

---

71   BFH v. 09.10.1974, I R 128/73, BStBl II 1975, 203; BFH v. 17.09.2003, I R 12/02, BStBl II 2004, 396.
72   BFH v. 30.10.1996, II R 12/92, BStBl II 1997, 12.
73   U.a. BFH v. 19.05.1993, I R 80/92, BStBl II 1993, 655; Lenski/Steinberg, § 2 Rn 3109.
74   BFH v. 19.05.1993, I R 80/92, BStBl II 1993, 655; BMF v. 24.12.1999 IV B 4 – S 1300 – 11100, BStBl I 1999, 1076 Rn 1.1.1.1.
75   U.a. BFH v. 11.10.1989, I R 77/88, BStBl II 1990, 166.
76   BFH v. 03.02.1993, I R 80-81/91, BStBl II 1993, 462.
77   BFH v. 11.10.1989, I R 77/88, BStBl II 1990, 166; BFH v. 30.06.2005, III R 76/03, BStBl 2006, 84.
78   Abschn. 22 Abs. 4 GewStR 1998; BFH v. 06.07.1978, IV R 24/73, BStBl II 1979, 18.
79   Abschn. 22 Abs. 5 GewStR 1998.
80   Lenski/Steinberg, § 2 Rn 3115.
81   Abschn. 22 Abs. 4 GewStR 1998.

Die in § 12 S. 2 AO aufgeführten Betriebsstättenbeispielfälle können im Einzelfall zur Auslegung der allgemeinen Tatbestandsvoraussetzung des § 12 S. 1 AO herangezogen werden. Die Aufzählung in dieser Norm ist allerdings nicht erschöpfend, sondern als beispielhafte Darstellung zu verstehen.

Eine Betriebsstätte ist aufgrund der gesetzlichen Fiktion in § 2 Abs. 2 Satz 2 GewStG stets auch im Rahmen einer ertragsteuerlichen Organschaft auf Ebene der Organgesellschaft gegeben. Ein einheitliches gewerbliches Unternehmen wird durch diese Betriebsstättenfiktion zwischen Organträger und Organgesellschaft allerdings nicht begründet.   17

C. Sachliche Selbständigkeit des Gewerbebetriebs

Der gesetzlich Tatbestand des § 15 Abs. 2 EStG erfordert für die Annahme einer gewerblichen Tätigkeit unter anderem das Vorliegen einer „persönliche" Selbständigkeit auf Ebene des handelnden Unternehmens. Davon zu unterscheiden ist die „sachliche" Selbständigkeit des Gewerbebetriebes. Ausgehend vom Objekt- bzw. Sachcharakter der Gewerbesteuer betrifft die „sachliche" Selbständigkeit die Frage der Anzahl der im Einzelfall vorliegenden Gewerbebetriebe.   18

Auch nach der Unternehmensteuerreform 2008 ist die Thematik der Anzahl der Gewerbebetriebe ein tragender Anknüpfungspunkt im Gewerbesteuerrecht. Nach dieser richtet sich unter anderem, wie viele Steuererklärungen abzugeben sind, die Möglichkeit der Geltendmachung mehrerer Freibeträge bei natürlichen Personen und Personengesellschaften gem. § 11 Abs. 1 Satz 3 Nr. 1 GewStG sowie die Frage, wie Verluste und Gewinne in unterschiedlichen Betriebsteilen zu behandeln sind. Der bisher noch bestehenden Ansatz im Falle des Vorliegens mehrerer Betriebe bei natürlichen Personen und Personengesellschaften, auch mehrfach den Staffeltarif zur Festlegung der Steuermesszahl nach § 11 Abs. 2 Nr. 1 GewStG nutzen zu können, ist durch die Neufassung von § 11 Abs. 2 GewStG nach der Unternehmensteuerreform 2008 allerdings weggefallen.

I. Einzelunternehmen

Mehrere gewerbliche Betätigungen einer natürlichen Person können jeweils selbständige Gewerbebetriebe darstellen. Maßgeblich hierfür ist eine Gesamtwürdigung der im Einzelfall vorliegenden Umstände. Die Annahme selbständiger Gewerbebetriebe erfordert jeweils eine vollkommene Eigenständigkeit. Insofern begründet nicht jede Verselbständigung gewerblicher Betätigungen zugleich einen selbständigen Gewerbebetrieb. Auch Teilbetriebe sind mit einer gewissen Selbständigkeit ausgestattet und dennoch Teile eines Gesamtbetriebes. Eine Verbindung der Betriebe darf im Wesentlichen nur in der Person des Steuerpflichtigen bestehen; er muss die Betriebe nebeneinander am Wirtschaftsleben teilnehmen lassen. Dies ist beispielsweise dann nicht mehr der Fall, wenn unternehmerische Aktivitäten zur Erreichung größerer Marktwirksamkeit in einer Wirtschaftseinheit, deren Glieder nicht mehr die erforderliche Eigenständigkeit erkennen lassen, gebündelt sind.[82]   19

Nach den von der Rechtsprechung hierzu entwickelten Merkmalen ist die sachliche Selbständigkeit nach der Gleichartigkeit oder Ungleichartigkeit der Betätigung sowie deren finanzieller, organisatorischer und vor allem wirtschaftlicher Verflechtung zu ermitteln.[83] Je gleichartiger die

---

82   U.a. BFH v. 08.09.1989, X R 130/87, BStBl II 1989, 901; FG Hamburg v. 09.01.2006, VI 31/04.
83   U.a. BFH v. 19.11.1985, VIII R 310/83, BStBl II 1986, 719; BFH v. 18.12.1996, XI R 63/96, BStBl II 1997, 573; BFH v. 09.08.1989, X R 130/87, BStBl II 1989, 901; FG München v. 29.08.2001, 1 K 3343/99.

Tätigkeiten sind, umso eher kann ein einheitlicher Gewerbebetrieb anzunehmen sein. Andererseits kann bei mehreren gewerblichen Betätigungen – trotz wesentlicher Verschiedenheit – auch nur ein Gewerbebetrieb vorliegen. Kriterien, die eine Abgrenzung ermöglichen sollen, sind die Art der gewerblichen Betätigung, der Kunden- und Lieferantenkreis, die Geschäftsleitung, die Arbeitnehmerschaft, die Zusammensetzung und Finanzierung des Aktivvermögens oder die Gleichartigkeit der Betätigung. Kennzeichen für einen organisatorischen Zusammenhang ergeben sich beispielsweise daraus, dass die Unternehmensbereiche in einem Geschäftslokal untergebracht und die Tätigkeiten von denselben Arbeitskräften ausgeübt oder Waren und Betriebsmittel gemeinsam eingekauft und bezahlt werden. Ein wirtschaftlicher Zusammenhang kann gegeben sein, wenn Unternehmensbereiche sich stützen und ergänzen und nur gemeinsam wirtschaftlich betrieben werden können. Für einen finanziellen Zusammenhang sprechen das Fehlen getrennter Aufzeichnungen, keine eigenständigen Bankkonten, keine getrennten Gewinn- und Verlustrechnungen bzw. Bilanzen.[84]

II.   Personengesellschaften

20   Die sachliche Selbständigkeit des Gewerbebetriebs der Personengesellschaft ist als sachliche Selbständigkeit der Mitunternehmerschaft im Sinne der Regelungen der § 15 Abs. 1 Nr. 1, Nr. 2, Abs. 3 EStG zu verstehen.

Bei Mitunternehmerschaften in der Form einer Personenhandelsgesellschaft ist sachlich ein einheitlicher Gewerbebetrieb anzunehmen und zwar unabhängig von der Verschiedenheit oder Gleichartigkeit der in dieser ausgeübten Tätigkeiten. Eine Personenhandelsgesellschaft hat nur einen Gewerbebetrieb; eine Mehrheit von unterschiedlich zu behandelnden gewerblichen Betrieben ist bei dieser nicht darstellbar. Diese Auffassung hat der BFH insbesondere in seiner Entscheidung vom 21.02.1980 maßgeblich mitgeprägt.[85] Unter Aufgabe der bis dahin von ihm vertretenen Theorie von der Unternehmenseinheit können nach Ansicht des BFH gesellschafteridentische Mitunternehmerschaften in Form der Personengesellschaft ihre jeweiligen Gewerbebetriebe nicht mehr zu einer Einheit zusammenfassen.[86]

Die Beurteilung der mitunternehmerischen Personenhandelsgesellschaften soll nach der eindeutigen Ansicht der Rechtsprechung auch für Gesellschaften bürgerlichen Rechts gelten. Insoweit soll es insbesondere nicht darauf ankommen, ob die Gesellschaft bürgerlichen Rechts zur Führung von Büchern und zur Gewinnermittlung durch Bestandsvergleich verpflichtet ist oder ihren Gewinn durch Überschussrechnung nach § 4 Abs. 3 EStG ermittelt. Maßgeblich ist allein, dass eine ihrer Art nach gewerbliche Tätigkeit im Rahmen einer Offenen Handelsgesellschaft, Kommanditgesellschaft oder einer anderen Gesellschaft ausgeübt wird, bei der die Gesellschafter als Mitunternehmer des Betriebs anzusehen sind, oder ein Anwendungsfall des § 15 Abs. 3 EStG vorliegt.[87]

Im Einzelfall können bei Mitunternehmerschaften in der Rechtsform der Personengesellschaften, insbesondere im Fall der Identität der Gesellschafter, nur dann unterschiedliche Gewerbebetriebe angenommen werden, wenn die verschiedenen Tätigkeiten in mehreren Personengesellschaften

---

84   Insbes. BFH v. 18.12.1996, XI R 63/96, BStBl II 1997, 573; FG Hamburg v. 19.09.2003, III 440/01, EFG 2004, 353; Abschn. 16 Abs. 1, 2 GewStR 1998.

85   BFH v. 21.02.1980, I R 95/76, BStBl II 1980, 465.

86   Auch BFH v. 26.01.1995, IV R 73/93, BStBl II 1995, 589; BFH v. 10.11.1983, IV R 86/80, BStBl II 1984, 152.

87   BFH v. 11.05.1989, IV R 43/88, BStBl II 1989, 797; BFH v. 10.11.1983, IV R 86/80, BStBl II 1984, 152; differenzierend Glanegger/Güroff, § 2 Rn 15.

ausgeübt werden. Dies ist anhand der objektiven Gegebenheiten des Einzelfalls zu entscheiden. Unabdingbar ist dabei, dass sämtliche Personengesellschaften jeweils nach außen erkennbar hervortreten. Darüber hinaus ist aufgrund von sonstigen Beweisanzeichen wie getrennten Bankkonten und Kassen, verschiedenen Rechnungsvordrucken oder einer eigenständigen Buchführung festzustellen, ob und inwieweit die weiteren Gesellschaften von der ersten abgrenzbar sind.[88] Liegen danach mehrere Personengesellschaften vor, kann auch eine organisatorische und wirtschaftliche Verflechtung nicht zu einer Unternehmenseinheit der Gesellschaften führen.[89]

Die Grundsätze zur nach außen erkennbaren Mitunternehmerschaft gelten entsprechend bei Innengesellschaften wie der atypisch stillen Gesellschaft oder bei atypischen Unterbeteiligungen. Bei einer atypisch stillen Gesellschaft liegt gewerbesteuerlich ein Gewerbebetrieb vor, wenn der Zweck der atypisch stillen Gesellschaft darauf gerichtet ist, zusammen mit dem Inhaber des Handelsgeschäfts die gesamte gewerbliche Tätigkeit gemeinsam auszuüben. Besteht die atypisch stille Beteiligung hingegen nur aus einem bestimmten Geschäftsbereich des Handelsgewerbes, sind die der jeweiligen atypisch stillen Gesellschaft und die dem Inhaber des Handelsgeschäfts allein zuzuordnenden gewerblichen Tätigkeiten als sachlich getrennte Gewerbebetriebe zu beurteilen.[90] Die atypische Unterbeteiligung ist gewerbesteuerrechtlich ähnlich zu würdigen. Bei dieser bezieht sich die Mitunternehmerschaft auf den vom Hauptgesellschafter als Mitunternehmer gehaltenen Geschäftsanteil an einer gewerblichen Personengesellschaft; insoweit stellt die atypische Unterbeteiligung einen eigenständigen Gewerbebetrieb dar.[91]

Von den vorstehend aufgeführten Grundsätzen, wonach sich die sachliche Selbständigkeit bei Personengesellschaften auf das Vorliegen einer Mitunternehmerschaft bezieht, hat sich die Finanzverwaltung und ihr folgend auch das FG Düsseldorf hinsichtlich des so genannten Treuhandmodells zwischenzeitlich allerdings distanziert.[92] In diesen Fällen wird zwar unstrittig angenommen, dass der lediglich treuhänderisch an der Mitunternehmerschaft beteiligte Gesellschafter aufgrund der Ausgestattung des Treuhandvertrages kein Mitunternehmer ist und die Personengesellschaft damit auch nicht die tatbestandlichen Erfordernisse einer Mitunternehmerschaft erfüllt, dennoch soll diese aufgrund ihrer originär gewerblichen Tätigkeit sachlich verselbständigt und damit Objekt der Gewerbesteuer bleiben. Aus fiskalischer Sicht mag dieser Ansatz nachvollziehbar sein, da danach im Verlustfall etwaige gewerbesteuerliche Verluste der Personengesellschaft auf ihrer Ebene verbleiben und mangels Vorliegen der Voraussetzungen einer gewerbesteuerlichen Organschaft nicht von dem Treugeber-Gesellschafter geltend gemacht werden können. Ob dieser Ansatz rechtlich mit dem bisherigen Verständnis der sachlichen Selbständigkeit der mitunternehmerischen Personengesellschaft vom BFH übernommen werden kann, ist jedoch eher zweifelhaft.

III. Betriebsaufspaltung

Das Rechtsinstitut der Betriebsaufspaltung ist darin begründet, dass zwei Unternehmen trotz ihrer rechtlichen Trennung aufgrund ihrer wirtschaftlichen Verflochtenheit im Wirtschaftsleben als ein einheitlicher Organismus anzusehen sind. Ausgehend von diesem Grundverständnis qualifi-

21

88 U.a. BFH v. 19.02.1998, IV R 11/97, BStBl II 1998, 603.
89 BFH v. 26.01.1995, IV R 73/93, BStBl II 1995, 589; BFH v. 10.11.1983, IV R 56/80, BStBl II 1984, 150; Abschn. 16 Abs. 3 GewStR 1998.
90 BFH v. 06.12.1995, I R 109/94, BStBl II 1998, 685; OFD Frankfurt v. 14.03.2001, S 2241 A-37-St II 21; Abschn. 16 Abs. 5 GewStR 1998.
91 Glanegger/Güroff, § 2 Nr. 17.
92 OFD Hannover v. 22.03.2005, G 1400-430-StO 254; FG Düsseldorf v. 19.04.2007, 16 K 4489/06 G, EFG 2007, 1097, Revision zum BFH eingelegt (IV R 26/07).

1

ziert die Rechtsprechung eine ihrer Art nach lediglich vermögensverwaltende Tätigkeit, die die Nutzungsüberlassung einer wesentlichen Betriebsgrundlage an ein gewerbliches (Betriebs-) Unternehmen beinhaltet (sachliche Verflechtung), als gewerblich, wenn eine Person oder mehrere Personen gemeinsam in der Lage sind, in beiden Unternehmen einen einheitlichen geschäftlichen Betätigungswillen durchzusetzen (personelle Verflechtung).[93] Diese steuerliche Beurteilung hat ihren Grund darin, dass die hinter dem Besitz- und dem Betriebsunternehmen stehenden Personen einen einheitlichen geschäftlichen Betätigungswillen ausüben, der vermittelnd über das Betriebsunternehmen auf die Ausübung einer gewerblichen Betätigung gerichtet ist.[94]

Das (Besitz-) Unternehmen, dem die gewerbliche Betätigung durch die gewerbliche Tätigkeit des Betriebsunternehmens unterstellt wird, erzielt gewerbliche Einkünfte und ist neben dem gewerblichen Betriebsunternehmen als eigenständiger Gewerbebetrieb im Sinne des § 2 Abs. 1 GewStG anzusehen.[95] Es liegt somit in den Fällen der Betriebsaufspaltung kein einheitlicher Gewerbebetrieb „Betriebsaufspaltung" zwischen Besitz- und Betriebsunternehmen vor. Beide Unternehmen bleiben steuerrechtlich selbständig.[96]

An dieser Beurteilung ist auch nach der Entscheidung des BFH vom 29.03.2006 festzuhalten.[97] Nach zutreffender Ansicht des BFH erstreckt sich die Gewerbesteuerbefreiungsvorschrift des § 3 Nr. 20 GewStG bei einer Betriebsaufspaltung auch auf das Besitzunternehmen. Dieser Ansatz folgt allerdings nicht daraus, dass beide Unternehmen steuerrechtlich nun als Einheit zu behandeln wären; es verbleibt bei der Betriebsaufspaltung weiterhin bei der steuerrechtlich dargestellten Selbständigkeit von Besitz- und Betriebsunternehmen. Die Zurechnung erfolgt vielmehr daraus, dass die „wirtschaftliche Verflochtenheit" der Unternehmen nicht nur zur Begründung der Gewerbesteuerpflicht des Besitzunternehmens herangezogen werden kann. In gewerbesteuerrechtlicher Hinsicht müssen bei der Betriebsaufspaltung konsequenterweise auch auf Ebene des Betriebsunternehmens bestehende gewerbesteuerliche "Befreiungsmerkmale" in der steuerrechtlichen Würdigung Berücksichtigung finden. Es kann hier nicht aus rein fiskalischen Gründen zur Anwendung einer Art „Rosinentheorie" kommen.

Die sachliche Gewerbesteuerpflicht des Besitzunternehmens beginnt, wenn die Voraussetzungen für die Annahme einer Betriebsaufspaltung erstmals vorliegen.[98] Insoweit sind auch hier bloße Vorbereitungshandlungen für die Begründung der Gewerbesteuerpflicht des Besitzunternehmens nicht ausreichend.

IV.   Kapitalgesellschaft

22   Kapitalgesellschaften haben, ebenso wie Personengesellschaften, nur einen gewerblichen Betrieb. Eine Vielzahl sachlich selbständiger Betriebe in der Kapitalgesellschaft gibt es nicht. Im Unterschied zu Mitunternehmerschaften hat der Gesetzgeber diese zwingende Rechtsfolge für das Gewerbesteuerrecht in § 2 Abs. 2 Satz 1 GewStG unmittelbar normiert.[99] Kapitalgesellschaften sind aufgrund der gesetzlichen Fiktion kraft Rechtsform Gewerbebetrieb, nicht aufgrund der Art ihrer Tätigkeit oder der Wesensart, der von ihr gehaltenen Beteiligungen.

---

93   Z.B. BFH v. 08.11.1971, GrS 2/71, BStBl II 1972, 63; BFH v. 12.11.1985, VIII R 342/82, BStBl II, 299.
94   BFH v. 18.06.1980, I R 77/77, BStBl II 1981, 39.
95   H 15.7 (4) „Allgemeines" EStH.
96   U.a. BFH v. 15.01.1998, IV R 8/97, BStBl II 1998, 478 m.w.N.
97   BFH v. 29.03.2006, X R 59/00, BStBl II 2006, 661.
98   BFH v. 15.01.1998, IV R 8/97, BStBl II 1998, 478.
99   Abschn. 16 Abs. 4 GewStR 1998; BFH v. 10.02.1989, III R 78/86, BStBl II 1989, 467.

V.   Organschaft

Die Überlegungen zur sachlichen Selbständigkeit des Gewerbebetriebes bei der Organschaft sind   23
denen im Rahmen der Betriebsaufspaltung ähnlich. Beiden Rechtsinstituten ist gemein, dass Interessen verschiedener rechtlich selbständiger Unternehmen in einer wirtschaftlichen Unternehmenseinheit zusammenfließen.

Seit dem Erhebungszeitraum 2002 sind die Voraussetzungen der körperschaftsteuerlichen und gewerbesteuerlichen Organschaft deckungsgleich. Eine Organschaft liegt danach vor, wenn eine Kapitalgesellschaft finanziell in das Unternehmen des Organträgers eingegliedert und zwischen Organgesellschaft und Organträger ein Gewinnabführungsvertrag abgeschlossen ist.[100] Organgesellschaft kann nach den vorstehenden Regelungen nur eine Kapitalgesellschaft sein. Dagegen kann als Organträger auch eine Personengesellschaft oder natürliche Person installiert werden; bei einer Personengesellschaft als Organträger ist jedoch erforderlich, dass diese originär gewerblich tätig und die Beteiligung an der Organgesellschaft unmittelbar von der Personengesellschaft selbst gehalten wird.

Nach § 2 Abs. 2 Satz 2 GewStG gelten Kapitalgesellschaften, die in der dargestellten Art in ein inländisches gewerbliches Unternehmen eingegliedert sind, als Betriebsstätte des anderen Unternehmens. Trotz dieser Fiktion bilden die eingegliederte Kapitalgesellschaft und das andere Unternehmen kein einheitliches Unternehmen. Organgesellschaft und Organträger bleiben vielmehr auch für die Dauer der Organschaft selbständige Gewerbebetriebe, die einzeln für sich bilanzieren und deren Gewerbeerträge getrennt zu ermitteln sind (eingeschränkte Einheitstheorie).[101]

Die Organgesellschaft verliert durch diese gewerbesteuerliche Betriebsstättenfiktion somit nur ihre persönliche, nicht jedoch auch die sachliche Gewerbesteuerpflicht. Das gewerbesteuerliche Organschaftsverhältnis führt lediglich dazu, dass die persönliche Gewerbesteuerpflicht der Organgesellschaft für die Dauer der Organschaft dem Organträger zugerechnet wird; nur der Organträger ist nach § 5 GewStG Steuerschuldner der Gewerbesteuer. Der einheitliche Gewerbesteuermessbetrag für die zum Organkreis gehörenden Gewerbebetriebe der Organgesellschaft und des Organträgers ist danach allein nur gegenüber dem Organträger festzustellen. Um den für die Festsetzung des Steuermessbetrages relevanten Gewerbeertrag des Organkreises zu ermitteln, sind die vorab getrennt ermittelten Gewerbeerträge des Organträgers und der Organgesellschaft zusammenzurechnen und die Summe um die sich aufgrund der Zusammenrechnung etwa ergebenden steuerlichen Doppelbelastungen oder ungerechtfertigter Entlastungen zu korrigieren.[102] Die sachliche Gewerbesteuerpflicht der Organgesellschaft geht bei der Begründung der Organschaft weder unter, noch entsteht sie nach Beendigung der Organschaft wieder neu.

Wechselt bei einer Organgesellschaft der Organträger, liegt darin kein erneuter oder wiederholter Beginn der sachlichen Gewerbesteuerpflicht der Organgesellschaft.[103]

---

100 § 2 Abs. 2 Satz 2 GewStG; § 14 KStG.
101 U.a. BFH v. 17.02.1972, IV R 17/68, BStBl II 1972, 582; BFH v. 22.04.1998, I R 109/97, BStBl II 1998, 748; BFH v. 30.01.2002, I R 73/01, BStBl II 2003, 354.
102 BFH v. 27.06.1990, I R 183/85, BStBl II 1990, 916; Abschn. 14 Abs. 1 GewStR 1998.
103 BFH v. 16.02.1977, I R 183/74, BStBl II 1977, 560.

1

VI.   Begriff des wirtschaftlichen Geschäftsbetriebs

24   Betätigen sich juristische Personen des privaten Rechts, die nicht in § 2 Abs. 2 S. 1 GewStG genannt sind, sowie nicht-rechtsfähige Vereine im Rahmen eines wirtschaftlichen Geschäftsbetriebs außerhalb der Land- und Forstwirtschaft, werden sie mit dieser Tätigkeit gem. § 2 Abs. 3 GewStG gewerbesteuerpflichtig.

Der Begriff des wirtschaftlichen Geschäftsbetriebs ist in § 14 AO bestimmt. Danach ist ein wirtschaftlicher Geschäftsbetrieb eine selbständige nachhaltige Tätigkeit, durch die Einnahmen oder andere wirtschaftliche Vorteile erzielt werden und die über den Rahmen einer Vermögensverwaltung hinausgeht; die Absicht, Gewinne zu erzielen, ist nicht erforderlich.[104]

Im Unterschied zur Legaldefinition der gewerblichen Tätigkeit unter § 15 Abs. 2 EStG ist beim wirtschaftlichen Geschäftsbetrieb neben der nicht vorausgesetzten Gewinnerzielungsabsicht auch eine Teilnahme am allgemeinen wirtschaftlichen Verkehr nicht erforderlich. Im Übrigen stimmen die Tatbestandsmerkmale des wirtschaftlichen Geschäftsbetriebs materiell jedoch weitgehend mit den Anforderungen des § 15 Abs. 2 EStG überein. Lediglich im Rahmen des Erfordernisses der „Selbständigkeit" der Betätigung muss aufgrund der Besonderheit des wirtschaftlichen Geschäftsbetriebs als Unternehmensteil der (sonstigen) juristischen Person bzw. des nicht-rechtsfähigen Vereins zusätzlich eine sachliche Abgrenzbarkeit vom nicht gewerblichen, steuerbegünstigten Wirkungsbereich vorliegen.[105]

Es ist im Einzelfall möglich, dass eine unter § 2 Abs. 3 GewStG fallende sonstige juristische Person oder ein nicht-rechtsfähige Verein in ihrem/seinem jeweiligen Unternehmen mehrere unterschiedliche wirtschaftliche Geschäftsbereiche unterhält. Ob bei diesen unterschiedlichen Betätigungen dabei ein einheitlicher oder eine Vielzahl wirtschaftlicher Geschäftsbetriebe vorliegt, ist danach zu beurteilen, ob diese sich vom Inhalt und Umfang her gegenseitig bedingen und derart miteinander verflochten sind, dass der gesamte Betrieb nach der Verkehrsanschauung als einheitlicher Betrieb anzusehen ist.[106]

Die sachliche Gewerbesteuerpflicht bezieht sich auch beim Vorliegen mehrerer wirtschaftlicher Geschäftsbetriebe nicht auf jeden einzelnen Geschäftsbereich. Nach § 8 GewStDV gelten auch mehrere wirtschaftliche Geschäftsbetriebe als sachlich einheitlicher Gewerbebetrieb. Aufgrund dieses zutreffenden Grundverständnisses können daher auch in Einzeljahren auf Ebene eines wirtschaftlichen Geschäftsbetriebs anfallende Verluste mit positiven Ergebnissen anderer Geschäftsbereiche, im einheitlichen Gewerbebetrieb des § 2 Abs. 3 GewStG, ausgeglichen werden.

Die sachliche Gewerbesteuerpflicht des § 2 Abs. 3 GewStG erfasst nicht die Körperschaften des öffentlichen Rechts, nicht-rechtsfähige Stiftungen und Zweckvermögen sowie sonstige nicht-rechtsfähige Personenzusammenschlüsse; bei diesen richtet sich die sachliche Gewerbesteuerpflicht nach den Voraussetzungen der Regelungen unter § 2 Abs. 1 S. 2, Abs. 2 GewStG.[107]

Die Steuerpflicht beginnt bei den sonstigen juristischen Personen des privaten Rechts und den nichtrechtsfähigen Vereinen mit der Aufnahme des wirtschaftlichen Geschäftsbetriebs.[108]

---

104 Abschn. 15 Abs. 1 Satz 7 GewStR.
105 BFH v. 18.01.1984, I R 138/79, BStBl II 1984, 451.
106 FG Niedersachsen v. 11.10.1990, VI 604/88 mit Verweis auf BFH v. 09.08.1983, VIII R 92/83, BStBl II 1984, 129.
107 Abschn. 15 Abs. 4, Abschn. 17 GewStR 1998.
108 Abschn. 18 Abs. 3 GewStR.

D. Beginn der Gewerbesteuerpflicht

I. Einzelunternehmen und Personengesellschaften

Die Gewerbesteuerpflicht von Einzelunternehmen und Personengesellschaften beginnt mit der **25** Aufnahme der werbenden Tätigkeit. Dies ist aus gewerbesteuerrechtlicher Sicht in dem Zeitpunkt erfolgt, in dem erstmals alle Voraussetzungen des § 15 Abs. 2 EStG erfüllt sind, die zur Annahme eines laufenden bzw. lebenden Gewerbebetriebs erforderlich sind, und in dem der Gewerbebetrieb auch tatsächlich in Gang gesetzt wurde („Rollladen rauf").[109] Ein Gewerbebetrieb ist nach § 15 Abs. 2 EStG die selbständige nachhaltige Betätigung, die mit der Absicht Gewinn zu erzielen unternommen wird und sich als Beteiligung am allgemeinen wirtschaftlichen Verkehr darstellt, die weder als Ausübung von Land- und Forstwirtschaft noch von selbständiger Arbeit oder eines freien Berufes anzusehen ist und den Rahmen privater Vermögensverwaltung überschreitet.[110] Soweit die Voraussetzungen im Übrigen gegeben sind, liegt ein Gewerbebetrieb auch dann vor, wenn das Streben nach Gewinn (Gewinnabsicht) nur ein Nebenzweck ist.[111] Diese Rechtsgrundsätze gelten gleichermaßen für Einzelgewerbetreibende wie für Personengesellschaften, und zwar unabhängig von der Rechtsform ihrer Gesellschafter.[112] Bei Unternehmen, die im Handelsregister einzutragen sind, ist dabei der Zeitpunkt der Eintragung im Handelsregister ohne Bedeutung für den Beginn der Gewerbesteuerpflicht.[113]

Das Hauptproblem in der Anfangsphase neu gegründeter Unternehmen liegt regelmäßig im Bereich der Teilnahme am allgemeinen wirtschaftlichen Verkehr, die für Zwecke der Gewerbesteuer eine so genannte „werbende Tätigkeit" erfordert. Der Zeitpunkt des Beginns der werbenden Tätigkeit kann nicht generell und einheitlich definiert werden. Er ist vielmehr unter Berücksichtigung der Verkehrsauffassung nach den jeweiligen Umständen des Einzelfalls zu ermitteln und ist für die verschiedenen Betriebsarten unterschiedlich zu bestimmen.[114]

Erst mit dem Eintritt der Leistungs- bzw. Lieferfähigkeit können gewerbesteuerliche Erträge aus einem laufenden Betrieb erwirtschaften werden.[115] Hierfür muss der Unternehmer mit seiner eigenen gewerblichen Tätigkeit begonnen haben (z.B. Aufnahme der Produktion) oder er muss die entsprechenden Leistungen am Markt anbieten, wobei er auch in der Lage sein muss, die entsprechenden Leistungen durchzuführen. Bei einem Leasingunternehmen beginnt die sachliche Gewerbesteuerpflicht daher grundsätzlich auch nicht bereits mit der Beschaffung des Leasinggegenstandes, auch wenn der Leasinggegenstand vom Leasingnehmer erworben wird.[116]

Entscheidend ist, zu welchem Zeitpunkt die Voraussetzungen für die Beteiligung am allgemeinen wirtschaftlichen Verkehr tatsächlich erfüllt sind, so dass sich das Unternehmen mit eigenen gewerblichen Leistungen an diesem werbend betätigen kann.

---

109 Abschn. 18 Abs. 1 GewStR.
110 Abschn. 11 Abs. 1 GewStR; u.a. BFH v. 17.01.1973, I R 191/72, BStBl II 1973, 260; BFH v. 30.01.1981, III R 116/79, BStBl II 1981, 560; BFH v. 17.04.1986, IV R 100/84, BStBl II 1986, 527; BFH v. 15.01.1998, IV R 8/97, BStBl II 1998, 478.
111 BFH v. 17.01.1973, I R 191/72, BStBl II 1973, 260.
112 BFH v. 05.03.1998, IV R 23/97, BStBl II 1998, 745.
113 Abschn. 18 Abs. 1 Satz 4 GewStR; BFH v. 05.03. 1998, IV R 23/97, BStBl II 1998, 745.
114 BFH v. 05.03.1998, IV R 23/97, BStBl II 1998, 745 m.w.N.
115 BFH v. 22.11.1994, VIII R 44/92, BStBl II 1995, 900.
116 BFH v. 05.03.1998, IV R 23/97, BStBl II 1998, 745.

1

Die Beteiligung am wirtschaftlichen Verkehr erfordert eine Tätigkeit, die gegen Entgelt an den Markt gebracht und für Dritte äußerlich erkennbar angeboten wird.[117] Bloße Vorbereitungshandlungen begründen - im Unterschied zum Einkommensteuerrecht - die Steuerpflicht noch nicht, da die Gewerbesteuer als Objektsteuer nur den laufenden Geschäftsbetrieb ohne Aufbau- und Liquidationsphasen erfassen will.[118] Reine Vorbereitungshandlungen sind z.B. die Anmietung eines Geschäftslokals, das erst hergerichtet werden muss, oder die Errichtung eines Fabrikgebäudes, in dem eine Warenherstellung aufgenommen werden soll. Ist im jeweiligen Einzelfall aufgrund der Art der ausgeübten Tätigkeit keine Betriebsstätte oder ein Geschäftslokal erforderlich, kann für die Aufnahme einer werbenden Tätigkeit auch schon an Werbemaßnahmen oder an die Aufnahme von Kundenbesuchen angeknüpft werden.[119] In Einzelfällen kann auch das Leistungsangebot an nur einen Partner genügen.[120]

Weiterhin muss die ausgeübte Tätigkeit nachhaltig erbracht werden. Nachhaltig ist eine Tätigkeit, wenn sie auf Wiederholung angelegt ist, d.h. wenn sie von der Absicht getragen wird, sie zu wiederholen, daraus eine ständige Erwerbsquelle zu machen und wenn eine solche Wiederholung auch tatsächlich stattfindet.[121] Ist der Steuerpflichtige über eine gewisse Zeitspanne mit Aufträgen ausgelastet, wird die Tätigkeit als nachhaltig ausgeübt anzusehen sein. Ebenfalls spricht auch ein für Dritte erkennbarer Außenauftritt für eine Nachhaltigkeit der jeweiligen Tätigkeit.[122]

26   Die mit Einkünfteerzielungsabsicht unternommene Tätigkeit einer gewerblich geprägten Personengesellschaft gilt nach § 15 Abs. 3 Nr. 2 EStG in vollem Umfang als Gewerbebetrieb und unterliegt nach § 2 Abs. 1 GewStG der sachlichen Gewerbesteuerpflicht, obwohl sie keine originär gewerblichen Einkünfte erzielt. Voraussetzung für den Beginn der Gewerbesteuerpflicht ist hier nicht die Verwirklichung der Tatbestandsmerkmale des § 15 Abs. 2 EStG, sondern die Aufnahme einer werbenden Tätigkeit, die mit der Absicht vorgenommen wird, daraus positive Einkünfte zu erzielen.[123] Demnach kommt es auch nicht darauf an, ob möglicherweise eine Teilnahme am allgemeinen wirtschaftlichen Verkehr fehlt.[124] Was als werbende Tätigkeit anzusehen ist, richtet sich nach dem von der Gesellschaft verfolgten Gegenstand ihrer Tätigkeit. Als Indiz kann auf den im Gesellschaftsvertrag beschriebenen Gegenstand des Unternehmens zurückgegriffen werden, letztlich maßgeblich ist jedoch die tatsächlich ausgeübte Tätigkeit. Eine werbende Tätigkeit kann z.B. durch den Abschluss eines Vertrags über die Vermietung von Wirtschaftsgütern oder bei der Anlage von Geld beginnen.[125] Der Beginn der werbenden Tätigkeit ist – wie bei anderen Unternehmen – auch bei der gewerblich geprägten Personengesellschaft von bloßen Vorbereitungshandlungen abzugrenzen.[126]

II.   Kapitalgesellschaften

27   Die Tätigkeit der Kapitalgesellschaften, der Erwerbs- und Wirtschaftsgenossenschaften und der Versicherungs- und Pensionsfondsvereine auf Gegenseitigkeit gilt nach § 2 Abs. 2 GewStG stets

---

117 BFH v. 09.07.1986, I R 85/83, BStBl II 1986, 851; BFH v. 08.03.1989, X R 108/87, BStBl II 1989, 572 m.w.N.
118 U.a. BFH v. 09.12.1960, IV 262/60, HFR 1961, 52; BFH v. 17.04.1986, IV R 100/84, BStBl II 1986, 527; BFH v. 22.11.1994, VIII R 44/92, BStBl II 1995, 900; BFH v. 15.01.1998, IV R 8/97, BStBl II 1998, 478.
119 Glanegger/Güroff, § 2 Rn 217.
120 BFH v. 03.11.1982, I R 39/80, BStBl II 1983, 182; BFH v. 08.03.1989, X R 108/87, BStBl II 1989, 572.
121 BFH v. 19.11.1985, VIII R 104/85, BStBl II 1986, 424.
122 BFH v. 09.07.1986, I R 85/83, BStBl II 1986, 851.
123 OFD Kiel v. 09.03.1999, G-1400 A - St 141.
124 BFH v. 20.11.2003, IV R 5/02, BStBl II 2004, 464.
125 U.a. Wacker in: Schmidt, § 15 Rn 232; BFH v. 20.11.2003, IV R 5/02, BStBl II 2004, 464.
126 OFD Kiel, Verfügung v. 09.03.1999, G-1400 A - St 141.

und in vollem Umfang als Gewerbebetrieb. Die Gewerbesteuerpflicht ist bei diesen Unternehmen nur an die Rechtsform geknüpft. Dies hat zur Folge, dass nicht nur eine gewerbliche Tätigkeit, sondern jegliche Tätigkeit überhaupt die Gewerbesteuerpflicht der Gesellschaft auslöst. § 2 Abs. 2 Satz 1 GewStG qualifiziert die Tätigkeit einer Kapitalgesellschaft als Gewerbebetrieb, ohne dies von der Voraussetzung abhängig zu machen, dass die Tätigkeit unter eine der sieben Einkunftsarten fällt.[127]

Die Steuerpflicht kraft Rechtsform beginnt bei Kapitalgesellschaften mit der Eintragung der Gesellschaft im zuständigen Handelsregister der Gesellschaft, bei Erwerbs- und Wirtschaftsgenossenschaften mit der Eintragung ins Genossenschaftsregister und bei Versicherungs- und Pensionsvereinen auf Gegenseitigkeit mit der aufsichtsbehördlichen Erlaubnis zum Geschäftsbetrieb. Von diesem Zeitpunkt an kommt es auf die Art und den Umfang der originär ausgeübten Tätigkeit nicht mehr an.[128] Für die Gewerbesteuerpflicht von Kapitalgesellschaften genügt insofern auch eine reine Vermögensverwaltung oder eine freiberufliche Tätigkeit.[129]

Die Gewerbesteuerpflicht kann bei den genannten Gesellschaftsformen allerdings auch schon vor ihrer Eintragung im Handelsregister beginnen. Dies ist dann der Fall, wenn bereits die Vor-Kapitalgesellschaft (z.B. die Vor-GmbH) oder die Vor-Gründungsgesellschaft durch eine werbende Tätigkeit nach außen auftritt und laufende Geschäftshandlungen nachhaltig aufnimmt.[130] Die nach außen tätig gewordene Vor-Kapitalgesellschaft bildet zusammen mit der später im Handelsregister eingetragenen Kapitalgesellschaft aus gewerbesteuerlicher Sicht einen einheitlichen Steuergegenstand.[131] Der Abschluss des Gesellschaftsvertrages allein begründet bei einer im Handelsregister noch nicht eingetragenen Kapitalgesellschaft nicht den Beginn der Gewerbesteuerpflicht.[132] Auch die reine Verwaltung eingezahlter Teile des Stammkapitals, worunter insbesondere dessen verzinsliche Anlage zu verstehen ist, löst die Gewerbesteuerpflicht einer Kapitalgesellschaft noch nicht aus.[133] Durch die Verwaltung des Stammkapitals würde die Gewerbesteuerpflicht nur ausgelöst, soweit die GmbH die Vermögensverwaltung als Unternehmensgegenstand hat und insofern bereits nach außen auftritt.

Gesellschaftsrechtlich ist zwischen der Vorgründungsgesellschaft, der Vorgesellschaft und der eingetragenen Kapitalgesellschaft zu unterscheiden. Als Vorgesellschaft bezeichnet man die errichtete, aber noch nicht eingetragene Kapitalgesellschaft, d. h. die Kapitalgesellschaft im Gründungsstadium. Die Vorgesellschaft setzt also den Abschluss des notariellen Gesellschaftsvertrages voraus. Die Vorgründungsgesellschaft ist dagegen i.d.R. eine Gesellschaft bürgerlichen Rechts oder eine Offene Handelsgesellschaft, deren Zweck in der gemeinsamen Errichtung einer Kapitalgesellschaft besteht. Die Vorgründungsgesellschaft betrifft den Zeitraum bis zum Abschluss des notariellen Gesellschaftsvertrages. Die Vorgründungsgesellschaft ist weder mit der Vorgesellschaft noch mit der später entstehenden Kapitalgesellschaft identisch. Rechte und Verbindlichkeiten gehen deshalb nicht automatisch von der Vorgründungsgesellschaft mit dem Abschluss des Gesellschaftsvertrages auf die Vorgesellschaft und später mit der Eintragung der Kapitalgesellschaft auf diese über. Sie müssen vielmehr einzeln übertragen bzw. übernommen werden. Beteiligt sich bereits die Vorgründungsgesellschaft mit einer gewerblichen Tätigkeit am allgemeinen wirtschaftlichen Verkehr, ist dieses als Mitunternehmerschaft betriebenes Unternehmen Gegenstand der Gewerbesteuer.

28

---

127 BFH v. 22.08.1990, I R 77/68, BStBl II 1991, 250.
128 Abschn. 18 Abs. 2 GewStR.
129 RFH v. 13.12.1938, I 427/38, BStBl 1939, 543; BFH v. 16.02.1977, I R 244/74, BStBl II 1977, 561.
130 Abschn. 18 Abs. 2 GewStR.
131 Abschn. 18 Abs. 2 S. 9 GewStR, BFH v. 08.04.1960, III 129/57, BStBl III 1960, 319.
132 BFH v. 08.04.1960, III 129/57, BStBl III 1960, 319.
133 BFH v. 18.07.1990, I R 98/87, BStBl II 1990, 1073.

1

III.   Besonderheiten

29   Unterliegt ein Gewerbebetrieb in Teilen oder insgesamt nach § 3 GewStG einer Befreiung von der Gewerbesteuer und entfällt der Grund für diese Befreiung, beginnt die Gewerbesteuerpflicht an dem Tag an dem der Befreiungsgrund entfällt[134].

30   Geht ein Unternehmen im Ganzen auf einen anderen Steuerpflichtigen über (Unternehmerwechsels), gilt der Betrieb mit dem Übergang als durch den bisherigen Unternehmer eingestellt und durch den anderen Unternehmer als neu gegründet, soweit das Unternehmen nicht mit einem bereits bestehenden Gewerbebetrieb vereinigt wird (§ 2 Abs. 5 GewStG); der übernehmende Unternehmer ist ab dem Zeitpunkt des Übergangs Schuldner der Gewerbesteuer (§ 5 Abs. 2 GewStG).

31   Die Eröffnung eines gewerblichen Betriebs oder einer Betriebsstätte ist nach § 138 Abs. 1 und 3 AO und § 14 GewO der Gemeinde (Gewerbeamt) anzuzeigen, in der der Betrieb oder die Betriebsstätte eröffnet wird.[135] Die Anzeigepflicht gilt auch für die Fälle des Inhaberwechsels. Die Anzeige hat für den jeweiligen Einzelfall innerhalb eines Monats auf amtlich vorgeschriebenem Vordruck zu erfolgen. Das nach § 22 Abs. 2 AO zuständige Finanzamt wird durch die Gemeinde von dem Inhalt der Meldung informiert.

E.   Ende der Gewerbesteuerpflicht

I.   Einzelunternehmen und Personengesellschaften

32   Geht ein Gewerbebetrieb im Ganzen auf einen anderen Unternehmer über (Unternehmerwechsels), gilt der Betrieb mit dem Übergang als durch den bisherigen Unternehmer eingestellt (§ 2 Abs. 5 GewStG); dieser bleibt für die Zeit bis zum Übergang Steuerschuldner (§ 5 Abs. 2 GewStG). Der Zeitpunkt des Übergangs (Unternehmerwechsel) wird als Zeitpunkt der Einstellung und als Zeitpunkt der Neugründung des Gewerbebetriebs angesehen.[136]

Der Gewerbebetrieb gilt als durch den anderen Unternehmer neu gegründet, soweit er nicht mit einem bereits bestehenden Gewerbebetrieb vereinigt wird. Für den Betriebsübergang im Ganzen ist es dabei unerheblich, ob dieser entgeltlich (Betriebsveräußerung), unentgeltlich (Betriebsübertragung) oder durch Einzel- oder Gesamtrechtsnachfolge vollzogen wird.[137] Eine Betriebsveräußerung im Ganzen liegt vor, wenn der Betrieb mit seinen wesentlichen Grundlagen und unter Aufrechterhaltung des geschäftlichen Organismus auf einen Erwerber übergeht.[138]

Ein Gewerbebetrieb geht nicht im Ganzen auf einen anderen Unternehmer über, solange ihn mindestens einer der bisherigen Unternehmer unverändert fortführt.[139] Dies kann der Fall sein, wenn aus einer Personengesellschaft im Sinne des § 15 Abs. 3 EStG einzelne oder alle Gesellschafter bis auf einen ausscheiden oder neue hinzutreten oder wenn ein Einzelunternehmen durch die Aufnahme von einem oder mehreren Gesellschaftern in eine Personengesellschaft umgewandelt wird. In solchen Fällen besteht die sachliche Gewerbesteuerpflicht des Unternehmens fort; § 2 Abs. 5 GewStG findet keine Anwendung.

---

134 Abschn. 18 Abs. 4 GewStR, RFH v. 23.02.1943, I 117/42, RStBl. 1943, 801.
135 Abschn. 10 GewStR.
136 Abschn. 20 Abs. 1 GewStR.
137 Lenski/Steinberg, § 2 Rn 1539.
138 BFH v. 03.10.1984, I R 116/81, BStBl II 1985, 131.
139 Abschn. 20 Abs. 2 GewStR.

Bei einer (teil-) entgeltlichen Betriebsveräußerung im Ganzen bleibt das Veräußerungsergebnis bei der Ermittlung des Gewerbeertrags außer Ansatz. Korrespondierend zu den Vorbereitungshandlungen bei der Eröffnung des Gewerbebetriebs sind auch die Veräußerungsvorgänge von dem laufenden gewerbesteuerpflichtigen Betrieb abzugrenzen, da sie nicht mehr der Gewerbesteuerpflicht unterliegen.[140] Es soll nur die gewerbliche Tätigkeit, nicht aber ihre Abwicklung der Gewerbesteuer unterworfen werden. Abweichend hiervon unterliegt ein Veräußerungsgewinn bzw. ein Veräußerungsverlust jedoch als laufendes Ergebnis der Gewerbesteuer, soweit auf der Seite des Veräußerers und auf der Seite des Erwerbers dieselben Personen Mitunternehmer sind (§ 16 Abs. 2 Satz 3 EStG).

Eine unentgeltliche Betriebsübertragung erfordert, dass alle wesentlichen Teile des Betriebsvermögens übertragen werden.[141] Die wesentlichen Betriebsgrundlagen müssen dabei durch einen einheitlichen Übertragungsakt übergehen, wobei zwischen den einzelnen Übertragungsvorgängen ein zeitlicher und sachlicher Zusammenhang bestehen muss. Sofern eine Übertragung der Betriebsgrundlagen durch mehrere Akte vollzogen und abgewickelt wird, müssen diese auf einem einheitlichen Willensentschluss beruhen.[142] Bei einer unentgeltlichen Betriebsübertragung sind die Übertragungsvorgänge entsprechend zur Behandlung der Betriebsveräußerung nicht mehr dem zum laufenden Gewerbeertrag des Übertragenden zuzurechnen; diese unterliegen daher nicht mehr der Gewerbesteuer.[143] Werden nicht die wesentlichen Grundlagen eines Betriebs, sondern nur Teile des Betriebsvermögens (unentgeltlich) übertragen und andere Wirtschaftsgüter in das Privatvermögen übernommen, so liegt zwar kein Betriebsübergang im Ganzen, wohl aber eine Aufgabe des Gewerbebetriebs im Sinne des § 16 Abs. 3 EStG vor.[144]

Geht lediglich ein Teilbetrieb[145] eines Unternehmens auf einen anderen Unternehmer über, liegt beim bisherigen Unternehmer keine Einstellung des Gewerbebetriebs vor.[146] Bei Einzelgewerbetreibenden und Personengesellschaften endet die sachliche Gewerbesteuerpflicht mit der tatsächlichen Einstellung des Betriebs.[147]

Die Betriebsaufgabe erfordert den Entschluss des Steuerpflichtigen in Form einer Willensentscheidung oder einer Handlung, den Betrieb als selbständigen Organismus nicht mehr in seiner bisherigen Form bestehen zu lassen. Die werbende Tätigkeit und damit die Teilnahme am allgemeinen wirtschaftlichen Verkehr werden eingestellt. Eine explizite Aufgabeerklärung gegenüber dem Finanzamt ist nicht erforderlich.[148] Die Einstellung der bisherigen betrieblichen Tätigkeit darf nicht nur vorübergehend sein (z.B. Saisonbetrieb), da dies lediglich zu einer Betriebsunterbrechung nach § 2 Abs. 4 GewStG führt, die die Gewerbesteuerpflicht nicht beendet. Nicht erforderlich ist, dass die Einstellung für alle Zeiten erfolgt. Eine Betriebseinstellung für eine gewisse Dauer wie z.B. die Verpachtung eines Gewerbebetriebs ist bereits ausreichend.[149]

---

140 Abschn. 38 Abs. 3 i.V.m. Abschn. 39 Abs. 1 GewStR.
141 BFH v. 07.08.1979, VIII R 153/77, BStBl II 1980, 181.
142 BFH v. 12.04.1989, I R 105/85, BStBl II 1989, 653; Lenski/Steinberg, § 2 Rn 1566.
143 Lenski/Steinberg, § 2 Rn 1565.
144 BFH v. 27.07.1961; IV 295/60 U, BStBl III 1961, 514; Lenski/Steinberg, § 2 Rn 1566.
145 Ein Teilbetrieb ist ein organisch geschlossener, mit einer gewissen Selbständigkeit ausgestatteter Teil eines Gesamtbetriebs, der - für sich betrachtet - alle Merkmale eines Betriebs im Sinn des EStG aufweist und als solcher lebensfähig ist. Vgl. u.a. BFH v. 12.04.1989, I R 105/85, BStBl II 1989, 653.
146 Abschn. 20 Abs. 3 GewStR.
147 Abschn. 19 Abs. 1 GewStR; u.a. RFH v. 20.11.1940, VI 330/40, RStBl. 1941, 225.
148 BFH v. 28.09.1995, IV R 39/94, BStBl II 1996, 276; BFH v. 17.04.1997, VIII R 2/95, BStBl II 1998, 288; BFH v. 03.06.1997, IX R 2/95, BStBl II 1998, 272.
149 Abschn. 19 Abs. 1 GewStR.

1

Eine werbende Tätigkeit liegt nicht mehr vor, wenn nur noch notwendige Abwicklungsarbeiten, die bloße Versilberung vorhandener Werte oder die Einziehung einzelner rückständiger Forderungen aus der Zeit vor der Betriebseinstellung stattfinden. Dagegen liegt keine Einstellung der werbenden Tätigkeit vor, solange verkaufte Waren noch ausgeliefert werden.[150] Wird die betriebliche Tätigkeit nicht ausgeübt, bedeutet dies jedoch nicht immer die tatsächliche Einstellung des Betriebs.

Ergibt sich aus der Art des betrieblichen Zustandes, dass das Unternehmen sich weiter betätigt, um Erträge zu erzielen, ist eine Fortsetzung des Betriebs anzunehmen, auch wenn dieser bereits früher, rein äußerlich betrachtet, eingestellt erscheint. Dies ist z.B. der Fall, wenn das Unternehmen aufgrund abgeschlossener Verträge noch die Möglichkeit hat, neue Geschäftsabschlüsse zu tätigen und daraus Erträge zu erzielen. Ob der Betrieb eingestellt ist, hängt demnach nicht nur von den äußerlichen Eindrücken wie z.B. die Entlassung des Personals, die Einstellung des Einkaufs, dem Verkauf der Waren oder der Aufgabe des Geschäftslokals, sondern ebenfalls von den internen Vorgängen ab. Die Entscheidung, ob eine Betriebseinstellung vorliegt, ist nach den tatsächlichen Verhältnissen zu treffen.[151] Gegen eine Betriebsaufgabe können z.B. die Beendigung der gewerblichen Tätigkeit an einem Ort und die zeitnahe Neuaufnahme der gleichen Tätigkeit in räumlicher Nähe zum bisherigen Betriebssitz sprechen.[152] Auch die Beendigung einer Handelsvertretung und die anschließende Übernahme einer anderen Handelsvertretung werden von der Rechtsprechung i.d.R. als Fortführung der bisherigen Tätigkeit angesehen.[153]

Wird ein Teilbetrieb aufgegeben, übertragen oder veräußert, endet die sachliche Gewerbesteuerpflicht für den selbständigen Betriebsteil „Teilbetrieb". Insgesamt liegt beim bisherigen Unternehmer keine Einstellung des Gewerbebetriebs vor, es kommt nur zu einer Einschränkung der sachlichen Gewerbesteuerpflicht.[154]

Die sachliche Gewerbesteuerpflicht endet ferner in den Fällen der Veräußerung, Übertragung oder Aufgabe eines Mitunternehmeranteils. Ein entsprechender Veräußerungs- oder Aufgabegewinn gehört nach § 7 Satz 2 GewStG nicht zum Gewerbeertrag soweit er auf eine natürliche Person als unmittelbar beteiligten Mitunternehmer entfällt.[155]

II.   Kapitalgesellschaften

33   Die Tätigkeit der Kapitalgesellschaften, Erwerbs- und Wirtschaftsgenossenschaften und Versicherungs- und Pensionsfondsvereine auf Gegenseitigkeit gilt nach § 2 Abs. 2 GewStG stets und in vollem Umfang als Gewerbebetrieb. Anders als bei Einzelunternehmen und Personengesellschaften erlischt daher die Gewerbesteuerpflicht bei Kapitalgesellschaften und den anderen Unternehmen im Sinne des § 2 Abs. 2 GewStG nicht bereits mit dem Aufhören der gewerblichen Betätigung, sondern mit dem Vollbeendigung der Gesellschaft. Dies ist grundsätzlich der Zeitpunkt, in dem das Vermögen an die Gesellschafter verteilt wird.[156]

---

150 FG Hamburg v. 11.07.2001, VI 46/00.
151 RFH v. 19.93.1941, VI 455/40, RStBl. 1941, 386; RFH v. 14.05.1941, VI 149/41, RStBl. 1941, 698.
152 BFH v. 03.10.1984, I R 116/81, BStBl 1985, 131.
153 BFH v. 09.10.1996, XI R 71/95, BStBl II 1997, 236.
154 Abschn. 20 Abs. 3 GewStR 1998.
155 Vgl. ausführlich § 3.
156 Abschn. 19 Abs. 3 GewStR 1998.

Die Gewerbesteuerpflicht bleibt bestehen, solange die Gesellschaft ihr Vermögen verwaltet und ihre Abwicklung durchführt. Werden bei der Verteilung des Vermögens an die Gesellschafter noch Vermögensbeträge einbehalten, die zur Begleichung von Schulden dienen, bleibt die Gesellschaft gewerbesteuerpflichtig, bis sämtliche Verbindlichkeiten ausgeglichen sind. Das gilt allerdings dann nicht, wenn es sich bei den Verbindlichkeiten um Steuerverpflichtungen handelt, die erst nach Beendigung der Abwicklung festgesetzt werden können.[157]

Für die Beendigung der Gewerbesteuerpflicht kommt es entscheidend darauf an, wann die Abwicklung der Gesellschaft abgeschlossen ist. Ob die Löschung im Handelsregister bereits hätte vorgenommen werden können, ist dabei unerheblich.[158]

Die Eröffnung eines Insolvenzverfahrens berührt die Gewerbesteuerpflicht nicht.[159] Entsprechend zu den Fällen einer „regulären" Liquidation der Gesellschaft erlischt die Gewerbesteuerpflicht bei Insolvenz erst dann, wenn der Abwicklungszeitraum abgeschlossen und die förmliche Beendigung des Insolvenzverfahrens erfolgt ist, also mit der letzten Handlung, die der Abwicklung der Gesellschaft dient. Wird die förmliche Beendigung des Insolvenzverfahrens nur dadurch gehindert, dass die Höhe der Steuern, die erst nach Ablauf des Abwicklungszeitraums festgesetzt werden können, noch nicht bekannt ist, gilt der Abwicklungszeitraum als abgeschlossen und die Gewerbesteuerpflicht als beendet.[160]

34

III.   Besonderheiten

1.   Betriebsaufspaltung

Bei einer Betriebsaufspaltung endet die Gewerbesteuerpflicht des Besitzunternehmens, wenn die Voraussetzungen für eine personelle und/oder sachliche Verflechtung entfallen.

35

Die Eröffnung des Insolvenzverfahrens über das Vermögen der Betriebsgesellschaft führt regelmäßig zur Beendigung der personellen Verflechtung und damit zum Ende der Betriebsaufspaltung. Die personelle Verflechtung endet, da der Insolvenzverwalter nach § 81 InsO die alleinige Verwaltungs- und Verfügungsbefugnis über das Gesellschaftsvermögen erlangt.[161]

Beendet die Betriebsgesellschaft ihre werbende Tätigkeit endgültig, führt dies ebenfalls zur Beendigung der Betriebsaufspaltung. Für die Besitzgesellschaft muss dies jedoch nicht zwangsläufig zur Aufgabe des Gewerbebetriebs und damit zum Ende der Gewerbesteuerpflicht führen; es kann auch lediglich eine Betriebsunterbrechung vorliegen. Dies ist z.B. der Fall, wenn die Besitzgesellschaft die Absicht hat und objektiv in der Lage ist, „ihre" gewerbliche Tätigkeit mit einer anderen Betriebsgesellschaft wieder aufzunehmen oder wenn der von der Betriebsgesellschaft geführte Gewerbebetrieb von der Besitzgesellschaft selbst identitätswahrend übernommen und fortgeführt wird. In diesen Fällen ist, soweit keine Aufgabeerklärung vorliegt, von einer Betriebsunterbrechung und nicht von einer Betriebsaufgabe auszugehen.[162]

157 Abschn. 19 Abs. 5 GewStR; RFH v. 12.12.1939, I 342/39, RStBl. 1940, 435; BFH v. 13.11.1962, I 262/60 U, BStBl III 1963, 69.
158 RFH v. 12.12.1939, I 342/39, RStBl. 1940, 435.
159 § 4 Abs. 2 GewStDV.
160 Abschn. 19 Abs. 5 Satz 8 GewStR; RFH v. 05.03.1940, I 40/40, RStBl. 1940, 476.
161 BFH v. 06.03.1997, XI R 2/96, BStBl II 1997, 460.
162 BFH v. 14.03.2006, VIII R 80/03, BFHE 212, 541.

1

2.   Betriebsverpachtung

36   Die Verpachtung eines Gewerbebetriebs im Ganzen oder die Verpachtung eines Teilbetriebs wird im Einkommen- und Gewerbesteuerrecht unterschiedlich behandelt. Für die Einkommensteuer hat der Unternehmer ein Wahlrecht, ob er - unter Aufdeckung der stillen Reserven - Einkünfte aus Vermietung und Verpachtung oder weiterhin Einkünfte aus Gewerbebetrieb erzielen will.[163] Für die Gewerbesteuer erlischt die Steuerpflicht des Verpächters regelmäßig, da nicht absehbar ist, ob und wann der Unternehmer seine werbende Tätigkeit wieder aufnimmt und deshalb wieder sachlich steuerpflichtig wird.[164] Die Verpachtung eines Gewerbebetriebs im Ganzen oder eines Teilbetriebs ist grundsätzlich nicht als gewerbesteuerpflichtige Tätigkeit im Sinne eines „Gewerbebetriebs" anzusehen und unterliegt daher regelmäßig nicht der Gewerbesteuer.[165] Gewerbesteuerlich ist ein „werbender" Betrieb, an den die Gewerbesteuerpflicht anknüpft, nur beim Pächter, nicht dagegen beim Verpächter anzunehmen.[166] Die Verpachtung eines Betriebs oder eines Teilbetriebs ist regelmäßig auch keine Betriebsunterbrechung im Sinne des § 2 Abs. 4 GewStG, insbesondere wenn es sich um eine langjährige Verpachtung handelt.[167] Insofern steht die Betriebsverpachtung gewerbesteuerlich der Betriebsbeendigung gleich.

Bei der Verpachtung eines Betriebs oder eines Teilbetriebs erlischt die sachliche Gewerbesteuerpflicht nicht, soweit die Verpachtung innerhalb eines vom Verpächter noch selbst unterhaltenen Gewerbebetriebs vorgenommen wird.[168] Weiterhin erlischt die Gewerbesteuerpflicht nicht, wenn die Tätigkeit des Vermieters oder Verpächters während der Vertragsdauer über das bloße Vermieten oder Verpachten hinausgeht und eine laufende Verwaltungsarbeit von solchem Ausmaß darstellt, dass sie als laufende gewerbliche Betätigung des Eigentümers aufgefasst werden kann.[169] Eine derartige laufende Verwaltungstätigkeit wird insbesondere regelmäßig bei einer Verpachtung des ganzen Betriebsvermögens einschließlich Betriebsgebäuden, Maschinen und Anlagen erforderlich sein. Dies gilt im letzteren Fall vor allem dann, wenn der Verpächter die laufende Instandhaltung und Erneuerung der verpachteten Gegenstände des Betriebsvermögens vertraglich übernommen hat. Ein Anhaltspunkt für das Bestehen eines Gewerbebetriebs bei Verpachtung des ganzen Betriebs wird auch darin zu erblicken sein, dass neben dem Vorliegen der geforderten Voraussetzungen der Vermieter oder Verpächter auch nach außen als Gewerbetreibender oder Kaufmann auftritt und als solcher seine kaufmännischen Bücher fortführt.

3.   Organschaft

37   Da die sachliche Gewerbsteuerpflicht der Organgesellschaft während des Bestehens des gewerbesteuerlichen Organschaftsverhältnisses bestehen bleibt, begründet eine Beendigung der Organschaft kein Ende der Gewerbesteuerpflicht der Organgesellschaft.[170] Vielmehr lebt die persönliche Gewerbesteuerpflicht der Organgesellschaft wieder auf und es finden im Bezug auf das Ende der Gewerbesteuerpflicht der (ehemaligen) Organgesellschaft die allgemeinen, für Kapitalgesellschaften geltenden Grundsätze Anwendung.

---

163 R 16 (5) EStR.
164 Lenski/Steinberg, § 2 Rn 1676; Glanegger/Güroff, § 2 Rn 217; BFH v. 18.06.1998, IV R 56/97, BStBl II 1998, 735.
165 Abschn. 11 Abs. 3 GewStR.
166 RFH v. 24.03.1937, VI A 495/36, RStBl. 1937, 939; BFH v. 13.11.1963, GrS 1/63 S, BStBl III 1964, 124.
167 BFH v. 27.07.1961, IV 234/60 U, BStBl III 1961, 470.
168 RFH v. 24.03.1937, VI A 495/36, RStBl. 1937, 939; BFH v. 18.06.1998, IV R 56/97, BStBl II 1998, 735.
169 RFH v. 24.03.1937, VI A 495/36, RStBl. 1937, 939.
170 BFH v. 16.02.1977, I R 183/74, BStBl II 1977, 560.

4.   Juristische Personen des privaten Rechts und nichtrechtsfähige Vereine

Bei den sonstigen juristischen Personen des privaten Rechts und den nichtrechtsfähigen Vereinen nach § 2 Abs. 3 GewStG erlischt die Steuerpflicht mit der tatsächlichen Einstellung des wirtschaftlichen Geschäftsbetriebs.[171] Die Steuerpflicht erlischt gem. § 2 Abs. 4 GewStG nicht, soweit der Betrieb nur vorübergehend unterbrochen ist. Von einer lediglich vorübergehenden Unterbrechung ist auch dann auszugehen, wenn der wirtschaftliche Geschäftsbetrieb aus jährlich wiederkehrenden Tätigkeiten bzw. Veranstaltungen von jeweils kurzer Dauer besteht (z.B. bei Wein-, Bier- oder Schützenfesten) und eine Wiederholungsabsicht erkennbar ist. 38

Die Gewerbesteuerpflicht endet ferner –insgesamt oder in Teilen - mit dem Eintritt eines Befreiungsgrundes nach § 3 GewStG.[172] 39

5.   Anzeigepflicht

Die Aufgabe oder Verlegung eines gewerblichen Betriebs oder einer Betriebsstätte ist nach § 138 Abs. 1, 3 AO und § 14 GewO der Gemeinde (Gewerbeamt) anzuzeigen, in der der Betrieb oder die Betriebsstätte betrieben wird (Anzeigepflicht).[173] Die Anzeige hat innerhalb eines Monats auf amtlich vorgeschriebenem Vordruck zu erfolgen. Die Gemeinde informiert das nach § 22 Abs. 2 AO zuständige Finanzamt von dem Inhalt der Meldung. 40

F.   Betriebsunterbrechung

I.   Einzelunternehmen und Personengesellschaften

Als Betriebsunterbrechung wird die Einstellung der betrieblichen Tätigkeit für begrenzte Zeit verstanden (Betriebsunterbrechung im engeren Sinn). Vorübergehende Unterbrechungen im Betrieb eines Gewerbes heben nach § 2 Abs. 4 GewStG die Gewerbesteuerpflicht nicht auf. Die Gewerbesteuerpflicht erlischt bei Einzelgewerbetreibenden und Personengesellschaften erst mit der tatsächlichen Einstellung des Betriebs. 41

Zu den Voraussetzungen des § 2 Abs. 4 GewStG gehört, dass die vorübergehende Unterbrechung der Betriebstätigkeit, die sich auch wiederholen kann, durch die Art des Betriebes veranlasst sein muss. Bei so genannten Saisonbetrieben, insbesondere beim Bauhandwerk, den Bauindustrien oder dem Fremdenverkehr bedeutet die Einstellung des Betriebs während der „toten" Zeit nicht eine Betriebseinstellung, sondern nur eine vorübergehende Unterbrechung, ein Ruhen des Gewerbebetriebs, wodurch die Gewerbesteuerpflicht unberührt bleibt. Gleiches gilt auch für nicht beeinflussbare Ereignisse, wie z.B. Krankheit des Betriebsinhabers, die zeitweilige Untersagung der betrieblichen Tätigkeit durch staatliche Stellen, die Renovierung der Betriebsräume oder Be-

---

171 Abschn. 19 Abs. 4 GewStR.
172 Abschn. 19 Abs. 6 GewStR; RFH v. 23.02.1943, RStBl 1943, 801.
173 Abschn. 10 GewStR.

triebsferien, die den vorübergehenden Stillstand des gewerblichen Tätigkeitsbereichs erfordern[174] Von wesentlicher Bedeutung ist, ob die Einstellung der Tätigkeit von vorübergehender Dauer sein soll, der Betriebsinhaber also in überschaubarer Zeit die Wiederaufnahme des Betriebs plant.[175] oder ob lediglich eine grundsätzliche Absicht besteht, den Betrieb nach der Unterbrechung bei sich bietender Gelegenheit wieder aufzunehmen.

Die Verpachtung eines Betriebs oder eines Teilbetriebs ist regelmäßig keine Betriebsunterbrechung im Sinne des § 2 Abs. 4 GewStG, insbesondere wenn es sich um eine langjährige Verpachtung handelt.[176] Zwar wird die Verpachtung eines Gewerbebetriebs, sofern nicht die Betriebsaufgabe erklärt wird, einkommensteuerlich als Betriebsunterbrechung im weiteren Sinn bezeichnet[177], für die Gewerbesteuer bedeutet sie jedoch das Erlöschen des Steuergegenstandes, weil nicht absehbar ist, wann und ob der Unternehmer seine werbende Tätigkeit wieder aufnehmen und dadurch steuerpflichtig werden wird.[178] Insofern steht die Betriebsverpachtung gewerbesteuerlich der Betriebsbeendigung gleich. Den einkommensteuerlich relevanten Umstand, dass der verpachtete Betrieb eines Tages möglicherweise wieder selbst bewirtschaftet wird, lässt das Gewerbesteuerrecht außer Betracht.[179]

Im Fall des Unternehmerwechsels gilt der Betrieb mit dem Übergang als durch den bisherigen Unternehmer eingestellt (§ 2 Abs. 5 GewStG); dieser bleibt für die Zeit bis zum Übergang Steuerschuldner (§ 5 Abs. 2 GewStG).

II. Kapitalgesellschaften

42 Die Gewerbesteuerpflicht knüpft bei Kapitalgesellschaften allein an die Rechtsform an, die Tätigkeit einer solchen Gesellschaft gilt nach § 2 Abs. 2 GewStG stets und in vollem Umfang als Gewerbebetrieb (Gewerbebetrieb kraft Rechtsform). Sämtliche von der Kapitalgesellschaft entfalteten Aktivitäten fallen unterschiedslos in den Bereich gewerblicher Betätigung.[180] Eine gewerbesteuerliche Betriebsunterbrechung kommt danach nicht in Betracht.[181]

Aus der Vorschrift des § 2 Abs. 4 GewStG, wonach vorübergehende Unterbrechungen im Betrieb eines Gewerbes, die durch die Art des Betriebs veranlasst sind, die Steuerpflicht für die Zeit bis zur Wiederaufnahme des Betriebs nicht aufheben, kann nicht der Umkehrschluss gezogen werden, dass durch den Gesetzgeber herbeigeführte Unterbrechungen zum zeitweiligen Wegfall der Gewerbesteuerpflicht führen. Denn § 2 Abs. 4 GewStG will nur klarstellen, dass besonders bei Saisonbetrieben übliche Unterbrechungen der betrieblichen Tätigkeit gewerbesteuerlich ohne Bedeutung sind. Für die in § 2 Abs. 2 GewStG bezeichneten Unternehmen ergibt sich diese Folgerung jedoch zwingend und unzweifelhaft bereits daraus, dass die Gewerbesteuerpflicht solange besteht, als irgendeine wie auch immer geartete Tätigkeit entfaltet wird.[182]

---

174 RFH v. 20.11.1940, VI 330/40, RStBl 1941, 225; RFH v. 14.05.1941, VI 149/41, RStBl 1941, 698; BFH v. 17.10.1991, IV R 97/89, BStBl II 1992, 392; FG Hamburg v. 11.07.2001, VI 46/00; Wendt, FR 1998, 277 ff. m.w.N.
175 BFH v. 03.10.1984, I R 116/81, BStBl II 1985, 131; BFH v. 17.10.1991, IV R 97/89, BStBl II 1992, 392; a.A. BFH v. 28.09.1995, IV R 39/94, BStBl II 1996, 276.
176 BFH v. 27.07.1961, IV 234/60 U, BStBl III 1961, 470.
177 BFH v. 28.09.1995, IV R 39/94, BStBl II 1996, 276.
178 Lenski/Steinberg; § 2 Rn 1676; Glanegger/Güroff, § 2 Rn 217.
179 Glanegger/Güroff, § 2 Rn 217; BFH v. 18.06.1998, IV R 56/97, BStBl II 1998, 735.
180 Abschn. 13 Abs. 1 i.V.m. A 19 Abs. 3 GewStR.
181 Glanegger/Güroff, § 7 GewStG, Rn 10.
182 BFH v. 13.11.1962, I 262/60 U, BStBl III 1963, 69.

III. Besonderheiten bei Betriebsaufspaltung

Die Gewerbesteuerpflicht des Besitzunternehmens endet grundsätzlich, wenn bei einer Betriebs- 43
aufspaltung die Voraussetzungen für eine personelle und/oder sachliche Verflechtung entfallen.
Beendet die Betriebsgesellschaft ihre werbende Tätigkeit endgültig, führt dies zur Beendigung der
Betriebsaufspaltung.

Für die Besitzgesellschaft muss dies jedoch nicht zwangsläufig zur Aufgabe des Gewerbebetriebs
und damit zum Ende der Gewerbesteuerpflicht führen, sondern es kann auch eine Betriebsunterbrechung vorliegen. Dies ist der Fall, wenn die ehemalige Besitzgesellschaft die Absicht hat und
objektiv in der Lage ist, ihre gewerbliche Tätigkeit mit einer anderen Betriebsgesellschaft wieder
aufzunehmen oder den von der Betriebsgesellschaft geführten Gewerbebetrieb selbst aufzunehmen und damit den eigenen Gewerbebetrieb identitätswahrend fortzuführen, solange sie die dafür notwendigen Betriebsgrundlagen besitzt. In diesen Fällen ist, soweit keine Aufgabeerklärung
vorliegt, von einer Betriebsunterbrechung und nicht von einer Betriebsaufgabe auszugehen.[183]

G. Betriebsübergang

Geht ein Gewerbebetrieb im Ganzen auf einen anderen Unternehmer über, gilt der Gewerbebe- 44
trieb als durch den bisherigen Unternehmer eingestellt. Der Gewerbebetrieb gilt als durch den
anderen Unternehmer neu gegründet, wenn er nicht mit einem bereits bestehenden Gewerbebetrieb vereinigt wird.[184]

Die Regelungen zum Unternehmerwechsel in § 2 Abs. 5 GewStG ist als Ausfluss des Objektcha-
rakters der Gewerbesteuer aus fiskalischer Sicht zwingend. Wäre die Fiktion in § 2 Abs. 5 GewStG
nicht eingeführt worden, würde ein Wechsel in der Person des Unternehmers das Besteu-
erungsobjekt und dessen sachliche Steuerpflicht unbeeinflusst lassen.[185] Die Regelung des
§ 2 Abs. 5 GewStG steht dabei insbesondere auch mit den Vorschriften des § 10a GewStG zum gewerbesteuerlichen Verlustabzug in direktem Zusammenhang. Unter Bezugnahme auf die Fiktion
des § 2 Abs. 5 GewStG fordert § 10a GewStG für die Möglichkeit der Anrechnung eines Gewerbeverlustes, neben der Unternehmensgleichheit als Ausfluss der sachlichen Selbständigkeit des
Gewerbebetriebes, zusätzlich die Identität der dahinter stehenden Unternehmer.

Betriebsübergang im Ganzen bedeutet die Übertragung der bisherigen wirtschaftlichen Einheit
„Gewerbebetrieb" in Form des Übergangs der funktional wesentlichen Betriebsgrundlagen.[186]
Geht lediglich ein Teilbetrieb auf einen anderen Unternehmer über, liegt hingegen keine Einstellung eines Gewerbebetriebs beim bisherigen Unternehmer von.[187] Der Übergang des Betriebs
kann entgeltlich oder unentgeltlich, zu Buchwerten oder unter Aufdeckung der stillen Reserven
sowie als Unternehmensnachfolge unter Lebenden nach § 6 Abs. 3 EStG ausgestaltet sein; der Tatbestand des Betriebsübergangs auf einen anderen ist jeweils erfüllt.[188]

183 BFH v. 14.03.2006, VIII R 80/03, BFHE 212, 541.
184 § 2 Abs. 5 GewStG.
185 BFH v. 14.09.1993, XIII R 84/90, BStBl II 1994, 764; Meyer-Scharenberg § 2 Rn 721.
186 Glanegger/Güroff § 2 Rn 224.
187 Abschn. 20 Abs. 3 GewStR 1998.
188 BFH v. 18.05.1972, I R 153/70, BStBl II 1972 S. 775; Lenski/Steinberg § 2 Rn 1539; Glanegger/Güroff § 2 Rn 224.

1

Der große Senat des BFH hat in seiner Entscheidung vom 05.03.1993 zur Frage des Erfordernisses der Unternehmeridentität für den Verlustabzug nach § 10a GewStG folgende Beispielfälle aufgeführt, in denen ein Verlustabzug nicht mehr möglich ist:[189]

- ein Einzelunternehmen wird auf einen anderen Einzelunternehmer oder auf eine Kapitalgesellschaft oder auf eine Personengesellschaft übertragen, an der der bisherige Einzelunternehmer nicht beteiligt ist;

- der Betrieb einer Personengesellschaft wird auf einen Einzelunternehmer, der an der Personengesellschaft nicht beteiligt ist oder auf eine Kapitalgesellschaft oder auf eine Personengesellschaft, an der kein Gesellschafter der bisherigen Personengesellschaft beteiligt ist, übertragen;

- der Betrieb einer Kapitalgesellschaft wird auf eine natürliche Person als Einzelunternehmer oder auf eine andere Kapitalgesellschaft oder auf eine Personengesellschaft, an der die Kapitalgesellschaft nicht beteiligt ist, übertragen.

Der große Senat des BFH hat hierbei für die Personengesellschaft ausdrücklich festgestellt, dass ein Fall des § 2 Abs. 5 GewStG im Übrigen auch dann vorliegt, wenn zwar die zivilrechtliche Identität der Gesellschaft gewahrt bleibt, jedoch der Gesellschafterbestand vollständig wechselt; diese Gestaltung steht dem Übergang des Betriebes der Personengesellschaft als solches wirtschaftlich gleich. Ein Betriebsübergang im Ganzen ist bei Personengesellschaften dagegen insoweit nicht anzunehmen, als im Gesellschafterbestand mindestens ein bisheriger Unternehmer beteiligt bleibt, der den „Gewerbebetrieb" unverändert fortführt. § 2 Abs. 5 GewStG findet in diesen Fällen keine Anwendung; die sachliche Steuerpflicht des Unternehmens besteht fort.[190]

Unter die Fälle der Unternehmeridentität sind bei Personengesellschaften auch Umwandlungen auf Ebene der Gesellschafter nach dem UmwG und UmwStG zu diskutieren. So kann beispielsweise auch die Verschmelzung, Spaltung oder der Formwechsel im Zusammenhang mit den Regelungen der §§ 19, 15 Abs. 3, 4 Abs. 2 UmwStG einen Wegfall bzw. eine Einschränkung der Unternehmeridentität begründen. Dies wird entgegen der bisherigen Ansicht der Finanzverwaltung unter Abschn. 68 Abs. 3 Nr. 6, Abs. 4 GewStR 1998 zukünftig wohl auch für die Fälle gelten müssen, in denen eine Kapitalgesellschaft, die Mitunternehmerin einer Personengesellschaft ist, auf eine andere Kapitalgesellschaft verschmolzen wird. Die Unternehmeridentität sollte nach der bisherigen Auffassung der Finanzverwaltung bezüglich der Frage des Verlustabzugs bei der Personengesellschaft in Analogie zu § 19 Abs. 2 UmwStG gewahrt bleiben; nach der Neufassung des Umwandlungssteuergesetzes zum 12.12.2006 durch das SEStEG führt jedoch die analoge Anwendung des § 19 Abs. 2 UmwStG in Verbindung mit dem Regelungen unter §§ 12 Abs. 3, 4 Abs. 2 UmwStG gerade nicht mehr zu einer Wahrung der Unternehmeridentität im bisherigen Sinn.[191]

Liegt ein Unternehmerwechsel vor, geht hiermit nach § 5 Abs. 2 GewStG auch ein Wechsel in der Steuerschuldnerschaft einher; der bisherige Unternehmer ist bis zum Zeitpunkt des Übergangs, der andere Unternehmer ab diesem Zeitpunkt Steuerschuldner. Um in diesem Rahmen praktische Abgrenzungsschwierigkeiten hinsichtlich der Ermittlung des Gewerbeertrages sowie zwei Steuerbescheide für einen Erhebungszeitraum zu vermeiden, sollte der Wechsel zum Ende eines Erhebungszeitraumes vollzogen oder dieser mit einem abweichenden Wirtschaftsjahr kombiniert werden.

---

189 BFH v. 05.03.1993, GrS 3/92, BStBl II 1993, 616.
190 Abschn. 20 Abs. 2 GewStR 1998.
191 Vgl. im Übrigen die Beispielsfälle in Abschn. 68 GewStR 1998.

Ist ein Unternehmerwechsel nach § 2 Abs. 5 GewStG gegeben und vereinigt der Übernehmer den Betrieb mit seinem bereits bestehenden Gewerbebetrieb, beginnt die sachliche Steuerpflicht des übernommenen Betriebes nicht ab dem Zeitpunkt der Betriebsvereinigung. Der Gewerbeertrag des übernommenen Betriebes, der auf den Zeitraum nach der Vereinigung entfällt, ist dem Gewerbeertrag des bestehenden Betriebes zuzurechnen.[192]

---

192 Glanegger/Güroff § 2 Rn 229.

§ 2 Wesentliche Gewerbesteuerbefreiungen

A. Überblick und Bedeutung der Vorschrift

1 Die Gewerbesteuerbefreiungen sind in § 3 GewStG geregelt und setzen zunächst das Bestehen der Gewerbesteuerpflicht nach § 2 GewStG voraus. Die Befreiungen werden i.d.R. aus sozialpolitischen, staatspolitischen oder volkswirtschaftlichen Gründen gewährt. Der Befreiungskatalog entspricht weitgehend dem des § 5 KStG. Soweit begünstigte Unternehmen in Teilbereichen in Wettbewerb mit nicht steuerbefreiten Gewerbebetrieben treten, kann die Steuerbefreiung jedoch eingeschränkt sein.[1]

Die Gewerbesteuerbefreiungen können in persönliche und sachliche Befreiungen unterteilt werden. Eine persönliche Steuerbefreiung liegt z.B. vor, wenn das befreite Unternehmen selbst in der Vorschrift benannt wird (§ 3 Nr. 1, 2, 3, 5, 19, 23 und 24 GewStG). Bei einer uneingeschränkten persönlichen Befreiung wird das Steuersubjekt selbst (mit seinem gesamten Gewerbeertrag) von der Gewerbesteuerpflicht befreit und muss nach § 14a GewStG auch keine Steuererklärungen abgeben. Bei einer sachlichen Steuerbefreiung sind lediglich bestimmte Teile des Gewerbeertrags eines Unternehmens von der Gewerbesteuerpflicht ausgenommen, so dass hinsichtlich des nicht befreiten Gewerbeertrags eine partielle Steuerpflicht besteht.[2]

Grundsätzlich muss der jeweilige Gewerbebetrieb die steuerbegünstigte Tätigkeit selbst ausüben, um die Befreiung in Anspruch nehmen zu können. Nach bisheriger BFH-Rechtsprechung führte dies im Fall der Betriebsaufspaltung dazu, dass das Besitzunternehmen trotz personeller und sachlicher Verflechtung auch dann gewerbesteuerpflichtig war, wenn das Betriebsunternehmen von der Gewerbesteuer befreit war. Dies wurde bisher damit begründet, dass das Besitzunternehmen auch im Rahmen einer Betriebsaufspaltung als ein selbständiger Gewerbebetrieb anzusehen ist, der die Begünstigungsvoraussetzungen selbst zu erfüllen hatte. Mit dem Urteil vom 29.03.2006 änderte der BFH diesbezüglich nun seine Rechtsprechung. Da das Besitzunternehmen über das Betriebsunternehmen am allgemeinen wirtschaftlichen Verkehr teilnimmt und aufgrund dieser wirtschaftlichen Verflechtung als gewerblich einzustufen ist, muss nach der neuen Rechtsprechung der Aspekt der wirtschaftlichen Verflochtenheit konsequenterweise auch für die Beurteilung ausschlaggebend sein, ob sich die Gewerbesteuerbefreiung des Betriebsunternehmens auf das Besitzunternehmen erstreckt. Es würde demnach gegen das verfassungsrechtliche Gebot der Folgerichtigkeit verstoßen, wenn einerseits für den die Gewerblichkeit des Besitzunternehmens begründenden „Belastungsgrund" maßgeblich auf den Aspekt der wirtschaftlichen Einheit von Besitz- und Betriebsunternehmen abgestellt würde, auf der anderen Seite aber für den die Gewerbesteuerbefreiung bewirkenden „Entlastungsgrund" der Aspekt der rechtlichen Trennung als maßgeblich erachtet würde.[3] Die Grundsätze dieses zu § 3 Nr. 20 GewStG ergangenen Urteils sind auch auf alle anderen gewerbesteuerlichen Befreiungstatbestände anzuwenden.[4]

Das Vorliegen eines Befreiungstatbestandes ist für jeden Erhebungszeitraum von Amts wegen

---

1   Von Twickel, in: Blümich, § 3 GewStG Rn 9 unter beispielhafter Nennung von § 3 Nr. 5, 6, 12, 15, 17, 21 u. 26-30 GewStG.
2   Lenski/Steinberg, § 3 Rn 4 f.
3   BFH v. 29.03.2006, X R 59/00; BStBl II 2006, 661.
4   Von Twickel, in: GewStG, § 3 Rn 13; Jost, DB 2007, 1664 (1665); Kirnberger, EStB 2006, 339, 341.

zu prüfen.[5] Beginn und Ende der Steuerbefreiung richten sich danach, zu welchem Zeitpunkt beziehungsweise in welchem Zeitraum die Voraussetzungen erfüllt sind, an welche das Gesetz die Steuerbefreiung knüpft. Bei der Befreiung von gemeinnützigen Körperschaften nach § 3 Nr. 6 GewStG müssen die Befreiungsvoraussetzungen während des ganzen Erhebungszeitraums erfüllt sein. Für Pensions-, Sterbe-, Kranken- und Unterstützungskassen hingegen kommt es gem. § 3 Nr. 9 GewStG, § 5 Abs. 1 Nr. 3 KStG i.V.m. § 6 KStG auf die Verhältnisse zum Schluss des Erhebungszeitraums an.[6]

Das Finanzamt entscheidet mit dem Gewerbesteuermessbetragsbescheid, ob die Steuerbefreiung gewährt wird. Wird die Befreiung versagt, muss der Einspruch gegen den Messbetragsbescheid und nicht gegen den Gewerbesteuerbescheid der Gemeinde erfolgen. Wird bei einem zu befreienden Gewerbebetrieb der Messbetrag mit 0 festgestellt, so ist hier ebenfalls eine Beschwer gegeben und der Bescheid damit anfechtbar, da dass Finanzamt auf diesem Wege die Steuerpflicht des Gewerbebetriebes feststellt.[7]

Im Folgenden wird auf drei ausgewählte, besonders praxisrelevante Befreiungsvorschriften vertiefend eingegangen:

- § 3 Nr. 6 GewStG – gemeinnützige Organisationen im Sinne der §§ 51 ff AO
- § 3 Nr. 13 GewStG – private Schulen und andere allgemein bildende oder berufsbildende Einrichtungen, soweit ihre Leistungen nach dem UStG von der Umsatzsteuer befreit sind
- § 3 Nr. 20 GewStG – Krankenhäuser, Altenheime, Altenwohnheime, Pflegeheime, Einrichtungen zur vorübergehenden Aufnahme pflegebedürftiger Personen und Einrichtungen zur ambulanten Pflege kranker und pflegebedürftiger Personen

B.   Unternehmen mit gemeinnützigen, mildtätigen oder kirchlichen Zwecken

I.   Allgemeines

Nach § 3 Nr. 6 GewStG sind Körperschaften, Personenvereinigungen und Vermögensmassen von der Gewerbesteuer befreit, die nach der Satzung, dem Stiftungszweck oder sonstigen Verfassung und nach der tatsächlichen Geschäftsführung ausschließlich und unmittelbar gemeinnützigen, mildtätigen oder kirchlichen Zwecken dienen (§ 51 bis 68 der Abgabenordnung). Wird ein wirtschaftlicher Geschäftsbetrieb – ausgenommen Land- und Forstwirtschaft – unterhalten, ist die Steuerfreiheit insoweit ausgeschlossen.

Die Vorschrift stimmt im Wesentlichen mit § 5 Abs. 1 Nr. 9 KStG überein. Entsprechend dem Objektsteuercharakter der Gewerbesteuer tritt die Gewerbesteuerpflicht nur ein, wenn ein wirtschaftlicher Geschäftsbetrieb vorliegt, der als Gewerbebetrieb i.S.v. § 2 GewStG zu qualifizieren ist.[8] Soweit ein wirtschaftlicher Geschäftsbetrieb unterhalten wird, ist der Gewerbeertrag nach § 11 Abs. 1 Nr. 2 GewStG um einen Freibetrag von € 3.900 zu kürzen.

3

---

5   Lenski/Steinberg, § 3 Rn 23.
6   Lenski/Steinberg, § 3 Rn 7.
7   Von Twickel in: Blümich, § 3 GewStG Rn 23.
8   Von Twickel, in: Blümich, § 3 GewStG Rn 43.

II.   Basisvoraussetzungen für die Steuerbegünstigung

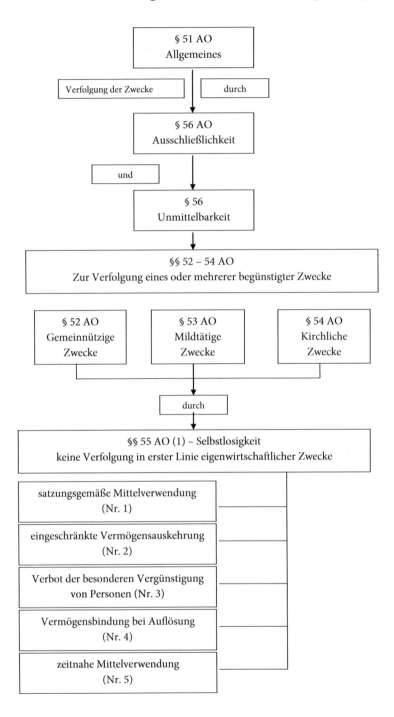

1. Allgemeines

Bei begünstigten Körperschaften sind folgende Tätigkeitsbereiche zu unterscheiden:

- der steuerbefreite ideelle Bereich
- die steuerfreie Vermögensverwaltung (§ 14 AO)
- der wirtschaftliche Geschäftsbetrieb
- in Form des steuerbegünstigten Zweckbetriebs (§§ 65 bis 68 AO)
- in Form des steuerpflichtigen wirtschaftlichen Geschäftsbetriebs (§§ 64 und 67a AO)

Hinsichtlich der Prüfung der Begünstigungsvoraussetzungen sind die §§ 51 ff. AO heranzuziehen.

4

2. Gemeinnützige Zwecke

Eine Körperschaft verfolgt gemeinnützige Zwecke, wenn ihre Tätigkeit darauf gerichtet ist, die Allgemeinheit auf materiellem, geistigen oder sittlichen Gebiet selbstlos zu fördern (§ 52 Abs. 1 Satz 1 AO). „Darauf gerichtet" ist die Tätigkeit einer neu gegründeten Körperschaft bereits dann, wenn diese Tätigkeiten die Verwirklichung der steuerbegünstigten Satzungszwecke nur vorbereiten. Der Aufbau einer Vereinsorganisation oder das Einsammeln von Mitteln zur Erfüllung der Satzungszwecke reichen aus, um die tätigkeitsbezogenen Voraussetzungen der Steuerbefreiung zu erfüllen. Die Tätigkeiten müssen jedoch ernsthaft auf die Erfüllung eines steuerbegünstigten satzungsmäßigen Zwecks gerichtet sein. Die bloße Absicht, zu einem unbestimmten Zeitpunkt einen der Satzungszwecke zu verwirklichen, genügt nicht.[9]

5

Die Gemeinnützigkeit setzt voraus, dass ihre Tätigkeit der Allgemeinheit zugute kommt. Eine Förderung der Allgemeinheit ist nicht gegeben, wenn der Kreis der Personen, dem die Förderung zugute kommt, fest abgeschlossen ist. Dies ist z.B. der Fall, wenn der Personenkreis sich nach der Zugehörigkeit zu einer Familie oder zur Belegschaft eines Unternehmens richtet. Schädlich ist auch, wenn der Kreis der begünstigten Personen infolge seiner Abgrenzung, insbesondere nach räumlichen oder beruflichen Gesichtspunkten dauernd nur klein sein kann (§ 52 Abs. 1 Satz 2 AO). Als Allgemeinheit ist nicht die Gesamtheit der Bürger der Bundesrepublik Deutschland zu sehen, aber zumindest ein Ausschnitt hieraus. Der Ausschnitt darf sich aber nicht auf eine bestimmte Personengruppe beschränken. Wenn durch berufliche oder räumliche Merkmale der Abgrenzung der Kreis der Begünstigten dauerhaft nur klein sein kann, liegt keine gemeinnützige Tätigkeit vor. So sind die Berufspiloten in Rente sicherlich keine Allgemeinheit im Sinne des Gesetzgebers, da neben der beruflichen Einschränkung der Begünstigtenkreis dauerhaft klein ist. Als Allgemeinheit im Sinne des Gesetzes sind aber z.B. kaufmännische und technische Angestellte aus Industrie und Handel und selbständige Kaufleute anzusehen, da zwar eine berufliche Beschränkung besteht, der Kreis aber dauerhaft ausreichend groß ist.[10] Der Kreis der tatsächlich geförderten Personen darf aber klein sein, sofern die Auswahl der geförderten Personen nicht willkürlich erfolgt und als Ausschnitt der Allgemeinheit angesehen werden kann, da andernfalls kleine oder im Aufbau befindliche Vereine mit geringem finanziellem Spielraum keine Möglichkeit hätten als gemeinnützig anerkannt zu werden. Die Verwirklichung gemeinnütziger Zwecke im Ausland ist

6

---

9 BFH v. 23.07.2003, I R 29/02; BStBl II 2004, 930.
10 BFH v. 22.11.1972, I R 21/71; BStBl II 1973, 251.

steuerlich begünstigt, weil und soweit sie positive Rückwirkungen auf das Ansehen Deutschlands und die deutsche Bevölkerung (Allgemeinheit) hat.[11]

> **Beispiel:**
> Die Beschränkung auf der Förderung der bedürftigen Bürger der Landeshauptstadt München ist zulässig. Nicht zulässig hingegen ist die Beschränkung auf die Förderung der bedürftigen Bürger der Landeshauptstadt München, die ehemalige Angestellte bei der S AG sind.

Ein Verein, dessen Tätigkeit in erster Linie seinen Mitgliedern zugute kommt (insbesondere Sportvereine und Vereine, die Freizeitbetätigungen fördern), fördert nicht die Allgemeinheit, wenn er den Kreis der Mitglieder durch hohe Aufnahmegebühren oder Mitgliedsbeiträge (einschließlich Mitgliedsumlagen) klein hält. Bei einem Verein, dessen Tätigkeit in erster Linie seinen Mitgliedern zugute kommt, ist eine Förderung der Allgemeinheit jedoch anzunehmen, wenn die Mitgliedsbeiträge und Mitgliedsumlagen zusammen im Durchschnitt € 1.023 je Mitglied und Jahr und die Aufnahmegebühren für Neumitglieder im Durchschnitt € 1.534 pro Jahr nicht übersteigen.[12]

Für die Gemeinnützigkeit eines Vereins ist es unschädlich, wenn dieser innerhalb von 10 Jahren maximal € 5.113 pro Mitglied als Investitionsumlage zur Finanzierung konkreter Investitionsvorhaben erhebt. Besteht bei der Aufnahme in einen Verein eine Verpflichtung, Gesellschaftsanteile an einer neben dem Verein bestehenden Gesellschaft zu erwerben, die die für den Spielbetrieb des Vereins notwendigen Sportanlagen bereithält, dann sind die Aufwendungen für die Anteile als zusätzliche Aufnahmegebühren zu behandeln.[13] In der Praxis wird daher wegen zu hoher Aufnahmegebühren häufig die Gemeinnützigkeit versagt, da hierin eine Ausgrenzung von einkommensschwächeren Bevölkerungsschichten gesehen wird.

In § 52 Abs. 2 Nr. 1 bis Nr. 4 AO a. F. werden bestimmte als gemeinnützig anzuerkennende Zwecke beispielhaft und nicht abschließend aufgeführt, sofern die oben ausgeführten Grundvoraussetzungen des § 52 Abs. 1 AO gegeben sind. Durch das Gesetz zur weiteren Stärkung des bürgerschaftlichen Engagements werden die nach § 52 Abs. 1 AO als gemeinnützig einzustufenden Zwecke nun in einem abschließenden Katalog zusammengefasst, der auch die bisher im Einkommensteuergesetz und in der Einkommensteuerdurchführungsverordnung (§§ 10b Abs. 1 EStG i.V.m. 48 Abs. 2 EStDV) genannten besonders förderungswürdigen Zwecke umfasst.[14] Hierdurch ergibt sich ausweislich der Gesetzesbegründung eine Verschärfung, da nur noch Zwecke förderwürdig sind, die mit den in § 52 Abs. 2 AO genannten Zwecken identisch sind. Die Ähnlichkeit mit dem Katalogzweck soll daher nicht mehr zur Förderung ausreichend sein. Die in § 52 Abs. 2 Satz 2 AO im Rahmen des Gesetzgebungsverfahrens aufgenommene Öffnungsklausel für Körperschaften, die Zwecke verfolgen, die nicht mit dem Katalog identisch sind, aber die Allgemeinheit auf materiellem geistigem oder sittlichem Gebiet selbstlos fördern, führt gerade bei Abgrenzungsfällen zu Unsicherheiten, da über die Gleichstellung mit dem Katalog die jeweils zuständige Finanzbehörde im Rahmen des Ermessens entscheidet. In der Praxis werden sich Abgrenzungsfragen ergeben, deren abschließende Klärung den Finanzgerichten vorbehalten bleiben wird. Es empfiehlt sich daher bereits im Vorfeld einer geplanten Satzungsänderung oder bei Neugründung darauf zu achten, dass das Vorhaben unter die genannten Förderzwecke fällt und die Betätigung auch tatsächlich satzungsgemäß durchgeführt wird.

---

11 BMF-Schreiben v. 20.09.2005, IV C 4 – S-0181 – 9/05; BStBl I 2005, 902.
12 AEAO zu § 52, Rn 1.1.
13 AEAO zu § 52, Rn 1.3.1.6.
14 BGBl. I 2007, 2332.

Folgende förderwürdigen Zwecke wurden in den abschließenden Katalog des § 52 Abs. 2 AO   7
aufgenommen:

- die Förderung von Wissenschaft und Forschung;
- die Förderung der Religion;
- die Förderung des öffentlichen Gesundheitswesens, insbesondere die Bekämpfung von Seuchen und seuchenähnlichen Krankheiten, auch durch Krankenhäuser im Sinne des § 67 AO, und von Tierseuchen;
- die Förderung der Jugend- und Altenhilfe;
- die Förderung von Kunst und Kultur;
- die Förderung des Denkmalschutzes und der Denkmalpflege;
- die Förderung der Erziehung, Volks- und Berufsbildung einschließlich der Studentenhilfe;
- die Förderung des Naturschutzes und der Landschaftspflege im Sinne des Bundesnaturschutzgesetzes und der Naturschutzgesetze der Länder, des Umweltschutzes, des Küstenschutzes und des Hochwasserschutzes;
- die Förderung des Wohlfahrtswesens, insbesondere der Zwecke der amtlich anerkannten Verbände der freien Wohlfahrtspflege (§ 23 UStDV), ihrer Unterverbände und ihrer angeschlossenen Einrichtungen und Anstalten;
- die Förderung der Hilfe für politisch, rassisch oder religiös Verfolgte, für Flüchtlinge, Vertriebene, Aussiedler, Spätaussiedler, Kriegsopfer, Kriegshinterbliebene, Kriegsbeschädigte und Kriegsgefangene, Zivilbeschädigte und Behinderte sowie Hilfe für Opfer von Straftaten; Förderung des Andenkens an Verfolgte, Kriegs- und Katastrophenopfer; Förderung des Suchdienstes für Vermisste;
- die Förderung der Rettung aus Lebensgefahr;
- die Förderung des Feuer-, Arbeits-, Katastrophen- und Zivilschutzes sowie der Unfallverhütung;
- die Förderung internationaler Gesinnung, der Toleranz auf allen Gebieten der Kultur und des Völkerverständigungsgedankens;
- die Förderung des Tierschutzes;
- die Förderung der Entwicklungszusammenarbeit;
- die Förderung von Verbraucherberatung und Verbraucherschutz;
- die Förderung der Fürsorge für Strafgefangene und ehemalige Strafgefangene;
- die Förderung der Gleichberechtigung von Frauen und Männern;
- die Förderung des Schutzes von Ehe und Familie;
- die Förderung der Kriminalprävention;
- die Förderung des Sports (Schach gilt als Sport);
- die Förderung der Heimatpflege und Heimatkunde;
- die Förderung der Tierzucht, der Pflanzenzucht, der Kleingärtnerei, des traditionellen Brauchtums einschließlich des Karnevals, der Fastnacht und des Faschings, der Soldaten- und Reservistenbetreuung, des Amateurfunks, des Modellflugs und des Hundesports;
- die allgemeine Förderung des demokratischen Staatswesens im Geltungsbereich dieses Gesetzes; hierzu gehören nicht Bestrebungen, die nur bestimmte Einzelinteressen staatsbürgerlicher Art verfolgen oder die auf den kommunalpolitischen Bereich beschränkt sind;

■ die Förderung des bürgerschaftlichen Engagements, wenn es sich auf gemeinnützige, mildtätige oder kirchliche Zwecke beschränkt."

Der neu gefasste § 52 Abs. 2 AO ist rückwirkend ab dem 1.1.2007 anzuwenden.[15]

3.   Mildtätige Zwecke

8   Eine Körperschaft verfolgt mildtätige Zwecke, wenn ihre Tätigkeit darauf gerichtet ist, Personen selbstlos zu unterstützen, die infolge ihres körperlichen, geistigen oder seelischen Zustands auf die Hilfe anderer angewiesen sind oder bei denen wirtschaftliche Hilfsbedürftigkeit vorliegt.

Eine Körperschaft, die mildtätige Zwecke verfolgt, muss nicht die Allgemeinheit fördern. Somit darf der Kreis der begünstigten Personen klein sein. Körperschaften dürfen hierbei unabhängig vom Einkommen des Begünstigten jeden durch Tätigkeiten unterstützen, der infolge seines körperlichen, geistigen oder seelischen Zustands auf die Hilfe anderer angewiesen ist. Hierbei muss die Zuwendung durch die Körperschaft nicht völlig unentgeltlich sein; sie darf aber nicht des Entgelts wegen erfolgen.[16] Die Satzungszwecke dürfen nicht vorsehen, dass hilfsbedürftige Verwandte der Mitglieder, Gesellschafter, Genossen oder Stifter unterstützt werden (Familienstiftung), da es hier am Merkmal der Mildtätigkeit an sich fehlt.[17]

Sind Personen infolge ihres körperlichen, geistigen oder seelischen Zustands auf Hilfe angewiesen, darf die Körperschaft diese Personen ohne Prüfung der wirtschaftlichen Leistungsfähigkeit fördern. So kann z.B. die Hilfe „Essen auf Rädern" i.d.R. steuerbegünstigt durchgeführt werden. Ohne weitere Prüfung geht die Verwaltung davon aus, dass Personen die das 75. Lebensjahr vollendet haben, infolge ihres körperlichen Zustands auf Hilfe angewiesen sind. Insoweit muss die Körperschaft keine Nachweise zum Vorliegen der Begünstigungsvoraussetzungen erbringen.

Sind die Personen dagegen nicht infolge eines körperlichen, geistigen oder seelischen Zustands auf die Hilfe anderer angewiesen, dürfen nur Personen unterstützt werden, die einerseits über kein nennenswertes Vermögen verfügen und deren Bezüge andererseits nicht höher sind als das Vierfache bzw. Fünffache des „Sozialhilfesatzes" (Wirtschaftliche Hilfsbedürftigkeit). Bezüge sind die Einkünfte im Sinne des § 2 Abs. 1 EStG und andere zur Bestreitung des Lebensunterhalts bestimmte und geeignete Bezüge, aber nicht Leistungen der Sozialhilfe und Leistungen zur Sicherung des Lebensunterhalts.[18]

Körperschaften müssen die wirtschaftliche Hilfsbedürftigkeit durch geeignete Unterlagen nachweisen. Eine Eigenerklärung (Selbstauskunft) der Person ist hierfür nicht ausreichend. Geeignete Unterlagen sind insbesondere Einkommensteuerbescheide und Bescheide über Gewährung von Hilfszahlungen von Sozialversicherungsträgern (z.B. BfA, Krankenkassen, Arbeitsamt, Sozialamt, Versorgungsamt, Unfallversicherung). Die Unterlagen sollten jährlich erneuert und aktuelle Bescheinigungen zu den Akten der Körperschaft genommen werden.

4.   Kirchliche Zwecke

9   Eine Körperschaft verfolgt kirchliche Zwecke, wenn ihre Tätigkeit darauf gerichtet ist, eine Religionsgemeinschaft, die Körperschaft des öffentlichen Rechts ist, selbstlos zu fördern. Zu

---

15 BGBl. I 2007, 2332.
16 AEAO zu § 52 AO, Nr. 2.
17 AEAO zu § 52 AO, Nr. 3.
18 Vgl. § 53 S. 4 bis 7 AO. Hierbei kann für die Begriffe Einkünfte und Bezüge auf die Ausführungen in H 33a.1 und H 33a.2 EStH sowie R 32.10 EStR zurückgegriffen werden.

diesen Zwecken gehören insbesondere die Errichtung, Ausschmückung und Unterhaltung von Gotteshäusern und kirchlichen Gemeindehäusern, die Abhaltung von Gottesdiensten, die Ausbildung von Geistlichen, die Erteilung von Religionsunterricht, die Beerdigung und die Pflege des Andenkens der Toten, ferner die Verwaltung des Kirchenvermögens, die Besoldung der Geistlichen, Kirchenbeamten und Kirchendiener, die Alters- und Behindertenversorgung für diese Personen und die Versorgung ihrer Witwen und Waisen.

5.   Vermögenstrennung im ideellen Bereich

Die bisherige Notwendigkeit der Trennung der Vermögenssphären im ideellen Bereich bei   10
Körperschaften, die für den Spendenabzug des Zuwendungsempfängers unterschiedlich hoch begünstigte Zuwendungsbestätigungen ausstellten, die also z.B. sowohl gemeinnützige als auch mildtätige Zwecke verfolgen, entfällt ab 01.01.2007. Durch das Gesetz zur weiteren Stärkung des bürgerschaftlichen Engagements wurde die Abzugsfähigkeit von Zuwendungen an steuerbegünstigte Körperschaften auf 20% des Gesamtbetrags der Einkünfte vereinheitlicht, so dass eine gesonderte Trennung der bisher mit 10% abzugsfähigen Zuwendungen für z.B. mildtätige Zwecke von gemeinnützigen Zuwendungen (lediglich 5% des Gesamtbetrags der Einkünfte) entfällt.

> **Beispiel:**

> Das Herzzentrum XY erhielt am 18.12.2006 eine Zuwendung über € 200.000 mit der Auflage, die Zuwendung ausschließlich für wissenschaftliche Zwecke zu verwenden. Das Herzzentrum stellte dem Zuwendungsempfänger eine entsprechende Bescheinigung über den Erhalt von Mitteln zur Verwendung wissenschaftlicher Zwecke aus.

> Im Laufe des Jahres 2007 stellt sich heraus, dass die Mittel teilweise im weniger begünstigten Bereich des öffentlichen Gesundheitswesen (5% Spendenabzug nach § 10b EStG a.F.) benötigt werden. Bisher war ein Transfer der Mittel in den Bereich öffentliches Gesundheitswesen nicht möglich, da der Nachweis über die Verwendung für wissenschaftliche Zwecke geführt werden musste. Aufgrund der beschriebenen Gesetzesänderung kann das Herzzentrum rückwirkend ab 2007 die Mittel zusammenführen und die Mittel je nach Bedarf verwenden.

6.   Ausschließlichkeit

Ausschließlichkeit liegt vor, wenn eine Körperschaft nur ihre steuerbegünstigten satzungsmäßigen   11
Zwecke verfolgt. Die Vorschrift stellt klar, dass eine Körperschaft mehrere steuerbegünstigte Zwecke nebeneinander verfolgen darf, ohne dass dadurch die Ausschließlichkeit verletzt wird. Die verwirklichten steuerbegünstigten Zwecke müssen jedoch sämtlich satzungsmäßige Zwecke sein. Will demnach eine Körperschaft steuerbegünstigte Zwecke fördern, die nicht in die Satzung aufgenommen sind, so ist eine Satzungsänderung erforderlich, die den Erfordernissen des § 60 AO entsprechen muss.[19]

Vom Gebot der Ausschließlichkeit gibt es aber einige Ausnahmen. Insbesondere die Vermögensnutzung im Rahmen der Vermögensverwaltung, z.B. durch verzinsliche Anlage von Kapitalvermögen und der Vermietung und Verpachtung unbeweglichen Vermögens (§§ 14 Satz 3, 58 Nr. 7a AO), die geselligen Zusammenkünfte nach § 58 Nr. 8 AO und der wirtschaftliche Geschäftsbetrieb (§ 64 AO).

---

19   AEAO zu § 56.

2

7.   Unmittelbarkeit

12   Die Körperschaft muss die steuerbegünstigten satzungsgemäßen Zwecke selbst verwirklichen. Das Gebot der Unmittelbarkeit ist auch dann erfüllt, wenn sich die steuerbegünstigte Körperschaft einer Hilfsperson bedient. Hierbei ist es aber unerlässlich, dass das Wirken der Hilfsperson wie das eigene Wirken der Körperschaft anzusehen ist. Die Körperschaft muss das Handeln, den Inhalt und Umfang der Tätigkeit der Hilfsperson bestimmen können. Die Körperschaft hat die Hilfsperson zu überwachen, damit die satzungsgemäße Mittelverwendung und Tätigkeit sichergestellt ist. Die Finanzverwaltung ist der Auffassung, dass das Handeln als Hilfsperson keine eigene steuerbegünstigte Tätigkeit begründet.[20] Zum Gebot der Unmittelbarkeit gibt es aber die Ausnahmen nach § 58 AO zur zeitnahen Mittelverwendung, zur unmittelbaren Mittelverwendung und zur unschädlichen Betätigung.

8.   Selbstlosigkeit

13   Gemeinnützige Zwecke, mildtätige Zwecke und kirchliche Zwecke müssen selbstlos gefördert werden. Der steuerbegünstigte Status der Gemeinnützigkeit ist Körperschaften also zu versagen, die in erster Linie eigenwirtschaftliche Zwecke, z.B. gewerbliche Zwecke verfolgen. Zusätzlich müssen folgende Voraussetzungen für die Selbstlosigkeit der Körperschaft vorliegen:

- Die Mittel der Körperschaft dürfen nur für satzungsmäßige Zwecke verwendet werden. Mitglieder und Gesellschaften dürfen keine Gewinnanteile und keine sonstigen Zuwendungen erhalten. Die Unterstützung und Förderung von politischen Parteien ist untersagt.

- Die Mitglieder dürfen beim Ausscheiden aus der Körperschaft oder bei der Auflösung oder bei der Aufhebung der Körperschaft nicht an den stillen Reserven der Körperschaft partizipieren.

- Die Körperschaft darf keine Person durch Ausgaben, die dem Zweck der Körperschaft fremd sind, oder durch unverhältnismäßig hohe Vergütungen begünstigen.

- Nach dem Grundsatz der Vermögensbindung darf das Vermögen der Körperschaft bei deren Auflösung oder Aufhebung oder bei Wegfall des bisherigen Zwecks, soweit es die eingezahlten Kapitalanteile der Mitglieder und den gemeinen Wert der Sacheinlagen der Mitglieder übersteigt, nur für steuerbegünstigte Zwecke verwendet werden. Die Übertragung an eine andere steuerbegünstigte Körperschaft ist möglich.

- Es gilt der Grundsatz der zeitnahen Mittelverwendung, nach dem die Mittel spätestens im auf den Zufluss folgenden Kalenderjahr bzw. Wirtschaftsjahr für satzungsgemäße Zwecke verwendet werden müssen. Die Mittel können auch für die Anschaffung oder Herstellung von Vermögensgegenständen verwendet werden, die satzungsgemäßen Zwecken dienen.

Die Tätigkeit der Körperschaft darf nicht überwiegend auf die Vermehrung des eigenen Vermögens gerichtet sein. Unterhält die Körperschaft einen steuerpflichtigen wirtschaftlichen Geschäftsbetrieb, ist zwischen ihrer steuerbegünstigten und dieser wirtschaftlichen Tätigkeit zu gewichten. Die Körperschaft ist nicht steuerbegünstigt, wenn ihr die wirtschaftliche Tätigkeit bei einer Gesamtbetrachtung das Gepräge gibt.[21] Auch Gewinne aus Zweckbetrieben und dem wirtschaftlichen Geschäftsbetrieb sowie der Überschuss aus der Vermögensverwaltung müssen

---

20   AEAO zu § 57 Rn 2.
21   AEAO zu § 55 AO, Nr. 2.

für satzungsgemäße Zwecke verwendet werden. Wirtschaftlich ausreichend begründete Rücklagen dürfen aber beim wirtschaftlichen Geschäftsbetrieb und bei der Vermögensverwaltung gebildet werden.

Mittel des ideellen Bereichs (Zuwendungen, Mitgliedsbeiträge, Zuschüsse, Rücklagen), Gewinne aus Zweckbetrieben, Erträge aus Vermögensverwaltung und das Vermögen dieser Bereiche dürfen nicht für den Bereich des wirtschaftlichen Geschäftsbetriebs verwendet werden, auch nicht für den Ausgleich von im wirtschaftlichen Geschäftsbetrieb entstandenen Verluste.

III.   Steuerlich unschädliche Betätigungen

1.   Zielsetzung der Vorschrift

Die Voraussetzungen für den Erhalt der Steuervergünstigungen sind nicht bereits dadurch   14
ausgeschlossen, dass die gemeinnützige Körperschaft nicht alle Basisvoraussetzungen (Selbstlosigkeit, Ausschließlichkeit und Unmittelbarkeit) immer erfüllt. Es sind bestimmte gesetzliche Ausnahmen vorgesehen.

2.   Ausnahmen vom Gebot der Unmittelbarkeit, Selbstlosigkeit und Ausschließlichkeit

Als Ausnahme vom Grundsatz der Unmittelbarkeit wird in § 58 Nr. 1 AO die Mittelbeschaffung für eine andere Körperschaft als so genannter Spendensammelverein bzw. Mittelbeschaffungsverein zugelassen. Die Beschaffung der Mittel muss jedoch nach § 60 Abs. 1 AO Satzungszweck sein. Die Mittel müssen nachweislich für steuerbegünstigte Zwecke verwendet werden. Werden die Mittel für eine Körperschaft des privaten Rechts beschafft, muss auch diese steuerbegünstigt sein.[22]

Dementsprechend darf nach § 58 Nr. 2 AO auch eine Körperschaft, die unmittelbar selbst steuerbegünstigte Zwecke verfolgt, ihre eigenen Mittel teilweise einer anderen ebenfalls steuerbegünstigten Körperschaft oder einer Körperschaft des öffentlichen Rechts zur Verwendung zu steuerbegünstigten Zwecke zuwenden. Unter teilweise versteht die Finanzverwaltung nicht überwiegen.[23]

Nach § 58 Nr. 3 AO in der ab dem 1.1.2007 gültigen Fassung dürfen Körperschaften ihre Arbeitskräfte anderen Personen, Unternehmen, Einrichtungen oder einer Körperschaft des öffentlichen Rechts für steuerbegünstigte Zwecke zur Verfügung stellen.[24] Neu eingefügt wurde durch das Gesetz zur weiteren Stärkung des bürgerschaftlichen Engagements die unschädliche Arbeitskräfteüberlassung auch an Körperschaften des öffentlichen Rechts. Ab 1.1.2007 ist dementsprechend auch die Raumüberlassung unentgeltlich oder gegen geringes Entgelt nicht nur an gemeinnützige Körperschaften sondern auch an Körperschaften des öffentlichen Rechts für gemeinnützige Zwecke zulässig (§ 58 Nr. 4 AO).[25]

---

22 Tipke, in: Tipke/Kruse, § 58 Rn 2.
23 AEAO zu § 58 Nr. 2.
24 BGBl. I 2007, 2332.
25 Hierzu gehören auch Sportanlagen, vgl. AEAO zu § 58 Nr. 4.

15   Stiftungen dürfen höchstens ein Drittel ihres Einkommens dazu verwenden, um in angemessener Weise den Stifter und die nächsten Angehörigen zu unterhalten, ihre Gräber zu pflegen und ihr Andenken zu ehren (§ 58 Nr. 5 AO). Stiftungen dürfen im Jahre der Entstehung und in den zwei folgenden Kalenderjahren Überschüsse aus der Vermögensverwaltung und die Gewinne aus wirtschaftlichem Geschäftsbetrieb ganz oder teilweise ihrem Vermögen zuführen (§ 58 Nr. 12 AO).

16   Nach § 58 Nr. 6 AO ist es zulässig gebundene Rücklagen (Projektrücklagen) zu bilden, sofern dies erforderlich ist, um die steuerbegünstigten satzungsgemäßen Zwecke nachhaltig erfüllen zu können. Die Herkunft der Mittel, die in die Rücklage eingestellt werden, ist irrelevant. Auch zeitnah zu verwendende Mittel (Spenden) dürfen der Rücklage zugeführt werden.[26] Es darf nur dann angesammelt werden, wenn dies zur Erreichung bestimmter steuerbegünstigter Zwecke unbedingt erforderlich ist. Hierfür müssen konkrete Verwendungsabsichten mit Zeitplanungen vorhanden sein. Zulässig sind auch Betriebsmittelrücklagen für wiederkehrende Ausgaben (Mieten, Gehälter) für eine angemessene Zeitperiode. Die angemessene Zeitperiode und Höhe richtet sich danach, in welchem Maß und in welcher Höhe die Körperschaft mit regelmäßigen Einnahmen rechnen kann und in welchem Umfang sie mit einer Gefährdung der Einnahmen rechnen muss. Je unsicherer die Einnahmen sind, desto länger ist die zulässige Zeitperiode der Rücklagenbildung.[27]

> **Beispiele:**
>
> Eine gemeinnützige Körperschaft mit Behindertenfahrdienst bildet eine Mittelrücklage für die Ersatzinvestition zur Anschaffung eines geeigneten PKW mit Anschaffungskosten von € 15.000 und führt der Rücklage planmäßig über drei Jahre jedes Jahr € 5.000 zu. Jährlich stehen ausreichend Mittel für die laufenden gemeinnützigen Zwecke zur Verfügung. Es handelt sich um einen Fall des § 58 Nr. 6 AO, die Rücklage ist zulässig.
>
> Eine gemeinnützige Körperschaft beabsichtigt, mittelfristig ein Gebäude für ca. € 300.000 zu erwerben, um in eigenen Räumen tätig werden zu können, hat aber noch keine konkreteren Pläne zum Nutzungskonzept und zur Finanzierung. Die gemeinnützige Körperschaft möchte daher eine allgemeine Rücklage zur Stärkung der finanziellen Situation der Körperschaft bilden. Die Mittel dürfen nicht nach § 58 Nr. 6 AO zur allgemeinen Stärkung der finanziellen Situation in eine Rücklage eingestellt werden.

Die Körperschaft darf nach § 58 Nr. 7a AO höchstens ein Drittel des Überschusses der Einnahmen über die Kosten aus der Vermögensverwaltung in eine freie Rücklage einstellen. Hierbei ist auf den Überschuss der gesamten vermögensverwaltenden Tätigkeit der Körperschaft eines Jahres abzustellen. Ergibt sich ein Fehlbetrag, kann keine Rücklage gebildet werden. Dieser Fehlbetrag ist auf das nächste Jahr vorzutragen und mindert somit die Höchstbetragsermittlung wie ein Verlustvortrag. Darüber hinaus darf die Körperschaft höchstens 10% ihrer sonstigen zeitnah zu verwendenden Mittel einer freien Rücklage zuführen. Dies sind Mitgliedsbeiträge, Spendenmittel, Gewinn aus Zweck- und wirtschaftlichen Geschäftsbetrieben, aber nicht Mittel der Vermögensverwaltung, da ansonsten eine Doppelbegünstigung bei der Rücklagenbildung eintreten würde. Es dürfen im Rahmen der 10%-Grenze auch Mittel zum Erwerb von Gesellschaftsrechten zur Erhaltung der prozentualen Beteiligung an Kapitalgesellschaften angesammelt oder im Jahr des Zuflusses verwendet werden (§ 58 Nr. 7b AO).

Nach § 58 Nr. 8 AO sind gesellige Zusammenkünfte unschädlich, wenn diese im Vergleich zur steuerbegünstigten Tätigkeit von untergeordneter Bedeutung sind. Ebenso sind bei

---

26   AEAO zu § 58 Nr. 6 AO, Rn 9.
27   Buchna, Gemeinnützigkeit, Rn 2.8.6.c.

Sportveranstaltungen Vergütungen und Aufwandsersatz in den Grenzen des § 67a AO (Zweckbetriebsgrenze von € 35.000 ab 1.1.2007; bis einschließlich 2006: € 30.678) zulässig, wenn der Sportverein neben dem unbezahlten Sport auch den bezahlten Sport fördert (§ 58 Nr. 9 AO).

§ 58 Nr. 10 AO ermöglicht steuerbegünstigten Körperschaften mittelbar durch Zuschüsse an Wirtschaftsunternehmen ihre Satzungszwecke zu erfüllen (z.B. Strukturförderung, Arbeitsplatzschaffung).[28]

Mittelzuflüsse dürfen in den in § 58 Nr. 11 AO geregelten Fällen (z.B. bestimmte Zuwendungen von Todes wegen oder bestimmte Sachzuwendungen) auch direkt in das Vermögen der steuerbegünstigten Körperschaft erfolgen ohne dass eine zeitnahe Verwendung der Mittel erfolgen muss.

IV. Anforderungen an die Satzung und an die tatsächliche Geschäftsführung

1. Satzungsmäßige Voraussetzungen für die Steuervergünstigung

Die Steuervergünstigung wird nach § 59 AO gewährt, wenn sich aus der Satzung, dem Stiftungsgeschäft oder der sonstigen Verfassung (Satzung im Sinne dieser Vorschriften) ergibt, welchen Zweck die Körperschaft verfolgt, dass dieser Zweck den Anforderungen der §§ 52 bis 55 AO entspricht und dieser Zweck ausschließlich und unmittelbar verfolgt wird; die tatsächliche Geschäftsführung muss diesen Satzungsbestimmungen entsprechen.

17

Die Satzungszwecke und die Art ihrer Verwirklichung müssen so genau bestimmt sein, dass auf Grund der Satzung geprüft werden kann, ob die satzungsmäßigen Voraussetzungen für Steuervergünstigungen gegeben sind (§ 60 AO).

2. Satzungsmäßige Vermögensbindung

Für den Fall der Auflösung der Körperschaft oder bei Wegfall ihres Zwecks muss sich aus der Satzung die Vermögensbindung, d.h. die ausschließliche oder unmittelbare Verwendung für steuerbegünstigte Zwecke, ergeben. Um Missbräuchen vorbeugen zu können, muss diesbezüglich eine Prüfung anhand der Satzung möglich sein. Wird die Bestimmung über die Vermögensbindung nachträglich so geändert, dass sie den Anforderungen des § 55 Abs. 1 Nr. 4 nicht mehr entspricht, gilt sie von Anfang an als steuerlich nicht ausreichend. § 175 Abs. 1 Satz 1 Nr. 2 ist mit der Maßgabe anzuwenden, dass Steuerbescheide rückwirkend erlassen, aufgehoben oder geändert werden können, soweit sie Steuern betreffen, die innerhalb der letzten zehn Kalenderjahre vor der Änderung der Bestimmung über die Vermögensbindung entstanden sind. Es findet also eine Nachversteuerung für die letzten zehn Kalenderjahre statt. Damit werden auch Zeiträume erfasst, in denen die Satzung dem § 55 Abs. 1 Nr. 4 AO entsprochen hat.[29]

---

28 Niewerth, in: Lippross, § 58 Rn 11.
29 Tipke, in: Tipke/Kruse, AO, § 61 Rn 3.

Bisher ließ § 61 Abs. 2 AO bei Vorliegen zwingender Gründe und nach Einwilligung des Finanzamts die Bestimmung in der Satzung zu, dass über die Vermögensverwendung zu steuerbegünstigten Zwecken erst nach Auflösung bzw. Aufhebung der Körperschaft oder Wegfall des bisherigen Zwecks bestimmt wird. Mit dem Gesetz zur weiteren Stärkung des bürgerschaftlichen Engagements wurde diese Vorschrift rückwirkend zum 1.1.2007 gestrichen. Ausweislich der Gesetzesbegründung müssen sich gemeinnützige Körperschaften, die hiervon betroffen sind, aber keine Sorgen machen, dass ihr Gemeinnützigkeitsstatus nunmehr aberkannt wird.[30] Es soll eine Verwaltungsanweisung ergehen, die eine entsprechende Änderung der Satzung zur Vermögensbindung erst vorschreibt, wenn aus anderen Gründen die Satzung geändert wird.

Die Vermögensbindung braucht in der Satzung von Betrieben gewerblicher Art von Körperschaften des öffentlichen Rechts, bei den von einer Körperschaft des öffentlichen Rechts verwalteten unselbständigen Stiftungen und bei geistlichen Genossenschaften (Orden, Kongregationen) nicht festgelegt zu werden (§ 62 AO).[31]

3. Anforderungen an die tatsächliche Geschäftsführung

18 Die tatsächliche Geschäftsführung der Körperschaft muss auf die ausschließliche und unmittelbare Erfüllung der steuerbegünstigten Zwecke gerichtet sein und den Bestimmungen entsprechen, die die Satzung über die Voraussetzungen für Steuervergünstigungen enthält. Zur tatsächlichen Geschäftsführung i.S.v. § 63 Abs. 1 AO gehören alle der Körperschaft zuzurechnenden Handlungen und somit die Tätigkeiten und Entscheidungen, die der Verwirklichung der Satzungszwecke vorausgehen und sie vorbereiten.[32]

Die Körperschaft hat durch ordnungsmäßige Aufzeichnungen über ihre Einnahmen und Ausgaben nachzuweisen, dass die tatsächliche Geschäftsführung den genannten Anforderungen entspricht. Hierbei sind die Vorschriften der Abgabenordnung über die Führung von Büchern und Aufzeichnungen (§§ 140 ff. AO) zu beachten. Die Vorschriften des Handelsrechts einschließlich der Buchführungsvorschriften gelten nur, sofern sich dies aus der Rechtsform der Körperschaft oder aus ihrer wirtschaftlichen Tätigkeit ergibt. Unterhält eine als gemeinnützig anerkannte Körperschaft einen Zweckbetrieb im Sinne der §§ 65 ff. AO und/oder einen steuerpflichtigen wirtschaftlichen Geschäftsbetrieb i.S.v. § 64 AO, der für sich betrachtet die Kaufmannseigenschaft nach §§ 1 ff. HGB besitzt, besteht in Bezug auf diese Geschäftsbetriebe Buchhaltungspflicht nach §§ 238 ff. HGB.[33]

Verstößt die Geschäftsführung gegen die satzungsmäßige Vermögensbindung, kann eine Nachversteuerung rückwirkend bis zu 10 Jahren erfolgen.

Die tatsächliche Geschäftsführung umfasst auch die Ausstellung steuerlicher Zuwendungsbestätigungen. Bei Missbräuchen z.B. durch die Ausstellung von Gefälligkeitsbescheinigungen, ist die Steuerbegünstigung zu versagen.[34] Die Anforderungen müssen während des gesamten Veranlagungszeitraums erfüllt worden sein. Sofern Zuwendungsbestätigungen ausgestellt werden, sind die Vereinnahmung und die zweckentsprechende Verwendung ordnungsgemäß aufzuzeichnen. Eine Kopie der Zuwendungsbescheinigung ist zu den Akten zu nehmen.

---

30 BGBl. I 2007, 2332.
31 Vor dem 19.12.2006 errichtete staatlich beaufsichtigte Stiftungen durften ebenfalls auf die Vermögensbindung in der Satzung verzichten. Dieses Privileg wurde jedoch durch das Jahressteuergesetz 2007 gestrichen (BGBl. I 2006, 2878).
32 BFH v. 23.07.2003, I R 29/02; BStBl II 2004, 930.
33 Buchna, Gemeinnützigkeit, 194.
34 AEAO zu § 64 Rn 2.

Hat die Körperschaft Mittel unberechtigterweise in eine gebundene Rücklage (§ 58 Nr. 6 AO)   19
oder in die freie Rücklage (§ 58 Nr. 7 AO) eingestellt, kann die Finanzverwaltung eine Frist
zur Verwendung der Mittel setzen. Innerhalb dieser Frist muss die Körperschaft die Mittel
satzungsgemäß verwenden, da andernfalls der Entzug der Gemeinnützigkeit droht. Im Rahmen
ihres pflichtgemäßen Ermessen nach § 85 AO wird die Finanzverwaltung der Körperschaft i.d.R.
eine Frist für die Mittelverwendung setzen.

V.   Vermögenssphären einer steuerbegünstigten Körperschaft

20

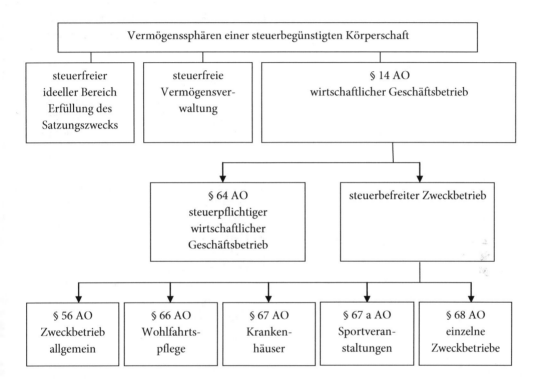

1.   Wirtschaftlicher Geschäftsbetrieb

Ein wirtschaftlicher Geschäftsbetrieb ist nach § 14 AO eine selbständige nachhaltige Tätigkeit,   21
durch die Einnahmen oder andere wirtschaftliche Vorteile erzielt werden und die über den Rahmen
einer Vermögensverwaltung hinausgeht. Die Absicht, Gewinn zu erzielen, ist nicht erforderlich.
Im steuerpflichtigen wirtschaftlichen Geschäftsbetrieb sind alle Aktivitäten der (gemeinnützigen)
Körperschaften gebündelt, die weder dem ideellen Bereich noch der Vermögensverwaltung
zugeordnet werden können. Ein vorhandener wirtschaftlicher Geschäftsbetrieb ist dann
steuerbegünstigt, wenn er die Voraussetzungen für einen Zweckbetrieb erfüllt.

a)   Steuerbefreiter Zweckbetrieb

22   Ein Zweckbetrieb ist nach § 65 AO gegeben, wenn der wirtschaftliche Geschäftsbetrieb in seiner Gesamtrichtung dazu dient, die steuerbegünstigten satzungsmäßigen Zwecke der Körperschaft zu verwirklichen, und die Zwecke nur durch einen solchen Geschäftsbetrieb erreicht werden können. Ein Zweckbetrieb darf zu nicht begünstigten Betrieben derselben oder ähnlicher Art nur insoweit in Wettbewerb treten, als dies zur Erfüllung der steuerbegünstigten Zwecke unvermeidbar ist. Dabei kommt es nicht auf die konkrete, aktuelle Wettbewerbslage an, sondern ob abstrakt und potenziell Wettbewerbsbeeinträchtigungen in Betracht kommen könnten.[35]

Die Tätigkeiten an sich und nicht nur die Einnahmen aus dem Zweckbetrieb müssen unmittelbar nötig sein, um den Satzungszweck zu erfüllen. Die vom Gesetzgeber gewählte Formulierung „Gesamtrichtung" ist so zu verstehen, dass nicht jede geringfügige, außerhalb des Satzungszwecks liegende Tätigkeit die Zweckbetriebseigenschaft stört.[36] Der Zweckbetrieb muss das einzige Mittel sein, die steuerbegünstigten Zwecke zu erreichen, andernfalls liegt ein wirtschaftlicher Geschäftsbetrieb vor.[37] Ein Verein, dessen Zweck darauf gerichtet ist, Kinder tagsüber zu betreuen, kann diesen Zweck nur durch den Zweckbetrieb eines Kindergartens erfüllen. Hat sich eine Körperschaft satzungsgemäß zum Ziel gesetzt, z.B. bedürftige Personen im Sinne von § 53 AO mit warmen Mahlzeiten zu versorgen, kann dieser mildtätige Zweck nur durch einen Mahlzeitendienst erfüllt werden.[38]

Eine Einrichtung der Wohlfahrtspflege ist nach § 66 AO ein Zweckbetrieb. Aufgrund dieser Spezialvorschrift sind die allgemeinen restriktiveren Regelungen des § 65 AO nicht anzuwenden. Voraussetzung ist, dass die Einrichtungen in besonderem Maße Personen nach § 53 AO dient, die infolge ihres körperlichen geistigen oder seelischen Zustands auf die Hilfe anderer angewiesen sind. Nach § 53 Abs. 2 AO ist Wohlfahrtspflege die planmäßige, zum Wohle der Allgemeinheit und nicht des Erwerbs wegen ausgeübte Sorge für Not leidende oder gefährdete Mitmenschen. Die Sorge kann sich auf das gesundheitliche, sittliche, erzieherische oder wirtschaftliche Wohl erstrecken und Vorbeugung oder Abhilfe bezwecken. Eine Einrichtung der Wohlfahrtspflege dient in besonderem Maße den in § 53 AO genannten Personen, wenn diesen mindestens zwei Drittel ihrer Leistungen zugute kommen. Für Krankenhäuser gelten diese Regelungen nicht.

Hinsichtlich des steuerbefreiten Zweckbetriebs eines Krankenhauses nach § 67 AO wird auf die Erläuterungen unter § 2 D. III. 2. verwiesen.

Sportliche Veranstaltungen eines Sportvereins sind nach § 67a AO ein steuerbegünstigter Zweckbetrieb, wenn die Einnahmen inklusive Umsatzsteuer € 35.000 nicht überschreiten. Sofern die Einnahmen € 35.000 pro Jahr übersteigen, liegt trotzdem ein Zweckbetrieb vor, wenn der Verein auf die Anwendung dieser Grenze verzichtet und gleichzeitig an den Veranstaltungen ausschließlich Amateursportler teilnehmen. Der Verkauf von Speisen und Getränken sowie die Werbung gehören nicht zum Zweckbetrieb „sportliche Veranstaltungen". Diese sind immer als wirtschaftlicher Geschäftsbetrieb zu beurteilen.

In § 68 AO sind weitere Zweckbetriebe genannt, wie z.B. Altenheimbetriebe, Kindergärten, Behindertenwerkstätte, kulturelle oder Wissenschafts- und Forschungseinrichtungen. Die Aufzählung in § 68 AO ist beispielhaft und nicht abschließend.

---

35   Tipke, in: Tipke/Kruse, § 65 Rn 4.
36   Buchna, Gemeinnützigkeit, 245.
37   Tipke, in: Tipke/Kruse, § 65 Rn 3.
38   Buchna, Gemeinnützigkeit, 246.

b) Steuerpflichtiger wirtschaftlicher Geschäftsbetrieb

Sind die Voraussetzungen für einen Zweckbetrieb nach den §§ 65 bis 68 AO nicht erfüllt, ist auf Basis aller Einnahmen inklusive Umsatzsteuer im Jahr aus allen wirtschaftlichen Geschäftsbetrieben zu prüfen, ob die Freigrenze von € 35.000 überschritten wird.[39] Bei Überschreiten der Freigrenze besteht für die gesamten Gewinne (nicht Einnahmen) insoweit Gewerbesteuerpflicht. Eine steuerbegünstigte Körperschaft erzielt aus einer Beteiligung an einer Mitunternehmerschaft gewerbliche Einkünfte. Die Beteiligung stellt einen steuerpflichtigen wirtschaftlichen Geschäftsbetrieb dar. Bei der Beteiligung an Mitunternehmerschaften sind die anteiligen Einnahmen der Mitunternehmerschaft der Körperschaft für die Prüfung der Freigrenze zuzurechnen.   23

Verluste aus dem steuerpflichtigen wirtschaftlichen Geschäftsbetrieb dürfen nicht mit Mitteln aus dem ideellen Bereich (etwa Mitgliedsbeiträgen, Spenden, Zuschüssen, Spenden, Zuschüssen, Gewinnen aus Zweckbetrieben, Rücklagen) oder Erträgen aus der Vermögensverwaltung ausgeglichen werden. Die Verwendung ist nur dann unschädlich für die Gemeinnützigkeit, wenn der Verlust auf einer Fehlkalkulation beruht und dem ideellen Bereich bis zum Ende des folgenden Wirtschaftsjahrs wieder Mittel in entsprechender Höhe zugeführt werden.[40]   24

2. Ideeller Bereich

Der ideelle Bereich ist der eigentliche Grund für das Bestehen und die Steuerbegünstigung der Körperschaft. Einnahmen in diesem Bereich sind insbesondere, Mitgliedsbeiträge, Aufnahmegebühren, Geld- und Sachspenden, Schenkungen, Erbschaften und Zuschüsse. Ausgaben in diesem Bereich sind Kosten, die direkt mit der der satzungsgemäßen Verfolgung des Zwecks der Körperschaft zusammenhängen, insbesondere Raumkosten und Kosten der Mitgliederwerbung.   25

3. Vermögensverwaltung

Vermögensverwaltung liegt nach § 14 S. 3 AO i.d.R. vor, wenn Vermögen genutzt, z.B. Kapitalvermögen verzinslich angelegt oder unbewegliches Vermögen vermietet oder verpachtet wird. Die Beteiligung an einer Kapitalgesellschaft ist grundsätzlich Vermögensverwaltung. Besteht entscheidender Einfluss auf die Geschäftsleitung oder liegt eine Betriebsaufspaltung vor, liegt dagegen ein wirtschaftlicher Geschäftsbetrieb vor.[41] Eine typisch stille Beteiligung stellt i.d.R. Vermögensverwaltung dar.[42] In § 14 AO sind exemplarisch die Vermietung und Verpachtung von unbeweglichem Vermögen und die verzinsliche Anlage von Kapitalvermögen genannt. Die Vermögensverwaltung darf nicht den Hauptzweck der Körperschaft bilden. Ziel muss es sein Erträge zu erwirtschaften, die dann für gemeinnützige Zwecke verwendet werden müssen. Im Bereich der Vermögensverwaltung dürfen außerhalb der Regelung des § 58 Nr. 7 AO Rücklagen nur für die Durchführung konkreter Reparatur- oder Erhaltungsmaßnahmen an Vermögensgegenständen im Sinne des § 21 EStG gebildet werden. Die Maßnahmen, für deren   26

---

39 Grenze erhöht mit Wirkung ab 1.1.2007 durch das Gesetz zur weiteren Stärkung des bürgerschaftlichen Engagements, vgl. BGBl. I 2007, 2332.
40 BFH v. 13.11.1996, I R 152/93; BStBl II 1998 II, 711.
41 AEAO zu § 64 Abs. 1 Rn 3.
42 Buchna, Gemeinnützigkeit, 214.

Durchführung die Rücklage gebildet wird, müssen notwendig sein, um den ordnungsgemäßen Zustand des Vermögensgegenstandes zu erhalten oder wiederherzustellen und in einem angemessenen Zeitraum durchgeführt werden können (z.B. geplante Erneuerung eines undichten Daches).[43]

C. Private Schulen und andere allgemeinbildende oder berufsbildende Einrichtungen

I. Allgemeines

27　Nach § 3 Nr. 13 GewStG sind private und andere allgemeinbildende oder berufsbildende Einrichtungen von der Gewerbesteuer befreit, soweit ihre Leistungen auch nach § 4 Nr. 21 UStG von der Umsatzsteuer befreit sind. Auf Grund der expliziten Verweisung auf das Umsatzsteuerrecht ist somit für Auslegungszwecke insbesondere auf die dort geltenden Grundsätze Bezug zu nehmen. Mit der Befreiungsvorschrift des § 3 Nr. 13 GewStG soll die schulische und berufliche Ausbildung und Fortbildung gefördert sowie eine Gleichbehandlung von privaten und öffentlichen Schulen ermöglicht werden.[44]

Nicht anwendbar ist § 3 Nr. 13 GewStG auf eine freiberuflich betriebene Unterrichtsanstalt, da diese grundsätzlich nicht der Gewerbesteuer unterliegt.[45] Für gemeinnützige Schulen und Bildungseinrichtungen gilt die Gewerbesteuerbefreiung gem. § 3 Nr. 6 GewSt.[46]

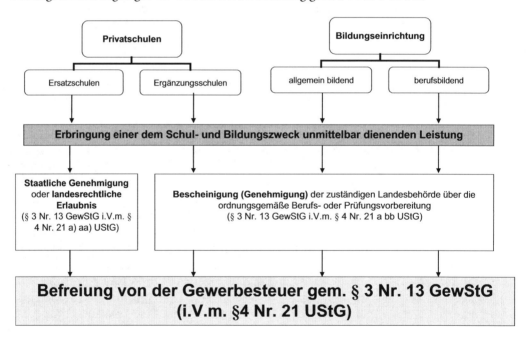

43　AEAO zu § 55 Rn 3 S. 7 ff.
44　Huschens, in: Vogel/Schwarz, § 4 Nr. 21 Rn 5.
45　Abschn. 29 S. 3 GewStR.
46　Von Twickel, in: Blümich, § 3 GewStG Rn 72.

II.   Privatschulen und andere Bildungseinrichtungen

Wesentlicher Unterschied zwischen einer Schule und einer anderen Bildungseinrichtung ist, dass   28
die „Schule" eine selbständige Organisationsform voraussetzt, während eine „andere Einrichtung"
rechtlich unselbständig sein kann. Um die Gewerbesteuerbefreiung in Anspruch nehmen zu
können, muss die Einrichtung sich jedoch wirtschaftlich und organisatorisch vom Gesamtbetrieb
des Trägerunternehmens unterscheiden. Dementsprechend kann ein Unternehmer für eine
allgemein bildende oder berufsbildende Einrichtung die Gewerbesteuerbefreiung nach § 3 Nr. 13
GewStG in Anspruch nehmen, auch wenn er daneben noch einen weiteren gewerbesteuerpflichtigen
Gewerbebetrieb betreibt.[47]

1.   Privatschulen

Eine Schule ist „eine organisierte, auf eine Mindestdauer angelegte Einrichtung, in der unabhängig   29
vom Wechsel der Lehrer und der Schüler durch planmäßige gemeinschaftliche Unterweisung in
einer Mehrzahl von Gegenständen bestimmte Lern- und Erziehungsziele verfolgt werden".[48]

Das Recht auf die Errichtung privater Schulen wird durch Art. 7 Abs. 4 S. 1 GG gewährleistet.
Nach Art. 30, 70 ff. GG haben die Länder die ausschließliche Befugnis zur Regelung des
Privatschulwesens. Die Privatschulen unterstehen somit den Landesgesetzen und bedürfen als
Ersatz für öffentliche Schulen auch der Genehmigung des Staates.[49]

Bei Privatschulen ist zwischen Ersatz- und Ergänzungsschulen zu unterscheiden.

a)   Ersatzschulen

Ersatzschulen sind Privatschulen, deren Gesamtzweck sich auf den Ersatz von in einem Land   30
bereits bestehenden oder grundsätzlich geplanten öffentlichen Schulen richtet. Ersatzschulen
treten also an die Stelle der öffentlichen Schulen und stehen daher auch unter dem Vorbehalt der
staatlichen Genehmigung oder der Erlaubnis nach Landesrecht.[50]

Beispiele für Ersatzschulen sind allgemein bildende Schulen wie Grund-, Haupt-, Real-,
Fachoberschulen und Gymnasien, Blindenschulen, Taubstummenschulen und andere
Sonderschulen für geistig oder körperlich behinderte Kinder, Berufsschulen und Berufsfachschulen
zur Vorbereitung für eine berufliche Tätigkeit oder zur Weiterbildung nach einer abgeschlossenen
Berufsausbildung, höhere Fachschulen, wie z.B. Akademien.[51]

Keine Ersatzschulen sind in kursmäßiger Form betriebene Einrichtungen, wie z.B. Tanz-, Reit-,
Sprach-, Koch-, EDV-, oder Maschinenschreibkurse.[52]

Ersatzschulen sind gem. § 3 Nr. 13 GewStG i.V.m. § 4 Nr. 21a aa UStG von der Gewerbesteuer
befreit, wenn ihnen die staatliche Genehmigung erteilt wurde oder für die die Erlaubnis nach
Landesrecht vorliegt.

---

47   BFH v. 27.03.1996, I R 182/94, BStBl II 97, 449.
48   Huschens, in: Vogel/Schwarz, § 4 Nr. 21 Rn 17, mit Verweis auf Definition der Kultusministerkonferenz der Länder.
49   Schuhmann, in: Rau/Dürrwächter, § 4 Nr. 21 Rn 8.
50   Schuhmann, in: Rau/Dürrwächter, § 4 Nr. 21 Rn 15.
51   Huschens, in: Vogel/Schwarz, § 4 Nr. 21 Rn 19 f.
52   Schuhmann, in: Rau/Dürrwächter, § 4 Nr. 21 Rn 23.

Ein Nachweis für das Vorliegen dieser staatlichen Genehmigung oder der landesrechtlichen Erlaubnis kann durch die Schulaufsichtsbehörde des jeweiligen Bundeslandes in Form einer Bescheinigung geführt werden.[53]

b)   Ergänzungsschulen

31   Ergänzungsschulen sind Privatschulen, die keine Ersatzschulen sind.[54] Ihre Bildungsziele sind nicht mit denen der öffentlichen Schulen identisch. Sie stehen insoweit auch nicht im gleichen Umfang im öffentlichen Interesse wie Ersatzschulen, da sie lediglich das allgemeine Bildungsprogramm ergänzen.[55] Voraussetzung für die Gewerbesteuerbefreiung ist nach § 3 Nr. 13 GewStG i.V.m. § 4 Nr.21a bb UStG jedoch eine Bescheinigung der Landesbehörde, dass sie auf einen Beruf oder eine vor einer juristischen Person des öffentlichen Rechts abzulegende Prüfung ordnungsgemäß vorbereitet.

Beispiele für Ergänzungsschulen sind Sprach-, Schauspiel-, Ballett-, Theater-, Kunst-, Näh-, Kosmetik-, Abend- und Haushaltsschulen, die nicht Berufsschulen sind, sowie Sing-, Tanz-, Sport- und Fahrschulen.[56]

2.   Andere allgemeinbildende oder berufsbildende Einrichtungen

32   Ähnlich den Ergänzungsschulen stehen Bildungseinrichtungen nicht im unmittelbaren öffentlichen Interesse und sind daher von ihrer Definition her begrifflich weiter zu fassen als eine „Schule".[57]

Unter dem Begriff der „Einrichtungen" sollen alle Bildungseinrichtungen erfasst werden, die nach ihrer Organisationsform nicht als Schule angesehen werden können.[58] Eine Bildungseinrichtung kann im Verhältnis zum Trägerunternehmen rechtlich selbständig oder unselbständig sein. Die Einrichtung muss sich aber organisatorisch und wirtschaftlich vom Gesamtbetrieb des Trägerunternehmens unterscheiden.[59] Der Betrieb der Bildungseinrichtung muss auf eine gewisse Dauer angelegt sein.[60]

Der gewerbliche Unternehmer muss selbst die entgeltlichen Unterrichtsleistungen gegenüber seinen Vertragspartnern (z.B. Schüler, Studenten, Berufstätige oder Arbeitgeber) anbieten. Dies erfordert ein festliegendes Lehrprogramm und Lehrpläne zur Vermittlung eines Unterrichtsstoffes für die Erreichung eines bestimmten Lehrgangszieles sowie geeignete Unterrichtsräume oder –vorrichtungen. Die Einrichtung braucht im Rahmen ihres Lehrprogramms keinen eigenen Lehrstoff anzubieten. Es reicht aus, wenn sich die Leistung auf eine Unterstützung des Schul- oder Hochschulangebots bzw. die Verarbeitung oder Repetition des von der Schule angebotenen Stoffes beschränkt. Die Veranstaltung einzelner Vorträge oder einer Vortragsreihe erfüllt dagegen nicht

---

53   R 29 S. 2 GewStR i.V.m. Abschn. 111 UStR.
54   § 36 Abs. 4 Schulordnungsgesetz Nordrhein-Westfalen.
55   Schuhmann, in: Rau/Dürrwächter, § 4 Nr. 21 Rn 25.
56   Huschens, in: Vogel/Schwarz, § 4 Nr. 21 Rn 21.
57   Huschens, in: Vogel/Schwarz, § 4 Nr. 21 Rn 22.
58   Schuhmann, in: Rau/Dürrwächter, § 4 Nr. 21 Rn 27.
59   BFH v. 27.03.1996, I R 182/94, BStBl II 1997, 449.
60   Abschn. 29 S. 2 GewStR i.V.m. Abschn. 112 Abs. 2 S. 3 UStR.

die Voraussetzungen einer Unterrichtsleistung. Unschädlich für die Gewerbesteuerbefreiung ist jedoch die Einbindung von Vorträgen in ein Lehrprogramm.[61]

Bei der Bildungseinrichtung muss es sich um eine allgemeinbildende oder eine berufsbildende Einrichtung handeln. Unter Allgemeinbildung ist die Grundbildung, Elementarbildung, die für jeden außer seiner Fachbildung zu fordern ist, zu verstehen.[62] Berufsbildende Einrichtungen erbringen Leistungen, die ihrer Art nach den Zielen der Berufsaus- oder Berufsfortbildung dienen. Sie müssen spezielle Kenntnisse und Fertigkeiten vermitteln, die zur Ausübung bestimmter beruflicher Tätigkeiten notwendig sind.[63]

Beispiele für allgemeinbildende und berufsbildende Einrichtungen sind: Fernlehrinstitute, Fahrlehrerausbildungsstätten, Heilpraktiker-Schulen, Kurse zur Erteilung von Nachhilfeunterricht für Schüler und Repetitorien, die Studierende auf akademische Prüfungen vorbereiten.[64]

Voraussetzung für die Gewerbesteuerbefreiung ist nach § 3 Nr.13 GewStG i.V.m. § 4 Nr. 21a bb UStG jedoch hier eine Bescheinigung der Landesbehörde, dass sie auf einen Beruf oder eine vor einer juristischen Person des öffentlichen Rechts abzulegende Prüfung ordnungsgemäß vorbereiten.

III. Unmittelbarkeit der dem Schul- und Bildungszweck dienenden Leistung

Die Leistungen einer Schule oder sonstigen Bildungseinrichtung müssen unmittelbar dem Schul- und Bildungszweck dienen. Nur diese unmittelbaren Leistungen sind von der Gewerbesteuer nach § 3 Nr. 13 GewStG i.V.m. § 4 Nr. 21 UStG befreit.[65] Unmittelbarkeit setzt eine Leistung voraus, durch die der Zweck gefördert oder erfüllt wird, ohne dass eine weitere Leistung dazwischengeschaltet ist. Der Schul- und Bildungszweck muss gerade durch die in Frage stehende Leistung erfüllt werden.[66]

33

Für die Gewerbesteuerfreiheit nach § 3 Nr. 13 GewStG ist es unschädlich, wenn der Hauptzweck eines Gewerbeunternehmens nicht der Betrieb einer Schule oder einer Bildungseinrichtung ist. Liegen die Voraussetzungen der organisatorischen und wirtschaftlichen Trennung vor, sind alle dem Schul- und Bildungszweck unmittelbar dienenden Leistungen nach § 3 Nr. 13 GewStG i.V.m. § 4 Nr. 21 UStG von der Gewerbesteuer befreit. Für den übrigen Gewerbebetrieb und die nur mittelbar dem Schul- und Bildungszweck dienenden Leistungen besteht partielle Gewerbesteuerpflicht.[67]

🛈 Praxishinweise:

Leistungen einer Bildungseinrichtung, die sich auf die Verpflegung und Unterbringung von Schülern beziehen, dienen dem Schul- und Bildungszweck im Regelfall nur mittelbar und sind damit nicht von der Gewerbesteuer befreit.[68]

61   Abschn.29 S. 2 GewStR i.V.m. Abschn. 112 Abs. 2 UStR.
62   Schuhmann, in: Rau/Dürrwächter, § 4 Nr. 21 Rn 29.
63   BFH v. 18.12.2003, V R 62/02, BStBl II 2004, 252.
64   Abschn. 29 S. 2 GewStR i.V.m. Abschn. 112 Abs. 1 S. 1 UStR.
65   Von Twickel, in: Blümich, § 3 GewStG Rn 75.
66   BFH v. 26.10.1989, V R 25/84, BStBl II 1990, 98.
67   BFH v. 27.03.1996, I R 182/94, BStBl II 1997, 449; Lenski/Steinberg, § 3 Rn 244.
68   BFH v. 17.03.1981, VIII R 149/76, BStBl II, 746.

2

Der Verkauf von Lehr- und Lernmaterial wird nicht steuerlich begünstigt, da erst deren Verwendung dem Schul- und Bildungszweck unmittelbar dient. Handelt es sich umsatzsteuerlich um unselbständige Nebenleistungen zur Hauptleistung so ist aufgrund der Verweisung in § 3 Nr. 13 GewStG auf das Umsatzsteuerrecht auch Gewerbesteuerfreiheit gegeben.[69]

IV. Bescheinigung für Ergänzungsschulen und andere allgemeinbildende oder berufsbildende Einrichtungen

1. Erteilung der Bescheinigung

34 Während für Ersatzschulen die staatliche Genehmigung oder landesrechtliche Erlaubnis Voraussetzung für die Gewerbesteuerbefreiung ist, haben die Träger von Ergänzungsschulen und anderen allgemeinbildenden oder berufsbildenden Einrichtungen nach § 3 Nr. 13 GewStG i.V.m. § 4 Nr. 21a bb UStG durch eine Bescheinigung der zuständigen Landesbehörde nachzuweisen, dass diese auf einen Beruf oder eine vor einer juristischen Person des öffentlichen Rechts abzulegende Prüfung ordnungsgemäß vorbereiten. Von der Gewerbesteuer befreit ist bei Ersatzschulen nur der konkret durch die Genehmigung abgedeckte Tätigkeitsbereich.[70] Entsprechendes muss wohl auch hinsichtlich des Umfangs der jeweiligen Bescheinigung gelten.

Die Vorbereitung auf einen Beruf umfasst die berufliche Ausbildung, die berufliche Fortbildung und die berufliche Umschulung.[71] Der Begriff „Beruf" ist weit auszulegen, so dass lediglich Hobby-Kurse hiervon ausgenommen sind. Abzugrenzen ist nach der Bestimmung der objektiven Eignung des Kurses und nicht nach den Zielvorstellungen der einzelnen Teilnehmer.[72] Enger auszulegen ist die Vorbereitung auf eine Prüfung, da hierbei grundsätzlich eine umfassende Prüfungsvorbereitung vorausgesetzt wird.[73]

„Ordnungsgemäß" ist die steuerlich begünstigte Leistung immer dann, wenn sie objektiv geeignet ist, der Prüfungsvorbereitung zu dienen, von einem seriösen Institut erbracht wird und die eingesetzten Lehrkräfte die erforderliche Eignung besitzen.[74] „Ordnungsgemäß" setzt beispielsweise auch voraus, dass dem Teilnehmer angemessene und zumutbare Vertragsbedingungen, insbesondere Kündigungsmöglichkeiten, geboten werden sollen.[75]

Die Landesbehörde kann nicht nur vom Unternehmer, sondern auch von Amts wegen eingeschaltet werden, wobei der Unternehmer hiervon in Kenntnis zu setzen ist. Die Landesbehörde hat daraufhin zu überprüfen, ob und für welchen Zeitraum die Bildungseinrichtung auf einen Beruf oder eine vor einer juristischen Person des öffentlichen Rechts abzulegende Prüfung ordnungsgemäß vorbereitet.[76] Werden Leistungen erbracht, die verschiedenartigen Bildungszwecken dienen, ist der Begünstigungsnachweis i.S.v. § 4 Nr. 21a bb UStG durch getrennte Bescheinigungen, bei Fernlehrinstituten z.B. für jeden Lehrgang, zu führen.[77]

---

69 BFH v. 03.05.1989, V R 15/80, BStBl II 1986, 499.
70 BFH v. 27.03.1996, I R 182/94, BStBl II 1997, 449.
71 Abschn. 29 S. 2 GewStR i.V.m. Abschn. 112 Abs. 3 UStR.
72 Huschens, in: Vogel/Schwarz, § 4 Nr. 21 Rn 42.
73 Huschens, in: Vogel/Schwarz, § 4 Nr. 21 Rn 43.
74 BVerwG v. 03.12.1976, 7 C 73/75, BStBl II 1977, 334.
75 Huschens, in: Vogel/Schwarz, § 4 Nr. 21 Rn 44.
76 Abschn. 29 S. 2 GewStR i.V.m. Abschn. 114 Abs. 2 UStR.
77 Abschn. 29 S. 2 GewStR i.V.m. Abschn. 114 Abs. 4 UStR.

Erbringt der Unternehmer die dem Schul- und Bildungszweck dienenden Leistungen in mehreren Bundesländern, reicht eine Bescheinigung der Landesbehörde desjenigen Bundeslandes aus, in dem die Bildungseinrichtung steuerlich geführt wird. Werden allerdings die Leistungen nur außerhalb dieses Bundeslandes erbracht, genügt es, wenn eine Landesbehörde eines Bundeslandes, in dem sich die Einrichtung betätigt, die Bescheinigung ausstellt.[78]

2. Bindungswirkung der Bescheinigung

Der durch die Bescheinigung der zuständigen Landesbehörde zu führende Nachweis, dass die Einrichtung auf einen Beruf oder eine vor einer juristischen Person des öffentlichen Rechts abzulegende Prüfung ordnungsgemäß vorbereitet unterliegt nicht der Nachprüfung durch die Finanzbehörden oder die Finanzgerichte. Dennoch ist es nicht ausgeschlossen, dass die Finanzbehörde bei der zuständigen Landesbehörde die Überprüfung der Bescheinigung anregt. Das Vorliegen der übrigen Steuerbefreiungsvoraussetzungen (z.B. ob eine allgemeinbildende oder berufsbildende Einrichtung gegeben ist) ist jedoch von der zuständigen Finanzbehörde gesondert zu prüfen.[79]   35

Bei der Bescheinigung der Landesbehörde handelt es sich nach herrschender Auffassung um einen Grundlagenbescheid i.S.v. § 171 Abs. 10 AO, was sich in der Bindung der Finanzbehörde an die Bescheinigung der Landesbehörde manifestiert.[80] Die Prüfung, ob eine Umsatzsteuerbefreiung gem. § 4 Nr. 21 UStG für die Leistung gegeben ist, ist im Rahmen der Gewerbesteuerveranlagung verfahrensmäßig selbstständig zu prüfen.[81] Eine Bindung an die Behandlung bei der Umsatzsteuerveranlagung besteht nicht.[82]

V. Umfang der Steuerbefreiung

§ 3 Nr. 13 GewStG befreit private Schulen und andere allgemein bildende oder berufsbildende Einrichtungen von der Gewerbesteuer, soweit ihre Leistungen nach § 4 Nr. 21 UStG von der Umsatzsteuer befreit sind.[83] Mit dem Vorliegen einer wirksamen Genehmigung (Bescheinigung) sind die von der Genehmigung abgedeckten, dem Schul- und Bildungszweck unmittelbar dienenden Leistungen von der Gewerbesteuer befreit.[84]   36

Für die Gewerbesteuerbefreiung wird nicht vorausgesetzt, dass alle Leistungen dem Schul- und Bildungszweck unmittelbar dienen. Soweit die Leistungen dem Schul- und Bildungszweck nur mittelbar dienen, besteht partielle Gewerbesteuerpflicht.[85] Die steuerbefreiten unmittelbaren Leistungen im schulischen Bereich werden dadurch nicht berührt.[86]

Da die Leistungen i.S.d. Umsatzsteuergesetzes der Anknüpfungspunkt für die Gewerbesteuerbefreiung sind, ist als Aufteilungsmaßstab das Verhältnis der unmittelbaren (also begünstigten) zu den mittelbaren (also nicht begünstigten) Leistungen zu Grunde zu legen.[87]

---

78   Abschn. 29 S. 2 GewStR i.V.m. Abschn. 114 Abs. 3 UStR.
79   BFH v. 03.05.1989, V R 83/84; BStBl II 1989, 815.
80   Schuhmann, in: Rau/Dürrwächter, § 4 Nr. 21 Rn 45 ff.
81   BFH v. 17.03.1981, VIII R 149/76; BStBl II 1981, 746.
82   Von Twickel, in: Blümich, § 3 Nr. 13 GewStG Rn 78.
83   BFH v. 17.03.1981, VIII R 149/76; BStBl II 81, 746.
84   Güroff, in: Glanegger/Güroff, § 3 Nr. 13 Rn 154.
85   Von Twickel, in: Blümich, § 3 GewStG Rn 77.
86   Güroff, in: Glanegger/Güroff, § 3 Nr. 13 Rn 154.
87   Von Twickel, in: Blümich, § 3 GewStG Rn 78.

D.   Krankenhäuser, Alten-, Altenwohn- und Pflegeheime

I.   Allgemeines

37   Für Krankenhäuser und ähnliche Einrichtungen, die sich der Behandlung oder Pflege kranker und alter Menschen widmen, kommt eine Gewerbesteuerbefreiung sowohl nach § 3 Nr. 6 GewStG als auch nach § 3 Nr. 20 GewStG in Betracht. § 3 Nr. 20 GewStG hat als lex specialis Vorrang vor § 3 Nr. 6 GewStG.[88]

Gewerbesteuerbefreiung nach § 3 Nr. 6 GewStG

38   Die Gewerbesteuerbefreiung nach § 3 Nr. 6 GewStG betrifft Krankenhäuser, Altenheime und ähnliche Einrichtungen, deren Träger eine Körperschaft, Personenvereinigung oder Vermögensmasse ist, die nach der Satzung, dem Stiftungszweck oder der sonstigen Verfassung und nach der tatsächlichen Geschäftsführung ausschließlich und unmittelbar gemeinnützigen, mildtätigen oder kirchlichen Zwecken dient (z.B. Förderung der öffentlichen Gesundheitspflege nach § 52 Abs. 2 Nr. 2 AO). Weitere Voraussetzung ist, dass der Krankenhaus- bzw. Pflegebetrieb als Zweckbetrieb (bei Krankenhäusern i.S.v. § 67 AO) zu qualifizieren ist. Hinsichtlich der weiteren Voraussetzungen wird auf die Erläuterungen in § 2 B. und bezüglich der Voraussetzungen von § 67 AO wird auf die Erläuterungen in § 2 D.III.2b verwiesen. Soweit ein wirtschaftlicher Geschäftsbetrieb betrieben wird, der kein Zweckbetrieb ist, ist dieser Wirtschaftsbereich nach § 3 Nr. 6 S. 2 GewStG partiell gewerbesteuerpflichtig.

Anknüpfend an die Ausführungen in § 2 B V. lässt sich die Tätigkeit einer gemeinnützigen Körperschaft, Personenvereinigung oder Vermögensmasse in vier Bereiche unterteilen:

steuerfreier wirtschaftlicher Geschäftsbetrieb, so genannter Zweckbetrieb	**steuerpflichtige wirtschaftliche Geschäftsbetriebe**
- entweder nach der speziellen Zweckbetriebsvorschrift § 67 AO (oder § 68 AO) - oder nach der allgemeinen Zweckbetriebsvorschrift des § 65 AO	z.B. Betrieb einer Besucher-Cafeteria, Fremdleistungen der Krankenhauswäscherei
Ideeller Bereich (Spenden, Mitgliedsbeiträge)	**Vermögensverwaltung**, z.B. Beteiligung an einer Service-GmbH

II.   Gewerbesteuerbefreiung nach § 3 Nr. 20 GewStG

39   Gegenüber der Befreiungsnorm des § 3 Nr. 6 GewStG ist § 3 Nr. 20 GewStG eine Spezialvorschrift für

- Krankenhäuser
- Altenheime

---

88   Lenski/Steinberg, § 3 Rn 280.

- Altenwohnheime
- Pflegeheime
- Kurzzeitpflegeeinrichtungen
- Einrichtungen zur ambulanten Pflege kranker und pflegebedürftiger Personen

ohne Anknüpfung an die Voraussetzung, dass der jeweilige Träger als gemeinnützige, mildtätige oder kirchliche Institution i.S.v. §§ 51 ff. AO anerkannt sein muss.[89]

1.   Betrieb durch eine juristische Person des öffentlichen Rechts

Werden die oben genannten Einrichtungen durch eine juristische Person des öffentlichen   40
Rechts betrieben, sind sie gem. § 3 Nr. 20a GewStG von der Gewerbesteuer befreit, ohne weitere Voraussetzungen erfüllen zu müssen. Juristische Personen des öffentlichen Rechts sind der Bund, die Länder, Bezirke, Landkreise und Gemeinden, aber auch Kirchen, Ortskrankenkassen oder Berufsgenossenschaften. Wird die Einrichtung nur mittelbar, beispielsweise durch eine Kapitalgesellschaft betrieben, deren Anteile von der juristischen Person des öffentlichen Rechts gehalten werden, gelten die Voraussetzungen des § 3 Nr. 20a GewStG jedoch als nicht erfüllt. Dies gilt auch für den Fall, dass es sich um eine 100 % Beteiligung handelt.[90]

Die juristische Person des öffentlichen Rechts unterliegt mit jedem einzelnen Gewerbebetrieb gesondert der Gewerbesteuerpflicht (§ 2 Abs. 1 Satz 1 GewStG i.V.m. § 2 Abs. GewStDV). Demnach kann sie den Freibetrag gem. § 11 Abs. 1 Nr. 2 GewStG in Höhe von jährlich € 3.900 mehrmals in Anspruch nehmen.[91]

2.   Erfüllung der Zweckbetriebsvoraussetzungen für Krankenhäuser nach § 67 Abs. 1 oder 2 AO

Nach § 3 Nr. 20b GewStG werden Krankenhäuser von der Gewerbesteuer befreit, wenn:
- es sich definitionsgemäß um ein Krankenhaus handelt und
- die Voraussetzungen des § 67 AO erfüllt sind.

a)   Vorliegen eines Krankenhauses

Der Begriff des Krankenhauses bestimmt sich für steuerrechtliche Zwecke nach der Definition   41
des § 2 Nr. 1 KHG.[92] Demnach sind Krankenhäuser „Einrichtungen, in denen durch ärztliche und pflegerische Hilfeleistungen Krankheiten, Leiden oder Körperschäden festgestellt, geheilt oder gelindert werden sollen oder Geburtshilfe geleistet wird und in denen die zu versorgenden Personen untergebracht und verpflegt werden können."

---

89   Güroff, in: Glanegger/Güroff, § 3 Rn 176.
90   Güroff, in: Glanegger/Güroff, § 3 Rn 177.
91   Knorr/Klaßmann, Die Besteuerung der Krankenhäuser, 3. Aufl., 2004, 309.
92   Abschn. 31 Abs. 3 GewStR i.V.m. R 7f EStR, R 82 EStR 1999; BFH v. 02.03.1989, IV R 83/86, BStBl II 1989, 506 ff.

Hochschulkrankenhäuser und solche Krankenhäuser, die in den Krankenhausbedarfsplan aufgenommen sind, gelten stets als Krankenhäuser in diesem Sinne. Dies gilt auch für solche Krankenhäuser, die ärztliche Leistungen, Pflege, Verpflegung und Unterkunft nebst den erforderlichen Nebenleistungen für die Patienten aufgrund eines Vertrages mit einem Sozialleistungsträger oder einem sonstigen öffentlichen Leistungsträger erbringen.[93]

Dieser weit gefasste Krankenhausbegriff umfasst neben den allgemeinen Krankenhäusern, die Kranke unabhängig ihres Alters und der Art ihrer Erkrankung aufnehmen, auch Spezial-, Fach- oder Sonderkrankenhäuser sowie Belegkrankenhäuser, Sanatorien, Heilstätten, Diagnosekliniken, Kranken- und Entbindungsheime. Auch die Zugehörigkeit von Kurkrankenhäusern, Vorsorge- und Rehabilitationseinrichtungen wird nach überwiegender Auffassung bejaht.[94] Dem Urteil des Finanzgerichts München aus dem Jahre 1993, welches die Einordnung einer Einrichtung als Krankenhaus an die sozialversicherungsrechtlich motivierten Maßstäbe des § 107 SGB V anlehnte, schließt sich die herrschende Literaturmeinung nicht an.[95] Ein ambulantes Rehabilitationszentrum ist nach Auffassung des Bundesfinanzhofes jedoch ausdrücklich vom Krankenhausbegriff ausgenommen, da es hier meist an den apparativen, räumlichen und personellen Voraussetzungen fehle, die in einem Krankenhaus nach obiger Definition vorhanden sind.[96]

Auch andere Einrichtungen, die ausschließlich ambulante Leistungen erbringen, sind nicht von der oben genannten Definition eines Krankenhauses erfasst. Unschädlich sind jedoch die von den Krankenhäusern selbst betriebenen Ambulanzen, wenn die ambulanten Leistungen im Vergleich zu den stationär und teilstationär erbrachten Leistungen als unwesentlich anzusehen sind.[97] Die Einordnung einer Leistung in den stationären, teilstationären oder ambulanten Bereich richtet sich nach der tatsächlichen Abrechnung mit der Krankenkasse.[98]

Im Gegensatz zu § 3 Nr. 6 GewStG ist die Rechtsform des Krankenhausträgers für die Befreiungsvorschrift des § 3 Nr. 20b GewStG unbeachtlich, demnach können auch private Personen als Krankenhausbetreiber in den Genuss dieser Befreiungsvorschrift kommen.[99]

Beteiligt sich das Krankenhaus an einem anderen gewerblichen Betrieb, wird es, sofern es durch diese Beteiligung nicht sein Wesen als Krankenhaus verändert, durch diese Beteiligung allein noch nicht gewerbesteuerpflichtig.[100]

b)   Voraussetzungen des § 67 AO

42   § 3 Nr. 20b GewStG bezieht sich auf den für Krankenhäuser definierten steuerbegünstigten Zweckbetrieb nach § 67 AO. Eine Gewerbesteuerbefreiung ist danach möglich, wenn entweder mindestens 40% der jährlichen Belegungs- oder Berechnungstage auf solche Patienten entfallen, bei denen nur Entgelte für allgemeine Krankenhausleistungen abgerechnet werden (§ 67 Abs. 1 AO) oder wenn mindestens 40% der Belegungs- oder Berechnungstage auf solche Patienten entfallen, bei denen für die erbrachten Krankenhausleistungen keine höheres Entgelt als nach Absatz 1 abgerechnet wird (§ 67 Abs. 2 AO). Entgelte für allgemeine Krankenhausleistungen richten sich zum einen nach § 7 Krankenhausentgeltgesetz (KHEntgG) oder nach § 10 der

93   Böhme, DStZ 1987, 552 ff.; R 7f EStR i.V.m. Abschn. 82 Abs. 1 EStR 1999.
94   Güroff, in: Glanegger/Güroff, § 3 Rn 90; R 7f EStR i.V.m. R 82 Abs. 3 Nr. 8 und 9 EStR 1999.
95   Güroff, in: Glanegger/Güroff, § 3, Rn 90 unter Verweis auf Gunter, BB 1994, 1903.
96   BFH v. 22.10.2003, I R 65/02, BStBl II 2004, 300.
97   BFH v. 29.06.1994, I R 102/93; BStBl II 1995, 249; vgl.auch BMF 24.03.1995, BStBl I 1995, 248.
98   Klähn, StBp 2006, 380, unter Verweis auf BFH v. 02.03.1989, IV R 83/86, BStBl II 1989, 506.
99   Knorr/Klaßmann, Die Besteuerung der Krankenhäuser, 3. Aufl., 2004, 317.
100 Knorr/Klaßmann, Die Besteuerung der Krankenhäuser, 3. Aufl., 2004, 317.

BPflV. In der Praxis ist nach Einführung des DRG[101]-Fallpauschalen-Systems die BPflV nur noch für psychiatrische Einrichtungen und Krankenhäuser für Psychosomatik relevant.[102] Für die restlichen Krankenhäuser erfolgt die Abrechnung der allgemeinen Krankenhausleistungen nach dem durchgängigen leistungsorientierten pauschalierenden Entgeltsystem gem. KHEntGG.

Die Unterscheidung in Privat- und Kassenpatienten ist bei der Prüfung nicht maßgeblich. Ein Privatpatient kann als „unschädlich" im Sinne des § 67 AO einzustufen sein, wenn er nur allgemeine Krankenhausleistungen in Anspruch nimmt und dafür nicht höher abgerechnet wird als nach § 7 KHEntGG oder nach § 10 der BPflV. Ein Kassenpatient kann als „schädlich" im Sinne des § 67 AO anzusehen sein, wenn er neben den allgemeinen Krankenhausleistungen auch so genannte Wahlleistungen in Anspruch nimmt und daher mit höheren Sätzen abgerechnet wird.

Allgemeine Krankenhausleistungen sind gem. § 2 Abs. 2 KHEntGG solche Krankenhausleistungen, „die unter Berücksichtigung der Leistungsfähigkeit des Krankenhauses im Einzelfall nach Art und Schwere der Krankheit für die medizinisch zweckmäßige und ausreichende Versorgung des Patienten notwendig sind". Allgemeine Krankenhausleistungen sind insbesondere:

- die ärztliche Behandlung und die Krankenpflege,
- die Versorgung mit Arznei-, Heil- und Hilfsmitteln,
- Unterkunft und Verpflegung (auch von medizinisch notwendigen Begleitpersonen),
- Vorsorgemaßnahmen und im Krankenhaus veranlasste Maßnahmen Dritter.

Nicht hierunter fallen jedoch sog. Wahlleistungen (z.B. Zuschläge für Chefarztbehandlung oder Einzelzimmer) und die Inanspruchnahme von Leistungen der Belegärzte. Aus Billigkeitsgründen können jedoch bei der Berechnung der 40%-Grenze die Wahlleistungen der entgeltlichen Telefon- und Fernsehgeräteüberlassung unberücksichtigt bleiben, obwohl diese Wahlleistungen grundsätzlich als gewerbesteuerpflichtig zu behandeln sind. Ein Patient, der lediglich diese Wahlleistungen in Anspruch nimmt, rechnet also noch zu den „unschädlichen" Patienten i.S.v. § 67 AO.[103]   43

Insbesondere bei Kurkliniken besteht die Gefahr, dass diese die Zweckbetriebseigenschaft des Krankenhausbereiches insgesamt verlieren, wenn diese z.B. auch andere ergänzende Belegungen (z.B. Aufnahme von Urlaubsgästen, Wellness-Angebote) anbieten. Hierbei ist auf eine funktionale, räumliche und buchmäßige Trennung zu achten, um die Zweckbetriebseigenschaft des Krankenhausteils nicht zu gefährden.[104]

3.   Alten-, Altenwohn- und Pflegeheime

Ist ein Alten-, Altenwohn- oder Pflegeheim weder als gemeinnützige Körperschaft nach § 3 Nr.   44
6 GewStG noch als juristische Person des öffentlichen Rechts nach § 3 Nr. 20a GewStG befreit, so ist zu prüfen, ob eine Gewerbesteuerbefreiung nach § 3 Nr. 20c GewStG in Betracht kommt. Voraussetzung ist, dass im Erhebungszeitraum mindestens 40% der Leistungen des Alten-, Altenwohn- oder Pflegeheims bestimmten hilfsbedürftigen Personen zukommen:

---

101 DRG = Diagnosis Related Groups.
102 § 17b Abs. 1 S. 1, 2. Halbsatz KHG.
103 OFD Düsseldorf v. 19.04.2005, S – 2729 A – St 133, Tz. 1.1; OFD Nürnberg v. 12.04.2005, S – 0186 – 6/St 31; OFD München v. 12.04.2005, S-0186 – 1 St 423, koordinierter Ländererlass des Bayerischen Staatsministeriums der Finanzen v. 16.03.2005, 33 – S- 0186 – 007 – 11389/05.
104 OFD Hannover v. 14.07.1998, S – 0186 – 1 – StO 214 / S – 2729 – 649 – StH 233.

- Personen, die infolge körperlicher, geistiger oder seelischer Krankheit oder Behinderung in erheblichem Maße fremder Hilfe bedürfen (§ 61 Abs. 1 SGB XII). Dies sind Personen, die infolge Krankheit oder Behinderung so hilflos sind, dass sie nicht ohne Wartung und Pflege bleiben können (z.B. Heimbewohner, die unter die zweite oder höhere Pflegesatzgruppe fallen).[105]

- Wirtschaftlich hilfsbedürftige Personen im Sinne des § 53 Nr. 2 AO. Dies sind Personen, deren Bezüge nicht höher sind als das Vierfache des Regelsatzes der Sozialhilfe i.S.d. § 22 BSHG, außer diese verfügen über ein Vermögen, das zur nachhaltigen Verbesserung ihres Unterhalts ausreicht und eine Verwendung für diese Zwecke zugemutet werden kann.[106]

§ 3 Nr. 20c GewStG gilt nur für Heime und nicht für Einrichtungen zur ambulanten Pflege; diese werden von § 3 Nr. 20d GewStG erfasst. Der Nachweis über die Unterbringung kann durch Vorlage des Heimvertrages erbracht werden.[107]

4.　Einrichtungen zur vorübergehenden Aufnahme und ambulanten Pflege

45　Begünstigt sind nach § 3 Nr. 20d GewStG Einrichtungen zur vorübergehenden Aufnahme pflegebedürftiger Personen sowie Einrichtungen zur ambulanten Pflege kranker und pflegebedürftiger Personen, soweit die Begünstigungen nach § 3 Nr. 6 oder Nr. 20a GewStG nicht greifen. Einrichtungen zur vorübergehenden Aufnahme pflegebedürftiger Personen sind Einrichtungen, in denen pflegebedürftige Personen zeitweise vollstationär (ganztägig) oder teilstationär (tagsüber oder nachts) untergebracht und gepflegt werden (Kurzzeitpflegeeinrichtungen, Tages- und Nachteinrichtungen). Ambulante Pflegeeinrichtungen sind Einrichtungen, die kranke und pflegebedürftige Personen in deren Wohnungen pflegen. Zweck der Vorschrift ist die Förderung der Pflege und Betreuung kranker und älterer Menschen. Ambulante Vorsorge- und Rehabilitationseinrichtungen sollen nicht unter die Vorschrift fallen, da keine ambulanten Leistungen in den Wohnungen der Pflegepersonen erbracht werden und die Patienten in solchen Einrichtungen auch nicht ganztägig (Tag und Nacht) oder zumindest tagsüber oder nur nachts untergebracht und behandelt werden.[108]

Pflegebedürftig sind Personen, die wegen einer körperlichen, geistigen oder seelischen Krankheit oder Behinderung für die gewöhnlichen und regelmäßig wiederkehrenden Verrichtungen im Ablauf des täglichen Lebens auf Dauer, voraussichtlich für mindestens sechs Monate, der Hilfe bedürfen.[109] Nicht pflegebedürftig ist somit, wer nur Hilfe im hauswirtschaftlichen Bereich benötigt.[110]

Die Einrichtung ist nach § 3 Nr. 20d GewStG von der Gewerbesteuer befreit, wenn im Erhebungszeitraum die Pflegekosten in mindestens 40 % der Fälle von den gesetzlichen Trägern der Sozialversicherung oder Sozialhilfe ganz oder zum überwiegenden Teil getragen worden sind. Für die Auslegung des Begriffs „Fälle" ist von der Anzahl der gepflegten Personen im Laufe eines Kalendermonats auszugehen. Die Pflegekosten müssen „ganz oder zum überwiegenden

---

105 Lenski/Steinberg, § 3 Rn 289.
106 Lenski/Steinberg, § 3 Rn 290.
107 Lenski/Steinberg, § 3 Rn 291.
108 FG Schlewig-Holstein v. 21.02.2001, II 279/00; EFG 2001, 645.
109 § 14 Abs. 1 SGB XI.
110 Lenski/Steinberg, § 3 Rn 295.

E.   BehandlungpartiellgewerbesteuerpflichtigerwirtschaftlicherGeschäftsbetriebeamBeispieleinesgemeinnützigenKrankenhauses

2

2

Teil" übernommen werden. Es ist also nicht schädlich, wenn die pflegebedürftigen oder kranken Personen auch selbst einen Beitrag zu den Kosten leisten.[111] Die Finanzverwaltung sieht es hierbei als ausreichend an, wenn die Kosten zu mehr als 50% von den Sozialversicherungsträgern oder von der Sozialhilfe (oder auch von beiden gemeinsam) übernommen werden. Leisten auch andere als die in § 3 Nr. 20d GewStG genannten Institutionen Kostenerstattungen oder Kostenzuschüsse (z.B. private Krankenkassen oder Wohlfahrtsverbände), so sind diese den eigenen Aufwendungen der gepflegten Person zuzurechnen.[112]

Auch unselbständige Teilbereiche eines Unternehmens kommen als solche Einrichtungen in Betracht, sofern sie wirtschaftlich und organisatorisch vom übrigen Teil abgrenzbar sind (z.B. eine Kurzzeitpflegeeinrichtung in einem Krankenhaus).

Für die Ermittlung der 40%-Grenze sind die Verhältnisse des Vorjahres maßgebend, bzw. bei Neugründung sind die voraussichtlichen Verhältnisse des laufenden Jahres maßgebend. Die Voraussetzungen für die Steuerbefreiung müssen für jede gepflegte Person beleg- und buchmäßig nachgewiesen werden. Hierfür sind Nachweise erforderlich über:[113]

- die Namen und Anschriften der gepflegten Personen,
- die Summe aller Pflegefälle eines Kalenderjahres und Anteil der Pflegefälle dieses Jahres mit Kostenerstattung durch die Sozialversicherungsträger (oder Sozialhilfe),
- die Pflegebedürftigkeit und ihre voraussichtliche Dauer (durch Bestätigung der Kranken- oder Pflegekasse, Sozialhilfeträger, Gesundheitsamt oder durch ärztliche Verordnung),
- die Kosten des Pflegefalles (durch Rechnungsbelege),
- das Entgelt für die komplette Pflegeleistung und die Höhe der Kostenerstattung durch die Sozialversicherungsträger (oder Sozialhilfe) für den einzelnen Pflegefall,
- die Abrechnungsunterlagen über die Kostenerstattung durch die gesetzlichen Sozialversicherungsträger (oder Sozialhilfe).

E.   Behandlung partiell gewerbesteuerpflichtiger wirtschaftlicher Geschäftsbetriebe am Beispiel eines gemeinnützigen Krankenhauses

I.   Gewerbesteuerpflichtige Geschäftsbetriebe eines gemeinnützigen Krankenhauses

Erfüllt ein gemeinnütziger Krankenhausträger zwar die Voraussetzungen des § 67 AO und ist daher als gewerbesteuerlich begünstigter Zweckbetrieb einzustufen, ist der anteilige Gewerbeertrag aus den wirtschaftlichen Geschäftsbetrieben nach § 3 Nr. 6 S. 2 GewStG dennoch gewerbesteuerpflichtig. Aufgrund des wachsenden Kostendrucks im Gesundheitswesen werden gerade bei Krankenhäusern etliche Zusatzleistungen durch Krankenhäuser erbracht, die als   46

111 Lenski/Steinberg, § 3 Rn 292.
112 BMF-Schreiben v. 14.11.1997, IV C 4 – S-2172 – 41/97, BStBl I 1997, 957.
113 BMF-Schreiben v. 14.11.1997, IV C 4 – S-2172 – 41/97, BStBl I 1997, 957.

wirtschaftlicher Geschäftsbetrieb einzustufen sind, jedoch nicht zum begünstigten Zweckbetrieb nach § 67 AO gehören. Das Krankenhaus erbringt mit diesen Leistungen i.d.R. keine ärztlichen oder pflegerischen Tätigkeiten und tritt mit diesen Tätigkeiten oftmals in unmittelbaren Wettbewerb zu steuerpflichtigen Unternehmen.

🛑 **Praxishinweis:**

Die für nicht gemeinnützige Krankenhäuser zur Anwendung kommende Gewerbesteuerbefreiungsvorschrift des § 3 Nr. 20 b GewStG verweist auf § 67 AO und damit auf eine Vorschrift des Gemeinnützigkeitsrechts. Bei wortgetreuer Auslegung des § 3 Nr. 20 b GewStG i.V.m. § 67 AO muss ein Krankenhaus bei Erfüllung der in den genannten §§ aufgeführten Voraussetzungen vollumfänglich von der Gewerbesteuer befreit sein. Der Begriff des steuerpflichtigen wirtschaftlichen Geschäftsbetriebes ist in der Befreiungsvorschrift des § 3 Nr. 20 b GewStG nicht enthalten. Die Finanzverwaltungspraxis behandelt gleichwohl die nach § 3 Nr. 20 b GewStG befreiten nicht gemeinnützigen Krankenhäuser häufig genauso wie die nach § 3 Nr. 6 GewStG befreiten gemeinnützigen Krankenhäuser und wendet den Begriff des steuerpflichtigen wirtschaftlichen Geschäftsbetrieb analog auch auf nach § 3 Nr. 20 b GewStG befreite Krankenhäuser an.[114]

1.   Wahlleistungen

47   Nach Auffassung der Finanzverwaltung können Wahlleistungen nur dann dem steuerbegünstigten Zweckbetrieb zugeordnet werden, wenn diese nach der Verkehrsauffassung typisch und unerlässlich für den Krankenhausbetrieb sind, regelmäßig und allgemein beim laufenden Betrieb vorkommen und mit diesem zusammenhängen. Zu den typischen Wahlleistungen gehören die entgeltliche Telefon- und Fernsehgerätegestellung, die Zuzahlungen für Chefarztbehandlung sowie für die Nutzung eines Einzelzimmers. Diese Tätigkeiten stellen für den Krankenhausträger grundsätzlich steuerpflichtige wirtschaftliche Geschäftsbetriebe dar, die vom übrigen (Zweck-) Betrieb eines Krankenhauses abzugrenzen sind.

Wählen Patienten lediglich die Wahlleistung Unterkunft in einer Art „Gesamtpaket", ist hierin kein eigener steuerpflichtiger wirtschaftlicher Geschäftsbetrieb zu sehen, sofern das Krankenhaus die Zweckbetriebsvoraussetzung des § 67 AO erfüllt. Da die Entgelthöhe für die Inanspruchnahme von Wahlleistungen bei der Unterkunft zwischen dem jeweiligen Krankenhaus und den privaten Krankenversicherungen individuell vereinbart wird, ist davon auszugehen, dass die privaten Krankenkassen alle mit der gehobenen Zimmerausstattung in Zusammenhang stehenden Merkmale als medizinisch notwendig ansehen. Dazu gehören die Eigenschaft als Ein- oder Zweibett-Zimmer, Kühlschrank, entsprechende Sanitärausstattung oder auch das Vorhandensein eines Bademantels. Werden jedoch mit den Patienten über die von den privaten Krankenkassen akzeptierten Kosten für bestimmte Wahlleistungen hinaus weitere Zusatzleistungen vereinbart, die dann auch unmittelbar mit den Patienten abgerechnet werden (z.B. Telefon, Fernsehen, usw.), wird damit i.d.R. ein steuerpflichtiger wirtschaftlicher Geschäftsbetrieb begründet.[115]

2.   Personal- und Sachmittelgestellung an Belegärzte, ärztliche Gemeinschaftspraxen oder an eine private Klinik

48   Überlassen als gemeinnützig anerkannte Krankenhäuser Personal- und Sachmittel gegen Entgelt an Belegärzte, ärztliche Gemeinschaftspraxen oder an eine private (nicht gemeinnützigen

---

114 Klähn, StBp 2006, 380; OFD Münster: „Arbeitshilfe: Besteuerung von Krankenhäusern" v. 14.10.2004, 27.
115 OFD Rheinland v. 10.03.2006, S 0186 – 1000 – St / S 7172 – 1000 – St 4, Rn. 2.2.

E.   BehandlungpartiellgewerbesteuerpflichtigerwirtschaftlicherGeschäftsbetriebeamBeispieleinesgemeinnützigenKrankenhauses

2

2

Zwecken dienende) Klinik, stellt dies grundsätzlich einen steuerpflichtigen wirtschaftlichen Geschäftsbetrieb dar, auch wenn den Vertragspartnern die Möglichkeit eingeräumt wird, Patienten an das Krankenhaus zu überweisen, damit diese dort stationär versorgt werden. Begründet wird dies mit dem Fehlen einer eigenen unmittelbaren Tätigkeit des Krankenhauses im Sinne des § 57 Abs. 1 Satz 1 AO gegenüber dem Patienten.[116]

3.   Personal- und Sachmittelgestellung an Chefärzte

a)   Erbringung von Wahlleistungen gegenüber den Patienten des Krankenhauses

Krankenhäuser räumen im Regelfall den bei ihnen angestellten Chefärzten häufig das Recht ein, gegen Zahlung eines Nutzungsentgelts für die Inanspruchnahme von Personal und Inventar so genannte Wahlleistungen gegenüber stationär aufgenommenen Krankenhauspatienten zu erbringen und diese selbst zu liquidieren. Vertragspartner des Patienten ist in diesen Fällen i.d.R. das Krankenhaus. Demnach verfolgt das Krankenhaus mit der Personal- und Sachmittelgestellung an die Chefärzte unmittelbar seine satzungsmäßigen und steuerbegünstigten Zwecke (zur Förderung der öffentlichen Gesundheitspflege). Der Chefarzt wird hierbei als Hilfsperson des Krankenhauses für die Erfüllung dessen satzungsmäßiger Zwecke im Sinne des § 57 Abs. 1 Satz 2 AO angesehen. Die entgeltliche Personal- und Sachmittelgestellung an Chefärzte zur Erbringung von Wahlleistungen gegenüber den Krankenhauspatienten wird demnach dem steuerbegünstigten Zweckbetrieb des Krankenhauses gem. § 67 AO zugerechnet.[117]

49

b)   Betrieb einer ambulanten Praxis im Krankenhaus

Gegenstand der Vereinbarungen zwischen Krankenhaus und Chefarzt sind häufig auch so genannte genehmigte Nebentätigkeiten. Danach ist es dem Chefarzt beispielsweise gegen Entgelt für die Personal- und Sachmittelgestellung möglich, eine eigene Ambulanz zu betreiben, in der er seine Patienten im eigenen Namen und auf eigene Rechnung behandelt. Darunter können auch Patienten fallen, die sich nicht in stationärer Behandlung dieses Krankenhauses befinden. Das Krankenhaus begründet mit der entgeltlichen Personal- und Sachmittelgestellung einen eigenen steuerpflichtigen Geschäftsbetrieb, da das Krankenhaus hiermit nicht seine eigenen steuerbegünstigten gemeinnützigen Satzungszwecke unmittelbar fördert, sondern die eigenwirtschaftlichen Zwecke des entsprechenden Chefarztes.[118]

50

4.   Krankenhausapotheke

Krankenhausapotheken gemeinnütziger Krankenhäuser gelten wegen der bestehenden Wettbewerbssituation zu gewerblichen Apotheken als steuerpflichtige wirtschaftliche Geschäftsbetriebe.[119] Dies gilt auch für Arzneimittellieferungen an andere Krankenhäuser.[120]

51

---

116 Bayrisches Staatsministerium (koordinierter Ländererlass) v. 16.03.2005, 33 – S – 0186 – 007 – 11389/05, Rn 1.
117 Bayrisches Staatsministerium (koordinierter Ländererlass) v. 16.03.2005, 33 – S – 0186 – 007 – 11389/05, Rn 2a.
118 Bayrisches Staatsministerium (koordinierter Ländererlass) v. 16.03.2005, 33 – S – 0186 – 007 – 11389/05, Rn 2b.
119 Bayrisches Landesamt für Steuern v. 20.02.2006, S – 0186 – 1 St 31 N.
120 BFH v. 18.10.1990, V-R-76; BStBl II 1991, 268.

5.   Selbst betriebenes Besuchercafé

52   Auch der Betrieb einer Besuchercafeteria durch das Krankenhaus begründet wegen des Wettbewerbs zu anderen Cafés einen steuerpflichtigen wirtschaftlichen Geschäftsbetrieb. Insbesondere bei gemeinnützigen Krankenhausträgern kommen die Leistungen der Besuchercafeteria zudem nicht unmittelbar i.S.v. § 57 Abs. 1 AO den Patienten als dem nach der Satzung begünstigten Personenkreis zugute.

6.   Krankenhauswäscherei mit Außenumsätzen

53   Die Einnahmen aus Wäschereileistungen für andere gemeinnützige Einrichtungen führen nach § 65 Nr. 3 AO zur Begründung eines steuerpflichtigen wirtschaftlichen Geschäftsbetriebes, da diese Leistungen im Wettbewerb zu anderen gewerblichen Anbietern stehen. Bei gemeinnützigen Krankenhausträgern kann eine Steuerbefreiung als Selbstversorgungseinrichtung nach § 68 Nr. 2 AO in Betracht kommt, wenn höchstens 20% der Gesamtleistung (Menge der gewaschenen Wäsche) als Fremdleistung für andere Einrichtungen erbracht wird.[121]

7.   Großgerätekooperation mit Ärzten

54   Wird nur ein medizinisches Großgerät von einem Krankenhaus an einen Arzt überlassen, um durch diese Geräteüberlassung eine wirtschaftlich sinnvolle Kapazitätsauslastung zu erzielen, geschieht dies innerhalb des Rahmens der Vermögensverwaltung. Die Einkünfte aus der Großgeräteüberlassung sind somit gewerbesteuerfrei.[122] Häufig wird jedoch nicht nur das Großgerät allein den (angestellten, niedergelassenen oder Beleg-) Ärzten zur Verfügung gestellt. Vielmehr wird regelmäßig auch das entsprechend geschulte Fachpersonal zur Bedienung des Gerätes mit überlassen. Diese kombinierte Sachmittel- und Personalüberlassung wird als einheitliche Leistung angesehen, welche in ihrer Gesamtrichtung nicht mehr den steuerbegünstigten Satzungszwecken des Krankenhauses dient und somit den Rahmen der Vermögensverwaltung überschreitet. Die Überlassung medizinischen Großgerätes einschließlich Personal stellt damit einen steuerpflichtigen wirtschaftlichen Geschäftsbetrieb dar. Ein gesonderter Zweckbetrieb im Sinne des § 65 AO kann ebenfalls nicht angenommen werden. Selbst wenn die Nutzungsüberlassung die satzungsmäßigen Zwecke erleichtert, steht die Erzielung zusätzlicher Einnahmen im Vordergrund.[123]

8.   Auftragsforschung

55   Zum Zweck der medizinischen Forschung arbeitet die Pharmaindustrie in der Praxis häufig mit Krankenhäusern zusammen. Durch das Krankenhaus gegen Entgelt erbrachte Forschungsleistungen erfolgen nicht im Rahmen des Krankenhauszweckbetriebs. Ein eigenständiger Zweckbetrieb nach § 68 Nr. 9 AO wird hierdurch ebenfalls nicht begründet. Vielmehr ist in dieser Tätigkeit ein steuerpflichtiger wirtschaftlicher Geschäftsbetrieb zu sehen. Die hieraus erzielten Erträge sind voll gewerbesteuerpflichtig.[124]

---

121 BFH v. 19.07.1995, I R 56/94; BStBl II 1996, 28.
122 OFD Münster: „Arbeitshilfe: Besteuerung von Krankenhäusern" v. 14.10.2004, 46.
123 BFH v. 06.04.2005, I R 85/04, BStBl II 2005, 545.
124 OFD Münster: „Arbeitshilfe: Besteuerung von Krankenhäusern" v. 14.10.2004, 37, mit Verweis auf das BFH v. 30.11.1995, V R 29/91; BStBl II 1997, 189.

E.   BehandlungpartiellgewerbesteuerpflichtigerwirtschaftlicherGeschäftsbetriebeamBeispieleinesgemeinnützigenKrankenhauses

2

2

II.   Ermittlung des anteiligen Gewerbeertrags aus dem wirtschaftlichen Geschäftsbetrieb

Bei der Ermittlung des Ergebnisses aus dem steuerpflichtigen wirtschaftlichen Geschäftsbetrieb   56
sind den erzielten Einnahmen die mit dem Geschäftsbetrieb zusammenhängenden Ausgaben
gegenüberzustellen. Dabei sind nicht nur die direkt zuordenbaren Einzelkosten sondern auch die
anteiligen Gemeinkosten zu berücksichtigen.[125] Die Gemeinkosten sind auf der Grundlage eines
sachgerechten Schlüssels vorzunehmen. Dieser Schlüssel kann sich z.B. nach dem Verhältnis der
anteiligen Raumnutzung des wirtschaftlichen Geschäftsbetriebs (in qm) zur Gesamtnutzfläche der
Klinik (in qm) oder nach dem Verhältnis der anteilig in diesem Bereich beschäftigten Arbeitskräfte
zur Gesamtbeschäftigtenzahl richten.

Zunächst sind den erzielten Einnahmen aus den einzelnen wirtschaftlichen Geschäftsbetrieben
die direkt zuordenbaren Ausgaben, wie z.B. Personal- oder Materialkosten gegenüber zu stellen.
Anschließend können auf Grundlage von sachgerechten Schlüsseln auch anteilig die Gemeinkosten
berücksichtigt werden, wie z.B.

- anteiliger Personalaufwand des Wirtschafts- und Versorgungsdienstes oder der Verwaltung
- anteiliger, nicht direkt zuordenbarer Materialaufwand
- anteilige Abschreibungen
- anteilige sonstige betriebliche Aufwendungen (Verwaltungsbedarf, Instandhaltung, Wartung,
  Miete, Versicherungen, Reinigungs- und Entsorgungskosten, Schuldzinsen, etc.).

Darüber hinaus sind die anteiligen Hinzurechnungen und Kürzungen bei der Ermittlung des
Gewerbeertrags des wirtschaftlichen Geschäftsbetriebs zu berücksichtigen. Dies kann z.B.
die 50%ige Hinzurechnung von Dauerschuldzinsen bzw. ab dem Erhebungszeitraum 2008 die
25%ige Hinzurechnung von Schuldzinsen nach § 8 Nr. 1 GewStG betreffen, falls Schuldzinsen den
Gewerbeertrag des wirtschaftlichen Geschäftsbetriebs gemindert haben.

🛑 **Praxishinweis:**

*Da die wirtschaftlichen Geschäftsbetriebe im Gesundheitswesen mehr und mehr an Bedeutung gewinnen, erhält auch die
konkrete Ermittlung des partiell steuerpflichtigen Gewerbeertrags zunehmendes Gewicht. Den Steuerpflichtigen ist anzura-
ten, zeitnah sachgerechte Ergebnisermittlungen vorzunehmen, um für sie nachteilige Ergebnisschätzungen im Rahmen von
späteren Außenprüfungen zu vermeiden. In der Praxis zeigt sich nämlich häufig, dass die wirtschaftlichen Geschäftsbetriebe
unter Berücksichtigung der variablen Kosten zwar einen Beitrag zur Deckung der Fixkosten leisten, diese aber unter Berücksichtigung der anteilig zurechenbaren Gemeinkosten nicht kostendeckend betrieben werden können, somit also insgesamt
einen Verlust erwirtschaften. Dies liegt auch darin begründet, dass wirtschaftliche Geschäftsbetriebe (z.B. Cafeteria, Kiosk)
häufig nur zur Befriedigung des Patienten- und Besucherinteresses betrieben werden; die Gewinnerzielung steht dabei nicht
im Vordergrund.*

Gewinne und Verluste zwischen mehreren wirtschaftlichen Geschäftsbetrieben sind   57
gegeneinander aufzurechnen, da diese einen einheitlichen wirtschaftlichen Geschäftsbetrieb
begründen.[126] Gewinne oder Verluste aus wirtschaftlichen Geschäftsbetrieben dürfen jedoch nicht
mit solchen aus einem Zweckbetrieb ausgeglichen werden.[127] Werden mit den wirtschaftlichen

---

125 OFD Düsseldorf v. 19.04.2005, S 2729 A – St 133; AEAO zu § 64 AO.
126 Niewerth, in: Lippross, § 64 Rn 4.
127 Gersch, in: Klein, § 64 Rn, 5 ff.

Geschäftsbetrieben gewerbesteuerliche Verluste erzielt, sind die Grundsätze des § 10a GewStG für den gewerbesteuerlichen Verlustvortrag entsprechend anzuwenden.

➕ Muster:

Gewinnermittlung steuerpflichtiger wirtschaftlicher Geschäftsbetrieb	steuerpflichtige wirtschaftliche Geschäftsbetriebe *(am Beispiel Krankenhaus)*			
	Wahlleistungen Patienten	Personal gestellung	Cafeteria/ Kantine	Summe
Erlöse aus den steuerpflichtigen wirtschaftlichen Geschäftsbetrieben				
abzüglich direkt zuordenbarer Kosten				
Zwischenergebnis				
abzüglich indirekt zuordenbarer Kosten (anteiliger zurechenbarer Gemeinkostenanteil) ■ Personalaufwand (%) ■ Materialaufwand (%) ■ Abschreibungen (%) ■ Zinsaufwand (%) ■ sonstige Aufwendungen (%)				
Summe indirekt zuordenbare Kosten				
Ergebnis				

§ 3 Bemessung der Gewerbesteuer

A. Gewerbeertrag

I. Maßgeblichkeit des EStG bzw. KStG

1. Verfahrensrechtliche Grundlagen

Ausgangspunkt für die Ermittlung des steuerpflichtigen Gewerbeertrags ist nach § 7 Satz 1   1
GewStG der nach den Vorschriften des Einkommensteuergesetzes oder des KStG zu ermittelnde
Gewinn aus dem Gewerbebetrieb, der bei der Ermittlung des Einkommens für den dem Erhe-
bungszeitraum entsprechenden Veranlagungszeitraum zu berücksichtigen ist, vermehrt um die
Hinzurechnungen nach § 8 GewStG und vermindert um die Kürzungen nach § 9 GewStG.

Trotz der materiell-rechtlichen Verweisung des § 7 GewStG auf die Gewinnermittlungsvorschriften des EStG und KStG ist der Gewerbeertrag verfahrensrechtlich selbständig ohne Bindung
dem Grunde und der Höhe nach an die für Einkommensteuer- bzw. Körperschaftsteuerzwecke
vorgenommene Gewinnermittlung zu ermitteln.[1] Der Einkommen- bzw. Körperschaftsteuerbe-
scheid einerseits sowie der Gewerbesteuermessbescheid andererseits stehen nicht im Verhältnis
von Grundlagen- und Folgebescheid zueinander.

Der Steuerpflichtige hat damit grundsätzlich die Möglichkeit, beide Steuerbescheide wegen un-
zutreffender Ermittlung des Gewinns aus dem Gewerbebetrieb anzufechten. Begehrt der Steuerpflichtige eine Aufhebung oder Änderung des Einkommensteuer-, Körperschaftsteuer- oder
Gewinnfeststellungsbescheids aus Gründen, die sowohl den einkommensteuerlich bzw. körper-
schaftsteuerlich als auch den gewerbesteuerlich maßgebenden Gewinn gleichermaßen beeinflussen, braucht er gegen den Gewerbesteuermessbescheid keinen gesonderten Rechtsbehelf einzule-
gen. § 35b Abs. 1 GewStG nämlich bestimmt für diesen Fall, dass der Gewerbesteuermessbescheid
auf Grund einer Aufhebung oder Änderung des Einkommensteuer- bzw. Körperschaftsteuerbe-
scheides von Amts wegen aufzuheben oder zu ändern ist. Ein Rechtsbehelf gegen den Gewerbesteuermessbescheid ist hingegen dann unerlässlich, wenn streitgegenständlich ist, ob die vom
Steuerpflichtigen erzielten Einkünfte als gewerbliche Einkünfte einzustufen sind (z.B. Veräußerungsgewinn nach § 7 Satz 2 GewStG).

2. Gewinnermittlungszeitraum

Der Gewerbesteuermessbetrag wird für den so genannten Erhebungszeitraum, der dem Kalen-   2
derjahr entspricht, nach dessen Ablauf festgesetzt (§ 14 Sätze 1 und 2 GewStG). Dies bedeutet

---

1   BFH v. 19.01.1990, III R 31/87, BStBl II 1990, 383; v. 24.10.1990, X R 64/89, BStBl II 1991,358; v. 11.12.1997, III R
14/96, BStBl II 1999, 401, v. 24.03.1999, I R 114/97, BStBl II 2000, 399; v. 21.09.2000, IV R 50/99, BStBl II 2001, 299
und v. 17.12.2003, XI R 83/00, BStBl II 2004, 699.

allerdings nicht, dass alle Steuerpflichtigen ihren steuerpflichtigen Gewerbeertrag für das Kalenderjahr zu ermitteln haben. Vielmehr ist das Wirtschaftsjahr nach § 4a Abs. 1 EStG und § 7 Abs. 4 KStG der Gewinnermittlungszeitraum, für den auch der Gewerbeertrag ermittelt wird.

Bei gewerblich tätigen Einzelunternehmen und Personengesellschaften, deren Firma nicht im Handelsregister eingetragen ist, entspricht das Wirtschaftsjahr zwingend dem Kalenderjahr (§ 4 Abs. 1 Satz 2 Nr. 3 EStG). Alle anderen Gewerbetreibenden, deren Firma im Handelsregister eingetragen ist, können sowohl ein kalenderjahrgleiches Wirtschaftsjahr haben als auch ein solches, das vom Kalenderjahr abweicht. Voraussetzung für die Zulässigkeit eines abweichenden Wirtschaftsjahres ist bei Einzelunternehmen und Personengesellschaften die Eintragung ihrer Firma im Handelsregister. Bei Körperschaftsteuersubjekten kommt es hingegen nicht auf die Eintragung im Handelsregister, sondern vielmehr auf die handelsrechtliche Buchführungspflicht an. Denn § 7 Abs. 4 Satz 1 KStG bestimmt, dass Steuerpflichtige, die verpflichtet sind, Bücher nach den Vorschriften des Handelsgesetzbuches zu führen, ihren Gewinn nach dem Wirtschaftsjahr zu ermitteln haben, für das sie regelmäßig Abschlüsse machen.

Bei Unternehmen, die über ein vom Kalenderjahr abweichendes Wirtschaftsjahr verfügen, gilt der Gewerbeertrag als in dem Erhebungszeitraum (= Kalenderjahr) bezogen, in dem das Wirtschaftsjahr endet (§ 10 Abs. 2 GewStG). Dies führt dazu, dass die gewerbesteuerlichen Änderungen im Rahmen der Unternehmensteuerreform bei solchen Unternehmen schon im Kalenderjahr 2007 Wirkung entfalten.

> **Beispiel:**

> Die X-GmbH hat ein abweichendes Wirtschaftsjahr vom 1. Juli eines Jahres bis 30. Juni des Folgejahres. Im Kalenderjahr 2007 hat die X-GmbH auf ein langfristiges Bankdarlehen monatlich Zinsen in Höhe von € 20.000,00 gezahlt.

> Die Zinsen für die ersten sechs Monate des Kalenderjahres 2007 (1. Januar bis 30. Juni) fallen in den Erhebungszeitraum 2007 und unterliegen damit der 50%igen Hinzurechnung nach § 8 Nr. 1 GewStG i.d.F. des Jahressteuergesetzes 2007 vom 13.12.2006.

> Die Zinsen für die zweiten sechs Monate des Kalenderjahres 2007 (1. Juli bis 31. Dezember) hingegen fallen in den Erhebungszeitraum 2008. Damit findet die gesetzliche Neuregelung des § 8 Nr. 1 lit. a GewStG i.d.F. des Unternehmensteuerreformgesetzes 2008 vom 25.05.2007 Anwendung, wonach unter Berücksichtigung des Freibetrages von € 100.000,00 (lediglich) 25% der Zinsen der gewerbesteuerlichen Hinzurechnung unterliegen.

3.   Arten der Gewinnermittlung

3   In Abhängigkeit von den persönlichen Verhältnissen des Gewerbetreibenden ist entweder die Gewinnermittlung durch Betriebsvermögensvergleich nach § 4 Abs. 1 EStG (ggf. i.V.m. § 5 EStG) oder die Einnahmen-Überschuss-Rechnung nach § 4 Abs. 3 EStG Ausgangsbasis für den Gewerbeertrag. Es ist nicht zulässig, bei der Einkommensteuer und der Gewerbesteuer unterschiedliche Gewinnermittlungsarten zu verwenden.[2]

---

2   Lenski/Steinberg, § 7 Rn 50.

II. Ableitung des Gewerbeertrags aus dem einkommen- bzw. körperschaftsteuerlichen Jahresergebnis

Obwohl der Gewinn oder Verlust aus Gewerbebetrieb für gewerbesteuerliche Zwecke verfahrensrechtlich selbständig zu ermitteln ist, wird der für die Einkommensteuer bzw. Körperschaftsteuer maßgebende Gewinn in der Praxis regelmäßig mit dem Gewinn übereinstimmen, der Ausgangsbasis für die Ermittlung des Gewerbeertrages ist. Neben der für einkommensteuerliche und gewerbesteuerliche Zwecke einheitlichen Definition von Betriebseinnahmen und Betriebsausgaben schlagen auch einkommensteuerliche Befreiungen[3] sowie Abzugsbeschränkungen und –verbote auf die Gewerbesteuer durch.[4] Bei der Ausübung von Bilanzierungswahlrechten besteht eine Bindung der Gewerbesteuer an die Einkommen- bzw. Körperschaftsteuer, so dass der Gewinn im Sinne von § 7 Gewerbesteuergesetz im Grundsatz dem einkommensteuerlichen bzw. köperschaftsteuerlichen Gewinn entspricht.[5] Besondere, im Wesentlichen in dem Objektcharakter der Gewerbesteuer begründete Überlegungen können jedoch auch zu Unterschieden bei der Gewinnermittlung führen, die nachfolgend erläutert werden.

1. Gewerbeertrag bei natürlichen Personen

Die Gewerbesteuer soll bei natürlichen Personen nur auf den laufenden Gewinn erhoben werden. Daher unterliegt der Gewinn aus der Veräußerung und der Aufgabe des Gewerbebetriebs sowie aus der Veräußerung eines organisatorisch selbständigen Teilbetriebs nicht der Gewerbesteuer.[6] Etwas anderes gilt nur, wenn der Verkauf an sich selbst erfolgt[7] oder in Fällen der Veräußerung oder Aufgabe des Betriebs innerhalb von fünf Jahren nach Umwandlung.[8]

Wird ein zu einem steuerlichen Betriebsvermögen gehörender Anteil an einer Mitunternehmerschaft vollständig veräußert, unterliegt ein aus der Veräußerung erzielter Gewinn nicht der Gewerbesteuer. Veräußerungen von Teilen eines Mitunternehmeranteils stellen hingegen nach § 16 Abs. 1 S. 2 EStG laufende Gewinne dar und gehören damit zu dem Gewerbeertrag im Sinne von § 7 GewStG.

Ein Gewinn aus der Veräußerung einer zum Betriebsvermögen gehörenden Beteiligung an einer Kapitalgesellschaft im Sinne von § 2 Abs. 2 GewStG gehört unabhängig von der Beteiligungshöhe des Veräußerers zum Gewerbeertrag. Dies gilt nur dann nicht, wenn die Veräußerung im engen Zusammenhang mit der Aufgabe des Gewerbebetriebs erfolgt. Ebenfalls nicht zum Gewerbeertrag gehört die Veräußerung von (früher: einbringungsgeborenen) Anteilen, die der Veräußerer im Wege der Sacheinlage unter dem gemeinen Wert nach § 20 Abs. 2 Satz 2 UmwStG erhalten hat.

Verfügt ein Gewerbetreibender über mehrere Betriebe, ist für Zwecke der Gewerbesteuer zu prüfen, ob die Betriebe eine wirtschaftliche Einheit darstellen, die im Sinne eines wirtschaftlichen, finanziellen und organisatorischen Zusammenhangs als gleichartig anzusehen sind. Bei Betrieben

---

3   Z.B. Steuerfreie Einnahmen nach § 3 EStG.
4   Z.B. Abzugsbeschränkung von Schuldzinsen nach § 4 Abs. 4a EStG und die im Rahmen der Unternehmensteuerreform eingeführte Nichtabzugsfähigkeit der Gewerbesteuer und ihrer Nebenleistungen als Betriebsausgaben.
5   BFH v. 21.01.1992, VIII R 72/87, BStBl II 1992, 958; v. 09.08.1989, X R 110/87, BStBl II 1990, 195; v. 25.04.1985, IV R 83/83, BStBl II 1986, 350.
6   Abschn. 39 Abs. 1 Nr. 1 GewStR.
7   § 16 Abs. 2 S. 3, Abs. 3 S. 2 EStG.
8   § 18 Abs. 3 UmwStG.

3

gleicher Art liegt gewerbesteuerlich ein einheitlicher Gewerbebetrieb vor, was Bedeutung für die laufende Besteuerung hat, da der bis zum Erhebungszeitraum 2007 anzuwendende gewerbesteuerliche Staffeltarif sowie der (auch nach dem Erhebungszeitraum 2007 anzuwendende) Freibetrag für diese Betriebe gleicher Art nur einmal zu gewähren ist. Außerdem können sich Auswirkungen bei der Frage nach der Nutzbarkeit eines gewerbesteuerlichen Verlustvortrages im Sinne von § 10a GewStG ergeben.[9]

2.   Gewerbeertrag bei Personengesellschaften

6   Zum Gewerbeertrag gehören auch die Ergebnisse aus Sonder- und Ergänzungsbilanzen sowie die Vergütungen im Sinne von § 15 Abs. 1 Nr. 2 EStG.[10] Analog zum Gewerbeertrag bei natürlichen Personen unterliegt ein Gewinn aus der Veräußerung eines Mitunternehmeranteils bei Personenidentität zwischen Veräußerer und Erwerber als laufender Gewinn im Sinne des § 16 Abs. 2 Satz 3 EStG der Gewerbesteuerpflicht.[11] Dasselbe gilt bei Veräußerung oder Aufgabe des Betriebs der Personengesellschaft innerhalb von fünf Jahren nach Umwandlung.[12]

Bis zum Erhebungszeitraum 2002 hatten Kapitalgesellschaften die Möglichkeit, Betriebe oder Teilbetriebe, deren direkte Veräußerung einen gewerbesteuerpflichtigen Vorgang dargestellt hätten, in eine Personengesellschaft einzubringen, um anschließend entweder die Veräußerung des Betriebs/Teilbetriebs durch die Personengesellschaft durchführen zu lassen oder die Anteile an der Personengesellschaft zu veräußern. Beide Vorgänge waren gewerbesteuerfrei möglich. Um diese Gestaltungsmöglichkeit zu unterbinden, hat der Gesetzgeber im Rahmen des Unternehmenssteuerfortentwicklungsgesetzes mit Wirkung ab dem Erhebungszeitraum 2002 dem § 7 S. 1 GewStG ein Satz 2 angefügt, wonach auch der Gewinn aus der Veräußerung oder Aufgabe

- des Betriebs oder eines Teilbetriebs einer Mitunternehmerschaft,

- des Anteils eines Gesellschafters, der als Unternehmer (Mitunternehmer) des Betriebs einer Mitunternehmerschaft anzusehen ist,

- des Anteils eines persönlich haftenden Gesellschafters eine Kommanditgesellschaft auf Aktien

zum Gewerbeertrag gehört, soweit er nicht auf eine natürliche Person als unmittelbar beteiligter Mitunternehmer entfällt.[13] Die gesetzliche Formulierung, nach der die Gewerbesteuerfreiheit der genannten Veräußerungs- oder Aufgabegewinne nur bei unmittelbarer Beteiligung der natürlichen Person greift, führt dazu, dass im Fall der doppelstöckigen Personengesellschaft die Veräußerung der unteren Personengesellschaft gewerbesteuerpflichtig ist, auch wenn und insoweit als an der oberen Personengesellschaft natürliche Personen beteiligt sind. Anteilige Verkäufe von Mitunternehmeranteilen gehören unabhängig von der Person des Veräußerers als laufender Gewinn zum Gewerbeertrag im Sinne von § 7 GewStG.

Anders als bei der Einkommen- bzw. Körperschaftsteuer, bei der ein Gewinn aus der (Teil-)betriebsveräußerung/-aufgabe aus einer Mitunternehmerschaft heraus oder ein Gewinn aus der Veräußerung von Mitunternehmeranteilen auf Ebene des veräußernden Mitunternehmers ent-

---

9   Vgl. zu der Unterscheidung zwischen einem und mehreren Betrieben Lenski/Steinberg, § 2 Rn 1700 ff und § 7 Rn 112.

10   Abschn. 39 Abs. 2 GewStR mit Hinweis auf BFH-Rechtsprechung.

11   BFH v. 15.06.2004, VIII R 7/01, BStBl II 2004, 754.

12   § 18 Abs. 3 UmwStG.

13   BGBl I 2001, 3858, BStBl I 2002, 35.

steht, unterliegt der Gewerbeertrag in beiden Fällen auf Ebene der Personengesellschaft, die den (Teil)betrieb veräußert/aufgibt bzw. deren Anteile veräußert werden, der Besteuerung.[14]

3.   Gewerbeertrag bei Kapitalgesellschaften

Bei nach den Vorschriften des Handelsgesetzbuches zur Buchführung verpflichteten Kapitalge-   7
sellschaften sind alle Einkünfte als solche aus Gewerbebetrieb zu behandeln. Der als Ausgangspunkt für die Ermittlung des Gewerbeertrags zugrunde liegende Gewinn darf insbesondere um
einen etwaigen Verlustabzug nach § 10d EStG sowie die Freibeträge nach §§ 24 und 25 KStG nicht
gemindert werden.

Für Gewinne aus der Veräußerung/Aufgabe von (Teil-) betrieben und Mitunternehmeranteilen
gilt die oben unter 2. erläuterte Gewerbesteuerpflicht.

4.   Organschaft

a)   Getrennte Ermittlung der Gewerbeerträge

Ist eine Kapitalgesellschaft Organgesellschaft im Sinne von §§ 14, 17 oder 18 des KStG, wird sie   8
im Gewerbesteuerrecht als Betriebsstätte des Organträgers behandelt.[15] Der Gewerbeertrag von
Organgesellschaft und Organträger sind dabei zunächst getrennt voneinander zu ermitteln[16] und
werden anschließend zusammengerechnet.[17] Gewinnabführungen bzw. Verlustübernahmen aus
dem Ergebnisabführungsvertrag bleiben bei der Ermittlung des Gewerbeertrages unberücksichtigt.

b)   Hinzurechnungen im Organkreis

Um gewerbesteuerliche Doppelbelastungen im Organkreis zu vermeiden, unterbleiben Hinzu-   9
rechnungen nach § 8 GewStG innerhalb des Organkreises, soweit diese zu tatsächlichen Doppelbelastungen führen.[18] Gewährt z.B. der Organträger seiner Organgesellschaft ein langfristiges
verzinsliches Darlehen, würde eine 50%ige Hinzurechnung der Dauerschuldzinsen bei der Organgesellschaft zu einer partiellen Doppelbelastung führen, weil die Kreditzinsen im Gewerbeertrag des Organträgers enthalten sind und über die teilweise Hinzurechnung bei der Organgesellschaft nochmals enthalten wären.[19] Um diese partielle Doppelbelastung zu vermeiden, unterbleibt
die Hinzurechnung bei der Ermittlung des Gewerbeertrags der Organgesellschaft.

Eine Hinzurechnung unterbleibt allerdings nur, wenn sie tatsächlich zu einer doppelten Gewerbesteuerbelastung führt. Für den Fall einer verzinslichen Darlehensgewährung im Organkreis z.B.,

---

14 Vgl. ausführlich zu der gewerbesteuerlichen Behandlung von Veräußerungs- und Aufgabeergebnissen § 3 A. IV.
    Bezüglich der sich aus Veräußerungs- und Aufgabevorgängen ergebenden Konsequenzen in Bezug auf die Nutzbarkeit
    von gewerbesteuerlichen Verlustvorträgen im Sinne von § 10a GewStG vgl. § 5.
15 § 2 Abs. 2 S. 2 GewStG.
16 BFH v. 02.02.1994, I R 10/93, BStBl II 1994, 768; v. 23.01.1992, XI R 47/89, BStBl II 1992, 630; v. 30.07.1969, I R 21/67,
    BStBl II 1969, 629; v. 29.05.1968, I 198/65, BStBl II 1968, 807; v. 23.03.1965, I 338/60 U, BStBl III 1965, 449.
17 Reichert/Stöbener, SteuerStud 2003, 152.
18 Abschn. 41 Abs. 1 S. 5 GewStR.
19 Bzw. ab dem Erhebungszeitraum 2008 eine 25%ige Hinzurechnung der Zinsen nach § 8 Nr. 1a GewStG i.d.F. des
    Unternehmensteuerreformgesetzes.

in dem die darlehensgewährende Gesellschaft von der Gewerbesteuer befreit ist und damit die empfangenen Zinsen nicht der Gewerbesteuer unterwerfen muss, hat die zinszahlende Gesellschaft die Darlehenszinsen nach Maßgabe des § 8 Nr. 1 GewStG ihrem Gewerbeertrag hinzuzurechnen.

Korrespondiere Hinzurechnungen und Kürzungen, die sich gegenseitig aufheben, führen zu keiner doppelten Erfassung bei der Gewerbesteuer und sind daher innerhalb des Organkreises vorzunehmen.[20]

III.   Gewerbesteuerrückstellung

10   Im Fall der Gewinnermittlung durch Betriebsvermögensvergleich hat der Gewerbetreibende die Gewerbesteuerbelastung des Erhebungszeitraumes durch Bildung einer entsprechenden Gewerbesteuerrückstellung in seinem Rechenwerk zu berücksichtigen. Die Gewerbesteuerrückstellung ergibt sich durch Subtraktion der für den Erhebungszeitraum geleisteten Gewerbesteuervorauszahlungen von der ermittelten Gewerbesteuer.

Im Hinblick auf die Berechnung der Gewerbesteuer muss zum einen zwischen der bis einschließlich Erhebungszeitraum 2007 geltenden und der ab dem Erhebungszeitraum 2008 geltenden Rechtslage sowie zum anderen zwischen den Rechtsformen der Kapitalgesellschaft einerseits und den Einzel- und Personenunternehmen andererseits unterschieden werden.

1.   Ermittlung der Gewerbesteuer bis zum Erhebungszeitraum 2007

Nach geltender Rechtslage sind die Gewerbesteuer und die auf die Gewerbesteuer entfallenden Nebenleistungen (z.B. Nachzahlungszinsen im Sinne von § 233a AO) abzugsfähige Betriebsausgaben im Sinne von § 4 Abs. 4 EStG. Dies hat zur Folge, dass die Gewerbesteuer nicht nur den einkommen- bzw. körperschaftsteuerlichen Gewinn beeinflusst, sondern auch ihre eigene Bemessungsgrundlage vermindert.

Nach der bis zum Erhebungszeitraum 2007 geltenden Rechtslage stehen dem Gewerbetreibenden zur Berechnung der Gewerbesteuerrückstellung zwei Methoden zur Verfügung:

- 5/6-Methode
- Exakte Ermittlung der Gewerbesteuerrückstellung

a)   5/6-Methode

11   Die 5/6-Methode[21] stellt eine vereinfachende, von der Finanzverwaltung anerkannte Methode zur näherungsweisen Ermittlung der Gewerbesteuerrückstellung dar, auf die der Steuerpflichtige auch dann einen Rechtsanspruch hat, wenn die exakte mathematische Berechnung zu größeren Abweichungen führt.[22] Zur Errechnung der Gewerbesteuerrückstellung wird dabei die Gewerbesteuer mit 5/6 des Betrags der Gewerbesteuer angesetzt, der sich ohne Berücksichtigung der Gewerbesteuer als Betriebsausgabe ergeben würde.

---

20 Lippross/Pieper, § 7 Rn 45.
21 R 4.9 Abs. 2 Satz 2 EStR.
22 Vgl. zur früheren 9/10-Methode BFH v. 23.04.1991, VIII R 61/87, BStBl II 1991, 752.

Die 5/6-Methode geht idealtypisch von einem Gewerbesteuer-Hebesatz von 400% und einer Steuermesszahl von 5% aus. Bei einem derartigen Hebesatz entspricht die 5/6-Methode der exakten Berechnungsmethode. Dies gilt allerdings stets nur für den Fall des Gewerbetreibenden in der Rechtsform der Kapitalgesellschaft. Bei Einzelunternehmen und Personengesellschaften können sich in Abhängigkeit von der Höhe des Gewerbeertrages aufgrund des gewerbesteuerlichen Freibetrages von € 24.500,00 (§ 11 Abs. 1 Satz 3 Nr. 1 GewStG) und des Staffelmessbetrages (§ 11 Abs. 2 Nr. 1 GewStG) auch bei einem Hebesatz von 400% Unterschiede zwischen der vereinfachenden 5/6-Methode und der exakten Berechnungsmethode ergeben. Der Unterschied in der Rückstellungshöhe sinkt jedoch mit zunehmenden Gewerbeerträgen, weil der Freibetrag und insbesondere der Staffeltarif mit steigenden Gewerbeerträgen an Bedeutung verlieren.

b)   Exakte Ermittlung der Gewerbesteuerrückstellung

Für Gewerbeerträge von Kapitalgesellschaften beträgt die Steuermesszahl einheitlich 5% (§ 11 Abs. 2 Nr. 2 GewStG). Eine exakte Berechnung der Gewerbesteuerbelastung unter Berücksichtigung der Gewerbesteuer als steuerliche Betriebsausgabe ist bei Kapitalgesellschaften mit folgender Formel möglich: **12**

$$\text{Gewerbesteuer} = \frac{\text{Steuermesszahl x Hebesatz}}{100 + \text{Steuermesszahl x Hebesatz}} \times \text{Gewerbeertrag vor Abzug der Gewerbesteuer}$$

Daraus folgt schließlich:

$$\text{Gewerbesteuer} = \frac{0,05 \text{ x Hebesatz}}{100 + 0,05 \text{ x Hebesatz}} \times \text{Gewerbeertrag vor Abzug der Gewerbesteuer}$$

$$\text{Gewerbesteuer} = \frac{1/20 \text{ x Hebesatz}}{100 + 1/20 \text{ x Hebesatz}} \times \text{Gewerbeertrag vor Abzug der Gewerbesteuer}$$

$$\text{Gewerbesteuer} = \frac{\text{Hebesatz}/20}{100 + \text{Hebesatz}/20} \times \text{Gewerbeertrag vor Abzug der Gewerbesteuer}$$

$$\text{Gewerbesteuer} = \frac{\text{Hebesatz}}{20 \text{x} 100 + \text{Hebesatz} \text{x} 20/20} \times \text{Gewerbeertrag vor Abzug der Gewerbesteuer}$$

$$\text{Gewerbesteuer} = \frac{\text{Hebesatz}}{2.000 + \text{Hebesatz}} \times \text{Gewerbeertrag vor Abzug der Gewerbesteuer}$$

Der effektive Gewerbesteuersatz unter Berücksichtigung der Abzugsfähigkeit der Gewerbesteuer als Betriebsausgabe lässt sich somit ermitteln aus dem Quotient

$$\frac{\text{Hebesatz}}{2.000 + \text{Hebesatz}}$$

3

Bei Einzelunternehmen und Personengesellschaften ist die exakte Ermittlung der Gewerbesteuer erheblich aufwändiger, was in dem auf Gewerbeerträge für Einzel- und Personenunternehmen zur Anwendung kommenden Freibetrag von € 24.500 (§ 11 Abs. 1 Satz 3 Nr. 1 GewStG) sowie in dem Staffeltarif von 1% bis 5% begründet liegt.[23]

c)   Vergleich zwischen der 5/6-Methode und der exakten Berechnungsmethode

Nachstehend werden die 5/6-Methode und die exakte Berechnungsmethode für den Kapitalgesellschaftsfall sowie den Einzel- bzw. Personenunternehmensfall unter Berücksichtigung verschiedener Hebesätze verglichen.

> Beispiel zur Ermittlung der Gewerbesteuerrückstellung bei Kapitalgesellschaften anhand der 5/6-Methode:

	H = 200	H = 400	H = 490
	€	€	€
Gewinn vor Gewerbesteuer	100.000	100.000	100.000
Steuermesszahl (5%)	5.000	5.000	5.000
Steuermesszahl x Hebesatz	10.000	20.000	24.500
davon 5/6	8.333	16.667	20.417
Gewerbesteuer Gewerbesteuervorauszahlungen	8.333	16.667	20.417
(Annahme: € 0)	0	0	0
Gewerbesteuerrückstellung	8.333	16.667	20.417

> Beispiel zur Ermittlung der Gewerbesteuerrückstellung bei Kapitalgesellschaften anhand der exakten Berechnungsmethode:

	H = 200	H = 400	H = 490
	€	€	€
Gewinn vor Gewerbesteuer	100.000	100.000	100.000
Gewerbesteuer			
(GewE x H / 2000 + H) Gewerbesteuervorauszahlungen	9.091	16.667	19.679
(Annahme: € 0)	0	0	0
Gewerbesteuerrückstellung	9.091	16.667	19.679

Ein Vergleich der 5/6-Methode mit der exakten Berechnungsmethode zeigt, dass beide Methoden nur bei einem Hebesatz von 400% zu demselben Ergebnis führen. Bei Hebesätzen < 400% führt die exakte Berechnungsmethode zu einer höheren, bei Hebesätzen > 400% zu einer niedrigeren Gewerbesteuerrückstellung als die 5/6-Methode.

---

23   Vgl. zu den mathematischen Formeln, die zur Ermittlung der Gewerbesteuer bei Einzel- und Personenunternehmen die Abzugsfähigkeit der Gewerbesteuer als Betriebsausgabe berücksichtigen u.a. Thönnes, StStud 2002, 153; Beckel NWB Fach 5, 1513; Wollseifen, FR 1998, 777; Mielke DB 1993, 2446 mit Hinweisen auf weitere Literatur.

> Beispiel zur Ermittlung der Gewerbesteuerrückstellung bei Einzel- und Personenunternehmen anhand der 5/6-Methode:

		H = 200	H = 400	H = 490
		€	€	€
Gewinn vor Gewerbesteuer		100.000	100.000	100.000
Freibetrag		24.500	24.500	24.500
Steuerpflichtiger Gewerbeertrag		75.500	75.500	75.500
Steuermessbetrag				
12.000 x 1%	120			
12.000 x 2%	240			
12.000 x 3%	360			
12.000 x 4%	480			
27.500 x 5%	1.375			
Summe		2.575	2.575	2.575
Vorläufige Gewerbesteuer (Steuermessbetrag x Hebesatz)		5.150	10.300	12.618
davon 5/6		4.292	8.583	10.515

> Beispiel zur Ermittlung der Gewerbesteuerrückstellung bei Personengesellschaften anhand der exakten Berechnungsmethode:

		H = 200	H = 400	H = 490
		€	€	€
Gewinn vor Gewerbesteuer		100.000	100.000	100.000
Gewerbesteuer		4.680	8.580	10.119
Gewerbeertrag		95.320	91.420	89.881
abgerundet auf volle € 100		95.300	91.400	89.800
Freibetrag		24.500	24.500	24.500
Steuerpflichtiger Gewerbeertrag		70.800	66.900	65.300
Steuermessbetrag				
12.000 x 1%	120			
12.000 x 2%	240			
12.000 x 3%	360			
12.000 x 4%	480			
22.800/18.900/17.300 x 5%	1140/945/865			
Summe		2.340	2.145	2.065
Gewerbesteuer (Steuermessbetrag x Hebesatz)		4.680	8.580	10.119
Gewerbesteuervorauszahlungen (Annahme: € 0)		0	0	0
Gewerbesteuerrückstellung		4.680	8.580	10.119

Im Personengesellschaftsfall entsprechen sich die exakte Berechnungsmethode und die 5/6-Methode bei einem Hebesatz von 400% in etwa. Bei höheren Hebesätzen führt die 5/6-Methode zu einer höheren Gewerbesteuerrückstellung als die exakte Berechnungsmethode.

2.   Ermittlung der Gewerbesteuer ab dem Erhebungszeitraum 2008

Ab dem Erhebungszeitraum 2008 sind die Gewerbesteuer sowie die darauf entfallenden Nebenleistungen (Säumniszuschläge, Verspätungszuschläge, Zinsen, Zwangsgelder) keine Betriebsausgaben mehr.[24] Korrespondierend dazu sind Gewerbesteuererstattungen einschließlich auf sie entfallenden Nebenleistungen nicht zu versteuern, soweit die vorausgegangenen entsprechenden Aufwendungen steuerlich nicht zum Abzug zugelassen waren.

🛈 Praxishinweis:

Ein den Erhebungszeitraum 2007 betreffender Gewerbesteueraufwand ist unabhängig davon, ob der Aufwand bereits zutreffend in voller Höhe in der Bilanz des Erhebungszeitraumes (Wirtschaftsjahres) 2007 abgebildet worden ist, abzugsfähige Betriebsausgabe. Dasselbe gilt für einen etwaigen Gewerbesteuerertrag. Hat z.B. der Steuerpflichtige in seiner Bilanz zum 31.12.2007 eine zu niedrige Gewerbesteuerrückstellung gebildet mit der Folge, dass er die Differenz zwischen der Gewerbesteuerrückstellung und der tatsächlich zu zahlenden Gewerbesteuerschuld im Folgejahr in seinem Rechenwerk aufwandswirksam erfassen muss, stellt die Differenz einen steuerlich abzugsfähigen Gewerbesteueraufwand dar.

13   Im Gegenzug zur Nichtabzugsfähigkeit der Gewerbesteuer und ihrer Nebenleistungen als Betriebsausgaben beträgt die Steuermesszahl ab dem Erhebungszeitraum 2008 für alle Gewerbetreibende einheitlich 3,5%. Der bis zum Erhebungszeitraum 2007 geltende Staffeltarif für Einzel- und Personenunternehmen entfällt, der Freibetrag von € 24.500 bleibt hingegen erhalten.[25] Die Berechnungsformeln für die Gewerbesteuer vereinfachen sich aufgrund der Nichtabzugsfähigkeit der Gewerbesteuer als Betriebsausgabe sowie des Wegfalls des Staffeltarifes erheblich.

Im Kapitalgesellschaftsfall wird die Gewerbesteuer ab dem Erhebungszeitraum 2008 wie folgt ermittelt:

Auf volle € abgerundeter Gewerbeertrag x Steuermesszahl x Hebesatz

Im Fall des Einzel- und Personenunternehmens ermittelt sich die Gewerbesteuer wie folgt:

(Auf volle € abgerundeter Gewerbeertrag ./. Freibetrag) x Steuermesszahl x Hebesatz

IV.   Veräußerungs- und Aufgabeergebnisse

1.   Grundsatz

14   Nach dem Willen des Gesetzgebers soll die Gewerbesteuer im Regelfall ausschließlich laufende Gewinne erfassen, die aus dem „Betrieb" des Gewerbes resultieren. Anlässlich der Beendigung oder der Übertragung des Betriebs anfallende Ergebnisse sollen hingegen von der Besteuerung ausgenommen werden. Durch das Unternehmenssteuerfortentwicklungsgesetz vom 20.12.2001 wurde dieser Grundsatz mit Beginn des Erhebungszeitraumes 2002 allerdings erheblich eingeschränkt.

---

24   § 4 Abs. 5b EStG i.d.F. des Unternehmenssteuerreformgesetzes 2008 v. 25.05.2007.
25   § 11 Abs. 2 GewStG i.d.F. des Unternehmenssteuerreformgesetzes 2008 v. 25.05.2007.

Die Abgrenzung zwischen laufenden Gewinnen einerseits und Veräußerungs-, Aufgabe- oder sonstigen Betriebsbeendigungsgewinnen andererseits ist wichtig für die Frage, ob und ggf. in welchem Umfang die Gewinnbestandteile der Gewerbesteuer unterliegen.

2.   Rechtslage bis einschließlich zum Erhebungszeitraum 2001

Bis einschließlich Erhebungszeitraum 2001 blieben Gewinne, die anlässlich der Veräußerung oder Aufgabe

- des gesamten Gewerbebetriebs
- eines Teilbetriebs
- eines Mitunternehmeranteils oder eines Teils davon
- eines Anteils des persönlich haftenden Gesellschafters einer Kommanditgesellschaft auf Aktien

anfielen, bei der Ermittlung des steuerpflichtigen Gewerbeertrags außer Betracht. Dies galt allerdings nur für Einzelunternehmen und Personengesellschaften. Eine Ausnahme nämlich entwickelte die Rechtsprechung für Kapitalgesellschaften. Bei diesen gehörten Gewinne aus der Aufgabe oder Veräußerung eines Betriebs bzw. Teilbetriebs bereits nach bis zum Erhebungszeitraum 2001 geltender Rechtslage zum (laufenden) Gewerbeertrag. Ursache dafür war, dass eine Kapitalgesellschaft bereits kraft ihrer Rechtsform in vollem Umfang gewerbesteuerpflichtig ist und deshalb eine Unterscheidung zwischen laufenden und betriebsbeendenden Tätigkeiten durch die Rechtsprechung nicht erfolgte.[26]

3.   Rechtslage seit Erhebungszeitraum 2002

Seit dem Erhebungszeitraum 2002 ist die Steuerfreistellung von Aufgabe- und Veräußerungsgewinnen erheblich eingeschränkt. Hiernach unterliegen seither Gewinne aus der Veräußerung oder Aufgabe

- des gesamten Gewerbebetriebs einer Mitunternehmerschaft
- eines Teilbetriebs einer Mitunternehmerschaft
- eines (ganzen) Mitunternehmeranteils
- eines Anteils des persönlich haftenden Gesellschafters einer Kommanditgesellschaft auf Aktien

der Gewerbebesteuerung, soweit sie nicht auf unmittelbar beteiligte natürliche Personen entfallen. Damit werden bei Mitunternehmerschaften gewerbesteuerlich insbesondere Veräußerungs- und Aufgabevorgänge erfasst, soweit an diesen Mitunternehmerschaften Kapitalgesellschaften beteiligt sind. Zu beachten ist, dass mit der Neuregelung auch Veräußerungen von Teilen an Mitunternehmeranteilen durch natürliche Personen, die vor 2002 noch begünstigt waren, gewerbesteuerpflichtig geworden sind.

---

26   Zuletzt BFH v. 05.09.2001, I R 27/01, BStBl II 2002, 155.

🛑 **Praxishinweis:**

Häufig sind in aktuellen Betriebsprüfungen auch noch Erhebungszeiträume vor 2002 betroffen. Es ist daher genau zu prüfen, in welchem Veranlagungszeitraum der jeweilige Veräußerungs- oder Aufgabegewinn erzielt wurde und ob nicht noch die vor der gesetzlichen Änderung im Rahmen des Unternehmenssteuerfortentwicklungsgesetzes bestehende Steuerfreistellung gilt.

Bei doppel- oder mehrstöckigen Personengesellschaften werden den an der Obergesellschaft beteiligten natürlichen Personen auch die Veräußerungs- oder Aufgabeergebnisse der Untergesellschaften anteilig zugerechnet. Nach dem Gesetzeswortlaut ist für die Steuerfreistellung jedoch ausdrücklich eine „unmittelbare" Beteiligung der natürlichen Person erforderlich. Die mittelbare Beteiligung über eine doppel- oder mehrstöckige Personengesellschaft reicht daher nicht aus, um die Steuerfreistellung in Anspruch zu nehmen.

🛑 **Praxishinweis:**

Bei der Vorbereitung und Gestaltung der genannten Veräußerungs- und Aufgabevorgänge sollte nach Möglichkeit erfolgsneutral eine unmittelbare Beteiligung der natürlichen Personen hergestellt werden. Dabei ist allerdings darauf hinzuweisen, dass die Finanzverwaltung eine derartige Vorbereitungshandlung im Rahmen der Gesamtplanrechtsprechung als Gestaltungsmissbrauch behandeln könnte, wenn die Vorbereitungshandlung und anschließende Veräußerung auf einem Gesamtplan basieren und in engem zeitlichem Zusammenhang zueinander erfolgen.[27]

▶ **Beispiel:**

A ist an der AB OHG zu 40% beteiligt. Die AB OHG ist zu 100% an der ABC KG zu 100% beteiligt; die Komplementärin C GmbH ist nicht am Kapital der ABC KG beteiligt. Die ABC KG beabsichtigt, ihren Gewerbebetrieb zu veräußern.

💡 **Lösung:**

A ist an der ABC KG nicht unmittelbar beteiligt. Der Veräußerungsgewinn wäre daher auf Ebene der ABC KG voll steuerpflichtig. A wird über die AB OHG daher anteilig mit 40% der auf den Veräußerungsgewinn entfallenden Gewerbesteuer belastet.

▶ **Gestaltungsmöglichkeit:**

Scheidet z.B. die C GmbH aus der ABC KG aus, wächst deren Vermögen der AB OHG an. Veräußert die AB OHG hiernach den angewachsenen Gewerbebetrieb der ABC KG (Teilbetrieb), unterliegt der Veräußerungsgewinn bei der AB OHG nicht der Gewerbesteuer, soweit A als natürliche Person unmittelbar beteiligt ist (40%).[28]

In der nachstehenden Übersicht sind die einzelnen gewerbesteuerlich beachtlichen Veräußerungs- bzw. Aufgabevorgänge tabellarisch zusammengefasst. Dabei ist zwischen Vorgängen bis einschließlich Erhebungszeitraum 2001 und ab Erhebungszeitraum 2002 unterschieden:

---

27   Allgemein zur Gesamtplanrechtsprechung z.B. BFH v. 27.10.2005, IX R 76/03, BFH/NV 2006, 542 auch mit Verweisen auf kritische Meinungen (Crezelius, FR 2003, S. 537; Strahl, FR 2004, 929).
28   Bei dieser Gestaltung sind möglicherweise bei der ABC KG bestehende gewerbesteuerliche Verlustvorträge mit in Betracht zu ziehen, die im Rahmen der Anwachsung untergehen würden; vgl. hierzu § 5. C. V. 3.

	Bis EZ 2001	Ab EZ 2002
(Teil-)Betriebsveräußerung/-aufgabe durch …		
Natürliche Personen	Gewst-frei	GewSt-frei
Personengesellschaften		
Natürliche Person unmittelbar beteiligt	GewSt-frei	GewSt-frei
Natürliche Person mittelbar beteiligt	GewSt-frei	GewSt-pflichtig
Kapitalgesellschaft beteiligt	GewSt-frei	GewSt-pflichtig
Kapitalgesellschaft	GewSt-pflichtig	GewSt-pflichtig
Veräußerung von Mitunternehmeranteilen durch …		
Natürliche Personen		
Teilanteil	GewSt-frei	GewSt-pflichtig
Ganzer Anteil	GewSt-frei	GewSt-frei
Personengesellschaften	GewSt-frei	GewSt-pflichtig
Kapitalgesellschaften	GewSt-pflichtig	GewSt-pflichtig

Die Personengesellschaft, deren Anteile veräußert werden, ist Schuldner einer etwaigen Gewerbesteuer. Es ist darauf zu achten, die aus einer Anteilsveräußerung resultierende Gewerbesteuerbelastung in der Handels- und Steuerbilanz dieser Personengesellschaft abzubilden, was in der Praxis häufig übersehen wird, weil der Veräußerungsvorgang selbst in der Handelsbilanz der Personengesellschaft, deren Anteile veräußert werden, (zutreffend) nicht abgebildet wird.

4.   Begriff des Veräußerungsgewinn bzw. –verlusts

Was unter dem Begriff „Veräußerungsgewinn /-verlust" zu verstehen ist, ergibt sich im Wesentlichen aus der Definition in § 16 Abs. 2 EStG.[29] Danach berechnet sich der Veräußerungsgewinn /-verlust wie folgt: 15

	Kaufpreis
./.	Buchwerte des übergehenden Betriebsvermögens
./.	Veräußerungskosten
=	Veräußerungsgewinn/-verlust

> **Beispiel:**
>
> Die A GmbH ist an der AB GmbH & Co. KG zu 50% beteiligt. Die A GmbH verkauft ihren Anteil zum 31.12.07 an B zu einem Kaufpreis von T€ 750. Mit dem Kaufpreis sind auch alle Gesellschafter-Forderungen der A GmbH i.H.v. T€ 500 abgegolten. In der Handelsbilanz der A GmbH ist die Beteiligung an der ABC KG mit Anschaffungskosten i.H.v. T€ 500 ausgewiesen. Der Kapitalanteil der A GmbH bei der ABC KG ist durch Verluste aus den Vorjahren um T€ 250 gemindert; im laufenden Jahr betrug der laufende Gewinnanteil T€ 50. Die A GmbH muss anlässlich der Anteilsübertragung Rechtsanwaltskosten i.H.v. T€ 30 aufwenden.

Handelsbilanz AB GmbH & Co. KG					Handelsbilanz A GmbH			
Aktiva	1.000	Kap. A	250		Bet. ABC	500	Kap.	1.200
		Kap. B	250		Ford. ABC	500	Rückst.	300
		Verb. A	500		So. Aktiva	750		

---

29   BFH v. 02.05.1990, VIII R 204/85, BFH/NV 1990, 801 m.w.N.

Handelsbilanz:

Ausgehend von dem vereinbarten Kaufpreis i.H.v. T€ 750 erleidet die A GmbH unter Berücksichtigung der Rechtsanwalts-kosten i.H.v. T€ 30 einen Buchverlust i.H.v. T€ 280.

Veräußerungspreis	T€ 750
Beteiligung ABC KG	T€ 500
Forderung ABC KG	T€ 500
Rechtsanwaltskosten	T€ 30
Verlust	T€ 280

Steuerbilanz

Steuerlich ergibt sich ein Veräußerungsverlust i.H.v. T€ 30.

Veräußerungspreis		T€ 750	
Steuerliches Kapitalkonto			
■ Kapital	T€ 250		
■ Forderung (SBV)	T€ 500	T€ 750	
Rechtsanwaltskosten		T€ 30	
Verlust		T€ 30	

Ursache für die Differenz zwischen dem handelsrechtlichen und steuerrechtlichen Ergebnis ist, dass sich steuerlich die laufenden Verluste aus den Vorjahren bereits in dem jeweiligen Veranlagungszeitraum ausgewirkt haben, handelsrechtlich die Beteiligung an der ABC KG jedoch im Zeitpunkt der Veräußerung noch mit den Anschaffungskosten bilanziert ist.

Dem Wortlaut des § 7 S. 2 GewStG folgend erfasst die Vorschrift Veräußerungs- und Aufgabegewinne. Da auch negative Veräußerungs- und Aufgabegewinne, d.h. Verluste, von der Vorschrift erfasst werden, kann ein steuerpflichtiger Veräußerungs- bzw. Aufgabeverlust, der als letzter Betriebsvorgang des ausscheidenden bzw. den Betrieb aufgebenden Mitunternehmers anfällt, mit einem etwaigen laufenden Gewerbeertrag des Veräußerungs- bzw. Aufgabejahres verrechnet werden.[30]

5.   Umfang des Veräußerungsgewinns

16   Grundsätzlich ist davon auszugehen, dass der Begriff „Veräußerungsgewinn" i.S.d. Gewerbesteuergesetzes mit dem in § 16 EStG verwendeten Begriff identisch ist.[31] Die gewerbesteuerliche Begünstigung geht im Ausnahmefall jedoch noch weiter, indem auch Gewinne begünstigt sein können, die anlässlich eines betriebsbeendenden Vorgangs entstehen, bei denen nicht alle stillen Reserven aufgedeckt werden.[32] Derartige Gewinnbestandteile sind zwar nicht nach §§ 16, 34 EStG begünstigt, bleiben im Gewerbeertrag aber dennoch unberücksichtigt.[33]

Die Prüfung, inwieweit der Gewerbeertrag anlässlich einer Betriebsveräußerung, einer Betriebsaufgabe oder eines sonstigen begünstigten Beendigungsvorgangs von der Gewerbesteuer ausgenommen ist, erfolgt in mehreren Stufen.

---

30   Twickel, in: Blümich, § 7 GewStG Rn 151, m.w.N. auch zu gegenteiligen Auffassungen.
31   Selder, in: Glanegger/Güroff, § 7 Rn 14, Ausnahme: Veräußerungen von 100%-Anteilen an Kapitalgesellschaften sind gewerbesteuerlich nicht begünstigt; in diese Richtung argumentiert auch der BFH in seinem Urteil v. 15.06.2004, VIII R 7/01, BStBl 2004 II, S. 754.
32   BFH v. 29.10.1987, IV R 93/95, BStBl 1988 II, S. 374 zu einem Einbringungsfall.
33   BFH v. 17.02.1994, VIII R 13/94, BStBl 1994 II, S. 809 zu einer Realteilung.

a)   Begünstigter Vorgang

Zunächst ist zu prüfen, ob es sich überhaupt dem Grunde nach um einen begünstigten Vorgang   17
handelt, d.h. ob eine Betriebsveräußerung, Betriebsaufgabe bzw. ein sonstiger betriebsbeendender
Vorrang nach den oben genannten Kriterien vorliegt und ob der Veräußerer persönlich begünstigungsfähig ist.

b)   Veräußerer und Erwerber

In einem nächsten Schritt wird geprüft, ob auf der Veräußererseite und der Erwerberseite diesel-   18
ben Personen stehen. Veräußerungsgewinne rechnen nämlich insoweit nicht zum (begünstigten)
laufenden Gewerbeertrag, soweit der Veräußerer zugleich auch als Erwerber auftritt.[34] Das ist z.B.
der Fall, wenn ein Einzelunternehmer sein Unternehmen an eine Personengesellschaft zum Verkehrswert veräußert, an der er selbst beteiligt ist.

> **Beispiel:**
>
> Einzelunternehmer A veräußert aus seinem Einzelunternehmen einen Teilbetrieb (Buchwert: T€ 100, Verkehrswert
> T€ 200) an die AB OHG, an der er zu 70% beteiligt ist. A erzielt einen Veräußerungsgewinn i.H.v. T€ 100. Da er zu 70%
> auch auf der Erwerberseite steht, unterliegen T€ 70 der Gewerbesteuer.

> **Praxishinweis:**
>
> *Ziel einer (partiellen) Veräußerung „an sich selbst" kann es z.B. sein, einen gewerbesteuerlichen Verlustvortrag, der andern-
> falls nicht mehr nutzbar wäre, sinnvoll einzusetzen. Hierbei ist allerdings die Mindestbesteuerung nach § 10a Satz 2 GewStG
> zu beachten. Verfügt das zu veräußernde Unternehmen nicht über einen gewerbesteuerlichen Verlustvortrag, empfiehlt sich
> anstelle der Veräußerung in den meisten Fällen eine erfolgsneutrale Einbringung z.B. nach § 24 UmwStG.*

c)   Abgrenzung von Veräußerungsgewinn und laufendem Gewinn

Zu unterscheiden ist grundsätzlich zwischen (a) durch den laufenden Gewerbebetrieb entstan-   19
denen Gewinnen und den (b) anlässlich der Veräußerung bzw. Betriebsbeendigung anfallenden
begünstigten Gewinnen.

Laufende Gewinne sind – auch wenn sie in zeitlichem Zusammenhang mit einer Betriebsver-
äußerung/Betriebsbeendigung anfallen – nicht begünstigungsfähig. Die Begründung hierfür ist,
dass es sich bei der Veräußerung/Beendigung eines Betriebs um einen „außergewöhnlichen" Vorgang handelt, der mit dem Wesen eines lebenden Gewerbebetriebs nicht vereinbar ist. Vorgänge, die auch ohne die Betriebsveräußerung /-beendigung denkbar wären, sollen dagegen als „gewöhnliche Geschäftsvorfälle" nicht der Besteuerung entzogen werden können.

Ob beispielsweise Gewinne aus der Veräußerung von Umlaufvermögen zum laufenden Gewinn   20
rechnen, ist umstritten. Im Wesentlichen ist zu prüfen, ob das Umlaufvermögen (ausnahmsweise)
den wesentlichen Betriebsgrundlagen zuzurechnen ist und ob die Veräußerung des Umlaufvermögens ein eher atypischer Umstand ist, der allein auf die Betriebsbeendigung zurückzuführen
ist. Nach der BFH-Rechtsprechung sind Gewinne aus Ausverkäufen der Lagerbestände an den
üblichen Kundenkreis nicht zum begünstigten Aufgabegewinn zu rechnen.[35] Dagegen sind Ge-

---

34   § 16 Abs. 2 S. 3 EStG; BFH v. 15.06.2004, VIII R 7/01, BStBl 2004 II, S. 754 mit sehr ausführlicher Begründung.
35   BFH v. 29.11.1989, VIII R 316/82, BStBl 1989 II S. 602.

winne, die anlässlich der Betriebsaufgabe durch die Rückabwicklung von Wareneinkäufen erzielt werden, dem begünstigten Aufgabegewinn zuzurechnen.[36]

21   Der bei der Aufgabe eines gewerblichen Grundstückshandels entstehende Gewinn, ist regelmäßig als laufender Gewinn zu qualifizieren, auch wenn alle Grundstücke (i.d.R. Umlaufvermögen) in einem einheitlichen Vorgang veräußert werden.[37] Ein steuerlich begünstigter Gewinn kann auch nicht durch die „Zwischenschaltung" einer Personengesellschaft erreicht werden.[38]

22   Ausgleichsansprüche von Handelsvertetern nach § 89b HGB rechnen ebenfalls zum laufenden Gewinn, auch wenn sie anlässlich der Aufgabe einer Handelsvertretung entstehen.[39]

23   Sogar bei Veräußerung von Anlagevermögen kann im Ausnahmefall ein (nicht begünstigter) laufender Gewinn vorliegen, wenn die Veräußerung Bestandteil eines einheitlichen Geschäftskonzepts der unternehmerischen Tätigkeit ist (z.B. bei Leasingunternehmen).[40]

6.   Betriebsveräußerung einer Mitunternehmerschaft

24   Die Veräußerung des Betriebs einer Mitunternehmerschaft stellt einen nach § 7 S. 1 Nr. 1 GewStG gewerbesteuerpflichtigen Vorgang dar, soweit der entsprechende Gewerbeertrag nicht auf eine an der Mitunternehmerschaft unmittelbar beteiligte natürliche Person entfällt.

a)   Allgemeines

Was unter einer Betriebsveräußerung zu verstehen ist, richtet sich im Wesentlichen nach den Regeln, die auch für § 16 EStG gelten.[41] Hiernach liegt eine Betriebsveräußerung vor, wenn ein Gewerbebetrieb mit allen wesentlichen Grundlagen entgeltlich auf einen Erwerber übertragen wird. Der Betrieb als solcher muss „lebensfähig" sein, d.h. als geschäftlicher Organismus fortgeführt werden können. Allerdings heißt das nicht, dass der Erwerber den Betrieb tatsächlich fortführen muss.

b)   Wesentliche Betriebsgrundlagen

25   Wesentliche Betriebsgrundlagen sind alle Wirtschaftsgüter, die zur Erreichung des Betriebszwecks erforderlich sind und die – im Sinne einer so genannten „funktional-quantitativen Betrachtungsweise" – ein besonderes wirtschaftliches Gewicht für die Betriebsführung besitzen.[42] Darunter fallen alle für den Betriebsablauf funktional erforderlichen Wirtschaftsgüter[43], sowie alle Wirtschaftsgüter, in denen erhebliche stille Reserven gebunden sind.[44]

---

36   Wacker, in: Schmidt, § 16 Rn 106; Roser, in: Lenski/Steinberg, § 7 Rn 347, 348.
37   BFH v. 25.01.1995, X R 76/-77/92, BStBl 1995 II S. 388.
38   BFH v. 10.05.2007, IV R 69/04, DStR 2007, 1676-1677: „Das Entgelt für die Veräußerung von Anteilen an einer Personengesellschaft, die einen gewerblichen Grundstückshandel betreibt, ist auf die Wirtschaftsgüter der Gesellschaft aufzuteilen mit der Folge, dass der auf die Grundstücke im Umlaufvermögen entfallende Gewinn als laufender Gewinn der Gewerbesteuer unterliegt."
39   Z.B. BFH v. 09.02.1983, I R 94/79, BStBl 1983 II S. 271.
40   BFH v. 26.06.2007, IV R 49/04, DStR 2007, 1574-1579.
41   Selder, in: Glanegger/Güroff § 7 Rn 14.
42   Wacker, in: Schmidt, § 16 Rn 101 m.w.N. und auch kritischen Anmerkungen; H 16 Abs. 8 EStH Stichwort „Begriff der wesentlichen Betriebsgrundlage".
43   BFH v. 23.05.2000, VIII R 11/99, BStBl II 2000, 621.
44   BFH v. 02.10.1997, IV R 84/96, BStBl II 1998, 104.

> Beispiele für wesentliche Betriebsgrundlagen:

- Immaterielle Wirtschaftsgüter: Wettbewerbsverbote, Kundenkarteien, Firmennamen, Marken, Patente, Werberechte, u.ä., wenn sie für den Betrieb funktional oder dem Wert nach bedeutend sind.[45]

- Betrieblich genutzte Grundstücke: sind fast immer wesentliche Betriebsgrundlagen.[46]

- Technische Anlagen und Maschinen: regelmäßig funktional notwendig, selbst wenn es sich um Standardmaschinen handelt.[47]

- Wirtschaftsgüter des Umlaufvermögens können wesentliche Betriebsgrundlagen darstellen, allerdings ist dies nach den Umständen des Einzelfalles zu beurteilen.[48]

c) Begriff der Entgeltlichkeit

Die unentgeltliche Betriebsübertragung (z.B. durch Schenkung oder durch Erbanfall) ist mangels Einstellung des laufenden Gewerbebetriebs keine Betriebsveräußerung i.S.d. Gewerbesteuergesetzes.[49]   26

d) Übertragung auf einen Erwerber

Der Begriff der „Übertragung" umfasst nicht nur den klassischen Kauf, sondern z.B. auch: 27

- Tauschvorgänge

- Einbringungen von Betrieben in Personengesellschaften und Kapitalgesellschaften gegen Gewährung von Gesellschaftsrechten.[50] Diese Einbringungen können nach §§ 20, 24 UmwStG unter Aufdeckung der stillen Reserven oder ohne Aufdeckung der stillen Reserven erfolgen. Für die Gewerbesteuer-Freistellung ist es jedoch ohne Bedeutung, ob die stillen Reserven in vollem Umfang aufgedeckt wurden, oder nicht.[51]

Die verdeckte Einlage in eine Kapitalgesellschaft (Einlage ohne konkrete Gegenleistung bzw. Einlage aus Gründen, die in dem besonderen Verhältnis Gesellschafter/Gesellschaft begründet ist) ist dagegen ein unentgeltlicher Vorgang und deshalb nicht als Betriebsveräußerung zu qualifizieren. Allerdings kann eine Betriebsaufgabe vorliegen, die ebenfalls nicht der Gewerbesteuer unterliegt.

Wird der gesamte Gewerbebetrieb verdeckt in eine Personengesellschaft eingelegt, liegt keine begünstigte Betriebsveräußerung vor. Allerdings erfolgt dieser Vorgang nach § 6 Abs. 3 S.1, 3 EStG (vor Veranlagungszeitraum 2001: § 7 EStDV) zwingend zu Buchwerten, so dass sich insoweit im Ergebnis wiederum kein steuerpflichtiger Gewerbeertrag ergibt.

---

45 BFH v. 11.08.1966, IV 219/64. BStBl 1966 II, 601; BFH v. 23.09.1998, XI R 72/97, BStBl 1999 II, 281.
46 (a) Gebäudegrundstücke: Nur wenn das Grundstück der Funktion oder dem Werte nach von untergeordneter Bedeutung ist, rechnet es nicht zu den wesentlichen Betriebsgrundlagen (vgl. BFH v. 23.05.2000, VIII R 11/99, BStBl 2000 II, S. 621; zur Übergangsregelung bis 31.12.2001 vgl. BMF-Schreiben v. 20.12.2001, BStBl 2002 I, S. 88). (b) Auch unbebaute Grundstücke (z.B. Abbau-, Abstell- und Lagerzwecke) können wesentliche Betriebsgrundlagen sein (BFH v. 18.08.2005, IV R 59/04, BFH/NV 2005, 2114; BFH v. 19.03.2002, VIII R 57/99, BStBl 2002 II, 662). Grundstücke mit erheblichen stillen Reserven sind aufgrund der funktionalen-quantitativen Betrachtung u.E. stets als wesentliche Betriebsgrundlage zu qualifizieren.
47 BFH v. 19.01.1983, I R 57/79, BStBl II 1983 II, 312; BFH v. 26.05.1993, X R 101/90, BStBl 1993 II, 710 m.w.N.
48 BFH v. 24.06.1976, IV R 200/72, BStBl 1976 II, 762 (im Regelfall wesentliche Betriebsgrundlage); einschränkender H 16 Abs. 8 EStH Stichwort „Umlaufvermögen".
49 Ständige Rechtsprechung, z.B. BFH v. 19.02.1981, IV R 116/77, BStBl 1981 II, 566 m.w.N.
50 Wacker in: Schmidt, § 16 Rn 22 m.w.N.
51 BFH v. 29.10.1987, IV 93/85, BStBl II 1988, 374.

Die Übertragung eines lebensfähigen Betriebs auf einen Erwerber setzt voraus, dass der Veräußerer seine Tätigkeit auf diesem Gebiet einstellt. Ein geringfügiges Tätigwerden ist allerdings unschädlich.[52] Somit reicht die Übertragung der wesentlichen Betriebsgrundlagen allein nicht aus, wenn der Veräußerer den Betrieb in derselben oder einer veränderten Form fortführt (i.d.R. sind dann auch nicht alle wesentlichen Betriebsgrundlagen übertragen).

Stichtag für die Übertragung des Betriebs ist der Zeitpunkt, an dem das wirtschaftliche Eigentum an den übertragenen Wirtschaftsgütern übergeht. Grundsätzlich erfolgt der Betriebsübergang in einem einheitlichen Vorgang. Im Einzelfall reicht aber ein enger zeitlicher und wirtschaftlicher Zusammenhang der mit dem Betriebsübergang verbundenen Maßnahmen, die aufgrund eines einheitlichen „Aufgabeplans" ineinander greifen müssen. Das zeitliche Moment ist hierbei ein Indiz, aber nicht allein entscheidend.[53]

e)   Zurückbehalt von Wirtschaftsgütern

28   Wenn unwesentliche Betriebsgrundlagen zurückbehalten werden (z.B. zur Überführung in das Privatvermögen oder zur Veräußerung an Dritte) hat dies auf die Beurteilung, ob eine Betriebsveräußerung vorliegt, keinen Einfluss. Werden dagegen wesentliche Betriebsgrundlagen zurückbehalten, liegt keine Betriebsveräußerung vor, es kann aber im Einzelfall auch eine begünstigte Betriebsaufgabe vorliegen.

7.   Teilbetriebsveräußerung einer Mitunternehmerschaft

29   Auch die Veräußerung eines Teilbetriebs einer Mitunternehmerschaft ist ein gewerbesteuerpflichtiger Vorgang insoweit als der entsprechende Gewerbeertrag nicht auf eine an der Mitunternehmerschaft unmittelbar beteiligte natürliche Person entfällt.

Der Begriff „Teilbetrieb" ist gesetzlich nicht definiert. Die Abgrenzungskriterien sind im Wesentlichen durch die Rechtsprechung zu § 16 EStG entwickelt worden, die auf das Gewerbesteuerrecht übertragen werden können. Hiernach ist ein Teilbetrieb ein mit einer gewissen Selbständigkeit ausgestatteter, organisatorisch geschlossener Teil des Gesamtbetriebs, der für sich allein lebensfähig ist.[54]

a)   Selbständigkeit

30   Indizien, die für einen selbständigen Teilbetrieb sprechen, sind z.B. örtliche Trennung vom Hauptbetrieb, gesonderte Buchhaltung und Gewinnermittlung, eigene Geschäftsausstattung, eigenes Personal sowie eigene Personalverantwortung, eigener Warenein-/verkauf, eigene Preisgestaltung, eigener Kundenkreis.

b)   Organisatorische Geschlossenheit

31   Gegen einen selbständigen Teilbetrieb könnte z.B. sprechen, dass dieselben Arbeitskräfte in mehreren Betriebsteilen eingesetzt werden, gemeinsame Räumlichkeiten genutzt werden, ein gemein-

---

52   BFH v. 07.11.2006, XI B 177/05, BFH/NV 2007, 431; BFH v. 08.06.2000, IV R 63/99, BFH/NV 2000, 1341.
53   BFH v. 07.09.2005, VIII R 99/03, BFH/NV 2006, 608.
54   Ständige Rechtsprechung, z.B. BFH v. 12.09.1979, I R 146/76, BStBl II 1980, 51.

samer Waren- und Betriebsmittelein- und -verkauf besteht, eine gegenseitige Aushilfe in sachlicher oder personeller Hinsicht stattfindet.

c) Lebensfähigkeit

Enge wirtschaftliche Verbindungen zwischen zwei Betriebsteilen sind Indizien dagegen, dass ein 32 Betrieb für sich selbst lebensfähig ist, z.B. gegenseitige finanzielle Unterstützung, gegenseitige Ergänzung in der Produktpalette, „Aufeinander-Angewiesen-Sein" (Betriebe, die nur miteinander betrieben werden können).

Ob ein Betriebsteil nach diesen Kriterien als Teilbetrieb anzusehen ist, ist stets nach dem Gesamtbild der Verhältnisse zu entscheiden. Keinesfalls kann aus dem Vorhandensein oder Nichtvorhandensein einzelner Merkmale geschlossen werden, ob ein Teilbetrieb vorliegt, oder nicht. Es handelt sich immer um eine Einzelfallentscheidung.

> **Beispiele:**

- Druckerei: Druckerei und Zeitungsverlag können Teilbetriebe sein.[55]
- Einzelhandelsfiliale: Kann Teilbetrieb sein, wenn ein eigener Wareneinkauf besteht bzw. bei zentraler Einkaufsorganisation die Preisgestaltung frei vorgenommen werden kann.[56]
- Hotels: können Teilbetriebe sein, wenn örtlich getrennt, eigene wesentliche Betriebsgrundlagen und gewisse eigenständige betriebliche Tätigkeit.[57]
- Tankstelle: kann, je nach Ausgestaltung und Betrachter, selbständiger Gewerbebetrieb oder Teilbetrieb, aber auch unselbständige Verkaufstelle sein.[58]
- Verlag: Ein einzelnes Fachgebiet eines Fachverlags kann Teilbetriebs sein.[59]
- Ausgelagerte Verwaltungsabteilungen: Wenn kein eigener Kundenkreis vorhanden ist und ihr Wirkungskreis vom Hauptbetrieb nicht abgrenzbar ist, liegt kein Teilbetrieb vor.[60]

> **Praxishinweis:**

Die Beispiele zeigen, dass die Abgrenzung im Einzelfall schwierig ist. Auch die Beurteilung durch die Rechtsprechung erscheint nicht einheitlich. Es ist daher zu empfehlen, in Veräußerungsfällen eine Vorabstimmung mit der Finanzverwaltung anzustreben.

Nach § 16 Abs. 1 S. 1 Nr. 1 S. 2 EStG gilt die Veräußerung einer 100%-Beteiligung an einer Kapitalgesellschaft als Teilbetrieb. Diese Fiktion gilt für die Gewerbesteuer nicht, so dass Gewinne aus der Veräußerung von 100%-Beteiligungen regelmäßig den allgemeinen Besteuerungsregeln unterliegen.[61]

---

55 BFH v. 05.10.1976, VIII R 87/72, BStBl 1977, 45: Anders eventuell, wenn der Zeitungsverlag eine eigene Druckerei nur zum Druck der Zeitung unterhält.
56 BFH v. 24.04.1980, VV R 61/77, BStBl 1980 II, 690; BFH 12.09.1979, I R 146/76, BStBl 1980 II, 51.
57 FG Niedersachsen v. 29.10.1985, II 614/83, EFG 1987, 304, rkr.
58 BFH v. 25.04.1989, VIII R 294/84, BFH/NV 1990, 261; BFH v. 09.08.1989, X R 62/87, BStBl II1989, 973; BFH v. 13.02.1980, I R 14/77, BStBl II 1980, 498.
59 BFH v. 15.03.1984, IV R 189/81, BStBl 1984, 486; BFH v. 24.11.1982, I R 123/78, BStBl 1983 II, 113.
60 BFH v. 26.06.1975, VIII R 39/74, BStBl 1975 II, 832.
61 BFH v. 14.01.2002, VIII B 95/01, BFH/NV 2002, 811.

8.   Veräußerung von Anteilen an einer Mitunternehmerschaft

33   Die Veräußerung von Anteilen eines Gesellschafters, der als Mitunternehmer des Betriebs der Mitunternehmerschaft zu qualifizieren ist, ist gewerbesteuerpflichtig gem. § 7 S. 1 Nr. 2 GewStG dar, soweit der entsprechende Gewerbeertrag nicht auf eine natürliche Person als unmittelbar beteiligter Mitunternehmer entfällt.

a)   Begriff und Abgrenzung

34   Der Begriff der Mitunternehmerschaft entspricht dem einkommensteuerlichen Begriff der Mitunternehmerschaft, insoweit ist eine vollständige Übereinstimmung gegeben.[62] Die in der Praxis am häufigsten vorkommenden Fälle einer Mitunternehmerschaft sind die Personenhandelsgesellschaften (OHG, KG), die gewerblich geprägten Personengesellschaften sowie die atypisch stillen Gesellschaften.

b)   Allgemeines

Die gewerbesteuerliche Behandlung von Gewinnen aus der Veräußerung von Mitunternehmeranteilen hängt, obwohl die Mitunternehmerschaft selbst gewerbesteuerpflichtig ist, davon ab, wer an dieser Gesellschaft beteiligt ist.[63] Soweit unmittelbare Gesellschafter natürliche Personen sind, bleiben etwaige Gewinne aus der Veräußerung nach den vorstehend beschriebenen Grundsätzen unbesteuert. Soweit dagegen Kapitalgesellschaften oder sonstige juristische Personen beteiligt sind oder natürliche Personen nur mittelbar beteiligt sind, unterliegen die Gewinne der Gewerbesteuer.

35   Insbesondere in doppel- oder mehrstöckigen Beteiligungsstrukturen ist zunächst der gesamte Gesellschafterkreis zu identifizieren, um eine zutreffende Ermittlung der aus dem Veräußerungsvorgang resultierenden Gewerbesteuer möglich zu machen.

▶ **Beispiel:**

Die Unübersichtlich GmbH & Co. KG verkauft einen Teilbetrieb an den Unternehmer U2, der in Höhe von 25% an der Unübersichtlich GmbH & Co. KG beteiligt ist. Wesentliche Betriebsgrundlage des Teilbetriebs ist die Beteiligung an der X AG. Der Gewinn aus der Veräußerung des Teilbetriebs beträgt T€ 1.000, davon entfallen auf die Beteiligung an der X AG T€ 600.

Neben U2 sind der Unternehmer U1 zu 25% und die U GmbH & Co. KG zu 50% als Kommanditisten an der Unübersichtlich GmbH & Co. KG beteiligt.

Mitunternehmer der U GmbH & Co. KG sind zu 40% die Gierig GmbH und zu 60% die Zeisig OHG, deren Anteile wiederum zu 90% von A in dessen Privatvermögen und zu 10% von der B GmbH gehalten werden.

Die B GmbH, Finanzunternehmen i.S.d. KWG, weist die Anteile an der Zeisig OHG im Umlaufvermögen aus, weil sie die Anteile nur zum Zweck der kurzfristigen Wertsteigerung erworben hat.

---

62   Zum Begriff der Mitunternehmerschaft z.B. Wacker in: Schmidt, § 15 Rn 160 ff.
63   § 7 S. 4 GewStG.

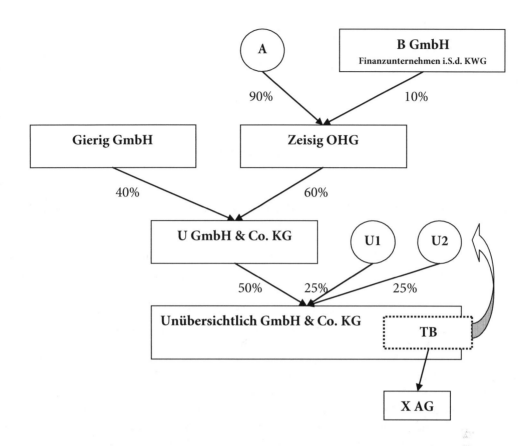

🔵 Lösung: Bei der Unübersichtlich GmbH & Co. KG ist der Veräußerungsgewinn gewerbesteuerlich wie folgt zu berücksichtigen:

	Anteil		stpfl.		Grund	gewstpfl.
U1		25% =	25%	0%	unmittelbar bet. nat. Pers.	0,00%
U2		25% =	25%	100%	zu 100% Erwerber	25,00%
A	50% x 60% x 90% =		27%	50%	HEV, § 3 Nr. 40 EStG	13,50%
B GmbH	50% x 60% x 10% =		3%	100%	§ 8b Abs. 7 KStG	3,00%
Gierig GmbH	50% x 40% =		20%	5%	§ 8b Abs. 2, 3 KStG	1,00%
			100%			**42,50%**

Veräußerunggewinn		
Anteil für Veräußerung Beteiligung X AG	600 T€ x 42,50% =	255,00
Anteil für Veräußerung übrige WG	400 T€ x 75,00% =	300,00
Von dem Veräußerunggewinn i.H.v. T€		**555,00**

Die Gewerbesteuerberechnung kann für eine mehrstöckige Personengesellschaft bei zunehmender Beteiligungskomplexität schnell unübersichtlich werden. Praxisprobleme ergeben sich insbesondere bei inhomogenen Beteiligungsstrukturen unter Beteiligung von „Konzernfremden" sowie bei der Aufteilung eines vertraglich vereinbarten Gesamtkaufpreises auf die einzelnen Wirtschaftsgüter.

c)   Anteilige Veräußerung

36   Zu beachten ist bei Personengesellschaften, dass die Veräußerung nur eines Teils des Mitunternehmeranteils ab dem 01.01.2002 in jedem Fall gewerbesteuerpflichtig ist. Mit der entsprechenden Ergänzung von § 16 Abs. 1 S. 2 EStG („gesamten Anteils") gelten Gewinne aus Teilanteilsveräußerungen nicht mehr als Veräußerungsgewinne i.S.v. § 16 EStG. Dies gilt auch für die Gewerbesteuer zu beachten.[64] Bis einschließlich 2001 unterliegen dagegen Teilanteilsveräußerungen bei natürlichen Personen und bei Personengesellschaften als Gesellschafter nicht der Gewerbesteuer (allerdings auch nur dann, wenn auch das Sonderbetriebsvermögen anteilig mit übertragen wurde).[65]

d)   GmbH & atypisch Still und andere atypisch stille Beteiligungen

37   Eine Sonderform der Mitunternehmerschaft ist die atypisch stille Gesellschaft. Im Gegensatz zur stillen Gesellschaft übt der atypisch stille Gesellschafter Mitunternehmerinitiative aus und er trägt Unternehmerrisiko; mit einer atypisch stillen Beteiligung geht zumeist eine Beteiligung am Liquidationserlös des Handelsgeschäfts einher.[66]

Bei atypisch stillen Gesellschaften fallen die persönliche und die sachliche Steuerpflicht auseinander.[67] Sachlich ist die atypisch stille Gesellschaft selbst steuerpflichtig, da sie als Mitunternehmerschaft i.S.v. § 15 EStG gilt. Das heißt konkret, dass beispielsweise die Ergebnisse aus Vergütungen i.S.v. § 15 Abs. 1 Nr. 2 EStG, aus Sonderbilanzen, Ergänzungsbilanzen und auch Veräußerungsergebnisse dem Gewerbeertrag zugerechnet werden. Die atypisch stille Gesellschaft kann auch den Freibetrag nach § 11 Abs. 1 Nr. 1 GewStG sowie bis einschließlich Erhebungszeitraum 2007 den Staffeltarif nach § 11 Abs. 2 GewSt in Anspruch nehmen. Ab dem Erhebungszeitraum 2008 fällt der Staffeltarif weg und es kommt eine einheitliche Gewerbesteuermesszahl von 3,5% zur Anwendung. Persönlich gewerbesteuerpflichtig i.S.v. § 5 Abs. 1 GewStG ist der Inhaber des Handelsgeschäfts, bei der GmbH & atypisch Still also die GmbH.

Bestehen mehrere eine oder mehrere stille Beteiligungen an einem Handelsgeschäft, ist demnach wie folgt zu unterscheiden:

■   Die stille/n Beteiligung/en besteht/en an dem einzigen Geschäftsbereich: Es erfolgt nur eine einzige Gewerbesteuerveranlagung. Der Freibetrag und der Staffeltarif werden nur einmal gewährt.[68]

■   Die stille/n Beteiligungen bestehen an unterschiedlichen Geschäftsbereichen bzw. die GmbH hat selbst noch einen eigenen Geschäftsbereich: Es erfolgen so viele Gewerbesteuerveranlagungen, wie Geschäftsbereiche vorhanden sind. Der Freibetrag und der Staffeltarif werden pro Geschäftsbereich einmal gewährt (es sei denn, es handelt sich um der GmbH selbst und nicht den atypisch stillen Beteiligungen zuzuordnende Bereiche, insoweit entfallen dann der Freibetrag und der Staffeltarif).[69]

---

64   H.M., vgl. auch von Twickel, in: Blümich, § 7 GewStG Rn 151b m.w.N.
65   BFH v. 24.08.2000, IV R 51/98, BStBl 2005 II. S. 173.
66   Zur Begriffsdefinition der atypisch stillen Gesellschaft Wacker in: Schmidt, § 15 Rn 340 ff.
67   Auffassung der Finanzverwaltung (vgl. Verfügung der OFD Erfurt v. 23.10.2003, S-2241 A – 08 – L221; hier Rn 4.2.1); BFH v. 12.11.1985, BStBl 1986 II, 311.
68   Im Regelfall (eine oder mehrere stille Beteiligungen an einem einheitlichen Geschäftsbetrieb/-bereich) aber nur einmal, vgl. BFH v. 08.02.1995, I R 127/93, BStBl 1995 II 764.
69   Verfügung der OFD Erfurt v. 23.10.2003, S-2241 A – 08 – L221; hier Rn 4.2.3.

Adressat der Gewerbesteuerbescheide ist in allen Fällen die GmbH. Ein Steuerbescheid, der an die atypisch stille Gesellschaft selbst adressiert würde, wäre somit nichtig.

9. Veräußerung von Anteilen an Kommanditgesellschaften auf Aktien (KGaA)

Die KGaA ist eine rechtsfähige Gesellschaft, bei der mindestens ein Gesellschafter, der eine natürliche oder juristische Person sein kann,[70] den Gläubigern der Gesellschaft unbeschränkt haftet (Komplementär) und die übrigen Gesellschafter an dem in Aktien zerlegten Grundkapital beteiligt sind, ohne für die Verbindlichkeiten der Gesellschaft zu haften (Kommanditaktionäre). Aktienrechtlich ist die KGaA in vollem Umfang als Kapitalgesellschaft zu qualifizieren.[71] Steuerrechtlich wird die Behandlung der KGaA in der Literatur uneinheitlich beurteilt, dabei ist nicht abschließend geklärt, ob die KGaA steuerlich als Mitunternehmerschaft oder als Kapitalgesellschaft zu besteuern ist. Bei kapitalistischer Einordnung der KGaA ist diese selbst in vollem Umfang körperschaftsteuerpflichtig ist. Lediglich der Komplementär verhält sich zu den Kommanditaktionären wie der Komplementär zu den Kommanditisten einer KG. Konsequenz dieser Sichtweise ist, dass auf die KGaA das für Kapitalgesellschaften gültige Steuerrecht Anwendung findet, während auf der Gesellschafterebene zwischen dem für einen Mitunternehmer und einen Aktionär einschlägige Steuerrecht zu unterscheiden ist. Demgegenüber wird bei mitunternehmerischer Betrachtung die KGaA steuerlich vollumfänglich wie eine Mitunternehmerschaft behandelt; auf den Anteil des Komplementärs findet das Steuerrecht des Mitunternehmers, auf den Anteil des Kommanditaktionärs das der Kapitalgesellschaft Anwendung.[72]

38

Die Unterscheidung, ob die KGaA als Mitunternehmerschaft oder als Kapitalgesellschaft zu qualifizieren ist, hat für die Gewerbesteuer Bedeutung, wenn der Komplementär am Kapital der KGaA beteiligt ist und die KGaA Dividenden oder Veräußerungsgewinne aus Kapitalgesellschaftsbeteiligungen vereinnahmt. Dann nämlich stellt sich die Frage, wie derartige Gewinne steuerlich behandelt werden. Die Finanzverwaltung, Rechtsprechung und Literatur tendieren offensichtlich dazu, die KGaA auch insoweit als Mitunternehmerschaft zu qualifi3zieren, so dass Veräußerungen von Anteilen persönlich haftender Gesellschafter an einer KGaA u.E. nach den Regeln der Mitunternehmerschaft erfolgen.[73]

Die gesetzliche Regelung zur gewerbesteuerlichen Behandlung von Ergebnissen, die der persönlich haftende Gesellschafter einer Kommanditgesellschaft auf Aktien im Rahmen einer Anteilsveräußerung oder –aufgabe erzielt, findet sich in § 7 S. 1 Nr. 3 GewStG. Danach sind derartige Ergebnisse gewerbesteuerpflichtig, soweit der persönlich haftende Gesellschafter nicht eine unmittelbar beteiligte, natürliche Person ist. U.E. sind in derartigen Fällen enthaltene anteilige Veräußerungsgewinne aus Anteilen an Kapitalgesellschaften, abhängig von der Rechtsform des persönlich haftenden Gesellschafters der KGaA zu behandeln:

39

■ Ein Veräußerungsgewinn ist gewerbesteuerfrei, soweit der unmittelbar persönlich Haftende eine natürliche Person ist.

---

70 BGH-Urteil v. 24.02.1997, AZ II ZB 11/96, BGHZ 134, S. 392, DStR 1997, 1012.
71 § 278 ff. AktG.
72 Kusterer, FR 2003, 502 ff. m.w.N.
73 Bauschatz, DStZ 2007, 39 unter Verweis auf BFH v. 21.06.1989, X R 14/88, BStBl 1989 II, 881; so auch Kusterer, FR 2003, 502 ff.

- Ein Veräußerungsgewinn ist grundsätzlich zu 50% steuerpflichtig (Halbeinkünfteverfahren), soweit der persönlich haftende Gesellschafter eine Personengesellschaft ist und soweit an ihr natürliche Personen beteiligt sind.

- Ein Veräußerungsgewinn ist grundsätzlich steuerpflichtig, soweit als persönlich haftender Gesellschafter unmittelbar oder mittelbar über eine Personengesellschaft eine Kapitalgesellschaft beteiligt ist.

10. Im Veräußerungs- bzw. Aufgabegewinn enthaltene Gewinne aus Kapitalgesellschaftsbeteiligungen

40 Wird ein Betrieb/Teilbetrieb einer Mitunternehmerschaft oder ein Mitunternehmeranteil veräußert bzw. aufgegeben, ist für die Höhe der Gewerbesteuerpflicht vor allem die Frage von Bedeutung, ob in dem steuerpflichtigen Gewinn auch anteilige Veräußerungsgewinne aus Beteiligungen an Kapitalgesellschaften enthalten sind.

a) Veräußerungsgewinn wird von einer Kapitalgesellschaft erzielt

41 Soweit der Veräußerungsgewinn von einer (an der Mitunternehmerschaft beteiligten) Kapitalgesellschaft erzielt wird, ist ein in dem Veräußerungsgewinn enthaltener Gewinne aus einer Kapitalgesellschaftsbeteiligung aufgrund von § 7 Satz 4 GewStG i.V.m. § 8b Abs. 2 und 3 KStG zu 95% gewerbesteuerfrei. Die Gewerbesteuerfreiheit wird lediglich insoweit versagt, als in der Vergangenheit auf die Kapitalgesellschaftsbeteiligung eine steuerwirksame Teilwertabschreibung durchgeführt wurde.[74]

Außerdem kommt die Gewerbesteuerfreiheit bei der Veräußerung von so genannten einbringungsgeborenen Anteilen innerhalb der siebenjährigen Sperrfrist sowie bei der Veräußerung durch bestimmte Unternehmen (z.B. Finanzunternehmen im Sinne des KWG, wenn die Beteiligungen dem Handelsbuch zuzuordnen sind) nicht zur Anwendung.[75]

> **Beispiel**

Das Finanzunternehmen F GmbH erzielt 90% ihrer Umsätze aus Beteiligungen an Kapitalgesellschaften.

Im Anlagevermögen hält sie eine Beteiligung an der A GmbH & Co. KG, die ihrerseits wiederum an der B GmbH beteiligt ist. Die B GmbH ist durch Ausgliederung eines Teilbetriebs von der A GmbH & Co. KG im Jahr 2005 entstanden.

Im Umlaufvermögen hält die F GmbH eine Beteiligung an der D OHG, die an der E GmbH beteiligt ist. Die Anteile an der D OHG sind dem Handelsbuch der F GmbH zuzurechnen.

Im Jahr 2007 veräußert die F GmbH ihre Beteiligungen an der A GmbH & Co. KG sowie an der D OHG.

Bei der Beteiligung an der B GmbH handelt es sich um einbringungsgeborene Anteile. Ein im Rahmen der Veräußerung der Beteiligung an der A GmbH & Co. KG anteilig auf die B GmbH entfallender Gewinn ist in voller Höhe gewerbesteuerpflichtig.

Ein aus der Anteilsveräußerung an der D OHG resultierender Gewinn ist in voller Höhe gewerbesteuerpflichtig. Dies gilt auch für einen anteilig auf die Beteiligung an der E GmbH entfallenden Gewinn.

---

74 § 7 S. 4 GewStG i.V.m. § 8b Abs. 2 S. 4 KStG.
75 § 7 S. 4 GewStG i.V.m. § 8b Abs. 7 und 8 KStG.

❗ Praxishinweis:

Das Recht für einbringungsgeborene Anteile gilt nach dem Inkrafttreten des SEStEG (ab 12.12.2006) nur noch für die „Altanteile" fort. Im Übrigen gilt eine neue 7-Jahres-Abschmelzungsregelung.

b)   Veräußerungsgewinn wird von einer natürlichen Person erzielt

Soweit der Veräußerungsgewinn von einer natürlichen Person erzielt wird, unterliegt der Gewinn den Regelungen des Halbeinkünfteverfahrens bzw. nach der Unternehmensteuerreform 2008 ab dem Veranlagungszeitraum 2009 den Regelungen des Teileinkünfteverfahrens. Auch diese Steuerbefreiungen sind bei der Gewerbesteuer zu beachten, so dass entsprechende Veräußerungsgewinne im Ergebnis nur zu 50% (bzw. 60% nach der Unternehmensteuerreform 2008) der Gewerbesteuer unterliegen.[76]   42

❗ Praxishinweis:

Bis zum Erhebungszeitraum 2004 fehlte für die Gewerbesteuer der Bezug auf § 3 Nr. 40 EStG und § 8b KStG, wie er jetzt in § 7 S. 4 GewStG verankert ist. Daher wandte die Finanzverwaltung § 3 Nr. 40 EStG und § 8b KStG auf Personengesellschaften nicht an.[77] Die Sichtweise des BMF wurde vielfach in der Literatur kritisiert[78] und inzwischen vom BFH verworfen.[79] Damit ist klargestellt, dass § 8b Abs. 1 bis 5 KStG 2002 (und damit auch § 3 Nr. 40 EStG) nicht erst ab 2004, sondern auch rückwirkend auch auf Mitunternehmerschaften anwendbar ist.

11.   Vertragliche Regelung zur Verteilung der Gewerbesteuerzahllast

Da sich aus Veräußerungssachverhalten regelmäßig erhebliche steuerliche Auswirkungen ergeben, empfiehlt sich für die Gesellschafter einer Mitunternehmerschaft, die Verteilung der Gewerbesteuerzahllast im Gesellschaftsvertrag, spätestens aber im Veräußerungsvertrag im Wege einer Gewerbesteuerklausel eindeutig zu regeln. Weil – wie bereits erwähnt – nach den abgabenrechtlichen Regelungen die Personengesellschaft selbst die Gewerbesteuer schuldet – und nicht etwa der ausscheidende Gesellschafter – ist es sinnvoll, im Innenverhältnis dem ausscheidenden Gesellschafter die Gewerbesteuerzahllast zuzuweisen, z.B. im Wege der Gewinnverteilung bzw. im Rahmen der Kaufpreisaufteilung. Eine derartige verursachungsgerechte, von den Beteiligungsverhältnissen abweichende Verteilung der Gewerbesteuer wird auch steuerlich anerkannt, wenn sie im Vorfeld vereinbart wurde.   43

▶ Beispiel:

A ist an der ABC KG zu 1/3 beteiligt. A beabsichtigt, zum 30.06.07 aus der Gesellschaft auszuscheiden. Sein steuerliches Kapitalkonto beläuft sich inklusive des laufenden Gewinnanteils zum 30.06.07 auf T€ 300, der Verkaufspreis beträgt € 3.000. Neben dem Verkaufspreis erhält A seinen Anteil am laufenden Gewinn bis zum 30.06.07 ausgezahlt. Die Gesellschaft hat im Geschäftsjahr 07 einen laufenden Gewinn von 900 T€ erzielt. Der Gewerbesteuerhebesatz beträgt 400%.

---

76   § 7 S. 4 GewStG.
77   BMF-Schreiben v. 28.04.2003 IV A 2 S 2750a – 7/03, Buchst. G Rn 57 und Schreiben v. 26.08.2003 IV A 2 - S-2770 - 18/03. BStBl I 2003, 437, Rn 34 (für die Fälle der Organschaft).
78   Von Twickel in: Blümich, § 7 GewStG Rn 83 f., Dötsch/Pung in: Dötsch/Jost/Pung/Witt, § 8b KStG n.F. Rn 117.
79   BFH v. 09.08.2006, I R 95/05, BStBl II 2007, 279.

Gewinnverteilung mit und ohne Gewerbesteuerklausel im Gesellschaftsvertrag:[80]

			A	B	C
lfd. Gewinn		900.000	150.000	375.000	375.000
Veräußerungsgewinn A					
Kaufpreis	3.000.000				
Buchwert	-300.000	2.700.000	2.700.000		
vorläufiger Gewerbeetrag		3.600.000			
a) ohne Gewerbesteuerklausel					
Gewerbesteuer		-600.000	-100.000	-250.000	-250.000
zu verteilender lfd. Gewinn nach GewSt		300.000	2.750.000	125.000	125.000
b) mit Gewerbesteuerklausel					
Gewerbesteuer		-600.000	-475.000	-62.500	-62.500
zu verteilender Gewinn nach GewSt		-600.000	2.375.000	312.500	312.500

Wirtschaftlich trägt A ohne eine vertraglich vereinbare Gewerbesteuerklausel lediglich 1/3 der gesamten Gewerbesteuerzahllast, obwohl der Großteil der Gewerbesteuer anlässlich seines Ausscheidens entstanden ist:

Von dem laufenden Gewinn in Höhe von T€ 900 würde ihm ein Anteil von 1/6 (=50% x 1/3) zustehen, außerdem sein Veräußerungsgewinn in Höhe von T€ 2.700, also insgesamt T€ 2.850. Gemindert wird sein Gewinnanteil um die Gewerbesteuer 1/6 x T€ 600 = T€ 100. Somit erhält A insgesamt einen um die anteilige Gewerbesteuer verminderten Gewinn in Höhe von T€ 2.750 (Veräußerungsgewinn + laufender Gewinnanteil). Dies entspricht einer Gewerbesteuerbelastung bei A von rd. 3,5%; dagegen für die verbleibenden Gesellschafter von 200% (66,67%).

Mit einer entsprechend vereinbarten Gewerbesteuerklausel hingegen würde eine gleichmäßige, „gerechte" Belastung aller Gesellschafter mit 16,67% erreicht werden.

➕ **Muster:**

Gewerbesteuerklausel für Veräußerungsergebnisse

Im Rahmen der Gewinn- bzw. Verlustverteilung [. . .] sind Gewerbesteuerbelastungen/Gewerbesteuerentlastungen bei der Gesellschaft, die durch einen oder mehrere Gesellschafter/Mitunternehmer ausgelöst und verursacht sind, insbesondere weil für einen Gesellschafter/Mitunternehmer Sonder- und/oder Ergänzungsbilanzen zu bilden sind und/oder Sonderbetriebseinnahmen und/oder Sonderbetriebsausgaben eines Gesellschafters/Mitunternehmers vorliegen und/oder ein Gesellschafter/Mitunternehmer seinen Mitunternehmeranteil oder einen Anteil davon veräußert und/oder sonstige Geschäftsvorfälle vorliegen, die der Sphäre eines Gesellschafters/Mitunternehmers zuzuordnen sind, verursachungsgerecht entsprechend zwischen den Gesellschaftern/Mitunternehmern auszugleichen. Insoweit ist der Ergebnisanteil der betreffenden Gesellschafter/Mitunternehmer um die ihnen zuzuordnenden Gewerbesteuerbelastungen/Gewerbesteuerentlastungen zu korrigieren; in Höhe des Korrekturbetrages verändert sich korrespondierend auch der Gewinnanteil der anderen Gesellschafter/Mitunternehmer im Verhältnis zueinander entsprechend ihrem Anteil am Gewinn und Verlust bzw. am Jahresergebnis der Gesellschaft. Der Korrekturbetrag ist um den auf die anderen Gesellschafter/Mitunternehmer entfallenden Anrechnungsbetrag nach § 35 EStG zu kürzen, falls diese Vorschrift zur Anwendung kommt.

---

80 Der gewerbesteuerliche Freibetrag sowie der Staffelmessbetrag bleiben aus Vereinfachungsgründen unberücksichtigt.

! Praxishinweis:

Verfügt die Personengesellschaft über einen gewerbesteuerlichen Verlustvortrag im Sinne von § 10a GewStG, geht dieser in dem Verhältnis unter, in dem der ausscheidende Gesellschafter an der Personengesellschaft beteilt war. Dieser Wegfall von Verlustvorträgen, den der ausscheidende Gesellschafter „verursacht" hat, sollte bei der Kaufpreisfindung zwischen den Vertragsparteien entsprechend berücksichtigt werden.

12. Betriebsaufgabe und sonstige betriebsbeendende Vorgänge

Neben den beschriebenen Veräußerungsvorgängen können auch Betriebsaufgaben oder sonstige betriebsbeendende Vorgänge einen steuerpflichtigen Gewerbeertrag auslösen. Eine Betriebsaufgabe liegt vor, wenn ein Betrieb in der Weise als selbständiger Organismus des Wirtschaftslebens aufgelöst wird, dass die wesentlichen Grundlagen des Betriebs in einem einheitlichen Vorgang (und damit innerhalb eines kurzen Zeitraums) veräußert oder in das Privatvermögen überführt werden.[81]

Häufig werden im Privatvermögen nicht sinnvoll nutzbare Wirtschaftsgüter (z.B. Fabrikhallen, Maschinen, u.ä.) an einen oder mehrere Erwerber veräußert bzw. die auch einer privaten Nutzung zugänglichen Wirtschaftsgüter (z.B. Grundstücke, Kraftfahrzeuge, Büroausstattungen, u.ä.) in das Privatvermögen überführt (entnommen). Soweit aufgrund der Veräußerung aller wesentlichen Betriebsgrundlagen nicht bereits eine Betriebsveräußerung vorliegt, kann auch die Überführung wesentlicher Betriebsgrundlagen in das Privatvermögen im Rahmen einer Betriebsaufgabehandlung gewerbesteuerlich begünstigt sein.

Abgrenzungsprobleme ergeben sich im Wesentlichen dann, wenn die gewerbliche Tätigkeit nicht endgültig beendet wird, sondern z.B. an einem anderen Ort, zu einem anderen Zeitpunkt, mit anderen Mitteln oder unter Verschiebung des bisherigen Tätigkeitsfelds fortgesetzt wird. Dann treten nämlich Merkmale zutage, die sowohl für eine Betriebsaufgabe (Einstellung des Betriebs an einem bestimmten Ort, vorläufige Beendigung einer Betätigung, Wesensunterschiede zwischen der beendeten und der fortgesetzten Tätigkeit) als auch die für ein Fortbestehen des Betriebs sprechen (Fortführung der genau gleichen Tätigkeit an einem anderen Ort oder zu einem späteren Zeitpunkt, im Wesentlichen unverändertes Leistungsangebot des „alten" und des „neuen" Betriebs).

Von Praxisrelevanz sind diese Abgrenzungen insbesondere aufgrund folgender häufiger Konfliktpunkte:

■ Die Finanzverwaltung beabsichtigt, Aufgabegewinne zu einem späteren Zeitpunkt versteuern, der Gewerbetreibende beruft sich jedoch darauf, dass die Gewinne bereits früher entstanden sind.

■ Die Finanzverwaltung beabsichtigt, Aufgabegewinne zu einem früheren Zeitpunkt zu erfassen, der Gewerbetreibende geht hingegen von einer Fortführung seines Betriebs aus.

■ Die Finanzverwaltung geht von einer (nicht begünstigten) allmählichen Betriebsauflösung aus, der Gewerbetreibende hingegen nimmt eine steuerlich begünstigte Betriebsaufgabe an.

In der nachstehenden Übersicht werden exemplarisch die mit der Betriebsaufgabe-Definition häufig verbundenen Abgrenzungsprobleme skizziert:

44

---

81 Ständige Rechtsprechung, z.B. BFH v. 11.03.1982, VI R 25/79, BStBl II 1982, 707 m.w.N.

45 Aufgabehandlung: Der Gewerbetreibende hat regelmäßig ein Wahlrecht. Er kann zwischen einer (nicht begünstigten) allmählichen Betriebsabwicklung und einer (begünstigten) Betriebsaufgabe wählen, diese muss dann aber auch innerhalb eines kurzen Zeitraums erfolgen. Es muss nach außen hin erkennbar sein, in welche Richtung der Gewerbetreibende das Wahlrecht ausübt. Bestehen Zweifel, wird das Betriebsvermögen so lange als solches fortgeführt (mit der Folge der Besteuerung des laufenden Gewerbeertrags), bis es eindeutig endgültig verwertet oder in das Privatvermögen überführt wird.[82] Naturgemäß entfällt dieses Wahlrecht allerdings, wenn nach den tatsächlichen Umständen eine Betriebsaufgabe stattgefunden hat; in diesem Fall ist eine gesonderte Aufgabeerklärung nicht erforderlich (z.B. bei Veräußerung oder Entnahme wesentlicher Betriebsgrundlagen, nach deren Verkauf oder Entnahme eine Betriebsfortführung objektiv gar nicht mehr möglich ist oder bei substantieller Umgestaltung wesentlicher Betriebsgrundlagen).[83]

46 Betriebsverlegung: Wird ein Betrieb an einem Ort eingestellt und an anderer Stelle wieder eröffnet, handelt es sich nicht zwingend um eine Betriebsaufgabe. Mitentscheidende Kriterien sind unter anderem, ob der neu eröffnete Betrieb artgleich mit dem eingestellten Betrieb ist, ob wirtschaftlich von einer fortlaufenden Tätigkeit ausgegangen werden muss, wie weit der eingestellte und der neu aufgenommene Betrieb voneinander entfernt sind und ob die Geschäftsentwicklung durch die Einstellung unterbrochen wird.[84]

47 Betriebsunterbrechung: Die vorübergehende Unterbrechung und Wiederaufnahme einer gewerblichen Betätigung ist nicht als Betriebsaufgabe zu werten. Hierzu muss die (realistische) Möglichkeit bestehen, dass der Betrieb jederzeit (a) mit dem zurückbehaltenen und (b) nicht grundlegend veränderten Betriebsvermögen (c) innerhalb eines überschaubaren Zeitraums wieder aufgenommen wird. Der eingestellte und der wieder aufgenommene Betrieb müssen somit gewissermaßen wirtschaftlich identisch sein.[85] Beispiele für typische Betriebsunterbrechungen sind Saisonbetriebe oder bei der Ferienwohnungsvermietung ein vorübergehender Wechsel von der Fremdverwaltung zur Eigenverwaltung. Im Zweifel kann davon ausgegangen werden, dass eine Betriebsaufgabe erst dann vorliegt, wenn keine Möglichkeit mehr besteht, den Gewerbebetrieb mit den vorhandenen Betriebsmitteln weiterzuführen.[86]

48 Betriebsverpachtung: Im Fall einer Betriebsverpachtung hat der Gewerbetreibende ein Wahlrecht: Er kann (a) entweder die Betriebaufgabe erklären oder (b) sich oder seinem Rechtsnachfolger die Möglichkeit offen halten, den Betrieb nach Ende der Verpachtung weiterzuführen. Gibt der Gewerbetreibende keine ausdrückliche Erklärung ab, dass er den Betrieb weiterführen möchte, ist grundsätzlich von einer Betriebsfortführung auszugehen. Ist erkennbar, dass der Verpächter beabsichtigt, den Betrieb zu einem späteren Zeitpunkt wieder selbst aufzunehmen, wird die Betriebsverpachtung wie eine Betriebsunterbrechung behandelt. Im Zweifel ist von der Fortführung des Betriebs auszugehen.[87]

Strukturänderung:

49 (a) Sachliche Strukturänderung: Werden die wesentlichen Grundlagen eines Gewerbebetriebs derart umgestaltet, dass sie eine gänzlich andere Funktion erfüllen, führt dies regelmäßig zur Aufgabe des (Alt)Betriebs.[88] Für Kapitalgesellschaften gilt dabei die Besonderheit, dass auch bei nacheinander durchgeführten, inhaltlich gänzlich unterschied-

---

82 Wacker, in: Schmidt, § 16 Rn 184 m.w.N.
83 BFH v. 15.10.1987, IV R 91/85, BStBl 1988 II, 257.
84 BFH v. 03.10.1984, I R 116/81, BStBl 1985, 131.
85 BFH v. 28.09.1995, IV R 39/94, BStBl 1996 II, 276 m.w.N.
86 BFH v. 17.04.1997, VIII R 2/92, BStBl 1998 II, 388 m.w.N.
87 BFH v. 08.02.2007, IV R 65/01, BFH/NV 2007, 1004 m.w.N.
88 BFH v. 28.09.1995, IV R 39/94, BStBl 1996 II, 276 m.w.N.

lichen Tätigkeiten ein einheitlicher Gewerbebetrieb vorliegt: Aufgabegewinne sind damit stets voll steuerpflichtig, Verluste aber auch ohne Einschränkungen mit laufenden Gewinnen verrechenbar.[89]

(b) Organisatorische Strukturänderung: Werden die Wesentlichen Betriebsgrundlagen auf unterschiedliche Rechtsträger verteilt, die in ihrem Zusammenwirken aber die Gesamtfunktion des ursprünglichen Betriebs erfüllen, kann eine betriebsaufgabeähnliche, betriebsbeendende Handlung vorliegen, mit dem Ergebnis, dass Gewinne aus in diesem Zusammenhang veräußerten oder entnommenen Wirtschaftsgütern gewerbesteuerlich mitbegünstigt sind.[90]

Unentgeltliche Betriebsübertragung: Geht ein Betrieb unentgeltlich auf einen Erwerber über (z.B. durch eine Schenkung) liegt keine Betriebsaufgabe vor, weil der Betrieb nicht aufgelöst wird. Vielmehr liegt die Übertragung eines Betriebs im Ganzen vor. Werden in einem solchen Fall einzelne Wirtschaftsgüter auch ins eigene Privatvermögen überführt, sind die Entnahmegewinne regelmäßig gewerbesteuerpflichtig.[91] 50

Zeitraum: Eine begünstigte (Teil-)Betriebsaufgabe muss als einheitlicher Vorgang innerhalb eines kurzen Zeitraums erfolgen. Ob eine Betriebsaufgabe, die sich über einen gewissen Zeitraum erstreckt, noch als einheitlicher Akt angesehen werden kann, ist nach den Umständen des Einzelfalles zu beurteilen.[92] 51

Zerstörung: Entscheidet sich der Gewerbetreibende in engem wirtschaftlichen und zeitlichen Zusammenhang mit dem Untergang seiner wesentlichen Betriebsgrundlagen (höhere Gewalt, Feuer-, Sturmschäden, u.ä.) zur Betriebsaufgabe, rechnen auch etwaige Überschüsse aus Versicherungserstattungen ggf. zum steuerbegünstigten Aufgabegewinn.[93] 52

13. Umstrukturierungen

Umstrukturierungen haben in der Praxis eine erhebliche Bedeutung, um Strukturänderungen von Unternehmen umzusetzen. Gegenüber einem Unternehmensverkauf oder anderen Umstrukturierungsmaßnahmen mit gleicher Zielsetzung haben die nach Umwandlungs- und Umwandlungssteuergesetz vorgenommenen Maßnahmen den Vorteil, dass sie unter bestimmten Voraussetzungen (gewerbe-)steuerneutral gestaltet werden können. 53

Entsteht bei einer Umstrukturierungsmaßnahme ein Gewinn, ist dieser für gewerbesteuerliche Zwecke grundsätzlich nach den allgemeinen Regelungen des GewStG, insbesondere nach § 7 GewStG, zu beurteilen. Soweit die Umstrukturierungsmaßnahme allerdings dem Anwendungsbereich des UmwStG unterfällt, richtet sich die (gewerbe-)steuerliche Behandlung vorrangig nach den Regelungen des UmwStG, vor allem nach §§ 18, 19 UmwStG.

Anhand der in der Praxis gängigsten Umstrukturierungsmaßnahmen wird nachfolgend die gewerbesteuerliche Behandlung der dabei entstehenden Gewinne dargestellt.[94]

---

89 RFH v. 05.03.1940, I 40/40, RStBl 1940, 476.
90 BFH v. 03.02.1994, III R 23/89, BStBl II 1994, 709.
91 BFH v. 19.02.1981, IV R 116/77, BStBl 1981 II, 566; a.A. Selder, in Glanegger/Güroff, § 7 Rn 14.
92 BFH v. 08.09.1976, I R 99/75, BStBl 1977 II, 66 m.w.N.
93 BFH v. 11.03.1982, UV R 25/79, BStBl 1982 II, 707.
94 Zur gewerbesteuerlichen Behandlung von Verlusten infolge von Umstrukturierungsmaßnahmen und zu den Auswirkungen der Umstrukturierungsmaßnahmen auf bestehende gewerbesteuerliche Verluste der beteiligten Rechtsträger siehe § 5.

a)   Verschmelzung

aa)   Verschmelzung auf Körperschaften

54   Werden Körperschaften miteinander verschmolzen, richtet sich die Besteuerung dieses Vorgangs nach §§ 2, 11 – 13 und 19 UmwStG. Grundsätzlich erfolgt die Verschmelzung zum gemeinen Wert, d.h. stille Reserven und stille Lasten in den übertragenen Wirtschaftsgütern werden durch die Verschmelzung aufgedeckt. Unter den Voraussetzungen der §§ 11 ff. UmwStG kann die Verschmelzung jedoch auch zum Buchwert (und damit steuerneutral) oder einem Zwischenwert vorgenommen werden.

Grundsätzlich folgt die gewerbesteuerliche Behandlung der Verschmelzung der körperschaftsteuerlichen Behandlung.[95] Wird zum Buchwert verschmolzen, entsteht folglich keine Gewerbesteuer. Ein freiwillig gewählter oder gesetzlich vorgeschriebener Ansatz über dem Buchwert löst dagegen Gewerbesteuer auf die aufgedeckten stillen Reserven aus. Soweit die übertragende Gesellschaft allerdings über bestehende ausgleichsfähige Gewerbeverluste verfügt, können diese zur Verrechnung genutzt werden.[96]

Gewerbesteuerbelastungen können bei Verschmelzungen insbesondere in den folgenden Konstellationen entstehen:

- ▧ Die Übertragung wird nicht zum Buchwert, sondern zum gemeinen Wert oder einem Zwischenwert vorgenommen und dementsprechend – zumindest teilweise – stille Reserven aufgedeckt (Übertragungsgewinn);[97]

- ▧ Die spätere Besteuerung der bei der Verschmelzung übergehenden stillen Reserven ist nicht sicher gestellt oder es wird eine nicht in Gesellschaftsrechten bestehende Gegenleistung gewährt (insoweit sind stille Reserven aufzudecken, ein Übertragungsgewinn entsteht);[98]

- ▧ Anlässlich der Umstrukturierung werden Vermögensteile dem Besteuerungsrecht der Bundesrepublik Deutschland entzogen (insoweit sind stille Reserven aufzudecken, ein Übertragungsgewinn entsteht);[99]

- ▧ Die Übernahme macht – zumindest teilweise – steuerpflichtige Wertaufholungen der untergehenden Anteile an der übernehmenden Gesellschaft erforderlich;[100]

- ▧ Die Übernahme macht – zumindest teilweise – steuerpflichtige Wertaufholungen der untergehenden Anteile an der übertragenden Gesellschaft erforderlich;[101]

- ▧ Aus der Vereinigung von Forderungen und Verbindlichkeiten oder der Auflösung von Rückstellungen ergibt sich beim übernehmenden Rechtsträger ein Gewinn (so genannter „Übernahmefolgegewinn" – dieser kann zeitlich durch Bildung einer steuermindernden Rücklage auf 3 Jahre verteilt werden);[102]

55   Ein bei der übertragenden Körperschaft infolge der Verschmelzung entstehender Übertragungsgewinn ist für gewerbe- und körperschaftsteuerliche Zwecke als Aufgabegewinn zu behandeln. Bei Kapitalgesellschaften i.S.v. § 2 Abs. 2 Nr. 1 GewStG gehören auch Aufgabegewinne zum Ge-

---

95   § 19 Abs. 1 S. 1 UmwStG.
96   Siehe dazu im Einzelnen unten unter § 5 C. 2.
97   § 19 Abs. 1 i.V.m. § 11 Abs. 1, 2 UmwStG.
98   § 19 Abs. 1 i.V.m. § 11 Abs. 2 Nr. 1 bzw. Nr. 3 UmwStG.
99   § 19 Abs. 1 i.V.m. § 11 Abs. 2 Nr. 2 UmwStG. Geht das Besteuerungsrecht dabei auf einen EU-Staat über, sind Besonderheiten zu beachten, die an dieser Stelle nicht vertieft werden sollen.
100 § 19 Abs. 1 i.V.m. § 11 Abs. 2 S. 2, 3 UmwStG.
101 § 19 Abs. 1 i.V.m. § 12 Abs. 1 S. 2 i.V.m. § 4 Abs. 1 S. 2, 3 UmwStG.
102 § 12 Abs. 4 i.V.m. § 6 UmwStG.

werbeertrag. Dementsprechend unterliegt ein Übertragungsgewinn der Gewerbesteuer und ist nach den allgemeinen gewerbesteuerlichen Vorschriften zu behandeln. Ggf. greift folglich die Steuerbefreiung des § 8b KStG, die auch für die Gewerbesteuer gilt.

Ergibt sich bei der übernehmenden Körperschaft ein Übernahmegewinn, bleibt dieser für ge-   56
werbe- und körperschaftsteuerliche Zwecke grundsätzlich außer Ansatz, §§ 19 Abs. 1, 12 Abs. 2
Satz 1 UmwStG. Übernahmegewinn ist der Unterschiedsbetrag zwischen dem Buchwert der von
der übernehmenden Gesellschaft gehaltenen Anteile an der übertragenden (und infolge der Verschmelzung untergehenden) Gesellschaft und dem Wert, zu dem die übertragenen Wirtschaftsgüter bei der übernehmenden Gesellschaft angesetzt werden (abzüglich der Verschmelzungs-
kosten). Die Nichtberücksichtigung des Übernahmegewinns gilt allerdings nur insoweit, als die
übernehmende Gesellschaft nicht an der übertragenden Gesellschaft beteiligt ist (bspw. beim
„down-stream-merger"). Soweit den übertragenden Wirtschaftsgütern dagegen eine Beteiligung
der übernehmenden Gesellschaft an der übertragenden Gesellschaft gegenübersteht (bspw. bei
einem „up-stream-merger"), ist der Übernahmegewinn nach § 8b KStG (der auch für gewerbesteuerliche Zwecke gilt) zu versteuern und damit höchstens zu 95% steuerfrei, §§ 19 Abs. 1, 12
Abs. 2 Satz 2 UmwStG.

Kürzungen des Gewerbeertrags bei Gesellschaften, die die Voraussetzungen einer Schachtelbeteiligung erfüllen, kommen hier nicht in Frage, weil es sich bei den anfallenden Gewerbeerträgen
nicht um (ggf. fingierte) Dividendenerträge (wie dies bei der Umwandlung von Kapitalgesellschaften auf Personengesellschaften oftmals der Fall ist), sondern um Veräußerungserlöse bzw.
veräußerungserlösähnliche Erträge handelt.

Nicht zum Übernahmegewinn zählt der Übernahmefolgegewinn. Die für den Übernahmegewinn   57
geltenden Regelungen sind folglich insoweit nicht anwendbar. Vielmehr unterliegt der Übernahmefolgegewinn bei der übernehmenden Gesellschaft in voller Höhe der Gewerbesteuer.

> **Beispiel zur Verschmelzung von Kapitalgesellschaften:**

Die B GmbH (Übernehmerin) ist an der A GmbH (Überträgerin) mit 100% beteiligt. Die A GmbH soll zu Buchwerten auf die B GmbH verschmolzen werden (up-stream-merger).

Das Vermögen der A GmbH beträgt zu Buchwerten 200 T€, der gemeine Wert 500 T€. Die Anschaffungskosten der B GmbH für die Anteile an der A GmbH haben insgesamt 750 T€ betragen, allerdings wurde die Beteiligung vor einigen Jahren um 300 T€ steuerwirksam auf 450 T€ abgeschrieben, mit diesem Wert steht die Beteiligung auch in 2007 zu Buche.

Lösung:

Zunächst erfolgt bei der B GmbH eine steuerpflichtige Wertaufholung hinsichtlich der Anteile an der A GmbH von 450 T€ auf 500 T€. Diese unterliegt in voller Höhe (50 T€) der Gewerbesteuer. Im nächsten Schritt entsteht bei der B GmbH ein steuerlich unbeachtlicher Übernahmeverlust i.H.v. ./. 300 T€ (200 T€ abzüglich 500 T€).

Hinweis:

Die vorstehenden Ausführungen beziehen sich auf die aktuelle Fassung des UmwStG nach dem SEStEG. Nach der bis 20.12.2006 geltenden Rechtslage (Anmeldung der Eintragung vor dem 20.12.2006 bzw. – soweit keine Eintragung erforder- lich – Übertragung des wirtschaftlichen Eigentums vor dem 20.12.2006) ergäbe sich folgendes abweichendes Ergebnis: Die steuerpflichtige Wertaufholung wäre hier nicht auf den gemeinen Wert begrenzt, sondern in voller Höhe von 300 T€ vorzu- nehmen (750 T€ ./. 450 T€).[103] Zudem wäre ein steuerfreier Übernahmeverlust i.H.v. 250 T€ entstanden (450 T€ ./. 200 T€).

---

103 § 19 Abs. 2 i.V.m. § 12 Abs. 2 S. 2 UmwStG a. F.

58 Wird eine Personengesellschaft auf eine Körperschaft verschmolzen, ist dies für steuerliche Zwecke als Einbringung im Sinne des § 20 UmwStG anzusehen. Die (gewerbe-)steuerlichen Auswirkungen entsprechen folglich den im Abschnitt zu Einbringungen in Körperschaften dargestellten Rechtsfolgen.

b)   Verschmelzung auf Personengesellschaft oder natürliche Personen

59 Wird eine Körperschaft auf eine Personengesellschaft oder das Einzelunternehmen einer natürlichen Person verschmolzen, ist dieser Vorgang für steuerliche Zwecke nach §§ 2, 3 – 10 und 18 UmwStG zu beurteilen. Für gewerbesteuerliche Zwecke sind insbesondere die Regelungen des § 18 UmwStG von Bedeutung, die leges speciales zu § 7 GewStG ist. § 18 UmwStG enthält jedoch keinen eigenständigen, von der Regelungen des GewStG vollständig losgelösten Gewerbesteuertatbestand. Vielmehr führt § 18 UmwStG nur dann zu einer Gewerbesteuerbelastung, wenn die übertragende bzw. übernehmende Gesellschaft/natürliche Person nach den Regelungen des GewStG gewerbesteuerpflichtig sind.

Wie die Verschmelzung von Körperschaften auf Körperschaften erfolgt auch die Verschmelzung von Körperschaften auf Personengesellschaften bzw. natürliche Personen grundsätzlich zum gemeinen Wert. Unter den in § 3 Abs. 2 UmwStG geregelten Voraussetzungen kann die Verschmelzung aber auch zu einem unter dem gemeinen Wert liegenden Wert (d.h. dem Buchwert oder einem Zwischenwert) vorgenommen werden bzw. ist zwingend zu einem über dem Buchwert liegenden Wert vorzunehmen.

Gewerbesteuer wird bei der Verschmelzung einer Körperschaft auf eine Personengesellschaft bzw. natürliche Person insbesondere in den folgenden Fällen ausgelöst:

- Die Übertragung erfolgt nach den §§ 3 ff. UmwStG nicht zum Buchwert, sondern durch Ansatz eines Zwischenwertes oder des gemeinen Wertes, der zur Aufdeckung stiller Reserven und damit zu einem Übertragungsgewinn führt.

- Die übergehenden Wirtschaftsgüter werden nicht Betriebsvermögen der übernehmenden Persongesellschaft bzw. natürlichen Person oder die Besteuerung der stillen Reserven in diesen Wirtschaftsgütern ist nicht sicher gestellt (insoweit sind stille Reserven aufzudecken, ein Übertragungsgewinn entsteht);[104]

- Anlässlich der Umstrukturierung werden Vermögensteile dem Besteuerungsrecht der Bundesrepublik Deutschland entzogen (insoweit sind stille Reserven aufzudecken, ein Übertragungsgewinn entsteht);[105]

- Für die Übertragung der Wirtschaftsgüter wird keine Gegenleistung gewährt oder die Gegenleistung besteht nicht in Gesellschaftsrechten (insoweit sind stille Reserven aufzudecken, ein Übertragungsgewinn entsteht);[106]

- Die übertragende Gesellschaft verfügt über Gewinnrücklagen (diese gelten fiktiv als ausgeschüttet);[107]

---

104 § 18 Abs. 1 i.V.m. § 3 Abs. 2 Satz 1 Nr. 1 UmwStG.
105 § 18 Abs. 1 i.V.m. § 3 Abs. 2 Satz 1 Nr. 2 UmwStG.
106 § 18 Abs. 1 i.V.m. § 3 Abs. 2 Satz 1 Nr. 3 UmwStG.
107 § 7 UmwStG.

- Die Umwandlung macht steuerpflichtige Wertaufholungen der untergehenden Anteile an der übertragenden Gesellschaft erforderlich;[108]

- Aus der Vereinigung von Forderungen und Verbindlichkeiten oder der Auflösung von Rückstellungen ergibt sich beim übernehmenden Rechtsträger ein Übernahmefolgegewinn.[109]

Der bei der übertragenden Körperschaft entstehende Übertragungsgewinn ist nach den allgemeinen Vorschriften zu behandeln. Er unterliegt also grundsätzlich der Gewerbesteuer. Soweit der Übertragungsgewinn auf der Aufdeckung stiller Reserven in Kapitalgesellschaftsanteilen beruht, ist er bei der übertragenden Kapitalgesellschaft unter den weiteren Voraussetzungen des § 8b Abs. 2 KStG (der auch für die Gewerbesteuer gilt) steuerfrei. Zu beachten ist, dass der auf die Übertragung von Beteiligungen an Personengesellschaften entfallende Übertragungsgewinn der Gewerbesteuer unterliegt, § 7 Satz 2 GewStG.   60

Der Übernahmegewinn, der bei der übernehmenden Personengesellschaft bzw. natürlichen Person entsteht, bleibt gem. § 18 Abs. 2 Satz 1 UmwStG für gewerbesteuerliche Zwecke außer Betracht. Die Ermittlung des Übernahmegewinns ist gem. § 18 Abs. 1 Satz 1 UmwStG entsprechend den Regelungen in § 4 Abs. 4 – 7 UmwStG vorzunehmen. Insoweit ist vor allem zu beachten, dass offene Rücklagen der übertragenden Gesellschaft nicht mehr in das (gewerbesteuerfreie) Übernahmeergebnis einfließen, sondern nach § 7 UmwStG (i.V.m. §§ 3 Nr. 40, 3c Abs. 2 EStG bzw. § 8b KStG) als fingierte Ausschüttungen zu besteuern sind. Erfolgt die Verschmelzung auf eine Personengesellschaft (und nicht auf das Einzelunternehmen einer natürlichen Person), ist der Übernahmegewinn für jeden Gesellschafter gesondert zu ermitteln.   61

Im Hinblick darauf, dass der Übernahmegewinn wie vorstehend beschrieben für gewerbesteuerliche Zwecke grundsätzlich nicht zu erfassen ist und zudem die Veräußerung bzw. Aufgabe des Betriebs einer Personengesellschaft bzw. natürlichen Person und die Veräußerung eines Mitunternehmeranteils unter den Voraussetzungen des § 7 Satz 2 GewStG gewerbesteuerfrei sind, enthält § 18 Abs. 3 UmwStG eine Missbrauchsvermeidungsvorschrift. Dadurch soll verhindert werden, dass der bei der Aufgabe einer Kapitalgesellschaft entstehende (gewerbesteuerpflichtige) Gewinn durch die vorherige Umwandlung der Kapital- in eine Personengesellschaft von der Gewerbesteuer freigestellt wird. § 18 Abs. 3 UmwStG ordnet deshalb für bestimmte Fälle die Gewerbesteuerpflicht des innerhalb einer „Sperrfrist" von fünf Jahren ausgelösten Aufgabe- bzw. Veräußerungsgewinns an. Der Aufgabe- bzw. Veräußerungsgewinn unterliegt dann den allgemeinen Regeln der Gewerbesteuer. Ggf. können also z.B. die Befreiungen nach § 8b Abs. 2 KStG oder § 3 Nr. 40 EStG eingreifen. Für diesen Teil der Gewerbesteuer wird die Anrechnung der Gewerbesteuer auf die Einkommensteuer nach § 35 EStG nicht gewährt.[110] Als Veräußerungen im Sinne des § 18 Abs. 3 UmwStG gelten auch Einbringungen in andere Gesellschaften zu einem Wert, der über dem Buchwert liegt.[111]

Ein Übernahmefolgegewinn ist gewerbesteuerpflichtig. Auch für gewerbesteuerliche Zwecke besteht jedoch die Möglichkeit, den Übernahmefolgegewinn durch eine den Gewinn mindernde Rücklage zu neutralisieren. Auf diese Weise kann die Versteuerung des Übernahmefolgegewinns auf drei Jahre verteilt werden.   62

---

108 § 4 Abs. 1 S. 2 UmwStG; die Wertaufholungen unterfallen bei der aufnehmenden Gesellschaft hiernach ausdrücklich den Regelungen § 8b Abs. 2 S. 4 und 5 KStG bzw. § 3 Nr. 40 S. 1 lit. a S. 2 und 3 EStG.
109 § 6 UmwStG.
110 § 18 Abs. 3 S. 3 UmwStG.
111 BFH v. 29.10.1987, IV R 93/95, BStBl 1988 II, 374 zu einem Einbringungsfall.

> **Beispiel zur Verschmelzung einer Kapital- auf eine Personengesellschaft:**

Die Verkehrswerte aller Wirtschaftsgüter der A GmbH betragen T€ 200, die Buchwerte T€ 100. Das Stammkapital beträgt T€ 25, das steuerliche Einlagekonto T€25.

Einzige Gesellschafterin der A GmbH ist die ABC KG, die die Anteile an der A GmbH in ihrer Steuerbilanz mit einem Wert von T€ 50 ausweist. Hierbei handelt es sich um die ursprünglichen Anschaffungskosten i.H.v. T€ 80 abzüglich einer steuerlich voll berücksichtigungsfähigen Teilwertabschreibung i.H.v. T€ 30. Der gewerbesteuerliche Verlustvortrag der A GmbH beläuft sich auf T€ 40. An der ABC KG sind die natürliche Person B und die C GmbH zu je 50% als Kommanditisten beteiligt.

Die A GmbH wird auf die ABC KG verschmolzen. Hierzu werden die Buchwerte der Wirtschaftsgüter der A GmbH um T€ 50 aufgestockt (Zwischenwertansatz mit T€ 150).

> **Lösung:**

1.) Übertragende Kapitalgesellschaft (A GmbH)			
Wertansatz gem. § 3 Abs. 2 UmwStG			150
Buchwerte			-100
Übertragungsgewinn			50
abzüglich vortragsfähige Gewerbeverluste (Achtung: ggf. Mindestbesteuerung!)			-40
Steuerpflichtiger Gewerbeertrag			10
2.) Übernehmende Personengesellschaft (ABC KG)			
1. Schritt (Wertaufholung Beteiligungsansatz)			
Beteiligungsbuchwert nach § 4 Abs. 2 UmwStG			80
Beteiligungsbuchwert bisher			-50
Zu versteuernder Aufholungsgewinn (voll steuerpflichtig)			30
2. Schritt (als ausgeschüttet geltende Rücklagen nach § 7 UmwStG)			
Eigenkapital			150
abzüglich Nennkapital			-25
abzüglich Einlagenkonto			-25
Zu versteuernde "Ausschüttung" (ggf. § 3 Nr. 40 EStG, § 8b KStG)			100
3. Schritt (Übernahmeergebnis nach § 4 Abs. 6, 7 UmwStG)			
Übernommenes Vermögen			150
abzüglich Ansatz der Beteiligung bei der ABC KG			-80
abzüglich versteuerte Rücklagen (§ 4 Abs. 5 UmwStG)			-100
Übernahmeverlust (§ 4 Abs. 6 UmwStG: keine Berücksichtigung / zu 50%; maximal jedoch bis zur Höhe der fingierten Ausschüttung)			-30

Im Ergebnis hat die A GmbH einen Übertragungsgewinn von T€ 10 zu versteuern Dieser unterliegt in voller Höhe der Gewerbesteuer, weil die A GmbH als Kapitalgesellschaft kraft Ihrer Rechtsform auch Erträge aus der „Veräußerung" ihres Betriebs zu versteuern hat.

Wäre die Einbringung zu Buchwerten erfolgt, wäre zwar kein steuerpflichtiger Übertragungsgewinn entstanden, aber der vortragsfähige Gewerbeverlust wäre endgültig entfallen. Außerdem wäre die 5jährige Haltefrist zu beachten gewesen, innerhalb derer das eingebrachte Betriebsvermögen nicht veräußert oder aufgegeben werden darf.

Bei der ABC KG richtet sich die Gewerbebesteuerung nach § 18 UmwStG; die Regeln, die für eine Betriebsveräußerung gelten, sind hier deshalb nicht analog anwendbar. Hiernach unterliegen der Aufholungsgewinn i.H.v. T€ 30 € (voll) sowie die nach § 7 UmwStG steuerpflichtigen Erträge aus der Auflösung der Rücklagen i.H.v. T€ 100 abhängig von der

Rechtsform der an der ABC OHG beteiligten Gesellschafter der Gewerbesteuer. Im Ergebnis wären hier 50% x 5% = 2,5% zuzüglich 50% x 50% (bzw. 60%) = 25% (30%) grundsätzlich gewerbesteuerpflichtig. Da es sich aus Sicht der ABC KG um eine Schachtelbeteiligung (Beteiligungshöhe mind. 10% bzw. nach der Unternehmensteuerreform mind. 15%) handelt, kommt für diese fiktive Dividende aber eine Kürzung nach § 9 Nr. 2a GewStG (Inlandsbeteiligungen) bzw. § 9 Nr. 7 GewStG (Auslandsbeteiligungen) in Frage, soweit die auch die weiteren Voraussetzungen hierzu gegeben sind.

Gewerbesteuerlich unbeachtlich ist das Übernahmeergebnis, u.E. findet auch keine hälftige Verrechnung der Dividendenerträge mit dem Übernahmeverlust nach § 4 Abs. 6 S. 4 UmwStG statt.[112]

⚠️ **Praxishinweis:**

Die vorstehenden Ausführungen beziehen sich auf die aktuelle Fassung des UmwStG nach dem SEStEG. Nach der bis 12.12.2006 geltenden Rechtslage (Anmeldung der Eintragung vor dem 12.12.2006 bzw. – soweit keine Eintragung erforderlich – Übertragung des wirtschaftlichen Eigentums vor dem 12.12.2006) ergäbe sich ein etwas abweichendes Ergebnis. Die obigen Ausführungen zum Übertragungsgewinn galten auch früher schon, allerdings wäre statt einer fiktiven Ausschüttung nur ein Übernahmeergebnisse zu ermitteln gewesen, hier ein Übernahmegewinn i.H.v. 70 T€, welcher gewerbesteuerlich unbeachtlich geblieben wäre.

Insoweit hat sich Rechtslage verschärft, wenn über die Kürzung nach § 9 GewSt keine Steuerfreistellung des fingierten Dividendenertrags erreicht werden kann. Eine weitere Verschärfung bringt die Unternehmensteuerreform 2008 mit sich, weil die Grenze für die begünstigten Schachtelbeteiligungen auf 15% angehoben wird.[113]

Die Verschmelzung von Personengesellschaften stellt in steuerlicher Hinsicht eine Einbringung im Sinne des § 24 UmwStG dar. Folglich gelten insoweit die im Abschnitt zur Einbringung dargestellten Rechtsfolgen. 63

c) Spaltung

aa) Auf- und Abspaltungen auf Körperschaften

Auf- und Abspaltungen von Kapitalgesellschaften auf anderen Kapitalgesellschaften sind grundsätzlich zum gemeinen Wert vorzunehmen, §§ 11, 15 Abs. 1 UmwStG. Soll eine Auf- oder Abspaltung oder Vermögens(teil)übertragung erfolgsneutral, also zu Buchwerten erfolgen, so ist Grundvoraussetzung, das zum einen auf die übernehmende/n Gesellschaft/en bzw. Körperschaften (mindestens) ein Teilbetrieb übertragen wird und zum anderen – im Falle der Abspaltung oder Vermögens(teil)übertragung – bei der übertragenden Gesellschaft bzw. Körperschaft mindestens ein Teilbetrieb verbleibt (so genanntes doppeltes Teilbetriebserfordernis).[114] Für den Fall der Aufspaltung gilt dies im Übrigen genauso, weil die übertragende Gesellschaft zwar untergeht, aber bei der übernehmenden Gesellschaft wiederum ein Teilbetrieb vorliegen muss. 64

Für Zwecke der hier behandelten Rechtsvorgänge gelten als Teilbetrieb grundsätzlich auch ein Mitunternehmeranteil oder eine 100%-Beteiligung an einer Kapitalgesellschaft. Letzteres gilt aufgrund der spezielleren Vorschrift § 19 Abs. 1 UmwStG – in Abweichung zur „normalen" Betriebsveräußerung – in diesem speziellen Ausnahmefall auch für die Gewerbesteuer.[115] Erfolgt die Spaltung allerdings zum gemeinen Wert, sind auf den auf eine 100%-Beteiligung entfallenden

---

112 Dabei würde es sich um eine „Verwendung" des Übernahmeergebnisses handeln. § 18 Abs. 2 UmwStG nimmt indes das Übernahmeergebnis vollständig von der GewSt aus, die bei der Körperschaftsteuer vorgesehene Verrechnung entfällt damit u.E. gleichfalls.
113 Schönherr/Lemaitre, GmbHR 2007, 176.
114 § 15 Abs. 1 S. 2 UmwStG.
115 § 15 Abs. 1 S. 3 UmwStG, der diesbezüglich keine Einschränkung für die Gewerbesteuer enthält.

Veräußerungsgewinn die allgemeinen Grundsätze für die Betriebsveräußerung anzuwenden, d. h. insoweit ist der Gewinn gewerbesteuerlich laufender Gewinn und damit steuerpflichtig (ggf. unter Berücksichtigung etwaiger Steuerbefreiungen, insbesondere § 8b KStG).

In Bezug auf die (gewerbe-)steuerliche Behandlung der Auf- bzw. Abspaltung gelten die Vorschriften für Verschmelzungen entsprechend, vgl. § 19 Abs. 1 i.V.m. § 15 Abs. 1 i.V.m. § 11 ff. UmwStG. Führt die Spaltung bei der übertragenden Gesellschaft zu einem Übertragungsverlust, ist dieser grundsätzlich nach den allgemeinen Vorschriften zu versteuern. Ein Übernahmegewinn bleibt dagegen grundsätzlich außer Ansatz.

Über die auf Auf- und Abspaltungen entsprechend anzuwendenden Vorschriften zur Verschmelzung sind in § 15 Abs. 2 UmwStG Missbrauchstatbestände geregelt, die auch für gewerbesteuerliche Zwecke zu beachten sind:

- Nicht als Teilbetrieb gelten Mitunternehmeranteile und 100%-Beteiligungen an Kapitalgesellschaften dann, wenn sie innerhalb einer Dreijahresfrist vor dem steuerlichen Übertragungsstichtag durch die Übertragung (z.B. Einbringung) von Wirtschaftsgütern, die nicht als Teilbetriebe zu qualifizieren sind, erworben oder aufgestockt wurden. Hierdurch soll verhindert werden, dass spaltungsfähige Einheiten aus „Nichtteilbetrieben" hergestellt werden.[116]

- Eine erfolgsneutrale Spaltung ist ebenfalls nicht möglich, wenn durch die Spaltung selbst eine Veräußerung an außenstehende Personen vollzogen wird (z.B. eine Abspaltung oder Aufspaltung zur Aufnahme auf Gesellschaften, an denen andere Personen beteiligt sind, als an der übertragenden Gesellschaft). Hierdurch sollen „erfolgsneutrale Veräußerungen" verhindert werden.

- Auch darf eine Spaltung nicht zur Vorbereitung einer Veräußerung erfolgen. Der Gesetzgeber fingiert hierbei, dass eine Veräußerung der ab- oder aufgespalteten Einheiten innerhalb von 5 Jahren nach dem steuerlichen Übertragungsstichtag schädlich sein kann. Die Veräußerung muss nicht einmal vollständig erfolgen, es reicht bereits die Veräußerung eines Anteils an einer von der Spaltung betroffenen Körperschaft. Hierbei gilt eine 20%-Grenze, wobei sich die 20% dabei nicht auf den konkreten veräußerten Anteil beziehen, sondern auf die Anteile der vor der Spaltung bestehenden Körperschaft.

> **Beispiel zur Spaltung von Kapitalgesellschaften:**
>
> A und B sind zu je 50% an der A GmbH beteiligt. Die A GmbH hat zwei Teilbetriebe T1 (25% des Betriebsvermögens) und T2 (75% des Betriebsvermögens). Zum 30.06.2007 wird die A GmbH zu Buchwerten in zwei neu gegründete Gesellschaften aufgespalten, die T1 GmbH und die T2 GmbH, an denen A und B jeweils wieder mit 50% beteiligt sind. Vier Jahre später veräußert A 50% seines Anteils an der T2 GmbH an C.

> **Lösung:**
>
> Absolut gesehen veräußert A 25% der Anteile an der T2 GmbH. Bezogen auf die A GmbH vor der Spaltung entspricht dies einem Anteil von 75% x 50% x 50% = 18,75%. Die Übertragung ist daher noch nicht schädlich.
>
> Veräußern hiernach A oder B innerhalb eines Jahres einen weiteren Anteil von mehr als 3 1/3% ihres jeweiligen Anteils an der T2 GmbH oder von mehr als 10% ihres jeweiligen Anteils an der T1 GmbH wird die Aufspaltung nachträglich in eine steuerpflichtige Veräußerung durch die A GmbH umqualifiziert.

---

116 § 15 Abs. 2 S. 1 UmwStG.

■ Für den Fall, dass bei der Aufspaltung an den übernehmenden Gesellschaften nicht mehr jeweils die gleichen Gesellschafter wie an der übertragenden Gesellschaft beteiligt sind (Trennung der Gesellschafterstämme) ist eine erfolgsneutrale Spaltung nur dann möglich, wenn die Beteiligung aller Gesellschafter an der übertragenden Gesellschaft mindestens für 5 Jahre vor dem steuerlichen Übertragungsstichtag bereits bestanden haben.

Auf- und Abspaltungen von Personengesellschaften auf Kapitalgesellschaften stellen in steuerlicher Hinsicht Einbringungsvorgänge dar. Es ergeben sich folglich dieselben Rechtsfolgen wie bei Einbringungen im Sinne des § 20 UmwStG.   65

bb)   Auf- und Abspaltungen auf Personengesellschaften

Die Auf- und Abspaltung von Kapitalgesellschaften auf Personengesellschaften richtet sich in gewerbesteuerlicher Hinsicht nach § 18 UmwStG. Für diese Spaltungsvorgänge gelten mithin die Ausführungen zur Verschmelzung von Kapitalgesellschaften auf Personengesellschaften entsprechend. Darüber hinaus gelten die in § 15 Abs. 2 UmwStG geregelten Missbrauchstatbestände auch bei der Auf- und Abspaltung von Kapital- auf Personengesellschaften und sind auch für gewerbesteuerliche Zwecke zu berücksichtigen.[117]   66

Auf- und Abspaltungen von Personengesellschaften auf andere Personengesellschaften sind nach unserer Ansicht als Einbringungen im Sinne des § 24 UmwStG zu qualifizieren und nicht nach § 16 Abs. 3 EStG zu beurteilen. Es gelten folglich die im Abschnitt zu Einbringungen in Personengesellschaften dargestellten Rechtsfolgen entsprechend.   67

cc)   Ausgliederungen

Ausgliederungen sind für steuerliche Zwecke nicht als Spaltungen zu behandeln. Sie stellen in steuerlicher Hinsicht vielmehr Einbringungen im Sinne der §§ 20 ff. UmwStG dar.   68

d)   Einbringungsvorgänge

aa)   Einbringung in Kapitalgesellschaften

Einbringungen von Wirtschaftsgütern in eine Kapitalgesellschaft können gem. § 20 UmwStG erfolgsneutral erfolgen, wenn Gegenstand der Einbringung ein Betrieb, ein Teilbetrieb, ein Mitunternehmeranteil oder ein die Mehrheit der Stimmrechte vermittelnder Anteil an einer Kapitalgesellschaft ist.[118] Der Grundfall einer Einbringung ist die Sacheinlage oder die Sachkapitalerhöhung, also die Einbringungen von Wirtschaftgütern gegen Gewährung von Gesellschaftsrechten.   69

Steuerlich besteht die Besonderheit, dass darüber hinaus Vorgänge, die handelsrechtlich als Gesamtrechtsnachfolge möglich sind, steuerlich dennoch als Einbringungs- und damit als Veräußerungstatbestand zu behandeln sind.[119] Dies gilt insbesondere für folgende Maßnahmen:

■ Verschmelzung von Personenhandelsgesellschaften auf eine Kapitalgesellschaft;

■ Aufspaltung bzw. Abspaltung von Vermögensteilen einer Personenhandelsgesellschaft auf eine Kapitalgesellschaft;

■ Ausgliederung von Vermögensteilen eines Einzelkaufmanns, einer Kapitalgesellschaft oder einer Personenhandelsgesellschaft auf eine Kapitalgesellschaft;

---

117 § 18 Abs. 1 S. 1 UmwStG i.V.m. § 16 S. 1 i.V.m. § 15 UmwStG.
118 §§ 20, 21 UmwStG.
119 BMF-Schreiben v. 25.03.1998, IV B 7 – S-1978 – 21/98 / IV B 2 – S-1909 – 33/98, BStBl 1998 I, S. 268, „Umwandlungssteuererlass" Rn 20.01.

■ Formwechsel einer Personengesellschaft in eine Kapitalgesellschaft.

Gewerbesteuerbelastungen können bei Einbringungen in Kapitalgesellschaften gem. § 20 ff. UmwStG insbesondere in folgenden Konstellationen auftreten:

■ Die Einbringung erfolgt zu einem Wert, der über dem Buchwert der Wirtschaftsgüter liegt (z.B. weil kein Antrag auf Buchwerteinbringung gestellt wird, weil ein „negatives Kapitalkonto" eingebracht wird, weil neben Gesellschaftsrechten an der übernehmenden Gesellschaft auch andere Wirtschaftsgüter gewährt werden, deren gemeiner Wert die Buchwerte des eingebrachten Vermögens übersteigt).[120]

> ❗ Hinweis:
>
> *Einbringungsgewinne durch die Einbringung eines negativen Kapitalkontos lassen sich u.U. vermeiden, indem betriebliche Verbindlichkeiten durch den Einbringenden zurückbehalten werden.*[121]

■ Die Einbringung eines Betriebs, Teilbetriebs oder Mitunternehmeranteils erfolgte unter dem gemeinen Wert, jedoch tritt innerhalb von 7 Jahren nach dem Einbringungsvorgang insbesondere einer der folgenden Nachversteuerungstatbestände ein:

  ■ Die durch Einbringung erworbenen Anteile werden veräußert,

  ■ Die durch Einbringung erworbenen Anteile werden unentgeltlich auf eine Kapitalgesellschaft übertragen (z.B. verdeckte Einlage),

  ■ Die durch Einbringung erworbenen Anteile werden zwar zu Buchwerten in eine weitere Kapitalgesellschaft eingebracht (grundsätzlich unschädlich) von dort aus aber weiterveräußert oder aber die Anteile an dieser weiteren Kapitalgesellschaft werden veräußert und ähnliche Vorgänge („Ketteneinbringungen"),

  ■ Die Bundesrepublik Deutschland verliert das Besteuerungsrecht an den Anteilen ganz oder teilweise (z.B. durch Wegzug des Anteilseigners). Im dem Fall, dass das Besteuerungsrecht auf einen EU-Staat übergehen würde, kommt beim Anteilstausch auch eine bis zum Veräußerungsfall aufgeschobene Besteuerung – unabhängig von bestehenden DBA – in Frage.[122]

In diesen Fällen werden die ursprünglich nicht (voll) aufgedeckten stillen Reserven nachversteuert. Der dabei entstehende Gewinn (Einbringungsgewinn I) unterliegt den Regeln der gewerbesteuerlichen Erfassung von Betriebsveräußerungsgewinnen. Hinzuweisen ist darauf, dass dieser Einbringungsgewinn vom Zeitpunkt der Veräußerung abhängt: für jedes Jahr, welches nach dem Einbringungszeitpunkt abgelaufen ist, ermäßigt sich der Nachversteuerungsbetrag um ein Siebtel.

> ❗ Hinweis:
>
> *Bei Einbringungsvorgängen, die vor dem 12.12.2006 erfolgten, gelten noch die alten Regelungen zur Besteuerung einbringungsgeborener Anteile weiter. Hierbei ist wie folgt zu unterscheiden:*
>
> ■ *Veräußerung der einbringungsgeborenen Anteile durch eine natürliche Person: Der Veräußerungsgewinn ist unabhängig vom Veräußerungszeitpunkt stets grundsätzlich einkommensteuerpflichtig. Innerhalb einer 7-jährigen Sperrfrist ist der Veräußerungsgewinn voll (100%) einkommensteuerpflichtig. Die Frist beginnt mit dem steuerlichen Übertragungsstich-*

---

120 § 20 Abs. 2 UmwStG (bei Betrieben und Teilbetrieben); § 21 Abs. 1 UmwStG (bei Beteiligungen an Kapitalgesellschaften; sogenannter „Anteilstausch").
121 BFH v. 07.07.1998, VIII R 5/96, BStBl 1999 II, 209.
122 § 21 Abs. 2 S. 3 Nr. 2 UmwStG.

tag und endet mit der Übertragung des wirtschaftlichen Eigentums an den Anteilen. Nach Ablauf der Sperrfrist kommt das Halbeinkünfteverfahren zur Anwendung.

Die 7-jährige Sperrfrist gilt allerdings nicht, wenn Gegenstand der Einbringung eine mehrheitsvermittelnde Kapitalgesellschaftsbeteiligung war, es sei denn, diese ist selbst aus einem Einbringungsvorgang unter Einbringung eines Betriebs, Teilbetriebs oder Mitunternehmeranteils hervorgegangen.

Die Gewerbesteuerpflicht bestimmt sich danach, ob die zugrunde liegende Einbringung, wenn sie zu Teil- oder Zwischenwerten erfolgt wäre, gewerbesteuerpflichtig gewesen wäre.

- *Veräußerung der einbringungsgeborenen Anteile durch eine Kapitalgesellschaft: Der Veräußerungsgewinn ist stets steuerpflichtig. Innerhalb einer 7-jährigen Sperrfrist ist der Veräußerungsgewinn voll einkommensteuerpflichtig. Nach Ablauf der Sperrfrist kommt § 8b Abs. 2 KStG zur Anwendung, so dass die Veräußerung im Ergebnis zu 95% steuerfrei ist.*

Die 7-jährige Sperrfrist gilt nicht, wenn Gegenstand der Einbringung eine mehrheitsvermittelnde Kapitalgesellschaftsbeteiligung war deren Veräußerung ohnehin bereits steuerfrei gewesen wäre.

Die Gewerbesteuerpflicht bestimmt sich danach, ob die zugrunde liegende Einbringung, wenn sie zu Teil- oder Zwischenwerten erfolgt wäre, gewerbesteuerpflichtig gewesen wäre.

- *Eine Besonderheit ist bei Anwendung des alten Rechts zudem bei der Einbringung von Mitunternehmeranteilen heraus zu beachten, an denen nicht nur natürliche Personen beteiligt waren. Lag in diesen Fällen der Einbringungszeitpunkt vor 2001 und früher, unterlag der Gewinn aus der Veräußerung der einbringungsgeborenen Anteile grundsätzlich nicht der Gewerbesteuer.*

Entsteht bei der Einbringung in die Kapitalgesellschaft ein Einbringungsgewinn, hängt die (gewerbe-)steuerliche Behandlung dieses Gewinns davon ab, durch wen eingebracht worden ist.

Bringt eine natürliche Person Betriebsvermögen eines Gewerbebetriebs in eine Kapitalgesellschaft ein, ist ein dabei entstehender Einbringungsgewinn bei der Ermittlung des Gewerbeertrags des einbringenden Gewerbebetriebs zu berücksichtigen. Allerdings unterliegen bei Gewerbebetrieben natürlicher Personen nur laufende Gewinne aus dem Gewerbebetrieb der Gewerbesteuer. Veräußerungsgewinne aus einer Betriebsaufgabe sind dagegen grundsätzlich nicht gewerbesteuerpflichtig. Bei der Einbringung eines (Teil-)Betriebs oder Mitunternehmer-Anteils gem. § 20 Abs. 1 Satz 1 UmwStG liegt eine solche Betriebsveräußerung vor. Dementsprechend ist der Einbringungsgewinn in diesen Fällen nicht in den Gewerbeertrag der natürlichen Person einzubeziehen. Dabei ist unerheblich, zu welchem Wert (gemeiner Wert oder Zwischenwert) die Einbringung vorgenommen worden ist.

Die Einbringung von Kapitalgesellschaftsanteilen (auch 100%-ige Anteile) durch eine natürliche Person sind dagegen laufende Gewinne, die zum Gewerbeertrag des Einbringenden gehören und unter den Voraussetzungen des § 3 Nr. 40 EStG auch für gewerbesteuerliche Zwecke hälftig steuerbefreit sind.

Bei der Einbringung durch eine Kapitalgesellschaft gehören auch die Gewinne aus einer Betriebsveräußerung zum Gewerbeertrag. Dementsprechend sind Einbringungsgewinne in den Gewerbeertrag der einbringenden Kapitalgesellschaft einzubeziehen und nach den allgemeinen Vorschriften zu besteuern. Soweit der Einbringungsgewinn auf eingebrachte Kapitalgesellschaftsanteile entfällt, greift die Steuerbefreiung des § 8b KStG, die auf die Gewerbesteuer durchschlägt.

Bei der Einbringung von Mitunternehmeranteilen durch eine Kapitalgesellschaft in eine andere Kapitalgesellschaft ist § 7 Satz 2 GewStG zu beachten. Danach gehört der Gewinn aus der Veräußerung eines Mitunternehmeranteils zum Gewerbeertrag. Der auf die Einbringung von Mitunter- 70 nehmeranteilen entfallende Einbringungsgewinn ist ein solcher Veräußerungsgewinn im Sinne des § 7 Satz 2 GewStG. Er unterliegt bei der Mitunternehmerschaft, deren Anteile eingebracht werden, der Gewerbesteuer.

71 Bringt eine gewerbliche Mitunternehmerschaft ihren Betrieb oder einen Teilbetrieb in eine Kapitalgesellschaft ein, ist ein dabei entstehender Einbringungsgewinn in den Gewerbeertrag der Mitunternehmerschaft einzubeziehen, wenn und soweit der Einbringungsgewinn nicht auf unmittelbar an der einbringenden Mitunternehmerschaft beteiligte natürliche Personen entfällt.

> **Beispiel zur Einbringung in Kapitalgesellschaften:**

Einzelunternehmer A ist an der A GmbH zu 100% beteiligt. Die Anschaffungskosten von A auf den Anteil an der A GmbH haben 100 T€ betragen und stehen bei A mit diesem Wert unverändert zu Buche; der gemeine Wert der Anteile beträgt 200 T€. A möchte die Beteiligung zu Buchwerten in die B GmbH einbringen. Dies soll gegen Gewährung von Gesellschaftsrechten an der B GmbH i.H.v. 25 T€ sowie gegen ein Gesellschafterdarlehen an die B GmbH von 150 T€ erfolgen. Ein Betrag von 25 T€ soll der Kapitalrücklage der B GmbH gutgeschrieben werden.

Lösung:

AKTIVA		PASSIVA	
	T€		T€
Beteiligung A GmbH	100	Stammkapital	25
Aufgedeckte stille		Kapitalrücklage	25
Reserven	50	Darlehen gegenübe	
Ausgleichsposten	50	Gesellschafter	100
	200		150

Eine reine Buchwerteinbringung ist nicht möglich, soweit der Wert des Gesellschafterdarlehens den Buchwert der eingebrachten Anteile übersteigt. Als Veräußerungspreis für die Anteile an der A GmbH gilt grundsätzlich der Wert mit dem die B GmbH die Beteiligung an der A GmbH ansetzt, also T€ 150. Abzüglich der Anschaffungskosten ergibt sich hiernach ein Veräußerungsgewinn i.H.v. T€ 50.[123]

Der Veräußerungsgewinn ist mangels Aufdeckung aller stillen Reserven nicht nach § 16 Abs. 4 EStG begünstigt. Es liegt auch keine Betriebsveräußerung i.S.v. § 7 S. 2 Nr. 1 GewStG vor, weil eine 100%-Beteiligung an einer Kapitalgesellschaft kein Teilbetrieb im Sinne des Gewerbesteuergesetzes ist. Demgemäß ist auf den Veräußerungsgewinn § 3 Nr. 40 EStG anzuwenden, so dass dieser im Ergebnis zur Hälfte steuerpflichtig wird. Handelt es bei A um eine Kapitalgesellschaft, kommt § 8b KStG zur Anwendung.

Übersicht: Versteuerung von Einbringungsvorgängen in Kapitalgesellschaften

■ Einbringender: natürliche Person oder Personengesellschaft, soweit natürliche Person unmittelbar beteiligt (bei Einbringung Mitunternehmer-Anteil: nur der Anteil der natürlichen Person selbst, nicht der Anteil einer Personengesellschaft an dem Mitunternehmer-Anteil).

---

123 § 21 Abs. 2 S. 1 UmwStG.

Ansatz	Gegenstand der Einbringung			
	(Teil-)Betrieb, ganzer MU-Anteil	Anteil Kapital-gesellschaft (BV)	Anteil Kapital-gesellschaft (PV)	Übrige
Buchwert	GewSt-frei (mangels Einbringungsgewinn)			
Zwischenwert/ gemeiner Wert	GewSt-frei	a) i.R. einer Betriebsaufgabe: GewSt-frei b) sonstige Fälle: zu 50% (bzw. 60%) GewSt-pflichtig	GewSt-frei	a) aus dem BV: aa) i.R. einer Betriebsaufgabe: GewSt-frei bb) sonstige Fälle: GewSt-pflichtig b) aus dem PV: GewSt-frei

■ Einbringender: Kapitalgesellschaft oder Personengesellschaft, soweit keine natürliche Person unmittelbar beteiligt (auch: Einbringungen von MU-Anteilen durch Personengesellschaften)

Ansatz	Gegenstand der Einbringung		
	(Teil-)Betrieb, ganzer MU-Anteil	Anteil Kapitalgesellschaft (BV)	Übrige
Buchwert	GewSt-frei (mangels Einbringungsgewinn)		
Zwischenwert/ gemeiner Wert	GewSt-pflichtig (soweit Anteil an Kapitalgesellschaft enthalten, siehe rechts)	a) aus Buch- oder Zwischenwert-Einbringung hervorgegangene Anteile: im Rahmen von Nachversteue- rungsvorschriften ggf. steuerpflichtig (z.B. einbringungsgeborene Anteile, 7-jähriger Nachversteuerungs-Zeitraum nach neuer Rechtslage); Restbetrag als Vorgang i.S.v. § 8b Abs. 2 KStG zu 95% GewSt-frei, bzw. bei natürlichen Personen als Beteiligten Halbeinkünfteverfahren b) sonstige Fälle: zu 95% GewSt-frei bzw. 50% GewSt-frei	GewSt-pflichtig

bb) Einbringungen in Personengesellschaften

Einbringungen von Wirtschaftsgütern in eine Personengesellschaft können (auf Antrag) erfolgsneutral erfolgen, wenn Gegenstand der Einbringung ein Betrieb, ein Teilbetrieb, ein Mitunternehmeranteil oder eine 100%-Beteiligung an einer Kapitalgesellschaft ist (§ 24 UmwStG).

72

Steuerlich besteht die Besonderheit, dass darüber hinaus Vorgänge, die handelsrechtlich als Gesamtrechtsnachfolge möglich sind, steuerlich dennoch als Einbringungs- und damit als Veräußerungstatbestand zu behandeln sind.[124] Insbesondere wären hier zu nennen

- die Verschmelzung von Personenhandelsgesellschaften auf eine andere Personenhandelsgesellschaft;

- die Ausgliederung von Vermögensteilen aus einem Einzelunternehmen, einer Personenhandelsgesellschaft oder einer Kapitalgesellschaft auf eine andere Personenhandelsgesellschaft.

In den vorstehend genannten Fällen treten die Wirkungen einer Unternehmensveräußerung ein. Der bei der Einbringung angesetzte Wert gilt hierbei als Veräußerungspreis. Gewerbesteuerbelastungen können eintreten, wenn die Einbringung zu einem Wert erfolgt, der über dem Buchwert der Wirtschaftsgüter liegt (z.B. weil kein Antrag auf Buchwerteinbringung gestellt wird).[125]

73 Werden im Rahmen der Einbringung unmittelbar oder mittelbar durch eine natürliche Person auch Anteile an Kapitalgesellschaften mit eingebracht und werden diese Anteile innerhalb von 7 Jahren nach Einbringung veräußert (oder anderweitig übertragen), kann dies innerhalb eines 7 Jahreszeitraumes eine (anteilige) Nachversteuerung der Einbringung auslösen. Die Nachversteuerung erfolgt ggf., soweit der Veräußerungsgewinn aus diesen Anteilen auf Kapitalgesellschaften entfällt.[126] Für gewerbesteuerliche Zwecke hat diese Missbrauchsregelung nur dann Bedeutung, wenn die mit eingebrachten Anteile an Kapitalgesellschaften der natürlichen Person lediglich mittelbar zuzurechnen sind.

74 Die gewerbesteuerliche Behandlung eines Einbringungsgewinns ist – wie bei der Einbringung in Kapitalgesellschaften – davon abhängig, wer einbringt. Entsteht bei der Einbringung eines Betriebs oder des gesamten Mitunternehmeranteils durch eine natürliche Person ein Einbringungsgewinn, ist dieser als Veräußerungsgewinn aus einer Betriebsaufgabe anzusehen und unterliegt als solcher nicht der Gewerbesteuer.[127] Bei der Einbringung durch eine Kapitalgesellschaft unterliegt der Einbringungsgewinn der Gewerbesteuer und ist ggf. nach § 8b KStG (der auch für die Gewerbesteuer gilt) steuerfrei. Bringt eine gewerbliche Mitunternehmerschaft ein, unterliegt ein Einbringungsgewinn insoweit der Gewerbesteuer, als der Gewinn nicht auf unmittelbar an der Mitunternehmerschaft beteiligte natürliche Personen entfällt.

> **Beispiel zur Einbringung in Personengesellschaften:**
>
> A bringt seinen Mitunternehmeranteil zum 01.07.2007 zu Buchwerten in die B KG ein. Dafür wird A zu 10 % an der B KG beteiligt. Die restlichen Anteile an der B KG i.H.v. 90% werden von der A GmbH gehalten. Die Einbringung umfasste unter anderem auch einen Anteil an der S-AG. Der Buchwert dieser Beteiligung betrug T€ 600, der Verkehrswert T€ 2.000. Am 31.12.2008 veräußert die B KG die Beteiligung an der S-AG für T€ 2.500.

> **Lösung:**
>
> Die Veräußerung erfolgt innerhalb der 7-jährigen Sperrfrist. A muss einen Veräußerungsgewinn von (T€ 2.000 ./. T€ 600) x 6/7 x 90% = T€ 1.080 der Einkommensteuer unterwerfen; wobei 50% (bzw. 60%) aufgrund des Halb-/Teileinkünfteverfahrens einkommensteuerfrei bleibt. Dieser Gewinn ist gewerbesteuerfrei, weil der Veräußerungsgewinn in einer Mitunternehmerschaft entstanden ist, an der A unmittelbar beteiligt ist (§ 7 S. 2 GewStG).

---

124 BMF-Schreiben v. 25.03.1998, IV B 7 – S-1978 – 21/98 / IV B 2 – S-1909 – 33/98, BStBl 1998 I, S. 268, „Umwandlungssteuererlass" Rn 24.01.
125 § 20 Abs. 2 UmwStG (bei Betrieben und Teilbetrieben); § 21 Abs. 1 UmwStG (bei Beteiligungen an Kapitalgesellschaften; sogenannter „Anteilstausch").
126 § 24 Abs. 5 UmwStG.
127 Rn 24.17 UmwSt-Erlass nennt allerdings Fälle, in denen der Einbringungsgewinn als laufender Gewinn und nicht als Veräußerungsgewinn zu behandeln ist.

e)   Formwechsel

aa)   Formwechsel in Kapitalgesellschaft

Der Formwechsel einer Personengesellschaft in eine Kapitalgesellschaft erfolgt für steuerliche   75
Zwecke nicht identitätswahrend, da Personen- und Kapitalgesellschaft grundlegend verschiedenen Besteuerungssystemen unterliegen. Für steuerliche Zwecke ist der Formwechsel einer Personengesellschaft in eine Kapitalgesellschaft vielmehr als Einbringungsvorgang im Sinne des § 20 UmwStG anzusehen (§ 25 Satz 1 UmwStG). Die im Abschnitt über Einbringungen in Kapitalgesellschaften dargestellten Rechtsfolgen gelten deshalb entsprechend.

Der Formwechsel einer Kapital- in eine andere Kapitalgesellschaft vollzieht sich für steuerliche Zwecke – der handelsrechtlichen Umwandlung entsprechend – identitätswahrend. Das bedeutet, dass sich aus einem solchen Formwechsel keine unmittelbaren (gewerbe-)steuerlichen Konsequenzen ergeben.

bb)   Formwechsel in eine Personengesellschaft

Der Formwechsel einer Körperschaft in eine Personengesellschaft ist in gewerbesteuerlicher Hinsicht nach § 18 UmwStG zu beurteilen. Es gelten folglich die Ausführungen zur Verschmelzung von Kapitalgesellschaften auf Personengesellschaften entsprechend.

Der Formwechsel einer Personengesellschaft in eine andere Personengesellschaft ist im UmwStG nicht geregelt. Die Besteuerungsfolgen richten sich folglich nach den allgemeinen gewerbesteuerlichen Regelungen.

§ 4 Hinzurechnungen und Kürzungen

A. Hinzurechnungen nach § 8 GewStG

1 Der Sinn und Zweck der Hinzurechnungen (ebenso wie der Kürzungen nach § 9) besteht in erster Linie darin, die steuerliche Bemessungsgrundlage zu objektivieren, so dass ausschließlich die Ertragskraft des Betriebes unter Ausschluss persönlicher Merkmale und Beziehungen zum jeweiligen Inhaber der Besteuerung unterliegt. Die Gewerbesteuer als Objektsteuer stellt daher nicht auf die persönliche Leistungsfähigkeit ab.[1]

Hinzurechnungen sind grundsätzlich selbst dann vorzunehmen, wenn der Gewerbebetrieb nur Verluste erwirtschaftet. Führt die infolge der Hinzurechnung zu zahlende Gewerbesteuer zu einem Substanzverzehr, sind solche Fälle im Wege von Billigkeitsmaßnahmen zu lösen.[2]

Entscheidend für die Hinzurechnung ist, dass die entsprechenden Beträge nur dann der Hinzurechnung unterliegen, wenn sie zuvor bei der Ermittlung des Gewinns nach den Vorschriften des EStG und KStG auch tatsächlich gewinnmindernd berücksichtigt wurden. Eine Rolle spielt dies z.B. bei Entgelten, die mit steuerfreien Einnahmen in unmittelbarem Zusammenhang stehen. Diese Entgelte dürfen nach den steuerlichen Gewinnermittlungsvorschriften den Gewinn nicht mindern (vgl. § 3c EStG) und werden folglich auch nicht bei der Ermittlung des Gewerbeertrags hinzugerechnet. Auch im Hinblick auf § 4 Abs. 4a EStG sind nur die Schuldzinsen zu berücksichtigen, die nach dieser Vorschrift abziehbar sind und daher den Gewinn gemindert haben.[3]

Auch die Behandlung sog. Gesellschafterdarlehen im Sinne von § 8a KStG, der bis einschließlich Veranlagungszeitraum 2007 Anwendung findet, lässt regelmäßig keine Hinzurechnung der von der Gesellschaft gezahlten Dauerschuldentgelte zu. Nachdem im Bereich der Körperschaftsteuer die Dauerschuldentgelte unter den in § 8a KStG genannten Voraussetzungen aufgrund gesetzlicher Fiktion in verdeckte Gewinnausschüttungen umqualifiziert werden und damit den körperschaftsteuerlichen Gewinn nicht mindern (vgl. § 8 Abs. 3 Satz 2 KStG), fehlt es an der Grundvoraussetzung für die gewerbesteuerliche Hinzurechnung. Dies gilt entsprechend für die im Rahmen der Unternehmensteuerreform mit Wirkung ab dem Veranlagungszeitraum neu eingeführte so genannte Zinsschranke.

Nach § 8 GewStG in der bis zum Erhebungszeitraum 2007 geltenden Fassung sollten alle Beträge nur einmal der Gewerbesteuer unterliegen. Insofern sieht § 8 GewStG bis 2007 vor, dass z.B. Renten und dauernde Lasten oder Gewinnanteile von stillen Gesellschaftern nicht dem Gewerbeertrag hinzuzurechnen sind, soweit sie beim Empfänger zur Gewerbesteuer heranzuziehen sind.[4] Wie nachfolgend zu zeigen sein wird, nimmt die Neufassung des Gesetzes nach der Unternehmensteuerreform von diesem Grundsatz Abstand.

---

1 BFH v. 24.10.1990, X R 64/89, BStBl II 1991, 358.
2 BFH v. 05.04.2005, IV B 96/03, BFH/NV 2005, 1564.
3 FG Nürnberg v. 27.09.2005, I 309/2002, EFG 2006, 804.
4 Köster in: Lenski /Steinberg, § 8 Rn 5.

I.   Finanzierungskosten i.S.v. § 8 Nr.1 bzw. Nr. 1a GewStG

1.   Bis einschließlich Erhebungszeitraum 2007 geltende Regelung des § 8 Nr. 1 GewStG

Der bis zum Inkrafttreten der Unternehmensteuerreform geltende Gesetzeswortlaut des § 8 Nr. 1 GewStG sieht lediglich die Hinzurechnung der

„Hälfte der Entgelte für Schulden, die wirtschaftlich mit der Gründung oder dem Erwerb des Betriebs (Teilbetriebs) oder eines Anteils am Betrieb oder mit einer Erweiterung oder Verbesserung des Betriebs zusammenhängen oder der nicht nur vorübergehenden Verstärkung des Betriebskapitals dienen"

vor.

a)   Begriff des Entgelts

Entgelt ist definiert als die Gegenleistung für die Zurverfügungstellung von Fremdkapital.[5] Es muss sich im weitesten Sinn um die Gegenleistung für die Zurverfügungstellung der den Schulden korrespondierenden Betriebsmitteln handeln, wobei es auf die tatsächliche Nutzung des Kredits nicht zwingend ankommt.[6]

Entsprechend der vorgenannten Definition fallen unter den Entgeltbegriff Zinsen, Damnum, Disagio, erfolgsabhängige Vergütungen z.B. im Rahmen eines partiarischen Darlehen, von Genussrechten und Gewinnobligationen, Vorfälligkeitsentschädigungen, zu zahlende Kreditprovisionen und bestimmte Umsatzprovisionen, in Zusammenhang mit dem Kredit und der Laufzeit stehende Verwaltungskosten.[7]

Nicht unter den Entgeltbegriff fallen grds. Bereitstellungsprovisionen[8], Währungsverluste, Geldbeschaffungskosten, Depotgebühren, Bürgschaftsprovisionen[9], Mahn- und Prozessgebühren, Schadensersatzleistungen, Zins-Swap-Provisionen, Vermittlungsprovisionen und Maklergebühren.[10]

b)   Begriff der Dauerschuld

Die bisherige Regelung setzt das Vorliegen einer Dauerschuld für die Hinzurechnung von Zinsen und vergleichbaren Entgelten voraus.

Das Gesetz verwendet den Begriff „Dauerschuld" lediglich in § 35c Nr.2e GewStG und in § 19 GewStDV. Der Wortlaut des § 8 Nr.1 GewStG legt die Einteilung in zwei Arten von Dauerschulden nahe. Solche Schulden, die in einem Zusammenhang mit der Gründung, dem Erwerb, der Erweiterung oder Verbesserung des Betriebes zusammen hängen, werden geborene Dauerschulden genannt.[11] Die Qualifizierung als Dauerschulden erfolgt hier unabhängig von der Laufzeit.

---

5   Abschn. 46 Abs. 1 GewStR 1998; Güroff in: Glanegger/Güroff, § 8 Nr. 1 Rn 33.
6   Güroff in: Glanegger/Güroff, § 8 Nr. 1 Rn 33.
7   BFH v. 09.08.2000, I R 92/99, BStBl II 2001, 609.
8   BFH v. 10.07.1996, I R 12/96, BStBl II 1997, 253.
9   Strittig, vgl. BFH, anhängiges Verfahren, IV R 55/05, Vorinstanz FG München v. 01.09.2005, 8 K 3510/03, EFG 2006, 66.
10   Köster in: Lenski/Steinberg, § 8 Nr. 1Rn 415 f.
11   Meyer-Scharenberg, § 8 Nr.1 Rn 6.

Daneben gibt es jene Dauerschulden, die allein aufgrund des Zeitablaufs zu solchen werden, sog. Zeitmomentdauerschulden. Von der Rechtsprechung entwickelt wurde bekanntlich eine dritte Gruppe von Dauerschulden, die Kontokorrentkredite.

Bei den (Dauer-) Schulden muss es sich zwangsläufig um betriebliche Schulden handeln, andernfalls hätten die entsprechenden Dauerschuldentgelte nicht bereits das Ergebnis nach den einkommen- bzw. körperschaftsteuerlichen Vorschriften beeinflusst, so dass bereits unter diesem Aspekt eine Hinzurechnung nicht Frage käme. Welchen Inhalt (z.B. Schadensersatz- oder Steuerschuld) oder Form (z.B.. Bankkredit, Schuldverschreibung, partiarisches Darlehen, Genussrechte) die Schuldverpflichtung hat, ob die Schuld privat (z.B. durch eine Grundschuld am Familienwohnhaus) abgesichert ist oder inwiefern die Begründung der Verpflichtung betrieblich notwendig war, ist unerheblich. Für die Überlassung oder Nutzung des Fremdkapitals muss nur ein Entgelt zu zahlen sein. Unverzinsliche bzw. unentgeltliche Schulden sind nicht zu berücksichtigen.[12]

Die Einteilung einer Schuld als Dauerschuld kann nachträglich nicht entfallen, vielmehr bleibt die Einteilung bis zum Erlöschen der Schuld bestehen.[13] Bei dem Verzicht auf eine Dauerschuld mit Besserungsabrede ist die nach Bedingungseintritt wieder auflebende Schuld nicht per se als Dauerschuld zu qualifizieren. Vielmehr ist erneut zu prüfen, ob die Voraussetzungen für eine Dauerschuld gegeben sind.[14]

c)   Abgrenzung zu Schulden des laufenden Geschäftsbetriebs

4   Dauerschulden sind abzugrenzen von den Schulden des laufenden Geschäftsverkehrs, welche lediglich einer vorübergehenden Stärkung des Betriebskapitals dienen. Diese Unterscheidung hat nach objektiven Kriterien zu erfolgen.[15] Von Bedeutung ist der Finanzierungsanlass der Schuld.[16]

Nach ständiger Rechtsprechung sind Schulden des laufenden Geschäftsverkehrs Verbindlichkeiten, die im gewöhnlichen Geschäftsgang des Unternehmens entstehen, vorausgesetzt, dass sie nach der für den Geschäftsvorfall typischen Frist getilgt werden.[17] Folgende Merkmale sind nach der Rechtsprechung i.d.R. kennzeichnend für eine Verbindlichkeit des laufenden Geschäftsverkehrs:[18]

- Ihr Entstehen hängt wirtschaftlich eng mit einzelnen, bestimmbaren, nach Art des Betriebs immer wiederkehrenden und nicht der Anschaffung oder Herstellung von Wirtschaftsgütern des Anlagevermögens betreffenden Geschäftsvorfällen (laufende Geschäftsvorfälle zusammen.

- Dieser Zusammenhang bleibt bis zur Tilgung der Schuld bestehen.

- Die Verbindlichkeit wird innerhalb der nach Art des laufenden Geschäftsvorfalls allgemein üblichen Frist getilgt.

5   Es spielt keine Rolle, ob der Geschäftsvorfall für den Betrieb typisch ist. Insbesondere liegt eine laufende Verbindlichkeit vor, wenn die Schulden mit der Anschaffung oder Herstellung von Umlaufvermögen entstehen. Ist die Schuld rechtlich oder wirtschaftlich eng mit der Anschaffung oder der Herstellung von Anlagevermögen verbunden, liegt regelmäßig kein laufender Geschäfts-

---

12   Köster in: Lenski/Steinberg, § 8 Nr.1 Rn 11.
13   Meyer-Scharenberg, § 8 Nr.1 Rn 6.
14   BFH v. 29.01.2003, I R 50/02, BStBl II 2003, 768.
15   Köster in: Lenski/Steinberg, § 8 Nr.1 Rn 70.
16   BFH v. 11.12.1986, IV R 185/83, BStBl II 1987, 443.
17   BFH v. 09.04.1981 IV R 24/78, BStBl II 1981, 481.
18   FG Hamburg v. 06.09.2005, II 173/04 (rkr).

vorfall vor.[19] Wirtschaftsgüter, die sich an der Grenze zwischen Umlauf- und Anlagevermögen bewegen und deren Anschaffung bzw. Herstellung zu den immer wiederkehrenden Geschäftsvorgängen des Betriebes gehören (z.B. bestimmte Leasinggegenstände eines Leasingunternehmens, Filme eines Filmproduzenten), werden dem Umlaufvermögen gleichgestellt.[20] Etwas anderes gilt hier nur dann, wenn die Finanzierungsdauer sehr langfristig (10 Jahre) und das Darlehen auf die gesamte Lebensdauer des Unternehmens und den für diese Lebensdauer allein vorgesehenen Geschäftszweck des Unternehmens ausgerichtet ist.[21] Zu den laufenden Geschäftsvorfällen rechnen ebenso die Finanzierung der laufenden Betriebskosten und Lohnzahlungen, der Erwerb von Mietrechten oder die Stromlieferung.[22]

Weiter ist Voraussetzung für die Qualifizierung als laufender Geschäftsvorfall, dass der enge wirtschaftliche Zusammenhang der Schuld mit dem laufenden Geschäftsvorfall sichtbar wird. Während die Rechtsprechung früher eine rechtliche Verknüpfung zwischen Kredit und finanziertem Geschäftsvorfall verlangte, genügt inzwischen die nur noch tatsächliche Verknüpfung von Kredit und Erlösen (aus dem finanzierten Geschäftsvorfall) durch deren Verwendung zur Tilgung.[23]

Die Rechtsprechung verlangt für die Anerkennung als laufende Schuld zudem, dass Entstehung und Tilgung der Schuld buchhalterisch nachvollzogen werden kann. Bei Warenkrediten ergibt sich hierbei das Problem, dass dieses Erfordernis zumeist nur bei wertvollen Produkten, nicht aber bei Massenprodukten erfüllt werden kann. So erfüllt die Mehrheit der Warenkredite mit einer Laufzeit von mehr als zwölf Monaten den Tatbestand der laufenden Schuld zumeist nicht. Vielmehr handelt es sich um Zeitmoment- oder Kontokorrentdauerschulden.

Stehen die Schulden unter den vorgenannten Voraussetzungen mit einem laufenden Geschäftsvorfall in unmittelbarem Zusammenhang, kommt es nicht mehr darauf an, dass der Abwicklungszeitraum für das Geschäft den Zeitraum von 12 Monaten (erheblich) übersteigt.[24] Es bleiben Schulden des laufenden Geschäftsbetriebs, es sei denn, der Zusammenhang geht verloren.[25] Die vorgenannten Schulden sind auch dann keine geborenen Dauerschulden, wenn sie im Zusammenhang mit dem Erwerb, der Gründung oder Verbesserung des Betriebs entstehen.[26]

Diese Schulden können grds. nur noch über die Laufzeit bzw. durch den Verlust des Zusammenhangs der Schuld mit dem Geschäftsvorfall als Dauerschulden qualifiziert werden. Die Einordnung ist dann regelmäßig davon abhängig, ob die Schulden innerhalb von zwölf Monaten getilgt werden.

d)   Maßgeblichkeit der Schuldverhältnisse

Enthält ein Vertrag mehrere Geschäftsvorfälle und wird zur Finanzierung dieses Vertrages ein Darlehen aufgenommen, ist jeder Geschäftsvorfall im Hinblick auf das Vorliegen einer Dauerschuld gesondert zu beurteilen.[27]

Die Frage, ob eine Schuld als Dauerschuld zu qualifizieren ist, ist auch für jedes einzelne Kreditverhältnis gesondert zu betrachten. Eine fiktive Verrechnung der Salden mehrerer Konten bei einer

6

19   BFH v. 28.05.1998, X R 80/94, BFH/NV 1999, 359.
20   BFH v. 09.04.1981, IV R 24/78, BStBl II 1981, 489.
21   BFH v. 13.12.2006, VIII R 51/04, BFH/NV 2007, 599.
22   BFH v. 26.08.1992, I R 11/92, BFH/NV 1993, 121.
23   BFH v. 19.08.1998, XI R 9/97, BStBl II 1999, 33.
24   BFH v. 06.02.1985, I R 81/81 , BStBl II 1985, 431; BFH v. 07.08.1990, VIII R 423/83, BStBl II 1991, 23.
25   BFH v. 06.02.1985, I R 81/81 , BStBl II 1985, 431.
26   Meyer-Scharenberg, § 8 Nr.1 Rn 7.
27   BFH v. 28.08.1992, I R 11/92, BFH/NV 1993, 121.

Bank oder bei anderen Gläubigern ist damit grds. nicht möglich.[28] Eine einheitliche Betrachtung ist jedoch angezeigt bei Gleichartigkeit, Einheitlichkeit, Regelmäßigkeit oder gleich bleibender Zweckbestimmung der Kreditgeschäfte und bei regelmäßiger Verrechnung der Konten.[29]

> **Beispiel:**
>
> Eine mehrjährige, jeweils mit kurzem Abstand in Folge hintereinander erfolgte Gewährung von Darlehen von demselben Darlehensgeber zu gleichen Konditionen kann als einheitliche längerfristige Darlehensgewährung anzusehen sein.[30]

7   Bei mehreren Kontokorrentkonten bei einer Bank ist die einheitliche Betrachtung nur möglich, wenn nach dem Parteiwillen ein einheitliches Kontokorrent gewollt war und folglich auch nur der Überschuss aus der Zusammenfassung aller Kontokorrentkonten geltend gemacht werden kann.[31]

Eine getrennte Betrachtung ist auch durchzuführen bei Vorliegen mehrerer Schuldverhältnisse mit mehreren Gläubigern Eine zusammenfassende Beurteilung ist nur dann zulässig, wenn die Bedingungen, nach denen die Kredite abzuwickeln sind, durch das Zusammenwirken der Kreditgeber zustande gekommen ist, z.B. bei einem Bankenpool.[32] Denn der „Gesetzeszweck fordert eine einheitliche Beurteilung von Schuldverhältnissen, die wirtschaftlich eng zusammenhängen und durch Vereinbarungen zwischen den Kreditparteien derart miteinander verknüpft sind, dass gerade die Verknüpfung dem Kreditnehmer die längerfristige Nutzung der Kreditmittel sichert und diese dadurch zu einer „nicht nur vorübergehenden Verstärkung des Betriebskapitals" i.S.v. § 8 Nr. 1 GewStG macht.[33]

> **Beispiel:**
>
> Die Rechtsprechung geht von einer Dauerschuld aus, wenn aufgrund eines Rahmenkreditvertrages und einer hierfür abgegebenen Garantieerklärung der Muttergesellschaft eine Vielzahl von Krediten zur Finanzierung eigener und fremder Handelsgeschäfte ohne zeitliche Unterbrechung in Anspruch genommen werden, vorausgesetzt der Zusammenhang zwischen den einzelnen laufenden Geschäften und dem Kredit ist nicht vertraglich begründet und wird auch tatsächlich nicht gewahrt.[34]

Eine solche schädliche Verknüpfung wird angenommen, wenn die Bank 1, deren Kredite durch einen Kredit der Bank 2 abgelöst werden sollen, der Bank 2 z.B. eine Rückzahlungsgarantie gewährt.[35]

e)   Geborene Dauerschulden

8   Unabhängig von ihrer Laufzeit fallen die sog. geborenen Dauerschulden in den Anwendungsbereich des § 8 Nr.1 GewStG. Als geborene Dauerschulden werden jene Schulden bezeichnet, die zur ersten Tatbestandsgruppe des § 8 Nr. 1 GewStG gehören und dort definiert werden. Demnach ist nur ein wirtschaftlicher Zusammenhang mit der Gründung oder dem Erwerb des Betriebs (oder

---

28   BFH v. 07.09.2005, I R 119/04, BFH/NV 2006, 606; BFH v. 20.06.1990, I R 127/86, BStBl II 1990, 915; BFH v. 24.05.1989, I R 85/85, BStBl II 1989, 900.
29   BFH v. 19.02.1991, VIII R 422/83, BStBl II 1991, 765.
30   FG Hamburg v. 10.02.2006, I 47/02, EFG 2006, 1353.
31   BFH v. 03.07.1997, IV R 2/97, BStBl II 1997, 742.
32   BFH v. 06.02.1991, I R 101/88, BStBl II 1991, 851.
33   Köster in: Lenski/Steinberg, § 8 Nr.1 Rn 103.
34   BFH v. 31.05.2005, I 73/03, BStBl II 2006, 134.
35   BFH v. 20.06.1990, I R 127/86, BStBl II 1990, 915.

Teilbetriebs) oder eines Anteils am Betrieb oder mit der Erweiterung oder einer Verbesserung des Betriebs erforderlich, um der Hinzurechnungsverpflichtung zu unterliegen.

Der Betrieb im gewerbesteuerlichen Sinne entspricht dem in § 15 Abs. 2 S. 1 EStG legal definierten (Gewerbe-) Betrieb. Danach muss es sich um eine selbständige, nachhaltige Betätigung handeln, die mit der Absicht, Gewinn zu erzielen, unternommen wird, sich als Beteiligung am allgemeinen wirtschaftlichen Verkehr darstellt und die sich weder als Ausübung von Land- und Forstwirtschaft, eines freien Berufes noch als eine andere selbständige Arbeit darstellt.

Die Begriffe Betrieb und Teilbetrieb sind im Sinne des § 16 EStG zu verstehen. Ein Teilbetrieb erfordert demnach ein gewisses Maß an Selbständigkeit sowie einen organisch geschlossenen Teil eines Gesamtbetriebes, der für sich lebensfähig ist.[36] Ob ein selbständiger Zweigbetrieb vorliegt, der selbständig als Unternehmen bestehen könnte, ist anhand des Gesamtbilds der Verhältnisse zu beurteilen. Indizien für das Vorliegen eines Teilbetriebs können sein: die örtliche Trennung vom Hauptbetrieb, gesondertes Personal, eine eigene Buchführung. Allerdings ist für jeden Einzelfall eine unterschiedliche Gewichtung vorzunehmen, je nach Tätigkeitsfeld des Betriebs. So sind z.B. die Autobusse eines Reiseunternehmers keine selbständigen Teilbetriebe, da diese innerhalb desselben Tätigkeitsfeldes eingesetzt werden. Bei einer Einzelhandelsfiliale kommt es für die Teilbetriebseigenschaft darauf an, dass dem dort beschäftigten leitenden Personal die Mitwirkung beim Wareneinkauf und der Preisgestaltung eingeräumt wird.[37] Auch im Bereich der Gewerbesteuer gilt eine zum Betriebsvermögen zu rechnende 100 %ige Beteiligung an einer Kapitalgesellschaft als Teilbetrieb (vgl. § 16 Abs. 1 Nr. 1 S. 2 EStG).

Der Begriff Anteil am Betrieb ist nicht eindeutig definiert. Die Rechtsprechung hat den Erwerb eines Anteils am Betrieb in folgenden Fällen bejaht:

- Erwerb eines Mitunternehmeranteils anlässlich eines Gesellschafterwechsels[38]
- Anteiliger Erwerb eines Teilbetriebs[39]
- Gemeinsamer Erwerb eines Betriebes durch mehrere Unternehmer mit anschließender Realteilung.[40]

Kein Anteil an einem Betrieb in diesem Sinne sind Anteile an Kapitalgesellschaften.[41]

Unter der Gründung ist die erstmalige Errichtung eines Gewerbebetriebs ebenso zu verstehen wie die Erweiterung eines bereits bestehenden Betriebs um ein neues Tätigkeitsfeld. Die Ausweitung einer bereits bestehenden Tätigkeit genügt ebenso wenig wie die Aufnahme einer gewerblichen Tätigkeit bei gleichzeitiger Einstellung der bisherigen Tätigkeit.[42] Andererseits ist nach der Rechtsprechung bei der Umwandlung einer KG in eine GmbH im Wege der Einzelrechtsnachfolge, also unter Ausschluss des Umwandlungsgesetzes, als Gründung zusehen.[43]

Die Gründungsphase beginnt bereits zu dem Zeitpunkt, zu dem der Unternehmer mit der Umsetzung seines Planes zur Errichtung eines Unternehmens beginnt. Sie endet mit der Aufnahme der werbenden Tätigkeit. Alle in diesem Zeitraum begründeten Verbindlichkeiten, die in wirtschaftlichem Zusammenhang mit der Gründung stehen, sind der Gründung zuzurechnen und fallen folglich unter § 8 Nr. 1 GewStG.

---

36   BFH Urteil v. 29.03.2001, IV R 62/99, BFH/NV 2001, 1248.
37   BFH v. 12.09.1979, I R 146/76, BStBl II 1980, 51.
38   BFH Urteil v. 09.04.1981, IV R 178/80, BStBl II 1981, 621.
39   BFH Urteil v. 22.11.1972, I R 124/70, BStBl II 1973, 403.
40   FG München Urteil v. 24.02.1970, I (VIII) 144/68 G1 u G2, EFG 1970, 407.
41   FG Düsseldorf Urteil v. 10.10.1969, VII 52-56/66, EFG 1970, 89.
42   BFH Urteil v. 12.01.1961, IV 301/58, HFR 1961, 173.
43   BFH v. 20.03.1974, I R 161/72, BStBl 1974, 552.

Der Erwerb wird definiert als Übertragung der wirtschaftlichen Verfügungsmacht, also des wirtschaftlichen Eigentums. Eine Schuld hängt dann wirtschaftlich mit dem Erwerb eines Betriebes zusammen, wenn diese durch den Erwerbsvorgang veranlasst wird. Dabei kommt es auf die Laufzeit der Schuld nicht an.[44] Der BFH hat eine Dauerschuld in einem Fall angenommen, in dem die Verpflichtung erst fünf Jahre nach Gründung des Betriebs entstanden war, da das Entstehen der Schuld von Anfang an geplant war.[45]

Bei dem Erwerb eines Teilbetriebs ist Voraussetzung, dass der übertragene Betriebsteil bereits beim Veräußerer die Teilbetriebsvoraussetzungen erfüllt hat.[46] Es ist dann allerdings unerheblich, ob der Erwerber den Teilbetrieb als selbständige Einheit weiterführt oder in den Gesamtbetrieb integriert.[47]

9   Schuldzinsen, die auf im Zusammenhang mit dem Erwerb von Mitunternehmeranteilen stehende Verbindlichkeiten entfallen, sind hinzuzurechnen. Hier kommt es nicht darauf an, ob das Darlehen für die Beschaffung von Betriebsanlagen oder zur Finanzierung laufender Geschäftsvorfälle verwendet wurde bzw. der Verstärkung des Betriebskapitals der Mitunternehmerschaft dient.

> 🛇 Praxishinweis:
>
> *Interessant ist die Frage, ob die Abfindung eines lästigen Gesellschafters, die bei den verbleibenden Gesellschaftern nicht zu Anschaffungskosten auf ihren Mitunternehmeranteil führt, sondern sofort abzugsfähige Betriebsausgabe darstellt, eine geborene Dauerschuld begründen kann.[48] Die überwiegende Auffassung in der Literatur geht davon aus, dass insofern keine geborene Dauerschuld vorliegt.[49]*

10   Nach dem Gesetzeswortlaut ist das Vorliegen eines wirtschaftlichen Zusammenhangs im Sinne einer Kausalität zwischen dem Entstehen der Schulden und der Gründung oder dem Erwerb des Betriebs (Gleiches gilt für die Fälle der Erweiterung oder Verbesserung) erforderlich. Der wirtschaftliche Zusammenhang besteht, wenn der Gegenwert der Schuld der Gründung bzw. dem Erwerb des Betriebes/Teilbetriebs/Anteils dient. Regelmäßig ist davon auszugehen, dass diese Kausalität bei der Finanzierung von Anlagevermögen ebenso vorliegt wie bei der Finanzierung der Einlageverpflichtung eines Gesellschafters.[50] Schulden, die bei der Finanzierung von Umlaufvermögen entstehen, sind auch dann keine Dauerschulden, wenn die Anschaffung des Umlaufvermögens im zeitlichen Zusammenhang mit der Gründung des Betriebs erfolgt.[51] Es erfolgt auch keine Umqualifizierung von Schulden in geborene Dauerschulden des Betriebes oder Teilbetriebes, die beim Erwerb des Betriebs oder Teilbetriebs vom Erwerber in Anrechnung auf den Kaufpreis übernommen werden.[52]

Der wirtschaftliche Zusammenhang einer Schuld mit einem Gründungs- bzw. Erwerbsvorgang geht auch dann nicht verloren, wenn der Betrieb/Teilbetrieb eingestellt wird. Es ist ausreichend, wenn zum Zeitpunkt der Entstehung der Schuld ein funktionsfähiger Betrieb oder Teilbetrieb vorgelegen hat bzw. wenn bei Entstehung der Schuld in der Gründungsphase nachträglich ein funktionsfähiger Betrieb oder Teilbetrieb entstanden ist.[53]

---

44   BFH Urteil v. 22.08.1990, I R 178/86, BStBl II 1991, 469.
45   BFH Urteil v. 21.06.1979, I R 141/76, BStBl II 1979, 679-681.
46   BFH v. 05.10.1976, VIII R 62/72, BStBl II 1977, 42.
47   BFH v. 05.10.1976, VIII R 62/72, BStBl II 1977, 42.
48   BFH v. 30.03.1993, VIII R 63/91, BStBl II 1993, 706.
49   Meyer-Scharenberg, § 8 Nr.1 Rn 15.
50   Köster in: Lenski/Steinberg, § 8 Nr.1 Rn 65.
51   BFH v. 06.11.1985, I R 279/82, BStBl II 1986, 415.
52   BFH v. 22.08.1990, I R 178/86, BStBl II 1991, 469.
53   BFH v. 22.11.1972, I R 124/70. BStBl II 1973, 403; BFH v. 19.01.1984, IV R 26/81, BStBl. II 1984, 376,

Bezüglich des Begriffes Erweiterung vertrat der I. Senat des BFH zunächst eine sehr großzügige   11
Auffassung und bejahte selbst dann die Erweiterung eines Betriebs, wenn es sich bloß um Erhaltungs- und Ersatzinvestitionen handelte.[54] Inzwischen sind sich die Senate des BFH jedoch einig,
dass unter eine Erweiterung oder Verbesserung nur Maßnahmen fallen, denen ein mit den in § 8
Nr.1 GewStG genannten Gründungs- und Erwerbsvorgängen vergleichbares Gewicht unternehmerischer Entscheidung zukommt.[55] Erforderlich ist, dass im Rahmen des bestehenden Betriebes
schwerwiegende Investitionen vorgenommen bzw. weitreichende Maßnahmen getroffen werden.[56] Den entsprechenden Maßnahmen muss eine erhebliche wirtschaftliche Bedeutung zukommen, wobei nicht allein die Wertverhältnisse, sondern auch eine funktionelle Betrachtungsweise
maßgebend sein kann. Indiz für eine weitreichende Maßnahme bzw. schwerwiegende Investition
ist das Vorliegen einer dadurch ausgelösten Umsatzsteigerung.

Im Einzelfall hat der BFH eine Dauerschuld bejaht, wenn es sich um die Erstellung eines Betriebsgebäudes handelt.[57] Die Anschaffung einer Schachtelbeteiligung an einer Kapitalgesellschaft wird
im Regelfall auch eine Erweiterung darstellen, sodass Verpflichtungen, die hierdurch veranlasst
werden, geborene Dauerschulden sind.[58] Die Finanzverwaltung kommt hier zum Ergebnis, dass
in diesen Fällen stets geborene Dauerschulden vorliegen (Abschn. 45 Abs. 13 GewStR 1998). Auch
der Hinzuerwerb weiteren Bodenvorkommens bei einem Mineralabbauunternehmen wurde als
Erweiterung oder Verbesserung beurteilt.[59]

Der bloße Ersatz älterer Wirtschaftsgüter des Anlagevermögens durch neue Wirtschaftsgüter stellt
dagegen keine Verbesserung des Betriebs dar, da die gewöhnlichen Ersatz – und Erhaltungsinvestitionen den Betreib nur in seinem ursprünglichen Zustand erhalten und ihn nicht verbessern.[60]

f)   Gestaltungsmöglichkeiten zur Vermeidung von geborenen Dauerschulden

Gestaltungsmöglichkeiten zur Vermeidung der Hinzurechnung bei geborenen Dauerschulden   12
bestehen nach der bislang geltenden Rechtslage nahezu nicht. Allenfalls große Unternehmen haben u.U. die Möglichkeit, durch Gründung einer Finanzierungsgesellschaft in den für Kreditinstitute günstigen Anwendungsbereich von § 19 GewStDV zu gelangen, wonach Entgelte nur für solche Dauerschulden dem Gewerbeertrag hinzuzurechnen sind, die dem Betrag entsprechen, um
den der Ansatz der zum Anlagevermögen gehörenden Grundstücke, Gebäude, Betriebs- und Geschäftsausstattung, Gegenstände, über die Leasingsverträge abgeschlossen worden sind, Schiffe,
Anteile an Kreditinstituten und sonstigen Unternehmen sowie der Forderungen aus Vermögenseinlagen als stiller Gesellschafter und aus Genussrechten das Eigenkapital überschreitet. Eine
vollständige Vermeidung der Hinzurechnung von Dauerschuldzinsen setzt darüber hinaus auch
die Begründung steuerlich wirksamer Organschaftsverhältnisse zwischen den betroffenen Konzernunternehmen voaus.[61]

---

54   BFH v. 02.05.1961, I 63/60 S, BStBl III 1961, 537.
55   BFH v. 08.10.1981, IV R 172/80, BStBl II 1982, 73-74.
56   BFH v. 16.11.1978, IV R 192/75, BStBl II 1979, 151.
57   BFH v. 19.02.1991 VIII R 422/83, BStBl II 1991, 765.
58   FG Münster Urteil v. 24.09.1980, II 4242/78, EFG 1981, 138.
59   BFH v. 28.07.1976, I R 91/74, BStBl II 1976, 789.
60   BFH v. 15.11.1983, VIII R 179/83, BStBl II 1984, 213.
61   Mayer-Scharenberg, 8 Nr.1 Rn 18, 50.

g) Zeitmomentdauerschulden[62]

13   Unter Zeitmomentdauerschulden versteht man solche Schulden, die an sich als laufende Verbindlichkeiten einzustufen wären, angesichts ihrer Laufzeit aber Schulden sind, die nicht nur der vorübergehenden Verstärkung des Betriebskapitals dienen (§ 8 Nr.1 2. Alt. GewStG).

Erforderlich ist weiterhin, dass die Schulden der Verstärkung des Betriebskapitals dienen. Davon
ist grundsätzlich auszugehen, wenn dem Betrieb neue Mittel zugeführt werden. Auf den Zweck
kommt es hierbei zunächst nicht an. So kann eine Dauerschuld auch dann vorliegen, wenn der
Kredit der Finanzierung einer Vorratshaltung dient, die dem Unternehmen behördlich auferlegt
wurde.[63]

Auch sog. Forfaitierungsverträge können zu Dauerschuldzinsen führen, wenn z.B. das Bonitäts-
risiko durch dingliche Sicherheiten abgedeckt wird. Denn Letzteres spricht dafür, dass jedenfalls
kein echter Forderungsverkauf (echte Forfaitierung), sondern eine Vorausfinanzierung der zukünftig fällig werdenden Forderungen und damit ein Finanzierungsvertrag vorliegt, der der Verstärkung des Betriebskapitals dient.[64]

Die Schuld dient nur ausnahmsweise dann nicht der Verstärkung des Betriebskapitals, wenn die
entsprechenden Mittel sofort wieder ohne eigenen wirtschaftlichen Nutzen in Form eines Kredites
an einen Dritten weitergegeben werden (sog. durchlaufender Kredit).[65] Diese Ausnahme findet allerdings keine Anwendung bei der Kreditaufnahme durch eine Organgesellschaft zur Weiterleitung an eine andere Organgesellschaft bzw. bei Kreditaufnahme durch eine Besitzgesellschaft und
Weiterleitung an die Betriebsgesellschaft im Rahmen einer Betriebsaufspaltung.[66]

Bei Beurteilung der Frage, ob die Schuld der Verstärkung des Betriebskapitals dient, ist immer auf
den Zeitpunkt der Schuldentstehung abzustellen. Für die Verstärkung des Betriebskapitals kommt
es auch nicht darauf an, wie hoch die Schuld ist. Es gibt auch keine gerichtlich bestätigte Gering-
fügigkeitsgrenze.[67]

Als letzte Voraussetzung für das Vorliegen einer Zeitmomentdauerschuld ist die Länge der Laufzeit entscheidend. Die tatsächliche Laufzeit ist das ausschlaggebende Moment, es kommt also
darauf an, in welcher Weise das Kreditverhältnis tatsächlich durchgeführt wird. Unerheblich ist,
welche Vereinbarungen die Vertragsparteien getroffen haben. So werden auch Schulden, die bei
der Finanzierung von Umlaufvermögen oder sonstigen laufenden Geschäftsvorfällen entstanden
sind und nicht innerhalb einer bestimmten Frist getilgt werden, zu Dauerschulden.

Über das Vorliegen einer Dauerschuld entscheiden die Umstände des Einzelfalls. Allerdings hat
sich hinsichtlich der Länge der Laufzeit eine Vermutung herausgebildet, ab wann von Dauerschulden regelmäßig auszugehen ist. Dementsprechend ist i.d.R. davon auszugehen, dass Schulden mit
einer Laufzeit von mehr als einem Jahr Dauerschulden im Sinne von § 8 Nr. 1 GewStG sind.[68]
Demnach sind Schulden, für die eine kurze Laufzeit vereinbart wurde, von Anfang an als Dauerschulden zu betrachten, wenn die Tilgungsfrist tatsächlich mehr als ein Jahr beträgt.

---

62   Zum Begriff siehe Mayer-Scharenberg, § 8 Nr.1 Rn 19.
63   BFH v. 04.02.1976, I R 203/73, BStBl II 1976, 551.
64   FG Hamburg v. 13.07.2005, V 179/01 (rkr), EFG 2005, 1790.
65   BFH v. 07.07.2004, XI R 65/03, BFH/NV 2005, 140.
66   BFH v. 07.07.2004, XI R 65/03, BFH/NV 2005, 140.
67   BFH v. 28.07.1971, I R 78/68, BStBl II 1971, 815.
68   BFH v. 24.01.1996, I R 160/94, BStBl II 1996, 328.

> **Beispiel:**

Wird zur Finanzierung eines laufenden Geschäftsvorfalls ein Kreditvertrag mit einer Laufzeit von nur 11 Monaten geschlossen, tatsächlich aber erst nach 13 Monaten zurückgezahlt, liegt grds. von Anfang an eine Dauerschuld vor.[69]

Im Gegenzug bedeutet dies aber auch, dass Schulden, für die ursprünglich eine mehr als zwölfmonatige Laufzeit vereinbart war, nicht zu Dauerschulden werden, wenn sie binnen eines Jahres getilgt werden.[70]

> **Beispiel:**

Wird zur Finanzierung eines laufenden Geschäftsvorfalls ein Kreditvertrag mit einer Laufzeit von 14 Monaten geschlossen, tatsächlich aber bereits nach 11 Monaten zurückgezahlt, liegt demnach keine Dauerschuld vor.

Lediglich im Einzelfall kann bei einheitlicher Betrachtung sowie bei Vorliegen einer rechtsmissbräuchlichen Gestaltung gleichwohl ein Dauerschuldverhältnis angenommen werden.

Grundsätzlich orientiert sich die Finanzverwaltung damit an einer Laufzeit von mehr als einem Jahr als Unterscheidungsmerkmal zwischen Zinsen, die aufgrund des zeitlichen Moments bei der Ermittlung des steuerpflichtigen Gewerbeertrags partiell hinzuzurechnen sind und solchen, die bei der Gewerbeertragsermittlung außer Betracht bleiben. Der Zeitraum von mehr als zwölf Monaten kann sich auch über zwei Kalenderjahre bzw. zwei Wirtschaftsjahre erstrecken. Entscheidend für die Beurteilung der (Dauer-) Schuld ist, dass die Laufzeit im Durchschnitt nicht mehr als zwölf Monate beträgt, die tatsächliche Laufzeit darf länger sein. Die durchschnittliche Laufzeit berechnet sich nach dem arithmetischen Mittel aus der Summe der Tilgungsraten.[71]

> **Beispiel:**

Ein Kredit zur Anschaffung von Firmenfahrzeugen ist in 24 gleich bleibenden Monatsraten zu tilgen. Das arithmetische Mittel der Summe der Monatsraten beträgt $1 + 24 = 25 / 2 = 12{,}5$ Monate. Damit beträgt die Laufzeit mehr als 12 Monate und es liegt eine Dauerschuld vor.

Bei Schulden, die in unregelmäßigen Monatsbeträgen getilgt werden, soll es nicht auf die durchschnittliche, sondern auf die tatsächliche Kreditlaufzeit ankommen.[72] Eine nur anteilige Behandlung der Schuld als Dauerschuld, z.B. durch Aufteilung für die ersten 12 Monate (keine Dauerschuld) und die Zeit nach Ablauf von 12 Monaten komme nicht in Betracht; eine einheitliche Schuld, die als Dauerschuld zu beurteilen ist, behält diesen Charakter auch im Fall einer teilweisen Tilgung.[73]

> **Praxishinweis:**

Soweit sich die Qualifizierung von Schulden als Dauerschulden nur nach der Laufzeit richtet, bietet sich zur Vermeidung von Dauerschulden grundsätzlich an, den betreffenden Kredit jeweils kurz vor Erreichen der 12-monatigen Laufzeit zu tilgen und diese Tilgungsleistung mit einem weiteren Kredit zu finanzieren. Die Rechtsprechung nimmt wie gezeigt nur dann eine Zusammenfassung der Kredite vor, wenn die Kredite jeweils bei demselben Gläubiger aufgenommen werden oder wenn mehrer Kreditgeber mit dem Schuldner in der Weise zusammenwirken, dass die Kredite wirtschaftlich eng verknüpft sind und

---

69   Güroff in Glanegger/Güroff, § 8 Nr. 1 Rn 28.
70   BFH Urteil v. 27.02.1991, I R 29/89, BStBl II 1991, 529.
71   Köster in: Lenski/Steinberg, § 8 Nr.1 Rn 114.
72   BFH Urteil v. 21.10.1999, I R 106/98, BStBl II 2000, 237.
73   BFH Urteil v. 21.10.1999, I R 106/98, BStBl II 2000, 237.

gerade diese Verknüpfung die längerfristige Nutzung des Fremdkapitals sichert.[74] Eine andere Möglichkeit besteht darin, z.B. saisonbedingte Liquiditätsüberschüsse zur Tilgung der Schuld vor Ablauf der Jahresfrist zu nutzen und später (nach mehreren Wochen/Monaten) den Liquiditätsbedarf durch eine erneute Fremdkapitalaufnahme zu decken. Problematisch bleibt in beiden Fällen jedoch immer der Vorwurf des Missbrauchs rechtlicher Gestaltungsmöglichkeiten.[75]

Die Laufzeit der Schuld ermittelt sich vom Zeitpunkt ihrer Entstehung bis zu dem Zeitpunkt, zu dem der Schuldner alles Erforderliche für das Erlöschen der Schuld getan hat, spätestens zum Zeitpunkt der tatsächlichen Tilgung. Beim Erlöschen der Schuld durch Aufrechnung ist strittig, ob es auf das Vorliegen der Aufrechnungslage[76] oder auf die Aufrechnungserklärung ankommt. Die besseren Argumente sprechen unseres Erachtens für den Zeitpunkt zur Abgabe der Aufrechnungserklärung.[77]

14   Ausnahmen von der stringenten 12-Monatsfrist können nach der Rechtsprechung bei kurzfristigen Finanzierungslücken[78], bei behördlichen Eingriffen, die die fristgemäße Tilgung beeinträchtigen, oder wenn ein Rechtsstreit bzgl. der Tilgung schwebt, bestehen.[79] Offensichtlich genügt es allerdings nicht, wenn aus Gründen von Kursentwicklungen (z.B. US-Dollar zu €) ein (Waren-) Kredit nicht getilgt wird.[80]

In folgenden Fällen wurden ebenfalls verlängerte Tilgungsfristen aufgrund des in der jeweiligen Branche üblichen Geschäftsverkehrs anerkannt:[81]

- Exportfinanzierung
- Filmherstellung
- Warenkredite
- Spezial-Leasing und andere Leasingverträge, bei denen der Leasingnehmer wirtschaftlicher Eigentümer ist
- Steuerschulden bei Aussetzung der Vollziehung

h)   Kontokorrentkredite

15   Charakteristisch für Kontokorrentverhältnisse ist, dass die Höhe der Schuld stets schwankt bzw. zeitweise auch ein Guthaben auf dem Konto vorhanden ist. Kontokorrentverhältnisse bestehen vorwiegend mit Banken und Kreditinstituten, können aber auch mit sonstigen Dritten, z.B. Geschäftspartnern, Lieferanten, etc. bestehen. Zweck eines Kontokorrentkredits ist üblicherweise die Finanzierung des laufenden Geschäftsverkehrs. Dies spricht zunächst gegen eine dauerhafte Verstärkung des Betriebskapitals und somit gegen eine Einordnung als Dauerschuld.

Die Rechtsprechung geht jedoch auch bei Vorliegen eines Kontokorrentverhältnisses von einer gewerbesteuerlichen Dauerschuld aus, wenn aus dem Geschäftsverhältnis der Beteiligten geschlossen werden kann, dass entgegen dem äußeren Anschein des Kontokorrentkredits dem Betrieb dauernd ein bestimmter Mindestkredit zur Verfügung stehen soll.[82] Es kommt nicht darauf

---

74   BFH v. 06.02.1991, I R 101/88, BStBl II 1991, 851.
75   Meyer-Scharenberg, § 8 Nr.1 Rn 21.
76   RFH v. 24.11.1942, 110/42, RStBl. 1943, 581.
77   Köster in: Lenski/Steinberg, GewStG, § 8 Nr.1 Rn 118.
78   BFH v. 13.04.1978, IV R 140/74, IV R 141/74, BStBl II 1978, 505.
79   FG Berlin v. 14.12.2005, 6 K 6304/02 (rkr), EFG 2006, 1273; Güroff in: Glanegger/Güroff, § 8 Nr. 1 Rn 28.
80   FG Hamburg v. 06.09.2005, II 173/04, rkr.
81   Meyer-Scharenberg, § 8 Nr.1 Rn 20 ff.
82   Meyer-Scharenberg, § 8 Nr.1 Rn 22.

an, ob dies gewollt war oder ob die Vertragsparteien damit gerechnet haben, dass die Schuld über längere Zeit besteht.

Nach der Rechtsprechung liegt eine dauerhafte Verstärkung des Betriebskapitals und damit eine Dauerschuld selbst dann vor, wenn bei einem mehr als ein Jahr bestehenden Kontokorrentverhältnis ein Guthaben an einigen wenigen Tagen besteht. Diese Guthaben beeinträchtigen nicht den Dauerschuldcharakter, wenn sie nur an wenigen Tagen bestehen.[83] Erforderlich für die Annahme einer Dauerschuld ist wiederum auch hier, dass die Laufzeit des Kontokorrentkredits über ein Jahr beträgt. Hat der Mindestkredit nur kurze Zeit bestanden, liegt keine Dauerschuld vor.[84] Zudem ist Voraussetzung, dass der Kontokorrentkredit während des ganzen Wirtschaftsjahres bestanden hat.

> **Beispiel:**
>
> Beginnt der Unternehmer, der einen Kontokorrentkredit in Anspruch nimmt, seine Tätigkeit (Wirtschaftsjahr = Kalenderjahr) unterjährig, liegt im ersten Wirtschaftsjahr (Rumpfwirtschaftsjahr) keine hinzuzurechnende Dauerschuld vor. Gleiches gilt bei unterjähriger Beendigung der werbenden Tätigkeit für die Kontokorrentschulden im letzten Wirtschaftsjahr.

Bei einem Kontokorrentverhältnis oder einem kontokorrentähnlichen Verhältnis ist ein Kredit bei nachweisbarer Beziehung zu den laufenden Geschäften des Unternehmens nicht als Dauerschuld anzusehen.[85] Dies gilt unter der Voraussetzung, dass ein enger wirtschaftlicher Zusammenhang zwischen den Kreditgewährungen, den einzelnen Warengeschäften und deren Abwicklung feststellbar ist.

Dient eine Kontokorrentschuld sowohl betrieblichen als auch privaten Zwecken, sind nur die mit den betrieblichen Zwecken zusammenhängenden Zinsen und Entgelte bei der Hinzurechnung zu berücksichtigen.

Die Kontokorrentschuld verliert ihren Charakter als Dauerschuld nicht zwingend dadurch, dass sie zum Jahresende mit einem Guthaben des Steuerpflichtigen bei demselben Kreditgeber getilgt wird, wenn zu Beginn des nächsten Jahres wieder ein neuer Kontokorrentkredit zur Verfügung gestellt wird. Nach der Rechtsprechung liegt hierin dann ein Missbrauch von Gestaltungsmöglichkeiten (§ 42 AO), wenn diese Verfahrensweise auf einer Vereinbarung zwischen Gläubiger und Schuldner beruht und außer dem Ziel der Steuerminderung keine wirtschaftlichen oder sonst beachtlichen nichtsteuerlichen Gründe ersichtlich sind.[86]

Ergibt sich damit, dass die Kontokorrentschulden als nicht nur vorübergehende Verstärkung des Betriebskapitals zu qualifizieren sind, kann als Dauerschuld weder der höchste Schuldenstand noch der durchschnittliche Schuldenstand angesehen werden, sondern es muss – anders als bei den sonstigen Fällen der Dauerschulden - auf den niedrigsten Schuldenstand (Mindestbestand) des Geschäftsjahres abgestellt werden.[87] Nur insofern ist das Betriebskapital durch den Kontokorrentkredit nicht nur vorübergehend verstärkt.[88]

Allerdings ist auch ein Mindestbestand der Kontokorrentschulden, der nur an wenigen Tagen im Jahr bestanden hat, bei der Ermittlung des Mindestkredits nicht zu berücksichtigen.[89] Wäh-

---

83   BFH v. 03.07.1997, IV R 2/97, BStBl II 1997, 742.
84   RFH v. 22.06.1943, I 205/42, RStBl. 1943, 695.
85   Köster in: Lenski/Steinberg, § 8 Nr.1 Rn 188.
86   BFH v. 19.06.1985, I R 115/82, BStBl II 1985, 680.
87   BFH v. 31.05.2005, I R 73/03, BStBl II 2006, 134.
88   Köster in: Lenski/Steinberg, § 8 Nr.1 Rn 193.
89   BFH v. 04.08.1977, IV R 57/74, BStBl II 1977, 843.

rend die Rechtsprechung davon ausgeht, dass ein Mindestbestand der Schulden, der über ca. zwei bis drei Wochen im Wirtschaftsjahr bestanden hat, bei der Ermittlung des relevanten Mindestkredits nicht zu berücksichtigen ist, geht die Finanzverwaltung zugunsten des Steuerpflichtigen davon aus, dass nur die an sieben Tagen im Wirtschaftsjahr bestehenden Mindestbestände der Kontokorrentschulden nicht zu berücksichtigen sind. Diese Tage müssen allerdings nicht zusammenhängen. Demnach ist nach der Finanzverwaltung der 8. niedrigste Tagesschuldsaldo eines Wirtschaftsjahres als Berechnungsgrundlage für die Ermittlung der Dauerschulden anzusetzen (Abschn. 45 Abs. 7 S. 9 GewStR 1998).

> **Beispiel 1:**

Eine Kontokorrentschuld (Zinssatz 5%p.a.) hat während des ganzen Wirtschaftsjahres zwischen € 3.000 und € 2,5 Mio. valutiert. Die acht niedrigsten Kontostände, jeweils nur an einem Tag bestehend, weisen folgende Beträge auf:

1.	€ 3.000
2.	€ 10.000
3.	€ 13.000
4.	€ 25.000
5.	€ 78.000
6.	€ 270.000
7.	€ 300.000
8.	€ 900.000

Als Dauerschuldzinsen sind die Hälfte von 5% von € 900.000 = € 22.500 zur Ermittlung des Gewerbeertrags hinzuzurechnen.

> **Beispiel 2:**

Sachverhalt wie Beispiel 1, allerdings bestand der Saldo in Höhe von € 10.000 an 3 Tagen und der Saldo in Höhe von € 13.000 an 2 Tagen. Der 8. niedrigste Schuldenstand beträgt demnach € 78.000. Als Dauerschuldzinsen sind somit die Hälfte von 5% von € 78.000 = € 1.950 hinzuzurechnen.

Maßgeblich für die Berechnung des Mindestkredits sind regelmäßig nicht die Salden der Tageskontoauszüge, sondern vielmehr die Tagessalden, die der Kreditgeber für die Zinsberechnung zugrunde legt. Es kommt damit auf die Salden an, die sich unter Berücksichtigung der verschiedenen Wertstellung für Aus- und Einzahlungen ergeben. Die Wertstellungssalden sind den Zinsstaffeln der Banken zu entnehmen, die auf Anforderung auch zur Verfügung gestellt werden.[90]

Ändert sich der Zinssatz für die Kontokorrentschulden unterjährig, ist der Hinzurechnungsbetrag nach dem gewogenen Durchschnittszinssatz zu berechnen.

> **Beispiel:**

Zeitraum	Zinssatz	Zinstage	Gewichtung
01.01. - 30.03.	4,5%	3 x 30 = 90	4,050
01.04.- 31.08.	6,75%	5 x 30 = 150	10,125
01.09. – 31.10.	6,25%	2 x 30 = 60	3,750
01.11. – 31.12.	5,5%	2 x 30 = 60	3,300
Summe:			**21,225**

Der gewogene Durchschnittszinssatz beträgt damit: 21,225/360 = 5,90%.

---

90   Meyer-Scharenberg, § 8 Nr.1 Rn 26.

Liegt der Mindestkredit im Überziehungsbereich, ist auch eine Überziehungsprovision als hinzurechnungspflichtiger Zins zu berücksichtigen.[91]

i) Gestaltungsmöglichkeiten im Bereich des Kontokorrent

Die Gestaltungsmöglichkeiten bei Kontokorrentschulden beziehen sich im Wesentlichen darauf, die Kontokorrentschulden an mindestens 8 Tagen im Wirtschaftsjahr auf mindestens € 0 zu stellen. In diesem Fall entfällt eine Hinzurechnung von Dauerschuldentgelten. Der Steuerpflichtige kann dies insbesondere durch die Steuerung seines Zahlungsverkehrs und andere organisatorische Maßnahmen bewerkstelligen.[92] Allerdings ist stets darauf zu achten, dass   16

- nicht die Voraussetzungen vorliegen, nach denen die Rechtsprechung eine einheitliche Beurteilung mehrerer Kreditverhältnisse vornimmt, insbesondere keine Absprachen und Verflechtungen zwischen den beteiligten Kreditgebern vorliegen, und

- wirtschaftliche bzw. andere außersteuerliche Gründe für die konkrete Gestaltung des Zahlungsverkehrs sprechen, um der Annahme einer rechtsmissbräuchlichen Gestaltung durch die Finanzverwaltung vorzubeugen. Gerade bei den i.d.R. relativ teuren Kontokorrentzinsen sollte im Regelfall die Möglichkeit bestehen, der Ablösung eines Kontokorrentkredits durch einen günstigeren Kredit einen außersteuerlichen Grund zu geben. Zu beachten ist dabei allerdings, dass allein das Argument der Ablösung eines teuren Kredits durch einen kostengünstigeren Kredit nach Auffassung der Rechtsprechung nicht als außersteuerlicher Grund genügt. Selbst die Ablösung mit Eigenkapital kann als rechtsmissbräuchlich beurteilt werden, zumindest wenn kurze Zeit nach Ablösung ein erneuter Kontokorrentkredit von der Bank zur Verfügung gestellt wird.[93] Entscheidend sind jeweils die Gesamtumstände.[94]

🛇 Praxishinweis:

Wichtig ist, dass die Tilgung des Kontokorrentkredits vor Ablauf der 12 Monate auch tatsächlich erfolgt, z.B. eine Verrechnung mit einem Guthaben auf einem anderen Konto tatsächlich auch vollzogen wird. Eine fiktive Verrechnung wird von der Rechtsprechung und der Finanzverwaltung nicht akzeptiert.

j) Ausnahmen von der Hinzurechnungspflicht

Eine Hinzurechnung unterbleibt grundsätzlich, wenn das Dauerschuldverhältnis zwischen dem Organträger und der Organgesellschaft bzw. zwischen Organgesellschaften desselben Organträgers besteht. Hintergrund ist, dass ansonsten die Erträge aus der Überlassung des Kapitals bei der Gewerbebesteuerung doppelt berücksichtigt würden.[95]   17

Eine Ausnahme von der Hinzurechnungspflicht ist außerdem gegeben, wenn die Voraussetzungen eines sog. durchlaufenden Kredits vorliegen. Die Voraussetzungen sind   18

- Weitergabe der Kreditmittel zu einem außerhalb des Betriebes liegenden Zweck[96]

---

91 Meyer-Scharenberg, § 8 Nr.1 Rn 27.
92 Meyer-Scharenberg, § 8 Nr.1 Rn 28 f.
93 BFH v. 19.06.1985, I R 115/82, BStBl II 1985, 680.
94 Meyer-Scharenberg, § 8 Nr.1 Rn 28 f.
95 BFH v. 29.07.2004, I B 69/703, BFH/NV 2005, 72.
96 BFH v. 02.08.1966, I R 66/63, BStBl III 1967, 27.

4

■ keine über die Weitergabe des Kredits hinausgehenden Leistungen[97]

■ kein eigener Nutzen aus der Weitergabe des Kredits[98]

> **Beispiel:**

Die Konzernmuttergesellschaft nimmt einen Kredit in Höhe von € 1,5 Mio. auf und reicht diesen in Höhe von € 1 Mio. direkt an ihre Enkelgesellschaft weiter. Sie berechnet nur eine geringe Verwaltungspauschale für die Kreditweiterreichung. Der restliche Kredit wird für eigene Zwecke verwendet. Bei der Konzernmuttergesellschaft handelt es sich in Höhe von € 1 Mio. um einen durchlaufenden Kredit, der keine Hinzurechnung auslöst.

! **Praxishinweis:**

Wie die zum Thema „Durchlaufende Kredite" ergangenen Urteile des BFH belegen, vertreten die Finanzverwaltung und die Rechtsprechung eine äußerst restriktive Auffassung bezüglich der Frage, ob vorgenannte Voraussetzungen vorliegen. Selbst geringe Vorteile für das Unternehmen, dass die Darlehen bei dem Kreditinstitut aufgenommen hat, genügen, um die Hinzurechnung der Schuldzinsen auszulösen. In der Praxis dürften durchlaufende Kredite daher eher die Ausnahme sein.

k)   Dauerschulden bei Kreditinstituten

19   § 19 GewStDV enthält für Kreditinstitute im Bereich der Hinzurechnung von Dauerschuldentgelten eine Sondervorschrift. Aufgrund des eingeschränkten Anwendungsbereichs von § 19 GewStDV werden nachfolgend lediglich dessen Grundzüge dargestellt.

Hintergrund der Begünstigungsvorschrift des § 19 GewStDV ist, dass jene Unternehmen, deren Geschäftsgegenstand u.a. die Aufnahme von Fremdkapital ist, im Hinblick auf die Hinzurechnung von Dauerschulden nicht stärker belastet werden sollen als andere Branchen und Unternehmen. Die Refinanzierung banktypischer Geschäfte durch Dauerschulden wird somit aus der Hinzurechnung herausgenommen.

Obwohl dies lange Zeit umstritten war, ist mit der Rechtsprechung des BFH nunmehr entschieden, dass § 19 GewStDV keine Sondervorschrift darstellt, die in jedem Fall die Grundnorm des § 8 Nr. 1 GewStG verdrängt, sondern lediglich zu einer Begünstigung der betroffenen Unternehmen führen soll. Ergeben sich aus der Anwendung von § 19 GewStDV Nachteile für die Unternehmen, gilt die allgemeine Vorschrift des § 8 Nr. 1 GewStG.[99]

§ 19 GewStDV sieht vor, dass Dauerschulden nur insofern vorliegen, als näher bestimmtes Anlagevermögen nicht durch Eigenkapital gedeckt ist.

> **Beispiel:**

In der Steuerbilanz zum 31.12.2006 des Kreditinstitutes A GmbH sind das Anlagevermögen mit T€ 350, die Kreditforderungen mit T€ 650, das Eigenkapital mit T€ 270, die Pensionsrückstellungen mit T€ 230 und die Verbindlichkeiten mit T€ 500 bilanziert. Nach § 19 GewStDV betragen die Dauerschulden T€ 80.

Würden die Schulden in Höhe von T€ 450 der fristenkongruenten Refinanzierung ausgeliehener Kredite dienen, würden nach allgemeinen Grundsätzen nur Dauerschulden in Höhe von T€ 50 vorliegen, da in Höhe von T€ 450 aufgrund des unmittelbaren Zusammenhanges mit den Kreditforderungen keine Dauerschulden vorliegen. In diesem Fall würde § 8 Nr. 1 GewStG, nicht jedoch § 19 GewStDV zur Anwendung gelangen.

---

97   BFH v. 18.12.1986, I R 293/82, BStBl II 1987, 446.
98   BFH anhängiges Verfahren v. 21.07.2005, VIII R 32/05, Vorinstanz FG Berlin v. 09.03.2005, 6 K 6351/02, EFG 2005, 1371.
99   BFH v. 16.03.1989, IV R 133/86, BStBl II 1989, 737.

Der Kreis der begünstigten Unternehmen ist in § 19 GewStDV abschließend aufgeführt. Begünstigt sind nur Kreditinstitute im Sinne von § 1 KWG wie z.B. Banken, Sparkassen, Kommunalkreditinstitute, Spar- und Darlehenskassen, private Hypothekenbanken, weiter öffentlich – rechtliche Bausparkassen sowie Pfandleiher in Sinne der Pfandleiherverordnung und Gewerbetreibende, die im Bankenbereich ausschließlich bestimmte Asset-Backed-Securities-Geschäfte[100] betreiben.

Ein Organschaftsverhältnis kann nicht den Anwendungsbereich des § 19 GewStDV eröffnen. Die beteiligten Gesellschaften müssen vielmehr für sich die Voraussetzungen des § 19 GewStDV erfüllen. [20]

Voraussetzung für die Anwendbarkeit von § 19 GewStDV ist, dass nicht überwiegend bankfremde [21] Geschäfte getätigt werden, da in diesem Fall § 19 GewStDV unanwendbar ist.[101] § 19 GewStDV verlangt, dass im Durchschnitt aller Monatsausweise des Wirtschaftsjahres des Kreditinstituts nach § 25 KWG oder entsprechender Statistiken die Aktivposten aus Bankgeschäften und aus dem Erwerb von Geldforderungen die Aktivposten aus anderen Geschäften überwiegen (vgl. auch Abschn. 47 Abs. 4 GewStR 1998). Entscheidend ist damit der Jahresdurchschnittswert.

Zu den bankfremden Geschäften rechnet die Finanzverwaltung auch Leasing-Geschäfte, obwohl diese als Bankgeschäfte nach § 19 Abs. 1 Nr. 9 KWG gelten.[102] Bei der Ermittlung der überwiegenden Geschäftstätigkeit nicht einzubeziehen sind Aktivposten aus den in § 19 Abs. 1 GewStDV genannten Anlagen sowie die Aktivposten, die nach § 9 der Befreiungsverordnung von der Anzeigepflicht nach § 24 Abs. 1 Nr. 9 KWG ausgenommen sind, wie z.B. Erwerb und Veräußerung von Wertpapieren und Münzen, Einziehung von Wechseln, Verkauf von Reiseschecks, Vermittlung von Bausparverträgen oder Versicherungsverträgen etc.[103]

Entscheidend ist, dass die Summe der Bilanzansätze bestimmter Wirtschaftsgüter das Eigenkapital übersteigt. Bei ausgeglichenem Verhältnis kann bereits der Erwerb eines bestimmten Wirtschaftsgutes (z.B. Grundstück) zur Entstehung von Dauerschulden führen. Von Vorteil wäre die Einordnung des Wirtschaftsgutes als Umlaufvermögen. So lässt es die Finanzverwaltung zu, dass ein in der Zwangsversteigerung zur Rettung einer Forderung erworbenes Grundstück in den ersten drei Jahren dem Umlaufvermögen zugeordnet wird, wenn es betriebsfremden Zwecken dient.

Ist das Eigenkapital z.B. durch Verluste aufgezehrt, können Dauerschulden bis zur Höhe der maßgeblichen Wirtschaftsgüter angesetzt werden (Obergrenze). Da die Steuerbilanz den Maßstab vorgibt, gehören Aufwandsrückstellungen und steuerfreie Rücklagen zum Eigenkapital. Gleiches soll für die Einlage des typisch stillen Gesellschafters gelten.[104]

In die Gegenüberstellung von Anlagevermögen und Eigenkapital sind nachfolgende Wirtschaftsgüter einzubeziehen (wenn sie zum Anlagevermögen gehören): Grundstücke, Gebäude, Betriebs- und Geschäftsausstattung, Leasinggegenstände, Schiffe, Anteile an Kreditinstituten und sonstigen Unternehmen, Forderungen aus Vermögenseinlagen als (typisch) stiller Gesellschafter, Forderungen aus Genussrechten und bestimmte Forderungen gegenüber organschaftlich verbundenen Unternehmen, die nicht Kreditinstitute sind (wenn sie am Ende des Erhebungszeitraums mehr als zwölf Monate bestanden haben).

Bei der Ermittlung des Hinzurechnungsbetrages sind die nach § 19 GewStDV ermittelten Dauerschulden mit dem (gewogenen) Durchschnittszinssatz anzusetzen und das Ergebnis ist bei der Ermittlung des Gewerbeertrages hinzuzurechnen.

---

100 Köster in: Lenski/Steinberg, § 8 Nr. 1 Rn 246 f.
101 Meyer-Scharenberg, § 8 Nr.1 Rn 34.
102 Zur Kritik Rädler, DB 1991, 2309.
103 Köster in: Lenski/Steinberg, § 8 Nr. 1 Rn 237.
104 Hessisches FG v. 03.06.1977, VIII 145/76, EFG 1978, 33.

Eine besondere Vergünstigung gewährt die Finanzverwaltung den Spar- und Darlehenskassen, die aufgrund des überwiegenden Warengeschäfts nicht in den Anwendungsbereich von § 19 GewStDV kommen. Sämtliche Spareinlagen der Spar- und Darlehenskassen gelten insoweit nicht als Dauerschulden, als sie in Kapital- und Geldmarktpapieren, insbesondere in Anleihen des Bundes, der Länder und der Gebietskörperschaften (Landkreis, Gemeinde etc, Teilschuldverschreibungen, Pfandbriefe oder Privatdiskonten, in Guthaben bei Zentralkassen oder in Hypotheken, Grundschulden oder Ausgleichsforderungen investiert sind (vgl. Abschn. 48 GewStR 1998).

Nicht begünstigt ist die Anlage in Darlehens- und Abwicklungsforderungen.

Voraussetzung für die Inanspruchnahme der Begünstigung des § 19 GewStDV ist der Nachweis, dass die Ausleihungen nicht mit bankfremden Geschäften in Zusammenhang stehen.

2.   Ab Erhebungszeitraum 2008 geltende Neuregelung des § 8 Nr. 1 GewStG

a)   Intention des Gesetzgebers

22   Mit der Neuregelung der Hinzurechnungsvorschriften bei der Gewerbesteuer ist der Gesetzgeber den Vereinbarungen aus dem Koalitionsvertrag der Regierungsparteien nachgekommen. Mit der Ausweitung der Hinzurechnungen auf alle Fremdkapitalzinsen und deren Substitute soll ausweislich der Gesetzesbegründung trotz der Verringerung des Hinzurechnungsfaktors von 50 % auf 25 % und der Einführung eines Hinzurechnungsfreibetrags der fiskalische Vorteil der Verlagerung von Gewinnen ins Ausland vermindert und die Abwanderung von Steuersubstrat erschwert werden. Weiter wird die Neuregelung von dem Gedanken getragen, die steuerliche Benachteiligung der eigenkapitalfinanzierten gegenüber den durch kurzfristiges Fremdkapital finanzierten Unternehmen zurückzuführen. Nicht zuletzt soll die Ausweitung der gewerbesteuerlichen Hinzurechnung der Stabilisierung der Gemeindesteuern dienen und diese planbarer machen.[105]

b)   Aufbau des § 8 Nr. 1 GewStG

23   Die bisherigen Regelungen zur Hinzurechnung der Finanzierungskosten waren jeweils unter § 8 Nr. 1 bis 3 sowie Nr. 7 in mehrere Ziffern aufgeteilt und jeweils mit einem eigenen Hinzurechnungsfaktor von 50 % bzw. 100 % bei der Ermittlung des Gewerbeertrages zu berücksichtigen. Sie unterscheiden sich damit in der Höhe des Hinzurechnungsbetrages, in der Erfassung des Kreises der einzubeziehenden Geld- und Sachkapitaltatbestände und schließlich in Bezug auf die Frage, inwiefern die steuerliche Behandlung beim Gläubiger der Entgelte die Hinzurechnung beeinflusst.

Die Neufassung des § 8 Nr. 1 GewStG fasst die vorgenannten Hinzurechnungstatbestände, die allesamt Finanzierungskosten betreffen, unter der Nr. 1 zusammen und unterstellt diese einem einheitlichen Hinzurechnungsfaktor von 25 %. Damit wird die Struktur der Hinzurechnungstatbestände im Vergleich zur bisher geltenden Rechtslage vereinheitlicht.

Zudem gibt der Gesetzgeber den bisher anerkannten Grundsatz, dass es zu keiner doppelten Belastung von Entgelten mit Gewerbesteuer kommen darf, offiziell auf, da es künftig in keinem

---

105 Gesetzesbegründung v. 27.03.2007, BT Drs. 16/4841, Allgemeiner Teil, S. 31 f.

Fall des § 8 Nr. 1 GewStG mehr auf die steuerliche Behandlung der Entgelte beim Gläubiger ankommt.

Der Gesetzgeber reagiert damit auch auf die Entscheidung des EuGH in Sachen „Eurowings Luftverkehr AG", demgemäß die gewerbesteuerliche Vorschrift des § 8 Nr. 7 S. 2 GewStG unvereinbar mit der Grundfreiheit des freien Dienstleistungsverkehrs ist.[106]

Wie bereits nach bis zum Erhebungszeitraum 2007 geltendem Recht bleibt es dabei, dass nur die Finanzierungskosten anteilig bei der Ermittlung des Gewerbeertrags zu berücksichtigen sind, die die Gewinnermittlung nach einkommen- bzw. körperschaftsteuerlichen Vorschriften beeinflusst haben.

c) Hinzurechnungsfreibetrag

Neu ins Gesetz gekommen ist der für alle Hinzurechnungstatbestände des § 8 Nr. 1 GewStG geltende Hinzurechnungsfreibetrag in Höhe von € 100.000. Dieser Freibetrag ist laut Gesetzesbegründung als Zugeständnis an die kleineren und mittleren Unternehmen gedacht.[107] Bei aufmerksamen Lesen von Gesetz und Gesetzesbegründung lässt sich jedoch erkennen, dass der Freibetrag allenfalls die kleineren Unternehmen wirklich entlasten kann.

24

Denn der Freibetrag bezieht sich nicht auf den Hinzurechnungsbetrag selbst, sondern auf die Summe der hinzurechnungspflichtigen Entgelte, Renten und dauernden Lasten, Mieten und Pachten etc. vor der Anwendung des Hinzurechnungsfaktors von einheitlich 25 %.

> **Beispiel:**
>
> Die X GmbH nimmt einen Betriebsmittelkredit in Höhe von ®450.000 bei einem Zinssatz von 7,75 % p.a. in Anspruch. Den Bau einer Produktionshalle hat sie mit € 4,5 Mio. zu einem Zinssatz von 4,75 % p.a. fremdfinanziert. Das Grundstück, auf dem die Produktionshalle steht und u.a. Vorräte etc. gelagert werden, hat sie für eine monatliche Miete in Höhe von € 12.000 angemietet. Die X GmbH hat zudem einen LKW geleast, der im Jahr Leasingraten in Höhe von € 120.000 kostet. Zudem zahlt sie an einen (typisch) stillen Gesellschafter im Jahr € 20.000. Der Hinzurechnungsbetrag ermittelt sich wie folgt:

Sachverhalt		Regelung	Anteil	Betrag
	in €			in €
Betriebsmittelkredit	450.000	§ 8 Nr. 1a	8%	33.750
Produktionshalle/Darlehen	4.500.000	§ 8 Nr. 1a	4,75%	213.750
Miete jährlich	144.000	§ 8 Nr. 1e	75%	108.000
Leasingraten jährlich LKW	120.000	§ 8 Nr. 1d	20%	24.000
Gewinnanteil stiller Ges.	20.000	§ 8 Nr. 1c	100%	20.000
Summe Finanzierungskosten				399.500
abzüglich Hinzurechnungsfreibetrag				100.000
Zwischensumme				299.500
Hinzurechnungsbetrag	25%			**74.875**

Der Hinzurechnungsbetrag aus den Finanzierungskosten beträgt damit € 74.875. Wäre der Hinzurechnungsfreibetrag nicht von der Summe der Finanzierungskosten abzuziehen, sondern vielmehr vom Hinzurechnungsbetrag, würde sich vorliegend kein Hinzurechnungsbetrag ergeben, nachdem ein Viertel der Summe der Finanzierungskosten (€ 399.500 x 25% = € 99.875) unterhalb des Freibetrags liegt.

---

106 EUGH v. 26.10.1999, C 294/97, BStBl II 1999, 851.
107 Gesetzesbegründung v. 27.03.2007, BT DS 16/4841, Besonderer Teil, S. 80.

Wie das Beispiel zeigt, werden nur die kleineren Unternehmen durch den Freibetrag wesentlich entlastet, bei mittleren und großen Unternehmen wird es zu keiner spürbaren Entlastung durch den Hinzurechnungsfreibetrag kommen.

d) Entgeltbegriff im Sinne von § 8 Nr. 1a GewStG

25 Ab dem Erhebungszeitraum 2008 lautet die Hinzurechnungsvorschrift für Schuldentgelte wie folgt:

Dem Gewinn aus Gewerbebetrieb werden […] hinzugerechnet, […]

> Entgelte für Schulden. Als Entgelt gelten auch der Aufwand aus nicht dem gewöhnlichen Geschäftsverkehr entsprechenden gewährten Skonti oder wirtschaftlich vergleichbaren Vorteilen in Zusammenhang mit der Erfüllung von Forderungen aus Lieferungen und Leistungen vor Fälligkeit sowie die Diskontbeträge bei der Veräußerung von Wechsel- und anderen Geldforderungen. Soweit Gegenstand der Veräußerung eine Forderung aus einem schwebenden Vertragsverhältnis ist, gilt die Differenz zwischen dem Wert der Forderung aus dem schwebenden Vertragsverhältnis, wie ihn die Vertragsparteien im Zeitpunkt des Vertragsabschlusses der Veräußerung zu Grunde gelegt haben, und dem vereinbarten Veräußerungserlös als bei der Ermittlung des Gewinns abgesetzt.

Der Entgeltbegriff des § 8 Nr. 1a GewStG entspricht zunächst dem des § 8 Nr. 1 GewStG in der bis zum Erhebungszeitraum 2007 gültigen Fassung.

26 Während im Gesetzentwurf zur Unternehmensteuerreform Skonti den Hinzurechnungstatbestand erfüllten, wurde dieser Hinzurechnungstatbestand in der endgültigen Gesetzesfassung eingeschränkt. Begründet wird die Einschränkung damit, dass die durch die Gewährung von Skonti eintretenden geschäftsüblichen Erlösschmälerungen regelmäßig ihre Grundlage darin haben, das Verhältnis zwischen Auftraggeber und Auftragnehmer günstig zu beeinflussen und damit Finanzierungsaspekte in den Hintergrund treten. Etwas anderes gilt lediglich bei Erlösschmälerungen mit Grundlage in einer nicht geschäftsüblichen Vereinbarung. Letzteres ist z.B. gegeben, wenn Skonto bei einem unüblich langen Zahlungsziel vereinbart wird, weil dann der Finanzierungseffekt im Vordergrund stehe.[108] Zum Entgelt gehört demnach nur der Aufwand aus nicht dem gewöhnlichen Geschäftsverkehr entsprechenden gewährten Skonti und wirtschaftlich vergleichbaren Vorteilen im Zusammenhang mit der Erfüllung von Forderungen aus Lieferungen und Leistungen vor Fälligkeit.

> ❱ Beispiel:
> Außergewöhnlich hohe Skonti in Höhe von 8 % statt üblicher 2 - 4 %[109]

Inwiefern es für die Hinzurechnung darauf ankommt, dass die ungewöhnliche Gestaltung der Skonti oder vergleichbaren Vorteile tatsächlich eine über das gewöhnliche Maß hinausgehende Finanzierungskomponente enthalten muss, bleibt aufgrund des nicht eindeutigen Gesetzeswortlauts zweifelhaft und eröffnet dem Steuerpflichtigen Argumentationsspielräume.

Nach dem Gesetzeswortlaut gehören zukünftig auch Diskontbeträge bei der Veräußerung von Wechsel- und anderen Geldforderungen zu den hinzurechnungspflichtigen Entgelten. Zu nennen sind z.B. Abschläge aus der Forfaitierung von Forderungen (vgl. § 8 Nr. 1a S 2 GewStG).[110] Gleiches muss in den Fällen des echten Factorings gelten.

---

108 Änderungsantrag der Fraktionen CDU/CSU und SPD v. 16.05.2007.
109 Barzen, BC 2007, 192 f.
110 Gesetzesbegründung v. 27.03.2007, BT DS 16/ 4841, Besonderer Teil, S. 79.

Via gesetzlicher Fiktion gilt auch der Unterschiedsbetrag zwischen dem angenommenen Wert der   27
Forderung und dem vereinbarten Veräußerungserlös bei Veräußerung einer Forderung aus einem
schwebenden Vertragsverhältnis als hinzurechnungspflichtiges Entgelt (§ 8 Nr. 1a S. 3 GewStG).
Hierbei stellt sich die Frage, was unter einer Forderung aus schwebendem Vertragsverhältnis zu
verstehen ist. Die Gesetzesbegründung enthält diesbezüglich keine Präzisierung. Unter bilanz-
steuerlichen Gesichtspunkten scheint ein Widerspruch vorzuliegen, denn eine zumindest bilan-
zierungsfähige Forderung liegt bei einem schwebenden Geschäft gerade nicht vor.[111] Dennoch
besteht eine Forderung, nachdem der Leistende bereits mit Abschluss des Vertrages grundsätzlich
den Anspruch auf die Gegenleistung erwirbt, wenn dem Anspruch auch Einreden entgegenste-
hen.[112] Gegenstand z.B. eines Kaufvertrages kann diese Forderung auch dann sein, wenn die eigene Leistung des Forderungsinhabers noch nicht bzw. noch nicht vollständig erbracht ist und damit ein schwebendes Geschäft vorliegt. Problematisch dürfte regelmäßig nur sein, welcher Wert
der Forderung in diesem Stadium beizumessen ist.

> **Beispiel:**
>
> Die A GmbH wurde mit der Herstellung und Lieferung einer Maschine beauftragt. Für die Herstellung wurde zwischen
> dem Auftraggeber und der A GmbH ein Kaufpreis von € 350.000 vereinbart, der durch eine Ausfallbürgschaft gesichert ist.
>
> Vor Fertigstellung der Maschine zwingt ein Liquiditätsengpass die A GmbH, ihre (noch nicht fällige) Forderung gegen den
> Auftraggeber an die Finanz GmbH zu veräußern. Die Abtretung der Forderung wird nicht offen gelegt (stille Zession). Die
> Parteien einigen sich auf einen Kaufpreis von € 330.000 und legen der Forderung einen Wert von € 340.000 zugrunde. Die
> Differenz zwischen dem Wert von € 340.000 und dem Kaufpreis von € 330.000, also € 10.000 sind bei der Hinzurechnung
> nach § 8 Nr. 1a GewStG zu berücksichtigen.

Entsprechend der bis 2007 geltenden Gesetzeslage ergibt sich auch durch § 8 Nr. 1a GewStG aus
der Abzinsungspflicht für Verbindlichkeiten nach § 6 Abs. 1 Nr. 3 EStG kein hinzurechnungspflichtiges Entgelt.[113]

Mit der Neuregelung des § 8 Nr. 1a GewStG werden sämtliche Entgelte für Schulden der Hinzu-   28
rechnung unterworfen. Für das bis 2007 geltende Recht wurde in der Praxis regelmäßig bemän-
gelt, dass die Berücksichtigung nur langfristigen Fremdkapitals nicht konsequent sei. Denn Zweck
der Hinzurechnung der Dauerschuldentgelte nach der Rechtslage bis zum Erhebungszeitraum
2007 ist es, den Ertrag des im Betrieb arbeitenden Kapitals in vollem Umfang der Besteuerung zu-
zuführen. Insofern wäre es schon nach bislang geltendem Recht konsequent gewesen, alle Entgelte
für Schulden, die zuvor als Betriebsausgaben das Ergebnis gemindert haben, bei der Ermittlung
des Gewerbeertrags zu berücksichtigen.[114]

Ab dem Erhebungszeitraum 2008 kommt es nicht mehr darauf an, ob die Schulden in Zusammenhang mit der Gründung, dem Erwerb oder der Erweiterung bzw. Verbesserung des Gewerbebetriebes stehen. Die Abgrenzung von Schulden für den laufenden Geschäftsverkehr erübrigt
sich ebenso wie die Frage danach, ob die Kapitalüberlassung der dauerhaften Verstärkung des Betriebskapitals dient. Zukünftig werden somit sämtliche Schulden bei der Hinzurechnung erfasst,
die in wirtschaftlichem Zusammenhang mit dem Betrieb stehen, auch solche aus dem laufenden
Geschäftsverkehr.

---

111 Weber-Grellert in: Schmidt, § 5 Rn 76.
112 Palandt, BGB, Einl. V. § 241, Rn 3.
113 Gesetzesbegründung v. 27.03.2007, BT DS 16/ 4841, Besonderer Teil, S 79; mit Verweis auf BMF v. 26.05.2005, IV B
     2 – S-2175 – 7/05, BStBl I 2005 S 699.
114 Köster in: Lenski/Steinberg, § 8 Nr. 1 Rn 10.

e) Grundsatz der Maßgeblichkeit des einzelnen Schuldverhältnisses

29 Während nach bis zum Erhebungszeitraum 2007 anwendbarem Recht die Zusammenfassung von mehreren Schuldverhältnissen bei einem oder mehreren Gläubigern durchaus eine wichtige Rolle gespielt hat, kommt es nach dem Wortlaut des § 8 Nr. 1a GewStG nur noch darauf an, ob überhaupt eine (betriebliche) Schuld vorliegt, für die ein Entgelt gezahlt wird. Das Zeitmoment, für dessen Beurteilung eine Zusammenfassung von sich ablösenden Verbindlichkeiten entscheidend sein kann, ist künftig unerheblich.

Auch eine der Verbindlichkeit gegenüberstehende Forderung, mit der die Verbindlichkeit aufgerechnet werden könnte, dürfte für die Frage der Hinzurechnung von auf die Verbindlichkeit entfallenen Entgelten unerheblich sein. Denn bei der Frage, ob ein Entgelt für die Kapitalüberlassung geleistet wurde und damit der gewerbesteuerlichen Hinzurechnungsvorschrift des § 8 Nr. 1a GewStG unterliegt, ist jedes einzelne Schuldverhältnis für sich zu betrachten.

Eine Saldierung von Soll- und Habenzinsen war nach bisherigem Recht ausnahmsweise dann zulässig, wenn eine regelmäßige Verrechnung vertraglich vereinbart war oder ein Fall des durchlaufenden Kredits vorlag.[115] Eine Verrechnung von Entgelten mit Erstattungen oder Zuschüssen wurde von der Rechtsprechung ferner anerkannt, wenn ein ursächlicher Zusammenhang zwischen dem tatsächlich für einen bestimmten Kredit entstandenen Aufwand und dem Zufluss bestand.[116] Zumindest die von der Rechtsprechung herausgebildeten Grundsätze zur Verrechnung von Zuschüssen und Erstattungen können unseres Erachtens auf das neue Recht übertragen werden. Der BFH stützt sich in den genannten Ausnahmefällen auf die wirtschaftliche Betrachtungsweise: Nur soweit die Entgelte die Ertragskraft des Gewerbebetriebes tatsächlich beeinflusst haben, kann im Bereich der Gewerbesteuer eine anteilige Hinzurechnung in Frage kommen. Dieser Begründungsansatz bleibt auch nach neuem Recht erhalten, denn auch hier setzt die Hinzurechnung voraus, dass die entsprechenden Entgelte den nach den Vorschriften des Einkommen- oder Körperschaftsteuerrechts ermittelten Gewinn beeinflusst haben.

> 🛈 Praxishinweis:
>
> *Soweit die in unmittelbarem ursächlichen Zusammenhang stehenden Erstattungen und Zuschüsse den Gewinn erhöht haben, rechtfertigt die wirtschaftliche Betrachtungsweise die Kürzung des Hinzurechnungsbetrages.*

f) Umfang der Hinzurechnungen

30 Nach dem bis 2007 geltenden Recht werden Entgelte für Dauerschulden, die bei der einkommen- bzw. körperschaftsteuerlichen Gewinnermittlung als Betriebsausgaben abgezogen worden sind, bei der Ermittlung des Gewerbeertrags i.H.v. 50% wieder hinzugerechnet. Dabei kommt es auf die während des Erhebungszeitraums tatsächlich gezahlten bzw. passivierten Entgelte an. Bei abweichendem Wirtschaftsjahr sind nur die Beträge hinzuzurechnen, die bis zum Abschlusszeitpunkt wirtschaftlich verursacht sind.[117]

Ab dem Erhebungszeitraum 2008 reduziert sich der Hinzurechnungsfaktor auf einheitlich 25%.

---

115 Meyer-Scharenberg, § 8 Nr.1 Rn 54.
116 BFH v. 04.05.1965, I 134/63-U, BStBl III 1965, 417, BFH v. 23.11.1983, I R 147/78, BStBl II 1984, 217.
117 Güroff in: Glanegger/Güroff, § 8 Nr. 1 Rn 3.

g) Organschaft

Bei Vorliegen eines Organschaftsverhältnisses sind die Gewerbeerträge des Organträgers und der 31 Organgesellschaft jeweils gesondert zu ermitteln. Hinzurechnungen nach § 8 GewStG haben im Organkreis nach bisheriger Rechtslage insofern zu unterbleiben, als die Hinzurechnung zu einer doppelten steuerlichen Berücksichtigung führen würde. Zu einer derartigen Belastung kann es insbesondere kommen, wenn zwischen Organträger und Organgesellschaft verzinsliche Darlehen gewährt werden (vgl. auch Abschn. 41 Abs. 1 S. 5 und 6 GewStR 1998).

Inwiefern sich die offizielle Verabschiedung von dem Grundsatz der Vermeidung der doppelten Belastung von Entgelten mit Gewerbesteuer durch die gesetzliche Neufassung des § 8 Nr. 1 GewStG auch auf die Geld- und Sachkapitalüberlassung innerhalb eines Organkreises auswirkt, wird in der Gesetzesbegründung nicht angesprochen. Die Organgesellschaft wird im Gewerbesteuerrecht als Betriebsstätte des Organträgers behandelt (§ 3 Abs. 2 S. 2 und 3 GewStG). Zwar sind die Gewerbeerträge von Organträger und Organgesellschaft getrennt zu ermitteln, der Gewerbesteuer unterliegt jedoch nach dem Sinn und Zweck des Gesetzes nur die Ertragskraft des steuerpflichtigen Gewerbebetriebes. Die Ertragskraft des Gewerbebetriebes wird jedoch durch die Geld- und Sachkapitalüberlassung innerhalb des Organkreises nicht beeinflusst, sodass es nicht gewollt sein kann, bei der Geld- und Sachkapitalüberlassung zwischen Organträger und Organgesellschaft bzw. zwischen Organgesellschaften desselben Organkreises von einer Hinzurechnungspflicht auszugehen. U.E. muss daher Abschn. 41 Abs. 1 S. 5 und 6 GewStR 1998 auch nach neuem Recht weitergelten.

h) Sonderregelungen für Kreditinstitute, Pfandleiher und Gewerbebetriebe § 19 GewStDV i.V.m. § 35c GewStG, Versicherungsunternehmen

Im Vergleich zur bisherigen Regelung des § 19 GewStDV ergeben sich durch die Unternehmen- 32 steuerreform keine Änderungen. § 19 GewStDV wird lediglich an die neue Struktur des § 8 Nr. 1 GewStG angepasst.

Außerdem stellt die Gesetzesbegründung klar, dass die nach der Rechtsprechung herausgebildeten Grundsätze zur Behandlung der versicherungstechnischen Rückstellungen in der Anwartschaftsphase und der gesamten Leistungsphase von der Neuregelung unberührt bleiben. Demnach sind diese bei der Hinzurechnung nach § 8 Nr. 1 GewStG auch weiterhin nicht zu berücksichtigen (vgl. Abschn. 45 Abs. 9 GewStR 1998).

i) Verhältnis zu anderen Vorschriften

Gleich geblieben ist auch das Verhältnis von § 8 Nr.1a GewStG zu den anderen Hinzurechnungs- 33 bestimmungen. Die Regelungen unter § 8 Nr.1b und c GewStG sind leges specialis zu § 8 Nr. 1a GewStG.

II. Renten und dauernde Lasten

1. Die Bedeutung des § 8 Nr. 2 GewStG

34 Nach § 8 Nr. 2 GewStG, der bis zum Erhebungszeitraum 2007 Anwendung findet, sind Renten und dauernde Lasten, die wirtschaftlich mit der Gründung oder dem Erwerb des Betriebs (Teilbetriebs) oder eines Anteils am Betrieb zusammenhängen, dem Gewinn aus Gewerbebetrieb i.S.v. § 7 GewStG wieder hinzuzurechnen, es sei denn, die Beträge sind Empfänger der Gewerbesteuer zu unterwerfen.

Die Hinzurechnungsvorschrift gilt nur für Renten und dauernde Lasten, die im betrieblichen Bereich entstanden sind und den Gewerbeertrag gemindert haben.

Ähnlich der Vorschrift des § 8 Nr. 1 GewStG dürfen Renten und dauernde Lasten, bei denen es sich wirtschaftlich um Entgelte für die Überlassung von Kapital handelt,[118] den Gewerbeertrag nicht mindern Damit soll der fremdfinanzierte Erwerbsvorgang dem Erwerbsvorgang, der auf den Einsatz von Eigenkapital zurückzuführen ist, gleichgestellt werden.[119]

Im Unterschied zu § 8 Nr. 1 GewStG erfolgt die Hinzurechnung in voller Höhe und nicht nur zu 50%. Allerdings entfällt eine Hinzurechnung von Renten und dauernden Lasten ganz, wenn der Empfänger zur Gewerbesteuer herangezogen wird (§ 8 Nr. 2 S. 2 GewStG).

2. Begriff der Renten und dauernden Lasten

a) Rente

35 Unter Renten sind wiederkehrende Zahlungen zu verstehen, die in regelmäßigen Zeitabständen in gleichmäßiger Höhe über einen Zeitraum von mindestens zehn Jahren (Zeitrente) oder bis zum Tod einer natürlichen Person geleistet werden.[120]

Der in der Praxis häufig vorkommende Fall einer Rente im Sinne dieser Vorschrift ist die betriebliche Veräußerungsrente. Aber auch die betriebliche Versorgungsrenten, Renten, die als Abfindung an lästige Gesellschafter gezahlt werden, sowie Renten anlässlich des Rückerwerbs eines Betriebs gehören zu den Renten, die nach § 8 Nr. 2 GewStG der Hinzurechnung unterliegen.[121]

b) Dauernde Lasten

36 Dauernde Lasten sind Leistungen, die in unregelmäßigen Zeitabständen und/oder in schwankender Höhe erfolgen.[122] Entscheidend ist, dass die Möglichkeit der Abänderung vertraglich vorbehalten ist, und zwar entweder ausdrücklich durch Bezugnahme auf § 323 ZPO (Zahlungen sind der Höhe nach anzupassen, wenn die wirtschaftliche Lage des Zahlungspflichtigen/-empfängers

---

118 Meyer-Scharenberg, § 8 Rn 2; Güroff, in: Glanegger/Güroff, 6. Aufl. 2006, § 8 Rn 1.
119 BFH v. 24.10.1990, X R 64/89, BStBl II 1991, 358.
120 Meyer-Scharenberg, § 8 Rn 4.
121 Güroff, in: Glanegger/Güroff, 6. Aufl. 2006, § 8 Rn 4.
122 Meyer-Scharenberg, § 8 Rn 5.

dies erfordert) oder in anderer Weise.[123] Im Gegensatz zur Rente fehlt der dauernden Last das Merkmal der „Gleichmäßigkeit". Die Vereinbarung einer Wertsicherungsklausel führt dagegen nicht dazu, dass eine Rente als dauernde Last zu qualifizieren ist. Die Last muss i.d.R. eine Laufzeit von 10 Jahren haben.[124] Typische Fälle dauernder Lasten sind Veräußerungszeitrenten oder Pensionsverpflichtungen.

c)   Sonderfälle Erbbauzinsen, Kaufpreisraten und sonstige wiederkehrende Zahlungen

In der Vergangenheit bestand Uneinigkeit darüber, ob Erbbauzinsen als dauernde Lasten dem Gewerbeertrag nach § 8 Nr. 2 GewStG hinzuzurechnen sind oder als Miet- bzw. Pachtzinsen für die Überlassung von Grundstücken zu qualifizieren und damit gewerbesteuerlich nicht hinzuzurechnen sind.[125] Mit seinem Urteil vom 07.03.2007 hat der BFH in Abkehr zur bisherigen Rechtsprechung entschieden, dass Erbauzinsen nicht als dauernde Lasten nach § 8 Nr. 2 GewStG dem Gewerbeertrag hinzuzurechnen sind.[126] Der erkennende Senat begründet dies damit, dass Erbbauzinsen keine Gegenleistung für den Erwerb des Betriebes, sondern rechtlich und wirtschaftlich ein Entgelt für die Überlassung des Grundstücks zur Nutzung darstellen. Erbbauzinsen stellen daher Miet- und Pachtzinsen dar, für die bis zum Erhebungszeitraum 2007 eine Hinzurechnung gesetzlich nicht vorgesehen ist. Zu den diesbezüglichen Änderungen ab dem Erhebungszeitraum 2008 vgl. nachstehend VII.   37

Kaufpreisraten und sonstige wiederkehrende Zahlungen sind nicht von der Hinzurechnung nach § 8 Nr. 2 GewStG betroffen. Bei derartigen Zahlungen kommt u.U. eine Hinzurechnung nach § 8 Nr. 1 GewStG zur Anwendung, sofern die dort genannten Voraussetzungen erfüllt sind. Die Abgrenzung zwischen Kaufpreisraten und sonstigen wiederkehrenden Zahlungen einerseits und Renten sowie dauernden Lasten andererseits bereitet in der Praxis mitunter Schwierigkeiten. So sind Kaufpreisraten mit einer Laufzeit von mindestens 10 Jahren nicht von Zeitrenten zu unterscheiden.[127] Hier ist im Einzelfall zu prüfen, ob eine Zeitrente oder Kaufpreisrate vorliegt. Hilfsweise kann sich der Steuerpflichtige daran orientieren, welcher Zweck im Vordergrund steht. Gibt der Versorgungsgedanke den Ausschlag, liegt eine Zeitrente vor, st eine Kaufpreisstundung gewollt, wird eine Kaufpreisrate anzunehmen sein.[128]   38

3.   Veranlassungszusammenhang mit der Gründung oder dem Erwerb

Nur Renten und dauernde Lasten, die wirtschaftlich mit der Gründung oder dem Erwerb des (Teil)Betriebs zusammenhängen, sind von der Hinzurechnungsvorschrift betroffen. Somit scheiden Verpflichtungen aus, die nach Gründung oder Erwerb des Betriebs bzw. des Teilbetriebs oder des Anteils am Betrieb entstanden sind. Keine Hinzurechnung findet außerdem bei Renten und   39

---

123 Meyer-Scharenberg, § 8 Rn 5.
124 Güroff, in: Glanegger/Güroff, 6. Aufl. 2006, § 8 Rn 5.
125 Für den Ansatz von Erbbauzinsen als dauernde Last: BFH v. 12.09.1979, I R 146/76, BStBl II 1980, 51, Lenski/Steinberg, § 8 Nr. 2, Rn 104, Güroff, in: Glanegger/Güroff, 6. Aufl. 2006, § 8 Nr. 2, Rn 5., gegen einen Ansatz als dauernde Last haben sich ausgesprochen: Blümich, § 8 GewStG Rn 102; Meyer-Scharenberg, § 8 Nr. 2 Rz 29.
126 BFH v. 07.03.2007, I R 60/06, BFH/NV 2007, 1424.
127 Lenski/Steinberg, § 8 Nr. 2 Rn 72.
128 Lippross/Pieper, § 8 Nr. 2 Rn 45, Mayer-Scharenberg, § 8 Nr. 2 Rn 7.

dauernden Lasten statt, die bereits in dem übernommenen Betrieb bestanden haben. Hier fehlt es an einem wirtschaftlichen Zusammenhang mit dem Erwerb.[129] Ob übernommene Renten und dauernde Lasten nach § 8 Nr. 2 GewStG hinzuzurechnen sind, hängt von der Behandlung beim Rechtsvorgänger ab. Bestand bei diesem der erforderliche Veranlassungszusammenhang, besteht er beim Erwerber fort.[130] Zu den dauernden Lasten, die im laufenden Geschäftsverkehr entstehen und damit nicht der Hinzurechnungsvorschrift unterliegen, gehören z.B. die Pensionsverpflichtungen aus Direktzusagen an Arbeitnehmer.

🛑 Praxishinweis:

Im Fall der Finanzierung von Betriebserweiterungen könnte es u.U. sinnvoll sein, die Finanzierung nicht über Darlehen (Hinzurechnung des Zinsanteils mit 50%), sondern über Versorgungsleistungen vorzunehmen. Während nämlich die für das Darlehen gezahlten Zinsen der hälftigen Hinzurechnung nach § 8 Nr. 1 GewStG unterliegen, kommt die Hinzurechnungsvorschrift des § 8 Nr. 2 GewStG für den in den Versorgungsleistungen enthaltenen Zinsanteil nicht zur Anwendung.

4. Umfang der Hinzurechnung

40   Gem. § 8 Nr. 2 GewStG werden Renten und dauernde Lasten dem Gewinn hinzugerechnet, soweit sie bei der Gewinnermittlung abgesetzt worden sind.

Bei der Gewinnermittlung im Rahmen des Betriebsvermögensvergleichs erfolgt i.d.R. eine Passivierung der Rentenverpflichtung. In diesem Fall werden Rentenzahlungen nur in Höhe der Differenz zwischen geleisteten Zahlungen und der jährlich eintretenden Barwertminderung erfolgswirksam. Deshalb kann eine Hinzurechnung nach § 8 Nr. 2 GewStG nur in Höhe der Differenz zwischen Rentenzahlung und Barwertminderung vorgenommen werden.[131] Eine (gewinnmindernde) Erhöhung des Rentenbarwerts aufgrund einer Wertsicherungsklausel führt nicht zu einer Hinzurechnung.[132] Der Wegfall einer Rentenverpflichtung bzw. einer dauernden Last führt zu einem außerordentlichen Ertrag. Der Ertrag unterliegt der Gewerbesteuer und wird nicht gekürzt.[133] Bei der Gewinnermittlung durch Einnahmen-Überschuss-Rechnung erfolgt stets eine Gewinnminderung in Höhe der geleisteten Rentenzahlungen. Insoweit werden die als Betriebsausgabe abgesetzten Rentenzahlungen für gewerbesteuerliche Zwecke wieder hinzugerechnet.

Bei Veräußerungszeitrenten (dauernde Last) erfolgt die Hinzurechnung in Höhe der Differenz zwischen den laufenden Rentenzahlungen und der Kapitalwertminderung der Rentenbelastung.[134]

5. Gewerbesteuerpflicht des Zahlungsempfängers

41   Fallen die geleisteten Beträge beim Empfänger in dessen Betrieb an, unterbleibt nach dem Korrespondenzprinzip eine Hinzurechnung (§ 8 Nr. 2 Satz 2 GewStG). Dabei kommt es nicht darauf an, ob tatsächlich Gewerbesteuer gezahlt wird.[135] Die Vorschrift soll eine Doppelbelastung mit Ge-

---

129 Lenski/Steinberg, § 8 Nr. 2 Rn 15.
130 BFH v. 18.01.2001, IV R 61/00, BStBl II 2001, 687, Güroff in: Glanegger/Güroff, 6. Aufl. 2006, § 8 Rn 7, Lenski/Steinberg, § 8 Nr. 2, Rn 9.
131 BFH v. 18.01.2001, IV R 61/00, BStBl II 2001, 687 m.w.N.
132 Abschn. 49 Abs. 3 GewStR; BFH v. 12.11.1975, I R 135/73, BStBl II 1976, 297.
133 Mayer-Scharenberg, § 8 Nr. 2 Rn 22.
134 Güroff in: Glanegger/Güroff, 6. Aufl. 2006, § 8 Rn 10.
135 Lippross/Pieper, § 8 Nr. 2 Rn 55.

werbesteuer vermeiden (§ 8 Nr. 2 Satz 2 GewStG).[136] Damit unterscheidet sich § 8 Nr. 2 GewStG. von der Hinzurechnung von Dauerschuldzinsen nach § 8 Nr. 1 GewStG. Hier findet eine Hinzurechnung auch statt, wenn der Empfänger der Gewerbesteuer unterliegt.

6.   Die gesetzliche Änderung durch die Unternehmensteuerreform 2008

Die Vorschrift des § 8 Nr. 2 GewSt wird mit Wirkung ab dem Erhebungszeitraum 2008 gestrichen. Stattdessen wird der Hinzurechnungstatbestand (zusammen mit den bisherigen Nummern 1, 3 und 7 GewStG) unter § 8 Nr. 1 GewStG zusammengefasst.   42

Künftig erfolgt eine Hinzurechnung aller betrieblichen Renten und dauernden Lasten (§ 8 Nr. 1b GewStG). Es kommt nicht mehr darauf an, ob die Renten bzw. dauernden Lasten im Zusammenhang mit einem Erwerbsvorgang angefallen sind. Somit unterliegen auch Pensionsverpflichtungen, die dem laufenden Geschäftsverkehr zuzurechnen sind, der Hinzurechnung. Um eine der wichtigsten Säulen der betrieblichen Altersversorgung zu schonen, werden jedoch Verpflichtungen auf Grund einer unmittelbar vom Arbeitgeber erteilten Pensionszusage aus der Hinzurechnung ausgenommen (§ 8 Nr. 1 Buchstabe b, S. 2 GewStG).[137]

Die Hinzurechnung erfolgt zu 25% anstelle bisher 100%.[138] Dafür entfällt das bis zum Erhebungszeitraum 2007 gültige Korrespondenzprinzip: Es ist nicht mehr entscheidend, ob die Beträge beim Empfänger zur Gewerbesteuer herangezogen werden oder nicht.

> **Beispiel:**

Unternehmer U verkauft sein Einzelunternehmen gegen Zahlung einer lebenslänglichen Rente von monatlich € 4.000 an den Unternehmer M. Dieser hat die Rentenverpflichtung in seiner Bilanz mit dem Barwert zu passivieren (Annahme: € 300.000). Die monatlichen Rentenzahlungen an U stellen bei M Aufwand dar. Gleichzeitig ist jedoch der Barwert der Rentenverpflichtung anteilig aufzulösen (Annahme der Barwertminderung für 2008: € 10.000). Der Auflösungsbetrag stellt einen betrieblichen Ertrag dar. Somit wirkt sich lediglich die Differenz zwischen Rentenzahlung und Auflösungsbetrag auf den Gewinn des Unternehmens M aus. Sonstige Hinzurechnungen nach § 8 Nr. 1 GewStG liegen nicht vor.

Für 2008 ergibt sich folgender Hinzurechnungsbetrag nach § 8 Nr. 1 GewStG:

			€
Rentenzahlung	€ 4.000	x 12	48.000
Auflösungsbetrag Barwert			./. 10.000
Gewinnauswirkung			38.000
Sonstige Hinzurechnungen § 8 Nr. 1 GewStG			0
Summe der Hinzurechnungen			38.000
./. Freibetrag	./. € 100.000	Max.	./. 38.000
Freibetrag nicht überschritten			0
Hinzurechnung	25%		0

Variante:

Unter der Annahme, dass der Freibetrag von € 100.000 bereits mit anderweitigen Hinzurechnungen nach § 8 Nr. 1 GewStG verbraucht wäre, ergäbe sich folgende gewerbesteuerliche Belastung. Der Hebesatz wird mit 400% angenommen; die Steuermesszahl beträgt 3,5%:

---

136 Lenski/Steinberg, § 8 Nr. 2 Rn 56.
137 BT-Drs. 16/4811, Seite 142.
138 Eine Hinzurechnung erfolgt jedoch nur, wenn die Summe der Hinzurechnungen nach § 8 Nr. 1 GewStG in der ab dem Erhebungszeitraum 2008 gültigen Fassung € 100.000 übersteigt.

Hinzurechnungen nach Freibetrag	€ 38.000
Davon 25% (§ 8 Nr. 1 GewStG)	€ 9.500
Steuermesszahl (§ 11 Abs. 2 GewSt)	3,5%
Hebesatz	400%
Gewerbesteuer	€ 1.330

III. Gewinnanteile stiller Gesellschafter gem. § 8 Nr. 1c GewStG in der ab dem Erhebungszeitraum 2008 bzw. § 8 Nr. 3 GewStG in der bis zum Erhebungszeitraum 2007 geltenden Fassung

1. Allgemeines

43 Die Hinzurechnung der Gewinnanteile des stillen Gesellschafters dient ebenfalls der Objektivierung der Gewerbesteuer. Nach der bisher geltenden Gesetzeslage waren dem Gewinn aus Gewerbebetrieb wieder hinzuzurechnen:

> die Gewinnanteile des stillen Gesellschafters, wenn sie beim Empfänger nicht zur Steuer nach dem Gewerbeertrag heranzuziehen sind.

Im Rahmen der Unternehmensteuerreform wurde der Hinzurechnungstatbestand dahingehend verändert, dass es zukünftig in Bezug auf die Frage nach der Hinzurechnung nicht mehr auf die gewerbesteuerliche Behandlung des Gewinnanteils beim stillen Gesellschafter ankommt.

2. Stiller Gesellschafter

a) Begriff der stillen Gesellschaft

44 Nach der Rechtsprechung des BFH ist der Begriff der stillen Gesellschaft weitgehend in Übereinstimmung mit den handelsrechtlichen Vorschriften zu verstehen.[139] Handelsrechtlich liegt eine stille Gesellschaft vor, wenn sich jemand als stiller Gesellschafter an dem Handelsgewerbe, das ein anderer betreibt, mit einer Vermögenseinlage beteiligt und diese Vermögenseinlage in das Vermögen des Inhabers des Handelsgeschäfts übergeht (§ 230 Abs. 1 HGB). Der Unterschied zwischen Handelsrecht und Steuerrecht besteht darin, dass steuerlich nicht zwingend die Beteiligung an einem Handelsgewerbe im Sinne von §§ 1 ff HGB erforderlich ist. Die steuerliche Rechtsprechung lässt die Beteiligung an einem Gewerbe genügen, sodass auch Kleingewerbetreibende und Handwerker umfasst sind.[140] Auch sog. verschleierte stille Gesellschaftsverhältnisse sind gewerbesteuerlich als stille Gesellschaft zu behandeln, sofern sie handelsrechtlich die Voraussetzungen für das Bestehen einer stillen Gesellschaft erfüllen.[141]

---

139 BFH v. 05.06.1964, IV 213/60, BStBl III 1965, 49.
140 BFH v. 05.06.1964, IV 213/60, BStBl III 1965, 49.
141 Lenski/Steinberg, § 8 Nr. 3 Rn 15.

Im Steuerrecht wird zwischen der typisch und der atypisch stillen Gesellschaft unterschieden. Bei der atypisch stillen Gesellschaft partizipiert der stille Gesellschafter nicht nur am Geschäftserfolg des Gewerbebetriebes, sondern auch an den stillen Reserven des Unternehmens. Die steuerliche Anerkennung einer stillen Gesellschaft als atypisch stille Gesellschaft voraus, dass der stille Gesellschafter wegen seiner Teilnahme an den stillen Reserven und am Zuwachs des Geschäftswerts als Mitunternehmer im Sinne von § 15 Abs. 1 Nr. 2 EStG anzusehen ist,[142] der Unternehmerinitiative entfalten und Unternehmerrisiko tragen kann.

Bei der Ermittlung des Gewerbeertrags ist nur der Gewinnanteil an einer typisch stillen Gesellschaft hinzuzurechnen, soweit die Voraussetzungen einer atypisch stillen Gesellschaft vorliegen, ist § 8 Nr. 3 GewStG bzw. § 8 Nr. 1c GewStG nicht anwendbar. Der Gewinnanteil des atypisch stillen Gesellschafters hat den nach einkommensteuerlichen Vorschriften ermittelten Gewinn als Grundlage des Gewerbeertrag nicht gemindert (vgl. § 15 Abs. 1 Nr. 2 EStG), sodass eine Hinzurechnung nicht in Betracht kommt.

b)   Beteiligung am Gewerbebetrieb

Die stille Beteiligung ist an jedem Gewerbebetrieb eines Einzelunternehmens, einer Personenhandelsgesellschaft, einer Gesellschaft bürgerlichen Rechts oder an einer Kapitalgesellschaft (GmbH, AG, KGaA) möglich. Als stiller Gesellschafter kann sich grundsätzlich jede natürliche und juristische Person an einem Gewerbebetrieb beteiligen.   45

Auch der Gesellschafter einer GmbH kann sich zugleich als stiller Gesellschafter am Gewerbebetrieb derselben GmbH beteiligen. Denn bei der GmbH handelt es sich um eine eigene Rechtspersönlichkeit (vgl. § 13 GmbHG). Die steuerliche Anerkennung eines stillen Gesellschaftsverhältnisses neben einer gesellschaftsrechtlichen Beteiligung setzt voraus, dass eine derartige stille Beteiligung im Voraus klar und eindeutig vereinbart worden ist und auch tatsächlich entsprechend dieser Vereinbarung durchgeführt wird.[143] Der GmbH-Gesellschafter muss seine Vermögenseinlage in die GmbH damit wie ein fremder Dritter aufgrund gesonderter schuldrechtlicher Vereinbarung erbringen.

Im Unterschied dazu können die Gesellschafter einer Personengesellschaft (z.B. BGB-Gesellschaft, OHG oder KG) nicht zugleich stille Gesellschafter ihrer eigenen Personengesellschaft sein, da die stille Beteiligung bereits begrifflich die Beteiligung am Betrieb eines anderen voraussetzt.[144] Etwaige handelsrechtlich vereinbarte Vergütungen zugunsten der Personengesellschafter sind steuerlich deren gewerblichen Einkünften gem. § 15 Abs. 1 Nr. 2 EStG zuzurechnen, mindern daher den Gewinn nicht und sind bei der Ermittlung des Gewerbeertrages folglich nicht wieder hinzuzurechnen.[145]

c)   Beteiligung am Handelsgewerbe

Die Beteiligung muss nicht zwingend am gesamten (Handels-) Gewerbe bestehen. Nach der Rechtsprechung genügt eine Beteiligung an einem Teilbetrieb oder sogar an einem selbständig abgrenzbaren Geschäftszweig.   46

---

142 BFH v. 25.06.1981, VI R 61/78, BStBl II 1982, 59.
143 BFH v. 06.02.1980, I R 50/76, BStBl II 1980, 477.
144 Lenski/Steinberg, § 8 Nr. 3 Rn 11.
145 RFH v. 17.07.1935, IV A 304/34, RStBl. 1935, 1452.

4

> **Beispiel:**
>
> Die X GmbH betreibt neben ihrem eigentlichen Handelsgewerbe im Immobilienbereich auch Finanzgeschäfte. Y, Finanzmakler und damit Spezialist im Bereich von Finanzgeschäften hat die Geschäftsführer der X GmbH in die Tätigkeit als Finanzmakler eingeführt, seine gesamten geschäftlichen Verbindungen in diesem Bereich zur Verfügung gestellt und anschließend seine Beratungsleistung angeboten. Als Gegenleistung erhält er einen bestimmten Anteil an dem auf diesen Geschäftszweig entfallenden Gewinn. Der BFH hat in diesem Fall das Vorliegen einer typisch stillen Gesellschaft nicht ausgeschlossen und zur näheren Sachverhaltsaufklärung an das FG zurückverwiesen.[146]

Dagegen genügt es nicht, wenn nur eine Beteiligung an einem einzelnen Geschäft eingeräumt wird. Nach der Rechtsprechung liegt in diesem Fall eine Gelegenheitsgesellschaft nach bürgerlich rechtlichen Vorschriften vor, die keine stille Gesellschaft begründet.[147]

> **Beispiel:**
>
> Typische Innengesellschaften, bei denen nur eine Person nach außen zur Realisierung des Projekts auftritt.

47 Es besteht auch die Möglichkeit, dass die typisch stille Gesellschaft in Form einer typisch stillen Unterbeteiligung an einem Mitunternehmeranteil an einer Personengesellschaft besteht. Der Geschäftserfolg, an dem der stille Unterbeteiligte beteiligt ist, ist der Gewinnanteil des Mitunternehmers. Der auf den typisch stillen Unterbeteiligten entfallende Gewinnanteil darf den Gewerbeertrag der Mitunternehmerschaft nicht mindern[148]

> **Beispiel:**
>
> Die X KG besteht aus den Gesellschaftern A, B und C. An dem Gesellschaftsanteil des A besteht eine typisch stille Unterbeteiligung mit U, die den A zur Zahlung von € 50.000 verpflichtet. Nach der Rechtsprechung handelt es sich auch bei diesem Gewinnanteil um einen objektiven Ertrag des Unternehmens, der bei der Ermittlung des Gewerbeertrags zu berücksichtigen ist. Die X KG hat daher die Zahlung von € 50.000 gem. § 8 Nr. 3 bzw. § 8 Nr. 1c GewStG wieder hinzuzurechnen.

d)   Vermögenseinlage

48 Voraussetzung für die Annahme einer typisch stillen Gesellschaft ist, dass der stille Gesellschafter eine Vermögenseinlage leistet, der ein gewisser Vermögenswert beizumessen ist. Der Begriff der Vermögenseinlage ist hierbei weit auszulegen und umfasst neben der Geldeinlage auch die Überlassung von Vermögensgegenständen zur Nutzung und die Leistung von Diensten. Nach der Rechtsprechung genügt die Zurverfügungstellung von Know-how[149], die Leistung von Diensten[150] und sogar – nach der Rechtsprechung allerdings nur in Ausnahmefällen - die eigene Arbeitsleistung.[151] Die eigene Arbeitsleistung sollte zumindest dann als Vermögenswert anerkannt werden, wenn die damit erdienten Bezüge solange gutgeschrieben werden, bis die vereinbarte Vermögenseinlage erbracht ist.[152]

---

146 BFH v. 27.02.1975, I R 11/72, BStBl II 1975, 611.
147 BFH v. 13.05.1998, VIII R 81/96, BFH/NV 1999, 355.
148 BFH v. 08.10.1970, IV R 196/69, BStBl II 1971, 59.
149 BFH v. 27.02.1975, I R 11/72, BStBl II 1975, 611.
150 BFH v. 05.08.1965, IV 138/65, BStBl III 1965, 560.
151 BFH v. 03.07.1964, VI 355/62, BStBl III 1964, 511.
152 Lenski/Steinberg, § 8 Nr. 3 Rn 25.

Bei der Vermögenseinlage in Form der Dienstleistung wird darauf abgestellt, ob nach der vertraglichen Situation auf eine gesellschaftsähnliche Stellung des Dienstverpflichteten geschlossen werden kann. Entscheidend kann hierbei sein, ob die Beteiligten durch gemeinsame Interessen wie Gesellschafter verbunden sind und der Dienstverpflichtete einen Einfluss auf die Geschäftsführung und Gestaltung des Betriebsergebnisses wie ein stiller Gesellschafter hat.

Für die steuerliche Beurteilung kommt es nicht darauf an, ob eine geleistete Geldeinlage als Darlehen, Gesellschaftseinlage oder Interesseneinlage bezeichnet wird.[153]

e) Partnerschaftliches Zusammenwirken

Bestandteil einer gesellschaftsrechtlichen Verbindung und damit auch für die typisch stille Gesellschaft erforderlich ist ein partnerschaftliches Zusammenwirken der Beteiligten zur gemeinsamen Zweckerreichung (§ 705 BGB). Kennzeichnend hierfür ist ein Gleichordnungsverhältnis zwischen den Beteiligten, das Bestehen von Mitsprache- und Kontrollrechten und die Teilnahme am Unternehmensrisiko.[154]   49

Nicht abschließend geklärt ist die Frage, inwiefern die Befugnis des Inhabers des Gewerbebetriebs, den Gewerbebetrieb aufzugeben oder zu veräußern, Auswirkungen auf die Anerkennung der typisch stillen Gesellschaft hat. Unter Berufung auf die Zivilrechtsprechung war der BFH ursprünglich der Ansicht, dass die Verpflichtung zur Fortführung des Gewerbes für die Annahme der stillen Gesellschaft vertraglich nicht ausgeschlossen sein dürfe. Inzwischen geht die Rechtsprechung nur noch davon aus, dass der Ausschluss der Fortführungsverpflichtung als ein Indiz vor allem bei der Abgrenzung der stillen Gesellschaft vom partiarischen Arbeitsverhältnis heranzuziehen ist.[155] Der Ausschluss der Fortführungsverpflichtung spricht demnach für das Vorliegen eines Arbeitsverhältnisses.

Dem stillen Gesellschafter stehen nach den gesetzlichen Bestimmungen gewisse Kontrollrechte zu (§ 233 HGB). Demnach ist er berechtigt, eine Kopie des Jahresabschlusses zu verlangen und dessen Richtigkeit unter Einsicht in die Bücher und Unterlagen zu prüfen. Ihm steht ein außerordentliches, aufgrund gerichtlicher Anordnung verfügtes Informationsrecht zu, wenn wichtige Gründe vorliegen, insbesondere die Belange des stillen Gesellschafters nicht gewahrt sind und daher Schäden drohen.

f) Beteiligung am Gewinn

Unverzichtbares Merkmal der stillen Gesellschaft ist die Beteiligung des stillen Gesellschafters am Gewinn.[156] Gewinn in diesem Sinne ist in der Bilanz das Mehr der Aktiven gegenüber den Passiven im Vergleich zum Schluss des vorangegangenen Wirtschaftsjahres und in der Gewinn- und Verlustrechnung der Überschuss der Erträge über die Aufwendungen.[157] Gewinnanteile des stillen Gesellschafters sind sämtliche gewinnabhängigen Leistungen, die der stille Gesellschafter erhält und die nach dem Willen der Beteiligten den Charakter einer Gegenleistung für die Erbringung der Vermögenseinlage haben. Eine Beteiligung am Verlust ist nicht zwingend erforderlich.   50

---

153 Lenski/Steinberg, § 8 Nr. 3 Rn 26.
154 BFH v. 21.06.1983, VIII R 237/80, BStBl II 1983, 563.
155 BFH v. 16.08.1978, I R 28/76, BStBl II 1979, 51.
156 BFH v. 22.01.1970, IV R 178/68, BStBl II 1970, 416.
157 Güroff in: Glanegger/Güroff, § 8 Nr. 3 Rn 7.

4

Die Beteiligten dürfen Einzelheiten der Gewinnermittlung vereinbaren, insbesondere ob die Handels- oder die Steuerbilanz zugrunde gelegt werden soll. Es kann auch der Ansatz bestimmter Aufwendungen ausgeschlossen oder sonstige Korrekturen vereinbart werden.[158] Diese Korrekturen dürfen jedoch nicht dazu führen, dass der Begriff des Gewinns im Kern getroffen wird und eine weitgehende Loslösung vom Betriebsergebnis stattfindet.[159] Unschädlich ist allerdings die Garantie einer Mindestverzinsung.

Es genügt nicht, wenn nur eine Umsatzbeteiligung vorgesehen ist.[160] Ebenso wenig genügt eine vom Betriebsergebnis unabhängige Zahlung oder eine leistungsabhängige Vergütung.

> **Beispiel:**[161]

Die X OHG betreibt einen Textilgroß- und Einzelhandel. Dem typisch stillen Gesellschafter S gebührten nach dem Gesellschaftsvertrag auf Grundlage der Steuerbilanz nach Abzug der Gehälter und Zinsleistungen an die Gesellschafter der OHG jährlich 18 % des verbleibenden Gewinns und in Verlustjahren mindestens 15 % p.a. seiner Einlage (€ 250.000). Für den Fall der Beendigung des stillen Gesellschaftsverhältnisses in 10 Jahren sollte er zudem eine „Abfindung" in Höhe von € 300.000 erhalten. Diese Abfindung war wertgesichert. Die X OHG bildete demgemäß für die Abfindung eine Rückstellung und erhöhte die Rückstellung jährlich unter Berücksichtigung der Wertsicherungsklausel. Die Finanzverwaltung sah, bestätigt durch den BFH, auch in der Rückstellung und den jährlichen Erhöhungen einen Gewinnanteil, der nach der Vorschrift des § 8 Nr. 3 GewStG bei der Ermittlung des Gewerbeertrags wieder hinzuzurechnen war.

g)   Stille Gesellschaft und nahe Angehörige

51   Eine stille Gesellschaft kann auch zwischen nahen Angehörigen gegründet werden. Häufig anzutreffen sind Konstellationen, in denen eine stille Gesellschaft gegründet wird, um die heranwachsenden Kinder an den elterlichen Betrieb heranzuführen. Unter ertragsteuerlichen Gesichtspunkten werden derartige gesellschaftsrechtlichen Verhältnisse jedoch nur anerkannt, wenn folgende Voraussetzungen erfüllt sind. Die getroffene Vereinbarung muss

- zivilrechtlich wirksam,
- fremdüblich sowie
- ernsthaft gewollt sein und tatsächlich durchgeführt werden.

Bei der Begründung eines (stillen) Gesellschaftsverhältnisses zwischen Eltern und minderjährigen Kindern ist insbesondere darauf zu achten, dass die Eltern die Kinder beim Vertragsschluss regelmäßig nicht vertreten können, da die Begründung des Gesellschaftsverhältnisses i.d.R. nicht nur rechtlich vorteilhaft ist (§§ 1629, 1795 BGB). Vielmehr ist ein sog. Ergänzungspfleger beim Familien- bzw. Vormundschaftsgericht zu bestellen, der die Rechte der minderjährigen Kinder wahrnimmt (§ 1909 BGB). Voraussetzung für die zivilrechtliche Wirksamkeit ist regelmäßig auch, dass die Zustimmung des Vormundschaftsgerichts eingeholt wird (§§ 1643, 1822 Nr. 3 BGB). Diese Zustimmungspflicht soll dann entfallen, wenn der Minderjährige nur zur einmaligen Kapitalzahlung verpflichtet sein soll und auch am Verlust des Gewerbebetriebes nicht teilnimmt.[162] Letzteres führt jedoch dann zur steuerlichen Nichtanerkennung der stillen Gesellschaft, wenn die Geldeinlagebeträge zuvor von den Eltern zugewendet wurden mit der Auflage, diese als Vermö-

---

158 BFH v. 01.06.1978, IV R 139/73, BStBl II 1978, 570.
159 BFH v. 27.02.1975, I R 11/72, BStBl II 1975, 611.
160 BFH v. 27.02.1975, I R 11/72, BStBl II 1975, 611.
161 Nachgebildet BFH v. 01.06.1978, IV R 139/73, BStBl II 1978, 570.
162 BFH v. 28.11.1973, I R 101/72, BStBl II 1974, 289.

genseinlage in die typisch stille Gesellschaft einzubringen.[163] Von besonderer Bedeutung ist, dass der Vertrag nur Regelungen enthalten darf, unter denen auch fremde Dritte Kapital als stille Vermögenseinlage zur Verfügung gestellt hätten (Fremdüblichkeit). Dies gilt zumindest dann, wenn zwischen den Beteiligten eine wirtschaftliche Abhängigkeit besteht. Als nicht fremdüblich qualifiziert der BFH z.B. sachlich und zeitlich beschränkte Kündigungsmöglichkeiten einseitig zulasten der Kinder mit der Verpflichtung, auch nach Kündigung die Vermögenseinlage als partiarisches Darlehen aufrecht zu erhalten.[164] Der Ausschluss der Kündigungsmöglichkeit für einen Zeitraum von fünf Jahren ist allein nicht geeignet, die Fremdüblichkeit in Frage zustellen, wenn diese Kündigungsbeschränkung für alle Beteiligten des Vertrages gilt.[165]

⊘ Praxishinweis:

Bei der Überprüfung der Fremdüblichkeit sind alle bestehenden Vertragsbeziehungen zwischen den Angehörigen, die in sachlichem und zeitlichem Zusammenhang stehen, zu berücksichtigen.[166]

Zuletzt ist darauf zu achten, dass die vertraglichen Vereinbarungen auch tatsächlich so umgesetzt werden, wie sie vereinbart worden sind. Das bedeutet z.B. auch, dass die auf den stillen Gesellschafter entfallenden Gewinnanteile tatsächlich an diesen ausbezahlt werden oder im Falle der Gutschrift zumindest jederzeit abgerufen werden können.[167] Wird der Gewinnanteil wiederum in ein Darlehen umgewandelt, steht dies der Auszahlung nur gleich, wenn auch der Darlehensvertrag den oben genannten Anforderungen entspricht.

h)   Abgrenzung der stillen Gesellschaft

Die typisch stille Gesellschaft ist gegenüber dem partiarischen Darlehen, dem partiarischen Arbeitsverhältnis und dem partiarischen Pachtverhältnis abzugrenzen. Denn nur die Gewinnanteile der (typisch) stillen Gesellschaft sind bei der Ermittlung des Gewerbeertrags nach § 8 Nr. 3 GewStG bzw. § 8 Nr. 1c GewStG hinzuzurechnen.   52

Von entscheidender Bedeutung für die Abgrenzung ist die Frage, ob sich die Parteien zur Erreichung eines gemeinsamen Zwecks durch partnerschaftliches Zusammenwirken zusammengetan haben, oder ob jede Partei nur ihre eigenen Interessen verfolgt. Bei der Beantwortung dieser Frage sind sämtliche Umstände des Einzelfalles, insbesondere die wirtschaftlichen Ziele der Parteien, die geplante Dauer des Vertragsverhältnisses, die Bereitschaft zur Verlustbeteiligung und die Einräumung von Kontrollrechten einzubeziehen.

aa)   Abgrenzung zum partiarischen Darlehen

Für die bis zum Erhebungszeitraum 2007 geltende Rechtslage ist es von entscheidender Bedeutung, ob eine (typisch) stille Gesellschaft oder ein partiarisches Darlehen vorliegt, da die gewinnabhängigen Zinsen aus einem partiarischen Darlehen nur zur Hälfte dem Gewinn wieder hinzuzurechnen sind, während der Gewinnanteil des stillen Gesellschafters in voller Höhe wieder hinzuzurechnen ist. Nach der ab dem Erhebungszeitraum 2008 gültigen Rechtslage kommt der Abgrenzung keine so weit reichende Bedeutung mehr zu, da sowohl Zinsen aus dem partiarischen Darlehen als auch Gewinnanteile aus der stillen Beteiligung einheitlich zu 25 % wieder hinzuzurechnen sind.

---

163 BFH v. 21.10.1992, X R 99/88, BStBl II 1993, 289.
164 BFH v. 19.12.1979, I R 176/77, BStBl II 1980, 242.
165 BFH v. 31.05.1989, III R 91/87, BStBl II 1990, 10.
166 BFH v. 13.12.1995, X R 261/93, BStBl II 1996, 180.
167 BFH v. 18.10.1989, I R 203/84, BStBl II 1990, 68.

Eine Vereinbarung, nach der die Einlage durch Verluste aufgezehrt werden kann, schließen das Vorliegen eines partiarischen Darlehens aus. Denn wesentliches Merkmal eines Darlehens ist, dass der Darlehensnehmer Sachen von gleicher Art, Güte und Menge zurückzugewähren hat, ein Verzehr des Darlehens damit nach der gesetzlichen Definition bereits ausgeschlossen ist. Ansonsten sind zur Abgrenzung zwischen stiller Gesellschaft und partiarischem Darlehen die getroffenen Vereinbarungen und die Umstände des Einzelfalles zu betrachten. Die Einräumung eines Kontrollrechtes kann Indiz für eine stille Gesellschaft sein, allerdings kann sich auch der Darlehensgeber bestimmte Kontrollrechte vertraglich ausbedingen. Entscheidend ist, ob die Parteien ein gemeinsames Ziel bzw. einen gemeinsamen Zweck verfolgen, was für eine stille Gesellschaft spricht, oder ob jede der Parteien seine eigenen Interessen verfolgt.[168] Die vertragliche Bezeichnung kann regelmäßig keinen Aufschluss darüber geben, ob eine stille Gesellschaft oder ein partiarisches Darlehen vorliegt.

bb)   **Abgrenzung zum partiarischen Arbeitsverhältnis**

53   Ein Angestellter hat die Möglichkeit, sich neben seinem Anstellungsverhältnis auch als (typisch) stiller Gesellschafter bei seinem Arbeitgeber zu beteiligen. Eines der entscheidenden Abgrenzungskriterien zwischen der stillen Beteiligung und dem partiarischen Arbeitsverhältnis ist das Bestehen eines für das Arbeitsverhältnis typischen Über- und Unterordnungsverhältnisses zwischen den Beteiligten. Unterliegt der Dienstleistende den Weisungen des Inhabers des Gewerbebetriebes, spricht dies wesentlich für das Vorliegen eines (partiarischen) Arbeitsverhältnisses. Wird als Vermögenseinlage ausschließlich eine Geldleistung geschuldet, liegt regelmäßig kein partiarisches Arbeitsverhältnis vor. Das Schulden einer Arbeitsleistung ist fixer Bestandteil eines partiarischen Arbeitsverhältnisses, kann aber auch die Vermögenseinlage eines stillen Gesellschafters darstellen. Hier lässt ggf. eine Abrede, nach der der erdiente Arbeitslohn gutgeschrieben wird und für die Laufzeit des Vertragsverhältnisses stehen bleibt, auf das Vorliegen einer stillen Gesellschaft schließen, sofern auch Anzeichen für ein partnerschaftliches Zusammenwirken mit Kontroll- und/oder Mitspracherechten vorliegen.[169]

Eine hohe Gewinnbeteiligung ist dann kein aussagekräftiges Indiz für eine stille Gesellschaft, wenn daneben ein ausreichendes Fixgehalt gezahlt wird.[170] Eine Beteiligung am Verlust spricht auch hier regelmäßig für das Vorliegen einer stillen Gesellschaft.

Weitere Kriterien, die für das Vorliegen einer stillen Gesellschaft sprechen, sind:

- persönliche Beziehungen bei bereits vorhandener finanzieller Beteiligung[171];
- Bestehenbleiben des Vertragsverhältnisses bei Erbfolge, Umwandlung der Unternehmensform oder Änderung des Unternehmensgegenstandes[172];
- überdurchschnittlicher Arbeitseinsatz bei Absicht der Unternehmensübertragung auf den Dienstleistenden und Rückzug des Unternehmers[173];
- bestehende Mitsprache- und/oder Kontrollrechte, die den Inhaber hindern, gegen den Einspruch des Angestellten die Geschicke des Unternehmens zu bestimmen.[174]

---

168 BFH v. 08.03.1984, I R 31/80, BStBl II 1984, 623.
169 Güroff in: Glanegger/Güroff, § 8 Nr. 3 Rn 9.
170 BFH v. 07.12.1983, I R 144/79, BStBl II 984, 373.
171 BFH v. 07.02.1968, I 233/64, BStBl II 1968, 356.
172 BFH v. 05.08.1965, IV 138/65 - U., BStBl III 1965, 560.
173 BFH v. 07.02.1968, I 233/64 , BStBl II 1968, 356.
174 BFH v. 07.02.1968, I 233/64, BStBl II 1968, 356.

cc)   Abgrenzung zum partiarischen Pachtverhältnis

Ein Miet- bzw. Pachtverhältnis kann aufgrund der konkreten Ausgestaltung der Vertragsbeziehung als stille Gesellschaft zu qualifizieren sein, wenn die Vermögenseinlage auch durch die Überlassung von Gegenständen zur Nutzung erfolgen kann. Auch hier ist für die Abgrenzung entscheidend, ob eine Interessengemeinschaft zwischen Verpächter und Pächter vorliegt und dem Verpächter gewisse Mitsprache- und/oder Kontrollrechte eingeräumt sind, die auf eine stille Gesellschaft schließen lassen, oder ob jede der Parteien seine eigenen Interessen vertritt. Kennzeichen für eine stille Gesellschaft ist auch hier die Beteiligung des Verpächters am Verlust des Betriebes.

Dagegen lassen eine im Verhältnis zum Gewinnanteil nicht unbedeutende feste Miete oder Pacht sowie der fehlende Einfluss auf die Betriebsführung auf einen reinen Miet- bzw. Pachtvertrag schließen.[175]

3.   Umfang der Hinzurechnungen

Bei der Ermittlung des Gewerbeertrags sind nur die Gewinnanteile, die bei der Ermittlung des Gewinns nach einkommensteuerlichen bzw. körperschaftsteuerlichen Vorschriften gewinnmindernd abgesetzt worden sind, wieder hinzuzurechnen. Der Umfang der Hinzurechnung ist regelmäßig den vertraglichen Bestimmungen zu entnehmen. Sind keine vertraglichen Regelungen getroffen worden, dann gilt ein den Umständen nach angemessener Anteil als bedungen (vgl. § 231 Abs. 1 HGB). Nach einhelliger Auffassung nicht hinzuzurechnen sind sonstige Bezüge des stillen Gesellschafters, die Entgelt für eine sonstige Leistung für den Betrieb darstellen, insbesondere ein Arbeitsentgelt, Darlehenszinsen oder der Miet- und Pachtzins für ein (daneben) bestehendes Arbeits-, Darlehens- oder Miet-/Pachtverhältnis.

Bei der GmbH & (typisch) Still sind überhöhte Gewinnanteile als verdeckte Gewinnausschüttungen dem Gewinn der GmbH bereits nach körperschaftsteuerlichen Vorschriften wieder hinzuzurechnen (§ 8 Abs. 3 S. 2 KStG), so dass eine Hinzurechnung nach § 8 GewStG nicht in Betracht kommt. Die Angemessenheit des Gewinnanteils beurteilt sich nach Aspekten wie z.B. eingegangenes Risiko, Arbeitseinsatz, Dringlichkeit und wirtschaftliche Bedeutung der Vermögenseinlage.

Nach der bis zum Erhebungszeitraum 2007 geltenden Rechtslage kommt es nicht zu einer Hinzurechnung des Gewinnanteils, wenn die Beträge beim Empfänger zur Gewerbesteuer heranzuziehen sind. Dies ist i.d.R. der Fall, wenn es sich bei dem stillen Gesellschafter seinerseits um einen Gewerbetreibenden handelt und die stille Beteiligung seinem Betriebsvermögen zuzuordnen ist. Es ist nicht Voraussetzung, dass die Gewinnanteile bei diesem auch tatsächlich der Gewerbesteuer unterlegen haben. Nach der neuen, ab 2008 geltenden Rechtslage kommt es nicht mehr darauf an, ob der Gewinnanteil beim stillen Gesellschafter der Gewerbesteuer unterliegt. Der Gewinnanteil ist in jedem Fall hinzuzurechnen. Der Gesetzgeber gibt an dieser Stelle den Grundsatz auf, dass der Gewinnanteil nicht doppelt mit Gewerbesteuer belastet werden darf.

Während der Gewinnanteil nach bis 2007 anwendbarem Recht in voller Höhe bei der Ermittlung des Gewerbeertrages wieder hinzuzurechnen ist, sieht die Neuregelung zugunsten des Steuerpflichtigen vor, dass ab dem Erhebungszeitraum 2008 nur noch 25 % des Gewinnanteils der gewerbesteuerlichen Hinzurechnung unterliegen.

54

55

---

175 BFH v. 05.06.1964, IV 213/60, BStBl III 1965, 49.

4.   Verhältnis zu anderen Vorschriften

56   § 8 Nr. 3 GewStG bzw. § 8 Nr. 1c GewStG ist lex specialis gegenüber § 8 Nr. 1 GewStG bzw. § 8 Nr. 1a GewStG. Demnach hat der Steuerpflichtige kein Wahlrecht hinsichtlich der gewerbesteuerlichen Behandlung der an den stillen Gesellschafter gezahlten Gewinnanteile. § 8 Nr. 1 GewStG bzw. § 8 Nr. 1a GewStG kommt nur zur Anwendung, wenn der stille Gesellschafter dem Gewerbebetrieb zusätzlich z.B. ein Darlehen gewährt hat, das unter den Anwendungsbereich von § 8 Nr. 1 GewStG bzw. § 8 Nr. 1a GewStG fällt.

> **Beispiel:**
>
> Die Privatperson A hat der X – GmbH, an der er als stiller Gesellschafter mit einer Einlage von € 100.000 beteiligt ist, ein (langfristiges) Darlehen in Höhe von ebenfalls € 100.000 gewährt. Das Darlehen wird mit 5% p.a. verzinst. Der Gewinnanteil aus der stillen Beteiligung in dem zu betrachtenden Erhebungszeitraum beträgt € 5.000. Die Hinzurechnungsbeträge ermitteln sich wie folgt:

Sachverhalt	Bestimmung	Hinzurechnungsbetrag Rechtslage bis Erhebungszeitraum 2007	Hinzurechnungsbetrag Rechtslage ab Erhebungszeitraum 2008
Gewinnanteil	§ 8 Nr. 3 GewStG § 8 Nr. 1c GewStG	€ 5.000	€ 1.250
Darlehenszinsen	§ 8 Nr. 1 GewStG § 8 Nr. 1a GewStG	€ 2.500	€ 1.250
Hinzurechnungsbetrag (vor Freibetrag)		€ 7.500	€ 2.500

> **Praxishinweis:**
>
> *Während es nach der bis zum Erhebungszeitraum 2007 geltenden Rechtslage für die Hinzurechnung bzw. deren Höhe durchaus einen Unterschied gemacht hat, in welcher Art die Fremdfinanzierung des Unternehmens erfolgt, kommt es ab dem Erhebungszeitraum nicht mehr darauf an, ob die Fremdfinanzierung in Form der Darlehensgewährung, in Form einer (typisch) stillen Beteiligung oder in Form von Genusskapital erfolgt.*

IV.   Gewinnanteile persönlich haftender Gesellschafter einer KGaA

1.   Bedeutung und Systematik der Vorschrift

a)   Regelungsinhalt des § 8 Nr. 4 GewStG

57   Nach § 8 Nr. 4 GewStG sind die Gewinnanteile, die an persönlich haftende Gesellschafter einer KGaA auf ihre nicht auf das Grundkapital geleisteten Einlagen oder als Vergütung (Tantieme) für die Geschäftsführung verteilt worden sind, dem Gewerbeertrag hinzuzurechnen. Die Hinzurechnungsvorschrift des § 8 Nr. 4 GewStG entspricht der Kürzungsvorschrift des § 9 Nr. 1 KStG und ist systematisch im Zusammenhang mit § 15 Abs. 1 Nr. 3 EStG zu sehen.

Durch die Unternehmensteuerreform erfährt die Hinzurechnungsvorschrift des § 8 Nr. 4 GewStG sowie die korrespondierende Kürzungsvorschrift des § 9 Nr. 2b GewStG keine Änderung.

Durch § 8 Nr. 4 GewStG wird die durch § 9 Nr. 1 KStG durchgeführte Gewinnminderung auf Ebene der KGaA wieder rückgängig gemacht. Andernfalls käme es gewerbesteuerlich zu einer Besteuerungslücke. Bei einem einkommensteuerpflichtigen persönlich haftenden Gesellschafter, der selbst keinen Gewerbebetrieb unterhält, unterliegen die Gewinnanteile/Vergütungen i.S.v. § 15 Abs. 1 Nr. 3 EStG nicht der Gewerbesteuer.[176] Über die Kürzungsvorschrift des § 9 Nr. 1 KStG i.V.m. § 7 Abs. 1 GewStG unterliegen sie bei der KGaA ebenfalls nicht der Gewerbesteuer und wären damit insgesamt gewerbesteuerfrei. Diese Besteuerungslücke wird durch § 8 Nr. 4 GewStG geschlossen, in dem auf Ebene der KGaA die über § 9 Nr. 1 KStG zunächst gekürzten Gewinnanteile/Vergütungen für gewerbesteuerliche Zwecke in gleicher Höhe wieder hinzugerechnet werden.

Nach der Rechtslage bis zum Erhebungszeitraum 2007 ist der Anwendungsbereich des § 8 Nr. 4 GewStG nicht auf solche persönlich haftenden Gesellschafter einer KGaA beschränkt, die nicht selbst der Gewerbesteuer unterliegen. Eine Hinzurechnung greift auch in den Fällen, in denen persönlich haftender Gesellschafter eine Kapitalgesellschaft ist (Abschn. 52 S. 2 GewStR) und somit die Gewinnanteile/Vergütungen ohnehin der Gewerbesteuer unterliegen.[177] Eine gewerbesteuerliche Doppelerfassung auf Ebene der KGaA und auf Ebene des persönlich haftenden Gesellschafters wird durch die Kürzungsvorschrift des § 9 Nr. 2b GewStG vermieden.

b) Umfang der Hinzurechnung

Hinzuzurechnen sind Gewinnanteile, die auf die Vermögenseinlagen der persönlich haftenden Gesellschafter entfallen. Sofern der persönlich haftende Gesellschafter auch Kommanditaktien hält, sind die darauf entfallenden Dividenden nicht gem. § 8 Nr. 4 GewStG hinzuzurechnen, da die Dividenden das Einkommen der KGaA nicht mindern dürfen.

Ebenfalls hinzuzurechnen sind Vergütungen, die der persönlich haftende Gesellschafter als Gegenleistung für seine gegenwärtige oder frühere Geschäftsführungstätigkeit erhält (Abschn. 52 S. 6 GewStR).[178] Dazu gehören feste Vergütungen, Ruhegehälter und ähnliche Bezüge ebenso wie Zuführungen zur Pensionsrückstellung.[179] Dementsprechend unterliegt ein durch die Auflösung einer Pensionsrückstellung entstehende Gewinn nicht der Gewerbesteuer (Abschn. 52, S. 9 GewStR).[180]

Aufwendungen, die einem persönlich haftenden Gesellschafter einer KGaA entstehen, weil er die ihm übertragenen Geschäftsführungsaufgaben von anderen Personen (Fremdgeschäftsführer) wahrnehmen lässt, mindern den Hinzurechnungsbetrag nicht. Der BFH begründet dies damit, dass der Umfang der hinzuzurechnenden Entgelte nach § 8 Nr. 4 GewStG aus Sicht der KGaA zu beurteilen ist.[181] Die Aufwendungen des Komplementärs für den Fremdgeschäftsführer sind keine Aufwendungen der KGaA und dürfen daher den Hinzurechnungsbetrag nach § 8 Nr. 4 GewStG nicht mindern.[182]

58

---

176 BFH v. 04.05.1965, I 186/64 U, BStBl III 1965, 418, BFH v. 08.02.1984, I R 11/80, BStBl II 1984, 381, BFH v. 31.10.1990, I R 32/86, Güroff, in: Glanegger/Güroff, § 8 Nr. 4 Rn 3, Lenski/Steinberg, § 8 Nr. 4 Rn 7 und 9 f.
177 Lenski/Steinberg, § 8 Nr. 4 Rn 20 f., Güroff in: Glanegger/Güroff, § 8 Nr. 4 Rn 2.
178 BFH v. 31.10.1990, R 32/86, BStBl II 1991, 253.
179 Mayer-Scharenberg, § 8 Nr. 4 Rn 5, Güroff in: Glanegger/Güroff, § 8 Nr. 4 Rn 3, Lenski/Steinberg, § 8 Nr. 4 Rn 7 und 9 f.
180 BFH v. 27.03.1961, I-278/60-U, BStBl III, 280, Mayer-Scharenberg, § 8 Nr. 4 Rn 7.
181 BFH v. 31.10.1990, AZ I R 32/86, BStBl II 1991, 253.
182 Lenski/Steinberg, § 8 Nr. 4 Rn 12; BFH v. 31.10.1990, I R 32/86, BStBl II 1991, 253.

Anders als bei Spenden steht der Betriebsausgabenabzug bei Gewinnanteilen oder Vergütungen (Tantiemen), welche an persönliche haftende Gesellschafter einer KGaA verteilt werden, nicht unter dem Vorbehalt des § 8 Abs. 3 KStG. Dieser Vorbehalt besagt, dass Aufwendungen nur in Höhe eines angemessenen Teils zum Betriebsausgabenabzug auf Ebene der Körperschaft zugelassen sind. Der unangemessene (überhöhte) Teil darf das Einkommen der Körperschaft nicht mindern (verdeckte Gewinnausschüttung, § 8 Abs. 3 KStG). Daraus folgt, dass es verdeckte Gewinnausschüttungen im Verhältnis KGaA und ihren persönlich haftenden Gesellschaftern bei den Geschäftsführergehältern nicht gibt.[183]

c) Ausnahme von der Hinzurechnung

59 Von der Hinzurechnung ausgenommen sind Vergütungen für die Hingabe von Darlehen und für die Überlassung von Wirtschaftsgütern Diese Beträge sind allenfalls nach § 8 Nr. 1 GewStG bzw. § 8 Nr. 7 GewStG in der bis zum Erhebungszeitraum 2007 geltenden Fassung bzw. nach § 8 Nr. 1a oder d GewStG in der ab dem Erhebungszeitraum 2008 gültigen Fassung hinzuzurechnen, wenn die Voraussetzungen dafür erfüllt sind (Abschn. 52 S. 11 GewStR). Ebenfalls nicht nach § 8 Nr. 4 GewStG hinzuzurechnen sind Auslagen- oder Aufwendungsersatz (z.B. Reisekosten), da sie kein Entgelt für die Geschäftsführungstätigkeit darstellen.

d) Das Problem der Bruttobetrachtung des § 8 Nr. 4 GewStG [184]

60 Seit dem Erhebungszeitraum 1991 wird durch § 9 Nr. 2b GewStG sichergestellt, dass bei der Ermittlung des Gewerbeertrages des persönlich haftenden Gesellschafters einer KGaA die nach § 8 Nr. 4 GewStG dem Gewerbeertrag der KGaA hinzugerechneten Gewinnanteile gekürzt werden, soweit sie bei der Ermittlung des Gewinns des persönlich haftenden Gesellschafters angesetzt worden sind. Mit dieser Bestimmung soll die gewerbesteuerliche Doppelbelastung ausgeschlossen werden.[185]

Die Vorschrift hat in der Literatur zu Kritik geführt, da der Regelungsbereich des § 9 Nr. 2b GewStG bei einer typischen KGaA das gesetzgeberische Ziel, nämlich die Vermeidung von Doppelbelastungen verfehlt. Dieses Ziel wird deshalb verfehlt, weil bei einer typischen KGaA, bei der der Komplementär außer der Geschäftstätigkeit für die KGaA keine eigene Geschäftstätigkeit ausübt, lediglich nicht verwertbare gewerbesteuerliche Verlustvorträge entstehen.[186] Bei der Komplementärin stellen die von der KGaA als Aufwendungsersatz gezahlten Geschäftsführungsgehälter Sonderbetriebseinnahmen und zugleich Sonderbetriebsausgaben (Aufwand für den Fremdgeschäftsführer) dar.

---

183 Hofmeister in: Blümich, GewStG § 9 Rn 18 und 25, FG Köln v. 17.08.2006, 6 K 6170/03, Rev. eingelegt beim BFH, VIII R 49/06, DStRE 2007, 363.
184 BFH v. 31.10.1990, I R 32/86, BStBl II 1991, 253, danach sind die Gewinnanteile, die an die persönlich haftenden Gesellschafter als Vergütung für die Geschäftsführung verteilt worden sind, aus Sicht der KGaA zu beurteilen.
185 Gesetzesbegründung BT-Drs. 11/7833, 9.
186 Schmincke/Heuel, FR 2004, 861 ff., Kollruss, GmbHR 2003, 709 ff.

⟩ Beispiel:

	KGaA	Komplementär-GmbH
	€	€
Vorläufiger Gewinn aus Gewerbebetrieb (vor Geschäftsführungsvergütung)	1.000.000	0
Aufwandsersatz Geschäftsführungsvergütung	./. 200.000	+ 200.000
Aufwand Geschäftsführungsvergütung	0	./. 200.000
Gewinn aus Gewerbebetrieb	800.000	0
Hinzurechnung nach § 8 Nr. 4 GewStG	200.000	0
Kürzung nach § 9 Nr. 2b GewStG	0	./. 200.000
Gewerbeertrag	1.000.000	./. 200.000

Im Ergebnis bleibt es bei einer gewerbesteuerlichen Belastung der Geschäftsführungsvergütung. Daher wird vereinzelt gefordert, den Hinzurechnungsbetrag nach § 8 Nr. 4 GewStG auf einen Nettobetrag zu reduzieren. Unter Nettobetrag ist der tatsächliche Aufwand zu verstehen, den die Komplementär-GmbH wirtschaftlich zu tragen hat. Im vorliegenden Beispiel wäre der Hinzurechnungsbetrag daher mit € 0 anzusetzen.[187]

V.   Dividenden

1.   Bedeutung des § 8 Nr. 5 GewStG

Im Zusammenhang mit der Einführung des Halbeinkünfteverfahrens für Beteiligungserträge aus Kapitalgesellschaften im Rahmen des UntStFG vom 20.12.2001 wurde § 8 Nr. 5 GewStG neu eingefügt.[188] Dieser sieht eine Hinzurechnung von Gewinnanteilen (Dividenden) und die diesen gleichgestellten Bezügen zum Gewerbeertrag vor, wenn die Beteiligung an einer Körperschaft, Personenvereinigung oder Vermögensmasse i.S.d. KStG während des Erhebungszeitraums weniger als 10% beträgt (so genannter Steuerbesitz)und die Dividende aufgrund des Halbeinkünfteverfahrens gem. § 7 S. 4 GewStG bei der Gewinnermittlung steuerfrei bleibt. Die Vorschrift des § 8 Nr. 5 GewStG ist erstmals ab dem Erhebungszeitraum 2001 anzuwenden (§ 36 Abs. 6 GewStG). Dies ist verfassungsrechtlich nicht unbedenklich, da auch steuerfreie Beteiligungserträge erfasst werden, die vor der Verabschiedung des UntStFG erzielt wurden.[189]

61

In der ab dem Erhebungszeitraum 2004 geltenden Fassung wurde der Hinweis auf § 3c EStG durch den Hinweis auf § 3c Abs. 2 EStG ersetzt.[190] Dies hängt mit der Änderung des § 8b Abs. 5 KStG bei Körperschaften zusammen, wonach 5% der Dividende als nichtabziehbare Betriebsausgaben gelten. Ursprünglich beschränkte sich der Anwendungsbereich des § 8b Abs. 5 KStG auf ausländische Beteiligungen.[191] Ab dem Veranlagungszeitraum 2004 gilt § 8b Abs. 5. KStG auch für inländische Kapitalgesellschaften. Darüber hinausgehende tatsächliche Aufwendungen bleiben dagegen voll abzugsfähig.

---

187 Schmincke/Heuel, FR 2004, 861 ff., die eine Abkehr v. „Bruttoprinzip" des § 8 Nr. 4 GewStG fordern. Das FG Köln hat dem BFH Gelegenheit gegeben, zu diesem Problem Stellung zu nehmen. (FG-Urteil v. 17.08.2006 – 6 K 6170/03, Rev. eingelegt beim BFH VIII R 49/06, DStRE 2007, 363).
188 BGBl I 2001, 3858; BStBl I 2002, 35.
189 Rödder/Schumacher, DStR 2002, 105; Prinz/Simon, DStR 2002, 149.
190 Gesetz zur Umsetzung der Protokollerklärung der Bundesregierung zur Vermittlungsempfehlung zum Steuervergünstigungsabbaugesetz v. 12.12.2003.
191 Dies sah der BFH in seinem Urteil v. 09.08.2006 I R 96/05, BStBl 2007 II, 279 als diskriminierend gegenüber Auslandsbeteiligungen an, da Inlandsbeteiligungen von der „Schachtelstrafe" verschont waren. Daher ist für Zeiträume vor 2004 § 8b Abs. 5 KStG nicht anzuwenden. Ab 2004 gilt § 8b Abs. 5 KStG auch für Inlandsbeteiligungen, so dass damit die Ungleichbehandlung beseitigt wird.

Ziel des Halbeinkünfteverfahrens ist die Vermeidung der Doppelbelastung einmal mit Körperschaftsteuer auf Ebene der ausschüttenden Kapitalgesellschaft und ein weiteres Mal mit Einkommensteuer bzw. Körperschaftsteuer auf Ebene des die Dividende empfangenden Anteilseigners. Über § 7 S. 1 GewStG würden ohne weitere gewerbesteuerliche Regelungen alle nach § 3 Nr. 40 EStG bzw. § 8b KStG steuerfreien Bezüge auch gewerbesteuerfrei sein. Um die Einfachbelastung mit Gewerbesteuer bei der ausschüttenden Gesellschaft auf die Fälle des in- und ausländischen Schachtelprivilegs zu beschränken, werden Dividenden aus Streubesitzanteilen über § 8 Nr. 5 GewStG dem Gewerbeertrag des Dividendenempfängers wieder hinzugerechnet. Der Grund warum die gewerbesteuerlichen Vergünstigungen nicht auch für Anteile, die im Streubesitz gehalten werden, ausgedehnt wurden, ist wirtschaftlicher Natur. Die Gemeinden fürchten um Gewerbesteuerausfälle, wenn die (teilweise) Steuerbefreiung des § 3 Nr. 40 EStG und § 8b Abs. 1 KStG uneingeschränkt auf die Gewerbesteuer durchschlagen würde. Daher wurde die gewerbesteuerliche Befreiung auf die Schachtelbeteiligungen begrenzt und im Ergebnis dafür gesorgt, dass Beteiligungen im Streubesitz mit Gewerbesteuer belastet werden.[192]

2. Voraussetzungen der Hinzurechnung

62 § 8 Nr. 5 GewStG ist im Zusammenhang mit den Kürzungsvorschriften des § 9 Nr. 2a und 7 GewStG zu lesen. Danach erfolgt eine Hinzurechnung nur, wenn die Voraussetzungen der Kürzungsvorschriften nicht erfüllt sind. Eine Hinzurechnung findet daher nicht statt, wenn es sich um eine in- oder ausländische Schachtelbeteiligung handelt.

Was darunter zu verstehen ist, wird in § 9 Nr. 2a und Nr. 7 GewStG detailliert geregelt. In beiden Fällen muss die Beteiligungshöhe zu Beginn des Erhebungszeitraums mindestens 10% betragen. Außerdem muss es sich entweder um Beteiligungen an einer steuerpflichtigen inländischen Kapitalgesellschaft, an einer Kreditanstalt des öffentlichen Rechts, einer Erwerbs- und Wirtschaftsgenossenschaft oder an einer (gewerbesteuerbefreiten) Unternehmensbeteiligungsgesellschaft handeln (§ 9 Nr. 2a GewStG). Die Beteiligung an ausländischen Kapitalgesellschaften regelt § 9 Nr. 7 GewStG.

Nur Gewinnanteile (Dividenden) und die diesen gleichgestellten Bezüge i.S.v. § 3 Nr. 40 EStG bzw. § 8b Abs. 1 KStG werden hinzugerechnet. Es sollen nur laufende Gewinne gemeint sein. Veräußerungsgewinne dagegen werden nicht in die Hinzurechnung einbezogen.[193] Dies ergibt sich aus § 8 Nr. 5 GewStG i.V.m. § 8b Abs. 1 KStG. Dort sind ausschließlich laufende Bezüge aufgeführt. Die Veräußerungsgewinne dagegen werden in § 8b Abs. 2 KStG geregelt. Hinsichtlich der Bezüge im Einzelnen verweist § 8b Abs. 1 KStG auf § 20 EStG.

3. Ausnahmen von der Hinzurechnung

63 Ausgenommen von der gewerbesteuerlichen Hinzurechnungsvorschrift des § 8 Nr. 5 GewStG sind Gewinnausschüttungen nach § 3 Nr. 41 EStG im Zusammenhang mit der Hinzurechnungsbesteuerung nach dem Außensteuergesetz.[194] Diese Ausnahme gilt jedoch nur für natürliche Per-

---

192 BT-Drs. 14/7084. S. 8 zu Ziff. 9; Kritisch zur Ungleichbehandlung von Schachtelbeteiligungen und Streubesitz Güroff in: Glanegger/Güroff, § 8 Nr. 5. Rn 1.
193 Lenski/Steinberg, § 8 Nr. 5 Rn 10.
194 Anlass ist die Vermeidung einer Doppelbelastung durch die Anwendung des AStG und GewStG.

sonen und nicht für Kapitalgesellschaften.[195] Ebenfalls von der Hinzurechnung ausgenommen sind organschaftliche Gewinnabführungen, weil es sich hierbei nicht um Gewinnausschüttungen handelt. Sofern vororganschaftliche Gewinnabführungen durchgeführt wurden, die Mehrabführungen darstellen, gelten diese als Gewinnausschüttungen i.S.v. § 8b Abs. 1 KStG (§ 14 Abs. 3 KStG). Allerdings dürfte aufgrund des Überschreitens der Beteiligungsgrenze von 10% keine Hinzurechnung in Frage kommen. Nicht hinzugerechnet werden ausländische Gewinnanteile (Dividenden), die nach einem Doppelbesteuerungsabkommen bereits bei der Gewinnermittlung freigestellt werden.[196]

4.   Umfang der Hinzurechnung

a)   Ausgangsgröße Gewinn aus Gewerbebetrieb

Mit Wirkung ab dem Erhebungszeitraum 2004 sind die Vorschriften des Halbeinkünfteverfahrens (§§ 3 Nr. 40, 3c Abs. 2 EStG, § 8b KStG) bereits bei der Gewinnermittlung zu berücksichtigen; dies gilt auch, wenn die Gewinnanteile (Dividenden) mittelbar über eine Mitunternehmerschaft bezogen werden (§ 7 S. 4 GewStG).[197]   64

Bis zum Erhebungszeitraum 2004 fehlte für die Gewerbesteuer der Bezug auf § 3 Nr. 40 EStG und § 8b KStG, wie er jetzt in § 7 S. 4 GewStG verankert ist. Die in der Vergangenheit von der Finanzverwaltung vertretene Auffassung, § 3 Nr. 40 EStG und § 8b KStG auf Personengesellschaften nicht anzuwenden, wurde durch das BFH-Urteil vom 09.08.2006 verworfen,[198] so dass § 8b Abs. 1 bis 5 KStG 2002 (und damit auch § 3 Nr. 40 EStG) nicht erst ab 2004, sondern auch rückwirkend auch auf Mitunternehmerschaften anwendbar ist.

Die Beurteilung, ob ein Streubesitzanteil oder eine Schachtelbeteiligung vorliegt, hat bei Mitunternehmerschaften direkt auf deren Ebene und nicht auf Ebene der an der Mitunternehmerschaft beteiligten Personen zu erfolgen.[199]

> **Beispiel:**
>
> Die ABC-GmbH & Co. KG ist an der X-GmbH mit 20% beteiligt. Gesellschafter der ABC-GmbH & Co. KG sind die Kommanditisten A, B, C mit jeweils 1/3. Die Komplementärin ist ohne Vermögenseinlage beteiligt. Bei der Prüfung, ob die Beteiligungsgrenze von 10% erfüllt ist, wird auf die Beteiligungsquote der Mitunternehmerschaft (A-GmbH & Co. KG) abgestellt und nicht auf die (mittelbare) Beteiligungsquote der Gesellschafter der A-GmbH & Co. KG.

---

195 Zur Kritik an der Begrenzung der Ausnahme der Hinzurechnung nur auf natürliche Personen vgl. Lenski/Steinberg, § 8 Nr. 5 Rn 10, danach sollen Dividenden passiv tätiger ausländischer Tochtergesellschaften, deren Einkünfte der Hinzurechnungsbesteuerung nach dem AStG unterlegen haben, von der gewerbesteuerlichen Hinzurechnung ausgenommen werden, wenn der Empfänger der Dividenden eine juristische Person ist.

196 Hofmeister in: Blümich, § 8 GewStG Rn 156.

197 Zu Einzelheiten im Fall mittelbare Beteiligung über Mitunternehmerschaft: vgl. z.B. Bayerisches Landesamt für Steuern, G 1422 6 St 3102 M, Verfügung v. 20.12.2005, 13.12.2005, BMF-Schreiben v. 21.03.2007, IV B 7 – G – 1421/0.

198 BFH v. 9.8.2006, I R 95/05, BStBl II 2007, 279.

199 Bayerisches Landesamt für Steuern, G 1422 6 St 3102 M, Verfügung v. 20.12.2005, 13.12.2005.

b)   Ermittlung des Gewerbeertrags im Fall Streubesitz

65   Der Gewinn aus Gewerbebetrieb wird nach den Vorschriften des EStG bzw. KStG ermittelt (§ 7 S. 1 GewStG). Das Halbeinkünfteverfahren ist bei der Ausgangsgröße Gewinn bereits zu berücksichtigen (§ 7 S. 4 GewStG). Dies bedeutet nicht nur, dass bestimmte Erträge (zur Hälfte) steuerfrei gestellt werden, sondern auch, dass bestimmte Aufwendungen (zur Hälfte bzw. pauschal) nicht abgezogen werden können. Eine Hinzurechnung erfolgt jedoch nur, soweit zuvor die Beträge den Gewinn gemindert haben. Die Hinzurechnung nach § 8 Nr. 5 GewStG ist daher eine Nettogröße.[200] Die Nettogröße ist jedoch unterschiedlich definiert, je nachdem, ob eine Kapitalgesellschaft die Beteiligung hält, oder eine natürliche Person.

> **Beispiel:**
>
> Die Anteile an der X GmbH werden zu 50% von der Y GmbH und zu 50% von Z OHG gehalten, deren Gesellschafter die natürlichen Personen A und B sind. Die Gewinnausschüttung beträgt insgesamt € 50.000. Die Y GmbH hat Betriebsausgaben i.H.v. € 1.000, die in unmittelbarem wirtschaftlichen Zusammenhang mit der Dividende stehen. A und B haben ebenfalls in direktem Zusammenhang mit der Ausschüttung stehende Ausgaben von insgesamt € 1.000.
>
> Der auf die Y GmbH entfallende Teil der Gewinnausschüttung ist nach § 8b Abs. 1 KStG zu 100% steuerfrei. Allerdings sind gem. § 8b Abs. 5 KStG pauschal 5% der Gewinnausschüttung nicht abzugsfähig. Die tatsächlichen Betriebsausgaben bleiben hingegen in voller Höhe abzugsfähig.
>
> Für den Teil der Gewinnausschüttung, der auf die Z OHG entfällt, kommen § 3 Nr. 40 EStG und § 3c Abs. 2 EStG zur Anwendung. Danach sind die Beteiligungserträge zur Hälfte steuerfrei und die Betriebsausgaben können lediglich zur Hälfte abgezogen werden.

	Y GmbH	**Z OHG** **A und B**
	€	€
Gewinnausschüttung	25.000	25.000
Steuerfrei gem. § 8b Abs. 1 (100%) bzw. § 3 Nr. 40 EStG (50%)	./. 25.000	./. 12.500
Tatsächliche Betriebsausgaben	./. 1.000	./. 1.000
nicht abzugsfähiger Anteil (5% v. € 25.000 bzw. 50% v. € 1.000)	+ 1.250	+ 500
= Gewinn aus Gewerbebetrieb (§ 7 GewStG)	250	12.000
Hinzurechnung gem. § 8 Nr. 5 GewStG (€ 25.000 ./. € 1.250) bzw. (€ 25.000 ./. € 1.000) x 50%	+ 23.750	+ 12.000
= Gewerbeertrag	**24.000**	**24.000**

Der Saldo aus Beteiligungserträgen und Betriebsausgaben kann auch negativ sein. Dies kann zu einer negativen Hinzurechnung im Sinne einer Kürzung führen.[201]

---

200 Hofmeister in: Blümich, § 8 Nr. 5 GewStG Rn 158.
201 Lenski/Steinberg, § 8 Nr. 5 Rn 17, Güroff in: Glanegger/Güroff, § 8 Nr. 5, Rn 3; a.A. Hofmeister in: Blümich, § 8 Nr. 5 GewStG Rn 158.

c) Das Abzugsverbot nach § 3c Abs. 2 EStG und § 8b Abs. 5 KStG

Nach § 8 Nr. 5 GewStG werden dem Gewerbeertrag Gewinnanteile (Dividenden) nach Abzug 66 der mit diesen Einnahmen in wirtschaftlichem Zusammenhang stehenden Betriebsausgaben hinzugerechnet, soweit sie nach § 3c Abs. 2 EStG oder § 8b Abs. 5 KStG unberücksichtigt geblieben sind.

Bei natürlichen Personen dürfen Betriebsausgaben, die in wirtschaftlichem Zusammenhang mit nach § 3 Nr. 40 EStG steuerbefreiten Einnahmen stehen, nur zur Hälfte abgezogen werden (§ 3c Abs. 2 S. 1 EStG). Damit haben sie den Gewinn aus Gewerbebetrieb nur zur Hälfte gemindert. Die Beteiligungserträge sind gem. § 3 Nr. 40 EStG zur Hälfte steuerfrei. Da nach § 8 Nr. 5 GewStG die steuerfreie Hälfte der Beteiligungserträge hinzugerechnet wird, erfolgt dementsprechend ein Abzug der im Rahmen der Gewinnermittlung nicht abzugsfähigen Hälfte der Betriebsausgaben.

Bei Kapitalgesellschaften kommt § 8b Abs. 5 KStG zu Anwendung. Danach dürfen pauschal 5% der Gewinnausschüttung den Gewinn nicht mindern Die in wirtschaftlichem Zusammenhang mit der Beteiligung angefallenen tatsächlichen Betriebsausgaben bleiben darüber hinaus abzugsfähig. Die Beteiligungserträge sind nach § 8b Abs. 1 KStG zu 100% steuerfrei. Somit erfolgt eine Hinzurechnung nach § 8 Nr. 5 GewStG in Höhe des eingangs steuerfrei gestellten Betrags. Die Hinzurechnung wird gekürzt um 5% des steuerfreien Beteiligungsertrags, da sich dieser im Rahmen der Gewinnermittlung über § 8b Abs. 5 KStG steuerlich nicht ausgewirkt hat.

Fraglich ist, ob z.B. Teilwertabschreibungen, die im Rahmen des körperschaftsteuerlichen Gewinns nach § 8b Abs. 3 KStG unberücksichtigt bleiben, für die Bestimmung des Gewerbeertrags nach § 8 Nr. 5 GewStG abzuziehen sind. Gegen den Abzug im Rahmen des Hinzurechnungsbetrags spricht der Wortlaut des § 8 Nr. 5 GewStG. Dieser bezieht sich nur auf Betriebsausgaben, soweit sie nach § 3c Abs. 2 EStG und § 8b Abs. 5 KStG nicht abgezogen werden können. Dies träfe auf Teilwertabschreibungen nicht zu, da diese Gewinnminderungen weder unter § 3c Abs. 2 EStG, noch unter § 8b Abs. 5 KStG fallen.[202] Bis zur Klärung durch den BFH wird man wohl zunächst davon ausgehen müssen, dass Teilwertabschreibungen nach § 8b Abs. 3 KStG den Hinzurechnungsbetrag nach § 8 Nr. 5 GewStG nicht mindern.

Im Ergebnis sind damit die Beteiligungserträge zu 100% gewerbesteuerpflichtig und die Betriebsausgaben i.S.v. § 3c Abs. 2 EStG und § 8b Abs. 5 KStG abzugsfähig. Daher ist in einem nächsten Schritt zu prüfen, ob eine Hinzurechnung nach § 8 Nr. 1 GewStG (Dauerschuldzinsen) in Frage kommt.[203]

> **Beispiel:**
>
> Abweichend zu Beispiel 2 handelt es sich bei den tatsächlichen Betriebsausgaben in Höhe von € 1.000 um Zinsen auf ein langfristiges Darlehen:

---

202 Begründung des FG Hamburg v. 08.06.2006 3-K-97/05, EFG 2007, 140, Rev. eingelegt beim BFH I R 76/06.
203 Fuhrmann, StB 2005, 407, 410; Starke, FR 2005, 681, 683.

	Y GmbH	Z OHG A und B
	€	€
Gewinnausschüttung	25.000	25.000
Steuerfrei gem. § 8b Abs. 1 (100%) bzw. § 3 Nr. 40 EStG (50%)	./. 25.000	./. 12.500
Tatsächliche Betriebsausgaben (Dauerschuldzinsen)	./. 1.000	./. 1.000
nicht abzugsfähiger Anteil (5% v. € 25.000 bzw. 50% v. € 1.000)	+ 1.250	+ 500
= Gewinn aus Gewerbebetrieb (§ 7 GewStG)	250	12.000
Hinzurechnung gem. § 8 Nr. 1 GewStG (50% v. € 1.000)	+ 500	+ 500
Hinzurechnung gem. § 8 Nr. 5 GewStG (€ 25.000 ./. € 1.250) bzw. (€ 25.000 ./. € 1.000) x 50%	+ 23.750	+ 12.000
= Gewerbeertrag	24.500	24.500

Anmerkung: Ab dem Erhebungszeitraum 2008 würde die Hinzurechnung der Schuldzinsen nach § 8 Nr. 1a GewStG lediglich i.H.v. 25% erfolgen. Zusätzlich wäre bei der Berechnung des steuerpflichtigen Gewerbeertrags der Freibetrag nach § 8 Nr. 1 GewStG i.H.v € 100.000 zu berücksichtigen.

5.   Änderung durch die Unternehmensteuerreform 2008

67   Mit dem Unternehmensteuerreformgesetz hat sich die gewerbesteuerliche Schachtelbeteiligungsgrenze von 10% auf 15% erhöht. Die Erhöhung der Beteiligungsgrenze ist zwar in der Kürzungsvorschrift des § 9 Nr. 2a und 7 GewStG enthalten, sie wirkt sich jedoch auf die Hinzurechnung nach § 8 Nr. 5 GewStG aus. Schließlich unterliegen die Beteiligungserträge nur dann nicht der Gewerbesteuer, wenn es sich um eine Schachtelbeteiligung i.S.v. § 9 Nr. 2a, 7 GewStG handelt. Die Anhebung der Beteiligungsgrenze geht auf den Änderungsvorschlag der Fraktionen CDU/SCU und SPD zurück. Mit der höheren Beteiligungsgrenze soll ein Beitrag zur Verstetigung des Gewerbesteueraufkommens der Gemeinden geleistet und somit ein Ausgleich dafür geschaffen werden, dass die Unternehmen mit der Unternehmensteuerreform 2008 nominell entlastet werden.

VI.   Miet- und Pachtzinsen für die Benutzung von Anlagegütern

1.   Bedeutung der Vorschrift des § 8 Nr. 7 GewStG

68   Gem. der bis zum Erhebungszeitraum 2007 anzuwendenden Vorschrift des § 8 Nr. 7 GewStG werden die Hälfte der Miet- und Pachtzinsen für die Benutzung der nicht in Grundbesitz bestehenden Wirtschaftsgüter des Anlagevermögens, die im Eigentum eines anderen stehen, hinzugerechnet. Eine Hinzurechnung entfällt, wenn der Empfänger zur Gewerbesteuer herangezogen wird, es

sein denn, dass ein Betrieb oder ein Teilbetrieb vermietet oder verpachtet wird und der Betrag der Miet- oder Pachtzinsen € 125.000 übersteigt.

Neben der Hinzurechnung von Dauerschuldzinsen nach § 8 Nr. 1 GewStG ist die Hinzurechnung von Mieten und Pachten eine der bedeutendsten Hinzurechnungstatbestände. Da die Hinzurechnung nach § 8 Nr. 7 GewStG zum einen auf bewegliche Wirtschaftsgüter beschränkt ist und zum anderen von der Gewerbesteuerpflicht des Vermieters/Verpächters abhängt (Ausnahme: Teil-/Betriebsverpachtung) ist die Finanzierung durch Leasing oder Miete der Finanzierung durch Darlehen gewerbesteuerlich im Vorteil. [204]

Die Zielsetzung der Hinzurechnungsvorschrift des § 8 Nr. 7 GewStG ist es Gewerbebetriebe gleich zu behandeln, unabhängig davon, ob sie eigene oder fremde Wirtschaftsgüter einsetzen. [205] Dahinter verbirgt sich der Objektsteuercharakter der Gewerbesteuer. Bei der Festlegung des Prozentsatzes der Hinzurechnung von 50% ging der Gesetzgeber von einer typisierenden Schätzung aus. Er hat angenommen, dass der Gewerbetreibende, wenn ihm die gemieteten Wirtschaftsgüter selbst gehören würden, mit diesen einen Reinertrag erwirtschaftet, der etwa der Hälfte der Miet-/Pachtzinsen entspricht. Die andere Hälfte würde durch Instandhaltungen und Abschreibungen verbraucht werden. [206] Die Hinzurechnungsvorschrift ist verfassungsrechtlich nicht zu beanstanden. [207] Europarechtlich dagegen stieß sie auf Widerstand. [208]

Grundbesitz ist aus der Hinzurechnungsvorschrift ausdrücklich ausgenommen (vgl. auch Abschn. 53 Abs. 2 GewStR 1998). Dies hängt damit zusammen, dass eine Doppelbelastung mit Grundsteuer vermieden werden soll.

Auch im Fall der Organschaft ist bei der Ermittlung der Gewerbeerträge die Hinzurechnungsvorschrift nach § 8 Nr. 7 GewStG anzuwenden, da aufgrund der Kürzungsvorschrift des § 9 Nr. 4 GewStG keine Doppelerfassung eintreten kann.   69

2. Voraussetzungen der Hinzurechnung

a) Miet- und Pachtverträge

Miet- und Pachtzinsen liegen nur vor, wenn die Zahlungen aufgrund eines Vertrages erfolgen,   70
der seinem wesentlichen rechtlichen Gehalt nach ein Miet- und Pachtvertrag i.S.d. bürgerlichen Rechts ist. [209] Handelt es sich um ausländische Verträge, genügt es, wenn der Vertrag – aus deutscher Sicht - nach seinem Inhalt als Miet- oder Pachtvertrag zu beurteilen wäre. [210] Auf die Bezeichnung des Vertrags kommt es nicht an. Entscheidend ist, dass auf die Verträge die zivilrechtlichen Vorschriften über Miet- oder Pachtverträge anwendbar sind.

---

204 Mit der Neufassung des § 8 Nr. 1 GewStG und der damit verbundenen Streichung des Korrespondenzprinzips durch die Unternehmensteuerreform 2008 entfällt dieser Vorteil.
205 Begründung zum GewStG v. 01.12.1936, RStBl 1937, 693, 696.
206 Hofmeister in: Blümich, § 8 GewStG Rn 160, Lenski/Steinberg, § 8 Nr. 7 Rn 5.
207 Güroff in: Glanegger/Güroff; § 8 Nr. 7 Rn 1 m.w.N.
208 EuGH v. 26.10.1999, Rs C-294/97 („Eurowings"); BStBl II 1999, 851.
209 Güroff in: Glanegger/Güroff, § 8 Nr. 7 Rn 3; Mayer-Scharenberg, § 8 Nr. 7 Rn 11; BFH v. 27.11.1975, IV R192/71, BStBl II 1976, 220, Abschn. 53 Abs. 1 GewStR 1998.
210 BFH v. 27.11.1975, IV R 192/71, BStBl II 1976, 220.

b) Lizenz- und Know-how-Verträge

71 Lizenz- und Know-how-Verträge fallen nicht unter die Hinzurechnung nach § 8 Nr. 7 GewStG.[211] Eine Ausnahme gilt nur, wenn es sich bei diesen Verträgen dem wesentlichen Gehalt nach um Miet- oder Pachtverträge im zivilrechtlichen Sinn handelt. Sog. „einfache" Lizenzen, d.h. Lizenzen bei denen der Lizenzgeber die negative Verpflichtung hat, gegen die Verwertung des Schutzrechts durch den Lizenznehmer nicht vorzugehen, werden nicht als Miet- oder Pachtverträge eingestuft.

c) Leasingverträge

72 Leasingverträge können Mietverträge darstellen, wenn der Leasinggegenstand im wirtschaftlichen Eigentum des Leasinggebers bleibt und ihm der Gegenstand nach der vertraglich vereinbarten Laufzeit zurückzugeben ist. Dies gilt auch, wenn eine Kaufoption vereinbart ist. Dagegen handelt es sich um einen Teilzahlungs-(Kauf-)Vertrag, wenn nach Würdigung der Gesamtumstände angenommen werden kann, dass es den Parteien nur auf den Abschluss des Kaufvertrages ankommt.[212] Indizien dafür sind die Höhe, Fälligkeit und Dauer der „Mietzins"-Zahlungen oder, wenn die „Miet"dauer so bemessen ist, dass nach ihrem Ablauf der Leasinggegenstand wirtschaftlich nicht zurückzugeben ist.[213]

d) Substanzausbeuteverträge

73 Substanzausbeuteverträge werden in ständiger Rechtsprechung als Pachtverträge qualifiziert.[214] Dies gilt selbst dann, wenn die Abbauberechtigung auf einem dinglichen Nutzungsrecht beruht. Dagegen liegt ein Kaufvertrag vor, wenn entweder der Grund und Boden mit veräußert wird oder der Vertrag lediglich die einmalige Lieferung einer festbegrenzten Menge zum Inhalt hat.

e) Miet- und Pachtverträge zwischen Gesellschaften und Gesellschaftern

74 Nach § 15 Abs. 1 Nr. 2 EStG gehören Vergütungen, die eine Personengesellschaft ihrem Gesellschafter für die Nutzungsüberlassung von Wirtschaftsgütern zahlt, zu den gewerblichen Einkünften. Daher erfolgt keine Gewinnminderung; eine Hinzurechnung nach § 8 Nr. 7 GewStG unterbleibt. Etwas anderes gilt jedoch, wenn der Gesellschafter das Wirtschaftsgut angemietet und seiner Personengesellschaft gegen eine Vergütung zur Nutzung überlassen hat. Insoweit liegen beim Gesellschafter Sonderbetriebseinnahmen (Zahlung der Gesellschaft) und Sonderbetriebsausgaben (Zahlung an den Vermieter) vor. Das gleiche gilt, wenn sich die Personengesellschaft verpflichtet, diese Vergütung direkt an den Vermieter des Gesellschafters zu zahlen.[215] Diese Vergütungen haben sich in diesen Fällen ergebnismindernd ausgewirkt. Es erfolgt daher – unter den weiteren Voraussetzungen des § 8 Nr. 7 GewStG – eine Hinzurechnung.

211 BFH v. 17.02.1965, I 174/60 S, BStBl III 1965, v. 14.02.1973, IR 85/71, BStBl II 1973, 412.; beachte jedoch Änderung durch das Unternehmensteuerreformgesetz 2008. Danach werden bestimmte Konzessionen und Lizenzen hinzugerechnet, § 8 Nr. 1f GewStG.
212 BFH v. 18.11.1970, I 133/64, BStBl II 1971, 133.
213 Güroff in: Glanegger/Güroff, § 8 Nr. 7 Rn 7.
214 Lenski/Steinberg, § 8 Nr. 7 Rn 29 m.w.N.
215 BFH v. 31.07.1985, VIII R 261/81, BStBl II 1986, 304; Lenski/Steinberg, § 8 Nr. 7, Rn 55.

Zwischen Kapitalgesellschaften und ihren Gesellschaftern werden Miet- oder Pachtverhältnisse steuerlich anerkannt. Die Miet- oder Pachtzinsen werden daher zur Hälfte dem Gewerbeertrag hinzugerechnet. Dies gilt nicht, soweit eine verdeckte Gewinnausschüttung vorliegt und demzufolge der Miet-/Pachtzins den Gewerbeertrag nicht mindern darf. Auch Verträge zwischen nahen Angehörigen unterliegen der Hinzurechnung sofern die ertragsteuerlichen Voraussetzungen für deren Anerkennung beachtet werden. Andernfalls dürfen die Miet-/Pachtaufwendungen den Gewerbeertrag nicht mindern, so dass für eine Hinzurechnung nach § 8 Nr. 7 GewStG kein Raum bleibt.

f)   Bestandteile der Nutzungsentgelte

Die Begriffe „Miete" / „Pacht" sind wirtschaftlich zu verstehen. Zu den Miet- und Pachtzinsen gehören daher nicht nur die laufenden Zahlungen, sondern alle Entgelte, die der Mieter oder Pächter für den Gebrauch oder die Nutzung des Gegenstandes an den Vermieter oder Verpächter zu zahlen hat (Abschn. 53 Abs. 5 GewStR 1998). Auch Kosten der Instandsetzung oder andere mit den genutzten Wirtschaftsgütern zusammenhängende Kosten sind nach § 8 Nr. 7 GewStG dem Gewerbeertrag zur Hälfte hinzuzurechnen. Bei Instandhaltungen gilt dies jedoch nur, wenn der Mieter- oder Pächter die Aufwendungen über dessen gesetzliche Verpflichtung hinaus aufgrund vertraglicher Vereinbarung mit dem Vermieter/Verpächter trägt.[216] Sofern der Mieter/Pächter Vorsteuerbeträge, die im Zusammenhang mit der Nutzung fremder Wirtschaftsgüter anfallen, nicht geltend machen kann, stellen diese Vorsteuerbeträge bei ihm Aufwand dar. Sie erhöhen das Nutzungsentgelt und sind daher zusammen mit den Miet- und Pachtzinsen zur Hälfte dem Gewinn hinzuzurechnen.

Nach Änderung der Rechtsprechung gehören Erbbauzinsen nunmehr zu den Nutzungsentgelten für die Überlassung von Grundbesitz.[217] Daher sind sie von § 8 Nr. 7 GewStG ausgenommen.[218]

g)   Benutzung bestimmter Wirtschaftsgüter im Eigentum eines anderen

Die in § 8 Nr. 7 GewStG vorgenommene Beschränkung auf Wirtschaftsgüter des Anlagevermögens ist missverständlich. Tatsächlich bezieht sich der Wortlaut der Vorschrift auf Wirtschaftsgüter, die zum Anlagevermögen gehören würden, wenn sie im Eigentum des Betriebes stünden.[219] Zum Begriff des Anlagevermögens im Sinne dieser Vorschrift gehören alle materiellen und immateriellen, beweglichen und unbeweglichen, abnutzbaren und nicht abnutzbaren Wirtschaftsgüter, mit Ausnahme der in Grundbesitz bestehenden Wirtschaftsgüter.

Der Begriff „Eigentum" wird bei § 8 Nr. 7 GewStG nicht im zivilrechtlichen Sinn, sondern steuerrechtlich verstanden. Somit erfolgt eine Hinzurechnung der Miet- und Pachtzinsen nur, wenn der Miet- bzw. Pachtvertrag so ausgestaltet ist, dass der Mieter/Pächter nicht als wirtschaftlicher Eigentümer anzusehen ist. Wirtschaftliches Eigentum nach § 39 AO liegt vor, wenn der zivilrechtliche Eigentümer/Inhaber eines Wirtschaftsguts die tatsächliche Herrschaftsmacht über das Wirtschaftsgut in der Weise ausübt, dass er den bürgerlich-rechtlichen Eigentümer/Inhaber auf Dauer von der Einwirkung ausschließen kann.

---

216 BFH v. 27.11.1975, IV R 192/71, BStBl II 1976, 220; Mayer-Scharenberg, § 8 Nr. 7 Rn 25.
217 BFH v. 07.03.2007, I-R 60/06, BFH/NV 2007, 1424.
218 Beachte jedoch Änderung durch Unternehmenssteuerreformgesetz 2008: Mit Einfügung von § 8 Nr. 1e GewStG erfolgt auch eine Hinzurechnung von Miet- und Pachtzinsen für unbewegliche Wirtschaftsgüter (Grundbesitz).
219 BFH v. 30.03.1994, I R 123/93, BStBl 1994 II, 810.

Hinzurechnungspflichtig nach § 8 Nr. 7 GewStG sind Miet- und Pachtzinsen für die Benutzung. Nach h.M. ist der Begriff „Benutzung" weit gefasst. Nicht nur die im unmittelbaren Gebrauch des Wirtschaftsgutes liegenden Vorteile, sondern auch mittelbare Vorteile, die durch die entgeltliche Weiterüberlassung entstehen, sind hinzurechnungspflichtig.[220] Auch die „Reservehaltung" (z.B. „Notstromaggregat") ist „Benutzen", selbst wenn tatsächlich kein Gebrauch stattfindet.[221] Etwas anderes dürfte gelten, wenn das Wirtschaftsgut stillgelegt oder nicht mehr zur Nutzung oder zum Gebrauch geeignet ist.[222]

3. Gewerbesteuerliche Behandlung beim Empfänger

77   Eine Hinzurechnung von Miet- und Pachtzinsen unterbleibt, wenn diese Vergütungen beim Empfänger zur Gewerbesteuer heranzuziehen sind.

Eine Ausnahme besteht nach § 8 Nr. 7 S. 2 GewStG dann, wenn ein Betrieb oder Teilbetrieb vermietet oder verpachtet wird und der Betrag der Miet- oder Pachtzinsen € 125.000 übersteigt. Nutzungsentgelte für Grundbesitz gehören nicht dazu.[223] Der gewerbesteuerliche Begriff des (Teil-) Betriebs entspricht dem des § 16 EStG.[224] Die Verpachtung eines (Teil-)Betriebs i. S. des § 8 Nr. 7 Satz 2 GewStG setzt somit voraus, dass der Verpächter die wesentlichen Grundlagen eines als (Teil-)Betrieb allein lebensfähigen wirtschaftlichen Organismus verpachtet hat.[225] Die Vorschrift gilt auch für Betriebsaufspaltungen, wenn es sich bei der Verpachtung von wesentlichen Betriebsgrundlagen um einen Betrieb oder Teilbetrieb handelt.[226]

Mit der Ausnahmeregelung sollen unangemessene Minderungen des Gewerbesteueraufkommens der Gemeinden vermieden werden, in deren Bezirk der verpachtete Betrieb liegt. Dennoch führt die Hinzurechnung nicht zu einer Doppelbelastung, da gem. § 9 Nr. 4 GewStG die Miet-/Pachtzinsen beim Vermieter/Verpächter wieder zu kürzen sind, soweit sie beim Mieter/Pächter hinzugerechnet wurden.

78   Zahlungen an einen Gewerbebetrieb mit Sitz im Ausland gehören ebenfalls zu einer Hinzurechnung nach § 8 Nr. 7 GewStG, da der ausländische Betrieb nicht der Gewerbesteuer in Deutschland unterliegt. Die Vorschrift ist nicht mit EU-Recht vereinbar.[227] Daher erfolgt keine Hinzurechnung, wenn der Vermieter bzw. Verpächter in einem EG-, EWR- oder DBA-Staat ansässig ist und das vermietete/verpachtete Wirtschaftsgut nachweislich zu seinem Betriebsvermögen gehört.[228]

4. Umfang der Hinzurechnung

79   Nach § 8 Nr. 7 Satz 3 GewStG werden 50% der Miet- oder Pachtzinsen dem Gewerbeertrag hinzugerechnet, die der Mieter oder Pächter für die Benutzung der zu den Betriebsstätten eines Gemeindebezirks gehörenden fremden Wirtschaftsgütern, mit Ausnahme von Grundbesitz, an ei-

---

220 BFH v. 29.11.1972, I R 178/70, BStBl II 1973, 148.
221 Mayer-Scharenberg § 8 Nr. 7 Rn 10, Hofmeister in: Blümich, § 8 GewStG Rn 170.
222 Hofmeister in: Blümich, § 8 GewStG Rn 170, Lenski/Steinberg, § 8 Nr. 7 Rn 35; Güroff in: Glanegger/Grüroff, § 8 Nr. 7 Rn 13.
223 BFH v. 08.09.1993, I R 69/92, BStBl II 1994, 188.
224 BFH v. 27.08.1997, I R 76/96, BFH/NV 1998, 742.
225 BFH v. 27.08.1997, I R 76/96, BFH/NV 1998, 742.
226 BFH-Urt. V. 24.04.1991, I R 10/89, BStBl II 1991, 771, BFH v. 27.08.1997, I R 76/96, BFH/NV 1998, 742, BFH-Beschluss v. 04.10.1999, I B 41/99.
227 EuGH-Urteil v. 26.10.1999, Rs. C 394/97 („Eurowings").
228 Gleichlautende Erlasse der obersten Finanzbehörden der Länder v. 18.10.2006, G 1422, BStBl 2006 I, 611.

4

nen Vermieter oder Verpächter zu zahlen hat. Bei einem einheitlichen Miet-/Pachtzins muss ggf. aufgeteilt werden, wenn zu den überlassenen Wirtschaftsgütern auch Grundbesitz gehört. Eine Aufteilung ist auch erforderlich, wenn mit dem Nutzungsentgelt bestimmte Vorteile oder Möglichkeiten abgegolten werden soll, die keine Wirtschaftsgüter darstellen.[229]

Bei der Prüfung der Frage, ob im Fall einer (Teil-)Betriebsverpachtung der Betrag von € 125.000 überschritten ist, sind nur die Miet- oder Pachtzinsen für die Benutzung der zu den Betriebsstätten eines Gemeindebezirks gehörenden Wirtschaftsgüter, die nicht in Grundbesitz bestehen, einzubeziehen. Werden in verschiedenen Gemeinden Betriebsstätten unterhalten, ist der Gesamtbetrag von € 125.000 gesondert für jede Betriebsstätte zu ermitteln. Außerdem muss der Vermieter/Verpächter zivilrechtlich dieselbe Person sein. Insbesondere im Fall einer Betriebsaufspaltung zwischen einer Besitzpersonengesellschaft und einer Betriebsgesellschaft ist zu klären, wer zivilrechtlich Eigentümer der überlassenen Wirtschaftsgüter ist. Sofern sowohl die Besitzpersonengesellschaft als auch der Gesellschafter jeweils Wirtschaftsgüter an die Betriebsgesellschaft vermieten/verpachten, handelt es sich um verschiedene Personen, auch wenn das Wirtschaftsgut beim Gesellschafter zu dessen Sonderbetriebsvermögen bei der Personengesellschaft zählt.[230]

Es werden diejenigen Miet- oder Pachtzinsen hinzugerechnet, die den Gewinn gemindert haben. Daher sind auch Zuführungen zu Rückstellungen dem Gewinn aus Gewerbebetrieb hinzuzurechnen. Eine Umrechnung auf einen Jahresbetrag bei unterjähriger Zahlung kommt nicht in Betracht.

5.   Änderung der Hinzurechnung von Miet- und Pachtzinsen durch die Unternehmensteuerreform 2008

Ab dem Erhebungszeitraum 2008 werden nicht nur Miet- und Pachtzinsen für bewegliche Wirtschaftsgüter (§ 8 Nr. 1d GewStG), sondern auch für unbewegliche Wirtschaftsgüter hinzugerechnet (§ 8 Nr. 1e GewStG). Eine Hinzurechnung findet künftig immer statt, auch wenn der Empfänger zur Gewerbesteuer herangezogen wird. Damit wird insbesondere den europarechtlichen Bedenken Rechnung getragen.[231]   80

Die Ausweitung des Hinzurechnungstatbestands auf Wirtschaftsgüter des Grundbesitzes geht auf die Absicht des Gesetzgebers zurück, die Finanzierungsformen gleichzustellen. Gleichzeitig sollen auch Ausweichgestaltungen verhindert werden.[232] Im Gegensatz zur bis zum Erhebungszeitraum 2007 geltenden Rechtslage erfolgt die Hinzurechnung nicht zur Hälfte, sondern in Höhe eines sog. „Finanzierungsanteils". Diesen hat der Gesetzgeber für bewegliche Wirtschaftsgüter typisierend mit 20% und für unbewegliche Wirtschaftsgüter mit 75% festgelegt. Die Hinzurechnung beträgt daher effektiv jeweils 5% (bewegliche Wirtschaftsgüter) bzw. 18,75% (unbewegliche Wirtschaftsgüter).[233] Geht man davon aus, dass der Werteverzehr des Wirtschaftsguts dem Tilgungsanteil im Falle einer Finanzierung entspricht, können Miet- oder Pachtzinsen mit Annuitätendarlehen verglichen werden. Bei einem hohen Tilgungsanteil fällt der Zinsanteil niedriger aus und umgekehrt. So werden auch die unterschiedlichen Finanzierungsanteile von 20% bzw. 75%

229 Hofmeister in: Blümich, § 8 GewStG Rn 176.
230 BFH v. 10.07.1996, I R 132/94, BStBl II 1997, 226.
231 BT-Drucks. 16/4841 S. 79 unter Verweis auf EuGH Rs. C-294/97.
232 Unternehmenssteuerreform 2008 – Häufige Fragen und Antworten (Teil 1), S. 3.
233 Nach § 8 Nr. 1d und e GewStG sind zunächst 20% bzw. 75% der Miet- oder Pachtzinsen zu ermitteln. Soweit diese den Freibetrag von 100.000 € übersteigen, sind sie zu 25% hinzuzurechnen.

verständlich. Geht man davon aus, dass unbewegliche Wirtschaftsgüter einem geringeren Werteverzehr unterliegen, folgt daraus, dass der Zinsanteil dafür höher ist als bei beweglichen Wirtschaftsgütern.[234]

Im Zuge der Gesetzgebungsverfahrens hat insbesondere die Höhe des Finanzierungsanteils heftige Kritik erfahren, da die vom Gesetzgeber beschlossenen Prozentsätze in vielen Fällen über dem tatsächlichen Finanzierungsanteil liegen.[235] Daher wurde vereinzelt gefordert, den Gegenbeweis zuzulassen, in dem der Vermieter die genau kalkulierten Finanzierungsanteile aufdeckt.[236] Der Gesetzgeber hat dieser Forderung, die in der Praxis zu einem hohen Verwaltungsaufwand geführt hätte, nicht Rechnung getragen.[237]

Der Wegfall des Korrespondenzprinzips bzw. die Streichung der Kürzungsvorschrift des § 9 Nr. 4 GewStG kann zu Doppelbelastungen mit Gewerbesteuer führen. Insbesondere „Sale and Lease Back"-Gestaltungen dürften fortan deutlich unattraktiver werden, da der Veräußerungserlös i.d.R. gewerbesteuerpflichtig ist und die gezahlten Leasingraten nicht mehr voll abzugsfähig sind. In einzelnen Fällen können auch Mehrfachbelastungen eintreten, wenn die Wirtschaftsgüter untervermietet werden. Insbesondere anlageintensive Betriebe und die gesamte Leasingbranche sind von den Neuregelungen betroffen. Übergangsregelungen sind nicht vorgesehen. Dies bewirkt rückwirkend einen massiven Eingriff in die wirtschaftlichen Dispositionen des Steuerpflichtigen, sofern das Wirtschaftsgut bereits verkauft wurde und der Steuerpflichtige zutreffend davon ausging, dass bei Anmietung des Wirtschaftsguts die Leasingraten für gewerbesteuerliche Zwecke nicht hinzugerechnet werden.[238] Auch das Rechtsinstitut der Betriebsaufspaltung dürfte künftig „teurer" werden, da die Kürzungsvorschrift des § 9 Nr. 4 GewStG gestrichen wird. In der Folge findet eine Hinzurechnung beim Betriebsunternehmen statt, obwohl im Gewerbeertrag des Besitzunternehmens die Miet-/Pachtzinsen bereits enthalten sind und damit ebenfalls der Gewerbesteuer unterliegen.

> **Beispiel:**

Die M-GmbH betreibt eine Druckerei in einem gemieteten Betriebsgebäude. Die Druckmaschinen sind geleast. Das Nutzungsentgelt für das Betriebsgebäude beträgt € 1.000.000 p. a., für die Druckmaschinen € 200.000. Die M-GmbH betreibt ihren Betrieb in einer Gemeinde mit einem Hebesatz von 400%. Die Leasinggesellschaft ist gewerbesteuerpflichtig.

	Erhebungszeitraum 2007	Erhebungszeitraum 2008
	€	€
M-GmbH		
Pachtzinsaufwand Grundbesitz € 1.000.000		
Davon 75% (§ 8 Nr. 1 Buchst. e GewStG n. F.)	0	750.000
Pachtzinsaufwand Maschinen € 200.000		
Davon 20% (bzw. 50% nach altem Recht)	0	40.000
Summe Hinzurechnungen	0	790.0000
./. Freibetrag	n/a	./. 100.000
Verbleiben		690.000
Davon 25% = Erhöhung Gewerbeertrag		172.500
Gewerbesteuerbelastung (5%x400% bzw. 3,5%x400%)	0	24.150

---

234 Begründung der Bundesregierung zum Entwurf eines Unternehmensteuerreformgesetzes 2008 , S. 136.
235 Stellungnahme des Bundesrates v. 11.05.2007, BR-Drs. 220/07 (Beschluss), S. 36; Wortprotokoll der Anhörung im Finanzausschuss des Deutschen Bundestags v. 25.04.2007, Protokoll Nr. 16/56 S. 34, 37, vgl. auch Scheffler, BB 2007, 875.
236 Stellungnahme des IDW zum Entwurf eines Unternehmensteuerreformgesetzes 2008 v. 23.04.2007; Scheffler, BB 2007, 875, 879, wobei dieser unterstellt, dass die Kalkulationsdaten „näherungsweise" bekannt sind.
237 Fehling, NWB Fach 5 S. 1623.
238 Bergemann/Markl/Althof, DStR 2007, 699.

Eine Hinzurechnung von Aufwendungen für Grundstücke findet nach bis zum Erhebungszeitraum 2007 anwendbarem Recht nicht statt. Die Aufwendungen für bewegliche Wirtschaftsgüter werden ebenfalls nicht hinzugerechnet, da der Empfänger zur Gewerbesteuer herangezogen wird. Demgegenüber stehen die Hinzurechnungen für beide Sachverhalte ab dem Erhebungszeitraum 2008, die trotz des gewerbesteuerlichen Freibetrags und der Absenkung der Steuermesszahl von 5% auf 3,5% zu einer deutlichen Gewerbesteuermehrbelastung führen.

VII. Verlustanteile aus Personengesellschaften

1. Bedeutung der Hinzurechnung nach § 8 Nr. 8 GewStG

Nach § 8 Nr. 8 GewStG, der von den umfangreichen gewerbesteuerlichen Änderungen im Rahmen der Unternehmensteuerreform unberührt geblieben ist und daher auch nach dem Erhebungszeitraum 2007 unverändert Anwendung findet, sind dem Gewinn aus Gewerbebetrieb (§ 7 GewStG) die Anteile am Verlust einer in- oder ausländischen offenen Handelsgesellschaft, einer Kommanditgesellschaft oder einer anderen Gesellschaft, bei der die Gesellschafter als Mitunternehmer des Gewerbebetriebs anzusehen sind, wieder hinzuzurechnen, soweit sie bei der Gewinnermittlung abgesetzt worden sind. Diese Vorschrift korrespondiert mit der Kürzungsvorschrift des § 9 Nr. 2 GewStG, nach der entsprechende Gewinnanteile den Gewerbeertrag mindern. Die Höhe der Beteiligung oder des Gewinnanteils ist für die Hinzurechnung ohne Bedeutung.

Übt die Personengesellschaft eine gewerbliche Tätigkeit i.S.v. § 15 Abs. 1 Nr. 1 EStG aus, gilt sie in vollem Umfang als Gewerbebetrieb. Personengesellschaften, die keiner gewerblichen Betätigung nachgehen, haben einen Gewerbebetrieb kraft Fiktion, wenn bei Ihnen mindestens ein Vollhafter eine Kapitalgesellschaft ist und nur diese oder Personen, die nicht Gesellschafter sind, zur Geschäftsführung befugt sind (§ 15 Abs. 3 Nr. 2 EStG). Die Personengesellschaft ist sachlich Gewerbesteuersubjekt (§ 2 Abs. 1 GewStG) und unterliegt persönlich der Gewerbesteuer (§ 5 Abs. 1 S. 3 GewStG). Dies bewirkt, dass das Ergebnis der Personengesellschaft nicht noch einmal auf Ebene der Gesellschafter versteuert wird. Dies würde jedoch nicht für Gesellschafter gelten, die ihre Anteile im Betriebsvermögen halten. Dort mindert der Verlustanteil zusätzlich den Gewinn des Gewerbebetriebs des Gesellschafters. Somit würde sich der Verlust doppelt auswirken. Um dies zu vermeiden, sieht daher § 8 Nr. 8 GewStG vor, dass die Verluste dem Gewinn des Gewerbebetriebs des Gesellschafters wieder hinzugerechnet werden. Die Vorschrift dient somit der Trennung der Verhältnisse von Gesellschaft und Gesellschafter.[239]

81

2. Voraussetzungen der Hinzurechnung

Die Hinzurechnung setzt voraus, dass der Verlust aus der Beteiligung an der Personengesellschaft im Rahmen der Gewinnermittlung abgesetzt worden ist.

82

Es muss sich um eine Beteiligung an einer OHG, KG oder an einer anderen Gesellschaft, bei der die Gesellschafter als Mitunternehmer des Gewerbebetriebs anzusehen sind, handeln. Andere Gesellschaften i.S.d. Vorschrift sind z.B. die GbR, die ein gewerbliches Unternehmen betreibt, die atypische stille Gesellschaft sowie Gemeinschaften wie die Erbengemeinschaft, soweit die Miter-

---

239 Güroff in: Glanegger/Güroff, § 8 Nr. 8 Rn 1; Lenski/Steinberg, § 8 Nr. 8 Rn 4.

ben das zum Nachlass gehörige gewerbliche Unternehmen gemeinsam fortführen.[240] Entscheidend für die Hinzurechnung ist, dass es sich bei der Personengesellschaft um eine gewerbliche Mitunternehmerschaft und bei den Gesellschaftern um Mitunternehmer handelt (§ 15 Abs. 1 Nr. 2 EStG).[241]

83 Daher fällt der Verlust aus der Beteiligung als typisch stiller Gesellschafter nicht unter die Hinzurechnung gem. § 8 Nr. 8 GewStG, weil der typisch stille Gesellschafter kein Mitunternehmer ist. Dies gilt auch für die Komplementärin einer KGaA, da die Komplementärin lediglich wie eine Mitunternehmerin behandelt wird.[242]

84 Im Fall einer Personengesellschaft im Treuhandmodell[243] ist die Literatur z.T. Meinung, dass eine Hinzurechnung des Verlustanteils entfällt.[244] Dies gründet sich auf der Überlegung, dass die im Rahmen des „Treuhandmodells" gegründete GmbH & Co. KG (Tochtergesellschaft) kein selbständiges Gewerbesteuersubjekt sei, sondern lediglich eine unselbständige Betriebsstätte der Komplementär-„Muttergesellschaft".[245] Das Treuhandmodell wäre demnach eine Alternative zur gewerbesteuerlichen Organschaft. Nach dieser Auffassung würde das Ergebnis des Stammhauses mit dem Ergebnis der Tochtergesellschaft zusammengefasst werden. Im Fall eines Verlustes der Tochtergesellschaft wirkt sich dieser direkt auf den Gewinn des Stammhauses aus. Eine Hinzurechnung auf Ebene des Stammhauses entfällt, da die Tochtergesellschaft kein eigenes Gewerbesteuersubjekt ist. Sowohl Finanzverwaltung[246] als auch die finanzgerichtliche Rechtsprechung lehnen das „Treuhandmodell" als Alternative zum Organschaftsmodell ab.[247] Auch wenn die Tochtergesellschaft ertragsteuerlich keine Mitunternehmerschaft i.S.v. § 15 Abs. 1 Nr. 2 EStG darstellt, kann diese Wertung nicht für die Gewerbesteuer übernommen werden. Die Tochtergesellschaft ist ein eigenständiges Steuersubjekt und Schuldnerin der Gewerbesteuer. Es bleibt daher unverändert bei der Hinzurechnung von Verlustanteilen beim Gesellschafter.

Es kommt allerdings nicht darauf an, ob das Beteiligungsunternehmen gewerbesteuerpflichtig ist und sich somit die Verluste bei ihr nicht auswirken.[248] Die Hinzurechnungsvorschrift soll lediglich die Verlustzurechnung aus § 15 Abs. 1 EStG wieder rückgängig machen. Dabei spielt es keine Rolle, wie der Verlust auf Ebene der Mitunternehmerschaft an der der Gesellschafter beteiligt ist, gewerbesteuerlich behandelt wird.

3. Umfang der Hinzurechnung

85 Unter die Hinzurechnung fällt nicht nur der laufende Verlustanteil an der Gesellschaft, sondern auch der Verlust aus dem Verkauf der Anteile.[249] Letzterer v.a. deshalb, weil die Entstehung und das Verschwinden des Betriebs nicht Gegenstand der Gewerbesteuer ist, auch wenn die Veräußerung als letzter betrieblicher Vorgang angesehen werden kann.[250]

---

240 Lenski/Steinberg, § 8 Nr. 8 Rn 5.
241 Hofmeister in: Blümich, § 8 GewStG Rn 191.
242 Mayer-Scharenberg, § 8 Nr. 8 Rn 5; Lenski/Steinberg, § 8 Nr. 8 Rn 8.
243 Die einzige Kommanditistin einer GmbH & Co. KG hält den Kommanditanteil lediglich als Treuhänderin für die einzige Komplementärin, vgl. dazu ausführlich Rödder, DStR 2005, 955 ff.
244 Die gewerbesteuerliche Behandlung des Treuhandmodells ist umstritten, vgl. zum Meinungsstreit FG-Urteil v. 19.04.2007, 16 K 4489/09 G.
245 Rödder, DStR 2005, 955 ff.; Obermeier in: Blümich, § 2 GewStG Rn 55, Kromer, DStR 2000, 2157ff.
246 OFD Hannover G 1400 – 430 – StO 254, DB 2005, 858.
247 FG Düsseldorf v. 19.04.2007, 16 K 4489/06 G, EFG 2007, 1097.
248 BFH v. 23.10.1986, IV R 319/84, BStBl II 1987, 64.
249 BFH v. 25.05.1962, I 78/61 S, BStBl III 1962, 438.
250 RFH-Urteil v. 01.12.1937, VI 688/37, RStBl 1938, 356, RFH-Urteil v. 04.12.1940, VI 355/40, RStBl 1941, 291.

Bei Personengesellschaften setzt sich der laufende Verlust aus dem Ergebnis des Gesamthandsvermögens und dem Sonderbetriebsvermögen zusammen. In dem Sonderbetriebsvermögen werden Sonderbetriebseinnahmen (z.B. Tätigkeitsvergütungen) und Sonderbetriebsausgaben (z.B. Schuldzinsen) erfasst.

Teilwertabschreibungen auf Beteiligungen an Personengesellschaften sind ertragsteuerlich nicht **86** zulässig, da der Verlust aus der Beteiligung dem Gesellschafter bereits im Rahmen der Ergebnisverteilung direkt zugerechnet wird und dem Ansatz der Gesellschaftsbeteiligung keine eigenständige Bedeutung zukommt.[251] Solche Teilwertabschreibungen mindern nicht den Gewinn aus Gewerbebetrieb, eine Hinzurechnung nach § 8 Nr. 8 GewStG ist somit nicht erforderlich.

Sind in dem Verlustanteil Beträge i.S.d. § 8b KStG oder § 3 Nr. 40 EStG i.V.m. § 3c EStG (z.B. Be **87** teiligungserträge, Veräußerungsgewinne, Teilwertabschreibungen) enthalten, ist darauf zu achten, dass diese Beträge im Rahmen von § 8 Nr. 8 GewStG nur in der Höhe hinzugerechnet werden, in der sie – nach Anwendung des § 8b KStG oder § 3 Nr. 40 EStG i.V.m. § 3c EStG - bei der Gewinnermittlung noch enthalten sind.

> **Beispiel:**

Die A-GmbH & Co. KG hat in 2007 einen Gewinn von € 200.000 erzielt. Sie ist einzige Kommanditistin der B-GmbH & Co. KG. Diese erzielt in 2007 einen Verlust von € 150.000 €. In dem Verlust ist eine Gewinnausschüttung in Höhe von € 20.000 aus der 100%-Beteiligung an der X-GmbH enthalten. Der Verlust von € 150.000 entfällt zu 100% auf die A-GmbH & Co. KG, die diesen Verlustanteil nicht in der Handelsbilanz berücksichtigt hat.

Der Gewerbeertrag beider Gesellschaften ermittelt sich wie folgt:

	A-GmbH & Co. KG	B-GmbH & Co. KG
	€	€
Jahresüberschuss/-fehlbetrag laut Handelsbilanz	200.000	./. 150.000
Darin enthalten Gewinnausschüttung € 20.000		
davon 50% steuerfrei, § 3 Nr. 40 EStG	0	./. 10.000
Steuerlicher Gewinn	200.000	./. 160.000
Zurechnung der Einkünfte aus Gewerbebetrieb gem. einheitlicher und gesonderter Feststellung	./.160.000	
Gewinn bzw. Verlust aus Gewerbebetrieb	40.000	./. 160.000
Hinzurechnung des Verlustanteils nach § 8 Nr. 8 GewStG	160.000	0
Gewerbeertrag/-verlust	**200.000**	**./. 160.000**

Im Ergebnis hat sich der steuerliche Verlust der B-GmbH & Co. KG von € 160.000 (ebenso wie die teilweise steuerfreien Beteiligungserträge) nur einmal ausgewirkt.

VIII.   Ausschüttungsbedingte Teilwertabschreibungen

Nach der im Rahmen der Unternehmensteuerreform in unveränderter Form anzuwendenden **88** Vorschrift des § 8 Nr. 10 GewStG sind Gewinnminderungen, die durch den Ansatz des niedrigeren Teilwerts des Anteils an einer Körperschaft oder durch Veräußerung oder Entnahme des Anteils an einer Körperschaft oder bei Auflösung bzw. Herabsetzung des Kapitals der Körperschaft entstanden sind, dem Gewerbeertrag hinzuzurechnen, soweit der Ansatz des niedrigeren Teilwerts oder die sonstige Gewinnminderung auf Gewinnausschüttungen der Körperschaft, um die der Gewerbeertrag nach § 9 Nr. 2a, 7 oder 8 GewStG zu kürzen ist, oder organschaftliche Gewinnabführungen der Körperschaft zurückzuführen ist.

---

251 BFH v. 20.06.1986, IV R 36/83, BStBl II 1985, 654; Glanegger in: Schmidt, § 6 Rn 250, Stichwort: Beteiligungen an PersGes im Anlagevermögen.

1.   Entstehungsgeschichte von § 8 Nr. 10 GewStG

Die Hinzurechnungsnorm wurde durch das Steuerreformgesetz 1990 in das Gewerbesteuergesetz aufgenommen.[252] Ursprünglich waren von der Vorschrift lediglich ausschüttungsbedingte Teilwertabschreibungen erfasst. Durch das Steuerentlastungsgesetz 1999/2000/2002 wurde der Hinzurechnungtatbestand ab dem Erhebungszeitraum 1999 um abführungsbedingte Teilwertabschreibungen erweitert.[253] Entgegen anfänglicher Zweifel ist wohl davon auszugehen, dass die Vorschrift verfassungskonform ist.[254]

2.   Sinn und Zweck der Vorschrift

Durch die Hinzurechnung soll eine doppelte Entlastung vermieden werden, die durch die Kürzung des Beteiligungsertrages nach § 9 Nr. 2a, 7 oder 8 GewStG und die gleichzeitige Berücksichtigung einer auf diesem Beteiligungsertrag beruhenden Teilwertabschreibung der Anteile eintreten könnte. Seit dem Erhebungszeitraum 1999 soll weiterhin die Neutralität von Gewinnabführungen und Teilwertberichtigungen innerhalb des gewerbesteuerlichen Organkreises abgesichert werden.[255]

Die Finanzverwaltung selbst geht offensichtlich davon aus, dass die Teilwertabschreibung einer Organbeteiligung den Gewinn aus Gewerbebetrieb nach § 7 GewStG nicht mindert.[256] Deshalb ist nach ihrer Ansicht § 8 Nr. 10 GewStG in Organschaftsfällen (ab 2002) nur bei Beteiligungswertminderungen aufgrund Ausschüttungen von Gewinnen aus vororganschaftlicher Zeit anzuwenden.[257] Diese Meinung dürfte systematisch durch die Rechtsprechung des BFH nicht gedeckt sein, da der BFH von einer Korrektur erst aufgrund des gemeinsamen Organkreises ausgeht.[258] Die Regelung des § 8 Nr. 10 GewStG führt aber zu einer Korrektur bereits bei der Ermittlung des eigenen Gewerbeertrages des Organträgers. Im Endeffekt führt dies jedoch zu keinem anderen Ergebnis. Für Verluste bei Veräußerungs- bzw. Entnahmefällen von Organbeteiligungen aufgrund vorhergehender Gewinnabführungen wird seitens der Verwaltung aber offensichtlich davon ausgegangen, dass – falls geboten - zum letzten Stichtag der organschaftlichen Gewinnabführung noch eine bei der Ermittlung des Gewerbeertrages beim Organträger nicht zu berücksichtigende Teilwertabschreibung vorgenommen werden muss. Dies ist aber beispielsweise bei einem abweichenden Wirtschaftsjahr der Organgesellschaft nicht unbedingt der Fall wenn die Beteiligung nach dem Abschlussstichtag des Organs aber vor dem Bilanzstichtag des Organträgers veräußert oder entnommen wird. Auch aus diesem Grunde ist der Anwendungsbereich von § 8 Nr. 10 GewStG in Organschaftsfällen u.E. weiter als von der Finanzverwaltung definiert.

---

252 BGBl. I 1988, 1093.
253 BGBl. I 1999, 402.
254 Lenski/Steinberg, § 8 Nr. 10 Rn 4 m.w.N.
255 Blümich, § 8 GewStG Rn 210.
256 Abschn. 41 Abs. 1 GewStR.
257 Abschn. 56 S. 6, 7 GewStR, a.A. Lenski/Steinberg § 8 Nr. 10 Rn 21.
258 Zuletzt BFH v. 19.11.2003, I R 88/02, DStR 2004, 350.

3.   Umfang der Hinzurechnung

Betroffen von der Hinzurechnung der Wertminderungen sind gewerbesteuerliche Schachtelbeteiligungen[259] und Anteile an Organgesellschaften.[260] Der Begriff der „Körperschaft" nach § 8 Nr. 10 GewStG ist weit auszulegen. Erfasst sind Körperschaften, Personenvereinigungen und Vermögensmassen i.S.d. KStG, aber auch öffentlich rechtliche Kreditanstalten, Erwerbs- und Wirtschaftsgenossenschaften und Schachtelbeteiligungen an ausländischen Kapitalgesellschaften.[261]

Die Wertminderungen müssen auf eine offene oder verdeckte Gewinnausschüttung oder organschaftliche Gewinnabführung zurückzuführen sein. Voraussetzung ist zunächst, dass die Wertminderung steuerbilanziell anzuerkennen ist. Weiterhin muss die Wertminderung den steuerlichen Gewinn reduziert haben. Soweit also bereits eine Korrektur nach § 8b Abs. 3 KStG oder § 3 Nr. 40 EStG erfolgte, unterbleibt die Hinzurechnung.[262]

Auf die tatsächliche Vornahme der gewerbesteuerlichen Kürzung nach § 9 Nr. 2a, 7 und 8 GewStG kommt es u.E. nicht an. Dies ergibt sich aus dem Wortlaut des Gesetzes „zu kürzen ist".[263] Umgekehrt führt nach der hier vertretenen Auffassung eine versehentlich und zu Unrecht vorgenommene Kürzung der Dividendeneinnahmen nicht zur Hinzurechnung.[264]

Hinzuzurechnen sind Wertminderungen aufgrund Teilwertabschreibungen, durch die Veräußerung oder Entnahme des Anteils, der Auflösung oder der Herabsetzung des Kapitals der Körperschaft. Die Wertminderungen müssen unmittelbar und ursächlich mit den Gewinnausschüttungen (Anm. 6 und 7) oder Gewinnabführungen zusammenhängen. Eine enge Verknüpfung wird man regelmäßig dann herstellen, wenn im Wirtschaftsjahr der Ausschüttung bzw. Gewinnabführung eine Wertminderung in den Anteilen erfolgt. I.d.R. dürfte die Hinzurechnung der Wertminderung auf die Höhe der Ausschüttung oder Abführung limitiert sein. In Liquidationsfällen kann die Hinzurechnung auch dann erfolgen, wenn das ausgeschüttete Vermögen höher ist als der das Nennkapital übersteigende Buchwert. Auf einen tatsächlichen Verlust kommt es insoweit nicht an.[265] Eine Rückzahlung aus dem steuerlichen Einlagenkonto mindert jedoch den Beteiligungswert direkt und kann daher nicht zu einer Hinzurechnung nach § 8 Nr. 10 GewStG führen.

Verlustbedingte Wertminderungen sind von der Hinzurechnung nicht betroffen. Sind verschiedene Gründe für die Wertminderung ursächlich, kann eine Hinzurechnung nur soweit vorgenommen werden, als die Wertminderung auf eine Gewinnausschüttung oder Gewinnabführung zurückzuführen ist. Im Schrifttum wird teilweise gefordert, für eine Aufteilung der Wertminderung eine fiktive Schätzung des Beteiligungswertes ohne die Ausschüttung/Abführung vorzunehmen.[266] Die Finanzverwaltung geht jedoch in diesen Fällen davon aus, dass die Gewinnminderung vorrangig durch andere Umstände als Gewinnausschüttungen veranlasst ist.[267] Deshalb dürfte in derartigen Konstellationen eine Hinzurechnung praktisch ausscheiden.

---

259 Kürzung der Dividende gem. § 9 Nr. 2a, 7 oder 8 GewStG.
260 § 2 Abs. 2 S. 2 GewStG.
261 Im Detail: Lenski/Steinberg, § 8 Nr. 10 Rn 10.
262 Rogall, DB 2004, 2176.
263 A.A. Glanegger/Güroff, § 8 Nr. 10 Rn 6.
264 A.A. Blümich, § 8 GewStG Rn 223; differenzierend Glanegger/Güroff, § 8 Nr. 10, Rn 6; gl.A. Lenski/Steinberg § 8 Nr. 10 Rn 14.
265 BFH v. 08.05.2003, IV R 35/01, BStBl II 2004, 460.
266 Blümich, § 8 GewStG Rn 222.
267 Abschn. 56 S. 4 GewStR.

4.   Zweifelsfragen

Die Vorschrift des § 8 Nr.10 GewStG wurde nach dessen Einführung nicht an steuerliche Neuerungen angepasst. So sind die Fälle der späteren Wertaufholung der Beteiligung nach § 6 Abs.1 EStG nicht geregelt. Im Falle einer Wertaufholung durch thesaurierte Gewinne fällt der sachliche Grund für die Hinzurechnung der vormaligen Teilwertabschreibung nachträglich weg. Nach der hier vertretenen Auffassung müsste die Wertaufholung als rückwirkendes Ereignis nach § 175 AO zu einer Korrektur der ursprünglich vorgenommenen Hinzurechnung führen. Zumindestens müsste im Jahr der Wertaufholung eine entsprechende Abrechnung im Rahmen der Ermittlung des Gewerbeertrages im Organkreis stattfinden.[268] Analog müsste u.E. in den Fällen der Verschmelzung einer Tochtergesellschaft auf ihre Muttergesellschaft bei der Hinzurechnung einer früheren Teilwertabschreibung gem. § 12 Abs.1 S. 2 i.V.m. § 4 Abs.1 S. 2 UmwStG verfahren werden, wenn die Wertberichtigung zu einer Hinzurechnung nach § 8 Nr.10 GewStG geführt hat.[269] Letzteres wäre vor allem auch deshalb gerechtfertigt, weil durch die Verschmelzung etwaige gewerbesteuerliche Verlustvorträge der Tochtergesellschaft untergehen.

Nach § 8 Nr. 5 GewStG sind gem. § 8b Abs.1 KStG und § 3 Nr. 40 EStG (teilweise) freigestellte Dividenden bei der Ermittlung des Gewerbeertrages hinzuzurechnen, falls die Voraussetzungen der Schachtelbeteiligung nicht erfüllt sind. Auf die Vorschrift des § 8 Nr.5 nimmt § 8 Nr.10 GewStG jedoch keinen Bezug. Nach der hier vertretenen Auffassung führt der Nichtansatz der Dividende nach § 8 Nr.5 GewStG daher auch nicht zu einer Hinzurechnung einer von dieser verursachten Wertminderung der Beteiligung.

IX.   Aufwendungen für die Überlassung von Rechten

89   Ab dem Erhebungszeitraum 2008 ist der Finanzierungsanteil der Aufwendungen für die zeitlich befristete Überlassung von Rechten (insbesondere Konzessionen und Lizenzen, mit Ausnahme von Lizenzen, die ausschließlich dazu berechtigen, daraus abgeleitete Rechte Dritten zu überlassen) dem Gewerbeertrag hinzuzurechnen. Eine Hinzurechnung unterbleibt für Aufwendungen, die nach § 25 des Künstlersozialversicherungsgesetzes Bemessungsgrundlage für die Künstlersozialabgabe sind.

Die zeitliche Befristung ist im Gesetz nicht näher definiert. Deshalb sind sowohl kurz- als auch langfristige Überlassungen betroffen. Die Laufzeit findet für die Anwendung der Vorschrift jedoch insoweit ihre Grenze, als sie wirtschaftlich zu einem Kauf des Rechts bzw. zu einer endgültigen Überlassung führt. Das wirtschaftliche Eigentum an den Rechten muss beim Empfänger der Zahlungen verbleiben. Anderenfalls würde der Finanzierungsanteil der Zahlungen unter § 8 Nr.1a GewStG fallen mit der Folge, dass das Entgelt für die Schuld nach den tatsächlichen Verhältnissen und nicht pauschal ermittelt werden müsste.

Der Finanzierungsanteil wird für Zwecke der Hinzurechnung pauschal mit 25% der Aufwendungen angenommen. Die Pauschalierung erfolgt unabhängig von der Laufzeit der Überlassung.

90   Ausgenommen von der Hinzurechnung bleiben Aufwendungen für Lizenzen, die ausschließlich dazu berechtigen, daraus abgeleitete Rechte Dritten zu überlassen. Nach der Gesetzesbegründung sollen hiermit Vertriebskonstellationen von Rechten von der Hinzurechnung ausgenommen bleiben. Allerdings dürften Lizenzen mit der Berechtigung neben der eigenen Nutzung auch Unterli-

268 Die Finanzverwaltung dürfte dem ablehnend gegenüber stehen (OFD Düsseldorf v. 21.01.2004, FR 2004, 242).
269 Im Ergebnis wohl gl.A.: Lenski/Steinberg, § 8 Nr.10 GewStG Rn 6.

zenzen vergeben zu können wegen der erforderlichen Ausschließlichkeit von der Ausnahme nicht betroffen sein. Insbesondere in Konzernen und Unternehmensgruppen dürfte dies von Bedeutung sein. Häufig fungiert dort eine Zentraleinheit als Lizenznehmer und gibt die Rechte auch an andere operative Einheiten weiter. Wie bisher bei den Dauerschuldzinsen kann es Konzernfällen auch zu einer mehrfachen Hinzurechnung kommen, eine Ausnahme sieht das insoweit Gesetz nicht vor. Zur Vermeidung einer (doppelten) Hinzurechnung hilft in diesen Fällen nur die gewerbesteuerliche Organschaft, die Annahme einer Vorwegvergütung nach § 15 Abs.1 Nr. 2 EStG bei Tochterpersonengesellschaften oder nach der hier vertretenen Auffassung die Verrechnung der Kosten im Rahmen einer allgemeinen Serviceumlage.

X.   Die Zinsschranke und ihre Auswirkung auf die gewerbesteuerliche Hinzurechnung von Finanzierungskosten

Im Rahmen des Unternehmensteuerreformgesetzes wurde mit § 4h EStG eine so genannte Zinsschranke in das Gesetz eingeführt, die über die gesetzlich verankerten einkommen- und körperschaftsteuerlichen Zinsabzugsbeschränkungen auch Einfluss auf die Gewerbesteuer hat.   91

Die Neuregelung dieser Zinsschranke ist nach § 52 Abs. 12d EStG erstmals für Wirtschaftsjahre anzuwenden, die nach dem Tag des Gesetzesbeschlusses des Bundestages (25.05.2007) beginnen und nicht vor dem 01.01.2008 enden.

1.   Grundsystematik der Zinsschranke

Betrieblich veranlasste Zinsaufwendungen sind im Rahmen der Zinsschranke grundsätzlich nur noch bis zur Höhe von 30% des Jahresergebnisses vor Zinsen, Steuern und Abschreibungen auf immaterielle Vermögenswerte und Sachanlagen inklusive der Abschreibungen auf geringwertige Wirtschaftsgüter (EBITDA) als Betriebsausgaben abziehbar.[270] Aufgrund der Zinsschranke nicht abziehbare Zinsaufwendungen des laufenden Jahres können als Zinsaufwendungen unbegrenzt in die Folgejahre vorgetragen werden. Ein in der laufenden Periode nicht abzugsfähiger Zinsaufwand ist somit lediglich zeitlich gestreckt, falls die Zinsschranke in zukünftigen Perioden nicht greift. Die Regelung gilt für alle Zinsaufwendungen, auch für Auf- und Abzinsungen bei bestimmten Fremdfinanzierungsformen und grundsätzlich unabhängig von der Frage, wer Empfänger der Zinsen ist.   92

Die Zinsschranke ist auf sämtliche betriebliche Einkünfte von natürlichen Personen und - über § 8 Abs.1 Satz 1 KStG - von juristischen Personen anwendbar. Bei Körperschaften sind zudem die neuen Regelungen zur Gesellschafter-Fremdfinanzierung nach § 8a KStG zu beachten. Außerdem ist die Zinsschranke betriebsbezogen anzuwenden (§ 4h Abs.1 Satz 1 EStG). Was ein „Betrieb" im Sinne der Vorschrift ist, wird nicht definiert. Es dürfte der ertragsteuerlich zu §§ 6 Abs.3, 16 EStG, §§ 20 und 24 UmwStG entwickelte Begriff maßgeblich sein.[271] Einzelunternehmer können danach mehrere Betriebe haben, Mitunternehmerschaften und Kapitalgesellschaften dagegen nur einen.[272]

---

270 Wiese, DStR 2007, 741; Middendorf/Stegemann, INF 2007, 305; Rödder/Stangl, DStR 2007, 479; Müller-Gatermann, Stbg. 2007, 145, 158; Töben/Fischer, BB 2007, 974.
271 Köhler, DStR 2007, 597; Middendorf/Stegemann, INF 2007, 305.
272 BFH v. 9.8.1989, X R 130/87, BStBl II 1989, 901.

Nach der Gesetzesbegründung ist § 4h EStG nur auf die inländische Gewinnermittlung anzuwenden. Für die Dotation der Betriebsstätte mit Eigenkapital sollen unverändert die Regelungen des Betriebsstättenerlasses gelten.[273] Daraus wird geschlossen, dass § 4h EStG weder auf ausländische Betriebsstätten inländischer Unternehmen noch inländische Betriebsstätten ausländischer Unternehmen anwendbar ist.[274]

2.   Prüfschema

Für die Beantwortung der Frage, ob die Zinsschranke auf einen Betrieb Anwendung findet, kann folgendes Prüfungsschema herangezogen werden:

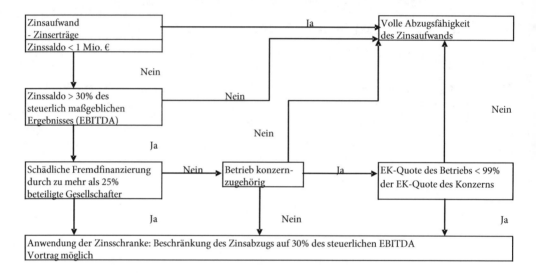

Wie aus dem Prüfungsschema ersichtlich ist, findet die Zinsschranke in den folgenden drei Ausnahmefällen keine Anwendung:

- ▪ Der Überschuss der Zinsaufwendungen über die Zinserträge eines Betriebes beträgt weniger als € 1 Mio.

- ▪ Der Betrieb gehört nicht oder nur anteilmäßig zu einem Konzern. Bei Kapitalgesellschaften darf zusätzlich keine schädliche Gesellschafter-Fremdfinanzierung nach § 8a KStG vorliegen.

- ▪ Die Eigenkapitalquote des Betriebs unterschreitet die Eigenkapitalquote des Konzerns um maximal 1% („Escape-Klausel"). Bei Kapitalgesellschaften darf aber auch hier keine schädliche Gesellschafter-Fremdfinanzierung nach § 8a KStG vorliegen.

a)   Freigrenze von € 1 Mio.

93   Die Zinsschranke greift nur, wenn im jeweiligen Betrieb der Überschuss der Zinsaufwendungen über die Zinserträge die Freigrenze von € 1.000.000,00 erreicht (§ 4h Abs. 2 Satz 3a EStG). Dieser Sockelbetrag bewirkt, dass viele mittelständische Unternehmen von der Einschränkung des

---

273 BMF-Schreiben v. 24.12.1999, IV B 4 – S-1300 – 111/99, BStBl I 1999, 1076, Rn 2.1.
274 Middendorf/Stegemann, INF 2007, 305.

Schuldzinsenabzugs regelmäßig nicht betroffen werden. Dabei entspricht der sich auf die Zinsen beziehende Sockelbetrag beispielsweise bei einem Zinssatz von 5 % einem Kreditvolumen von 20 Mio. €. Die Freigrenze von 1 Mio. € bezieht sich bei Konzernen auf jeden einzelnen Betrieb. Zu beachten ist dabei, dass organschaftlich verbundene Konzernunternehmen ein Betrieb im Sinne der Zinsschranke sind.

Da es sich um keinen Freibetrag, sondern um eine Freigrenze handelt, kann es zu so genannten „Fallbeileffekten" kommen, da bereits bei Überschreiten der Freigrenze um nur 1 € der gesamte Betrag des Zinssaldos unter die steuerliche Abzugsbeschränkung der Zinsschranke fällt.

b)   Keine Konzernzugehörigkeit

Die Zinsschranke nach § 4h Abs.2 Satz 1b EStG gelangt nicht zur Anwendung, wenn der Betrieb   94
nicht zu einem Konzern gehört. Ein Betrieb gehört nach § 4h Abs. 3 S. 4 EStG zu einem Konzern, wenn er nach dem für die Eigenkapitalquote anzulegenden Rechnungslegungsstandard mit einem oder mehreren Betrieben konsolidiert wird bzw. für den Fall, dass ein handelsrechtlicher Konzernabschluss nicht erstellt wird, werden könnte (Konsolidierungskreis). Ausländische Konzerngesellschaften sind dabei einzubeziehen. Die Konzernverbundenheit wird nach § 4h Abs. 3 S. 5 EStG auch dann angenommen, „wenn seine Finanz- und Geschäftspolitik mit einem oder mehreren anderen Betrieben einheitlich bestimmt werden kann". Die Gesetzesbegründung verweist dazu auf Beherrschungsverhältnisse nach IAS 27, davon ausgehend, dass ein Betrieb i.d.R. nur durch einen einzelnen mittelbar oder unmittelbar beteiligten Anteilseigner oder Gesellschafter beherrscht werden könne. Diese Voraussetzung dürfte i.d.R. bereits erfüllt sein, wenn

- eine natürliche Person ein Einzelunternehmen betreibt und Alleingesellschafter einer Kapitalgesellschaft ist,
- eine natürliche Person mindestens zwei Kapitalgesellschaften beherrscht[275],
- Gesellschaften andere Gesellschaften beherrschen.

Nicht konzernzugehörig sind folglich i.d.R. nur Einzelunternehmen oder Kapitalgesellschaften, die keine Beteiligungen halten, und Gesellschaften, die sich in Streubesitz befinden und ebenfalls keine Beteiligungen halten. Fraglich ist, ob mehrere Personengesellschaften, deren Anteile sich in der Hand eines beherrschenden Gesellschafters befinden, unter § 4h Abs. 3 S. 6 EStG fallen. Nach der Gesetzesbegründung gehören auch gemeinschaftlich geführte Unternehmen nach § 310 HGB oder vergleichbare Unternehmen, die nach anderen zur Anwendung kommenden Rechnungslegungsstandards (z.B. IAS 31) nur anteilmäßig in den Konzernabschluss einbezogen werden, für Zwecke der Zinsschranke nicht zu einem Konzern, wenn sie nicht von einem einzelnen Rechtsträger beherrscht werden, z.B. PPP-Projektgesellschaften, die nicht zu einem einzelnen Konzern gehören. Hierunter fallen auch assoziierte Unternehmen und Gemeinschaftsunternehmen (Joint Ventures). Mehrere Betriebsstätten – sei es im In- oder Ausland – allein begründen keinen „Konzern". Ergibt sich die Gewerblichkeit eines Besitzunternehmens nur aufgrund einer personellen und sachlichen Verflechtung mit dem Betriebsunternehmen (Betriebsaufspaltung), liegt kein Konzern vor.[276]

---

275 Middendorf/Stegemann, INF 2007, 305 und 308; Dörfler/Vogl, BB 2007, 1084 ff.
276 BT-Drucksache 16/4841, S. 50.

c) Die „Escape-Klausel"

95 Nach § 4h Abs. 2 S. 1c S. 1 und 2 EStG greift bei einem konzerngebundenen Unternehmen die Zinsschranke dann nicht, wenn dessen Eigenkapitalquote am Abschlussstichtag des vorherigen Geschäftsjahres gleich hoch oder höher ist als die durchschnittliche Eigenkapitalquote des Konzerns („Escape-Klausel"). Ein Unterschreiten der Eigenkapitalquote des Konzerns bis zu einem Prozentpunkt ist dabei unschädlich. Von der Zinsschranke sind damit Konzerngesellschaften erfasst, deren Eigenkapitalquote diejenige des Konzerns um mehr als einen Prozentpunkt unterschreitet. Für die Ermittlung der Eigenkapitalquote wird immer der nach dem erweiterten Konzernbegriff größtmögliche Konsolidierungskreis zugrunde gelegt. Mit dieser Regelung sollen speziell Einzelunternehmen und Kapitalgesellschaften im Streubesitz von der Zinsschranke ausgenommen werden.

96 Eigenkapitalquote ist das Verhältnis des Eigenkapitals zur Bilanzsumme. Sie ist für den Konzern nach dem Konzernabschluss, für den jeweiligen Betrieb nach dem Einzelabschluss zu ermitteln (§ 4h Abs. 2 S. 1c S. 3 EStG). Dabei sind Wahlrechte im Konzern- und Einzelabschluss einheitlich auszuüben.

Bei der Ermittlung der Eigenkapitalquote des Unternehmens ist das Eigenkapital um einen im Konzernabschluss enthaltenen Firmenwert zu erhöhen, soweit er auf den Betrieb entfällt, um eine Vergleichbarkeit des Einzel- und des Konzernabschlusses zu ermöglichen. Dies ist nicht möglich, wenn stille Reserven nicht im Firmenwert, sondern in materiellen und immateriellen Vermögenswerten aufgedeckt werden. In der Handelsbilanz nach § 273 HGB ausgewiesene Sonderposten mit Rücklageanteil sind dem Eigenkapital des Betriebs zur Hälfte hinzuzurechnen, da der Sonderposten unversteuerte Rücklagen aufweist, die wirtschaftlich gesehen aus einem Eigenkapital- und einem Fremdkapitalanteil bestehen.

Das Eigenkapital des Betriebs ist zu kürzen um

■ das Eigenkapital, das keine Stimmrechte verleiht,

■ die Anteile an anderen Konzerngesellschaften,

■ Einlagen der letzten sechs Monate vor dem maßgeblichen Abschlussstichtag, soweit ihnen Entnahmen innerhalb von sechs Monaten nach dem maßgeblichen Abschlussstichtag gegenüberstehen, um Gestaltungen zu verhindern.

Bei Personengesellschaften ist nach § 4h Abs. 2 S. 1c S. 4 EStG das Eigenkapital für steuerliche Zwecke so anzusetzen, wie es sich aus einem HGB-konformen Abschluss ergeben würde. Unter konsequenter Anwendung von IAS 32.16 ff., auf dessen Grundlage Einlagen mit gesellschaftsrechtlichen Kündigungsrechten als Fremdkapital zu behandeln wären, könnte ansonsten eine Konzern-Eigenkapitalquote im Extremfall von 0% erreicht werden.

Mit der Kürzung um stimmrechtslose Anteile scheint nach der Gesetzesbegründung sog. „Mezzanine-Kapital" gemeint zu sein, das nach den jeweiligen Rechnungslegungsstandards im Einzelabschluss Eigenkapitalcharakter hat, steuerlich jedoch Fremdkapitalcharakter aufweist, so dass die dafür gezahlten Vergütungen steuerlich im Grundsatz abzugsfähig sind.[277]

Mit der Kürzung des Eigenkapitals des einzelnen Betriebs um die Beteiligungen an anderen Konzerngesellschaften sollen Kaskadeneffekte vermieden werden. Ohne diese Regelung würde ansonsten Eigenkapital doppelt, nämlich als Eigenkapital der Tochtergesellschaft und ein weiteres Mal in der Beteiligung der Muttergesellschaft berücksichtigt. Die Regelung ist allerdings insoweit

---

277 Heintges/Kamphaus/Loitz, DB 2007, 1261 ff.

problematisch, als das Eigenkapital zwar um die Beteiligungen gekürzt, nicht dagegen um Schulden im Zusammenhang mit Beteiligungen erhöht wird. Die Bilanzsumme des Betriebs ist um Kapitalforderungen zu kürzen, die gegenüber anderen Konzerngesellschaften bestehen und deshalb nicht im konsolidierten Konzernabschluss ausgewiesen sind und denen Verbindlichkeiten in mindestens gleicher Höhe gegenüber stehen. Damit wird erreicht, dass Fremdkapital des Betriebs, das einem anderen Konzernunternehmen als Darlehen überlassen wird, die Eigenkapitalquote des Betriebs nicht belastet. Konzerninterne Kapitalforderungen sind im konsolidierten Konzernabschluss nicht enthalten, da es zu einer Konsolidierung mit den entsprechenden konzerninternen Schulden kommt. Die Kürzung der Bilanzsumme um konzerninterne Kapitalforderungen bei der einzelnen Konzerngesellschaft erhöht die Eigenkapitalquote im jeweiligen Betrieb, da das – unveränderte - Eigenkapital zur geminderten Bilanzsumme ins Verhältnis gesetzt wird.

Die Eigenkapitalquoten des Konzerns und der einzelnen Konzerngesellschaften sind regelmäßig einheitlich nach den IFRS zu ermitteln. Ersatzweise wird auf die Abschlüsse nach dem Handelsrecht eines EU-Mitgliedsstaats zurückgegriffen, wenn kein Konzernabschluss nach IFRS zu erstellen und offen zu legen ist und auch tatsächlich für keines der letzten fünf Wirtschaftsjahre ein Konzernabschluss nach IFRS erstellt wurde. Sind die Abschlüsse weder nach IFRS noch nach Handelsrecht zu erstellen und offen zu legen, kann ersatzweise auf Abschlüsse nach US-GAAP zurückgegriffen werden. Andere Rechnungslegungsstandards sind nicht zugelassen. Wurde der Abschluss des betroffenen Betriebs nicht nach denselben Rechnungslegungsstandards wie der Konzernabschluss aufgestellt, so ist die Eigenkapitalquote des Betriebs in einer Überleitungsrechnung nach den für den Konzernabschluss geltenden Rechnungslegungsstandards zu ermitteln. Diese Überleitungsrechnung ist einer prüferischen Durchsicht zu unterziehen. Auf Verlangen des Finanzamts ist der Abschluss oder die Überleitungsrechnung des Betriebs durch einen Abschlussprüfer zu testieren, der die Voraussetzungen des § 319 HGB erfüllt. Ist ein dem Eigenkapitalvergleich zugrunde gelegter Abschluss unrichtig und führt der zutreffende Abschluss zu einer Erhöhung der nach der Zinsschranke nicht abziehbaren Zinsaufwendungen, ist auf der Basis der nicht abziehbaren Zinsaufwendungen ein Zuschlag entsprechend § 162 Abs.4 Satz 1 und 2 AO festzusetzen.

Konzernfreie Kapitalgesellschaften profitieren von der Konzern-Klausel nur, wenn nicht mehr als 10% des Zinssaldos an zu mehr als 25% mittel- oder unmittelbar beteiligte Gesellschafter oder an Dritte fließen, die ein Rückgriffsrecht auf diesen Personenkreis haben (z.B. Banken mit Bürgschaft). Bei konzernverbundenen Unternehmen gilt das Gleiche, allerdings in verschärfter Form, da die oben beschriebene 10%-Regelung bei keinem Konzernmitglied weltweit überschritten sein darf, damit die Escape-Klausel greift. Hier könnten sich in der Praxis erhebliche Nachweisprobleme ergeben.

Sonderbetriebsvermögen ist dem Betrieb der Mitunternehmerschaft zuzuordnen, soweit es im Konzernabschluss enthalten ist. Laut Gesetzesbegründung sollen damit Gestaltungsmöglichkeiten durch die Zuordnung von Wirtschaftsgütern verhindert werden. Das Vermögen einer Personengesellschaft erhöht sich somit bei positivem und reduziert sich bei negativem Sonderbetriebsvermögen. Analog hierzu ändert sich das handelsbilanzielle Eigenkapital für Zwecke des Eigenkapitalvergleichs, sofern das Sonderbetriebsvermögen dem Konzernvermögen zuzurechnen ist. Ob und wo die Zinsen aus Sonderbetriebsvermögen im Rahmen der Berechnung der Zinsschranke im Einzelnen einzubeziehen sind, ist bisher nicht eindeutig geregelt.[278]

97

---

278 Herzig/Bohn DB 2007, 3.

3. Betroffene Finanzierungsaufwendungen

98 Die Zinsschranke enthält ein Abzugsverbot für Zinsaufwendungen, das für die Einkommen- und Körperschaftsteuer sowie für die Gewerbesteuer gilt. Der Abzugsbeschränkung unterliegen nach § 4h Abs.1 EStG alle betrieblichen Zinsaufwendungen, soweit sie die im selben Wirtschaftsjahr erzielten Zinserträge übersteigen (Zinsüberschuss). Zinsaufwendungen und -erträge sind alle Entgelte, die für die vorübergehende Überlassung von Geldkapital zu entrichten sind.

Zu den Zinsaufwendungen rechnen nur solche Vergütungen für Fremdkapital, die den maßgeblichen Gewinn gemindert haben (§ 4h Abs. 3 S. 2 EStG). Aus den Zinsaufwendungen sind daher diejenigen Zinsen auszusondern, die nach §§ 4 Abs. 4a, 3c Abs. 2 EStG bzw. § 233a AO nicht abziehbar sind, da sie den maßgeblichen Gewinn nicht gemindert haben (§§ 4 Abs. 5b, 12 Nr. 3 EStG, § 10 Nr. 2 KStG). Zinsaufwendungen, die unter die Pauschalierung der nicht abziehbaren Betriebsausgaben nach § 8b KStG fallen, sind zu berücksichtigen, soweit sie den maßgeblichen Gewinn gemindert haben. Auf- und Abzinsungen unverzinslicher und niedrig verzinslicher Verbindlichkeiten oder Kapitalforderungen - nicht aber von Rückstellungen – sind nach § 4h Abs. 3 S. 3 EStG als Zinserträge bzw. als Zinsaufwendungen in die Zinsschranke einzubeziehen. Anders als bei der Gewerbesteuer werden Finanzierungsanteile in Mieten, Pachten, Leasingraten und Lizenzen nicht in die Zinsschranke einbezogen. Der Begriff der Zinsaufwendungen deckt sich nicht mit den Zinsaufwendungen, die der Hinzurechnung bei der Gewerbesteuer unterliegen.

Die Zinserträge nach § 4h Abs. 3 S. 3 EStG umfassen alle Erträge aus Kapitalforderungen jeder Art, die den maßgeblichen Gewinn erhöht haben. Die Zinsschranke erfasst nur Erträge aus der vorübergehenden Überlassung von Geldkapital. Hierzu rechnen typischerweise Zinsen aus Darlehensgewährung, nicht hingegen der Bezug von Dividenden. Zinsen nach § 233 ff. AO sind nicht einzubeziehen.

Zu einer einkommen- bzw. körperschaftsteuerlichen und gewerbesteuerlichen „doppelten" Beschränkung des Schuldzinsenabzugs kann es nicht kommen, da die nach der Zinsschranke nicht abziehbaren Zinsaufwendungen nicht zugleich einer weiteren Hinzurechnung bei der Gewerbesteuer unterliegen. Der Hinzurechnung bei der Gewerbesteuer werden nur solche Zinsaufwendungen unterworfen, die als Betriebsausgaben mit einkommen- bzw. körperschaftsteuerlicher Wirkung abgezogen wurden. Dies sind, die grundsätzliche Anwendbarkeit der Zinsschranke vorausgesetzt, die Zinsaufwendungen bis zur Höhe der Zinserträge sowie die darüber hinausgehenden Zinsaufwendungen bis zur Höhe von 30% des Gewinns vor Zinsen, Steuern und Abschreibungen. Konsequenterweise müssen umgekehrt zunächst nicht abziehbare Zinsen, die später im Rahmen des Zinsvortrags den Gewinn mindern, im Vortragsjahr bei der Gewerbesteuer dem Gewinn hinzugerechnet werden. Da Kreditinstitute i.d.R. höhere Zinserträge als Zinsaufwendungen ausweisen, sind sie von der Zinsschranke im Regelfall nicht betroffen.

4. Zinsvortrag

99 Die aufgrund der Anwendung der Zinsschranke nicht abziehbaren Zinsen werden zeitlich unbegrenzt in die folgenden Veranlagungszeiträume vorgetragen (§ 4h Abs.1 Satz 2 EStG). Dort erhöhen sie die Zinsaufwendungen dieses Veranlagungszeitraums, nicht aber den maßgeblichen Gewinn dieses Jahres. In einem Vortragsjahr können die vorgetragenen Zinsen, soweit sie zusammen mit den in diesem Jahr angefallenen Zinsaufwendungen die Zinserträge im Vortragsjahr

übersteigen, wiederum nur in den Grenzen der Zinsschranke, also grundsätzlich nur bis zur Höhe von 30% des im Vortragsjahr erzielten Gewinns vor Zinsen, Steuern und Absetzungen abgezogen werden.

🛑 **Hinweise:**

Bei langfristig fremdfinanzierten Unternehmen mit stabilen Ergebnissen, bei denen die Zinsschranke Anwendung findet, führt die Mechanik des Zinsvortrags dazu, dass sich der Zinsvortrag im Zeitablauf immer weiter aufbaut. Der Zinsvortrag kann in solchen Fällen grundsätzlich nur dann und insoweit genutzt werden, als das Jahresergebnis und damit das steuerliche EBITDA ansteigt bzw. die Fremdfinanzierung reduziert wird.

Wie bei der Beschränkung des Verlustvortrags kann die Zinsschranke bei Unternehmen mit Verlust- und Gewinnzyklen sogar dazu führen, dass Zinsvolumen endgültig entfällt. Dies betrifft insbesondere Projektgesellschaften, bei denen in der Zeit der Projektdurchführung typischerweise erheblicher Finanzierungsaufwand anfällt. Soweit diese Finanzierungskosten nach der Zinsschranke nicht sofort abgezogen, sondern nur vorgetragen werden können, ergibt sich ein Verfall von Zinsvolumen, soweit im Jahr des Projektabschlusses, in dem der Projektgewinn zusammengeballt anfällt, die vorgetragenen Zinsen wegen der auch dann zu beachtenden Beschränkung des Betriebsausgabenabzugs auf 30% des Gewinns vor Zinsen nicht abgezogen werden können.

5.   Rückausnahmen bei schädlicher Fremdfinanzierung

Für Kapitalgesellschaften, die wegen fehlender Konzernverbundenheit oder infolge der Escape-Klausel grundsätzlich von der Anwendung der Zinsschranke ausgenommen sind, enthält § 8a KStG zwei Rückausnahmen für Fälle mit schädlicher Gesellschafterfremdfinanzierung: **100**

- Rückausnahme bei nicht konzerngebundenen Kapitalgesellschaften
- Rückausnahme von der „Escape-Klausel" bei Kapitalgesellschaften

a)   Rückausnahme bei nicht konzerngebundenen Kapitalgesellschaften

Nach § 8a Abs. 2 KStG wird bei Kapitalgesellschaften, die nicht zu einem Konzern gehören, die Zinsschranke nur dann nicht angewandt, wenn die Gesellschaft nachweist, dass keine schädliche Gesellschafter-Fremdfinanzierung vorliegt. Eine schädliche Finanzierung liegt dann vor, wenn die Vergütungen für Fremdkapital an einen zu mehr als 25 % unmittelbar oder mittelbar beteiligten Gesellschafter, eine diesem nahe stehende Person i.S.v. § 1 Abs.2 AStG oder einen Dritten, der auf den zu mehr als einem Viertel beteiligten Anteilseigner oder eine diesem nahe stehende Person zurück greifen kann, mehr als 10 % der gesamten, die Zinserträge übersteigenden Zinsaufwendungen der Kapitalgesellschaft betragen. Greift diese Rückausnahme, dann unterliegen die gesamten Zinsaufwendungen – soweit sie die Zinserträge übersteigen - der Zinsschranke.   **101**

b)   Rückausnahme von der „Escape-Klausel" bei Kapitalgesellschaften

Bei konzernverbundenen Kapitalgesellschaften, die unter die „Escape-Klausel" fallen, gilt bei schädlicher Gesellschafter-Fremdfinanzierung nach § 8a Abs. 3 KStG eine entsprechende Rück-   **102**

4

ausnahmeregelung. Dabei ist zu beachten, dass bei Vorliegen einer schädlichen Gesellschafter-Fremdfinanzierung bei einer Konzerngesellschaft die Zinsschranke für den gesamten Konzern, also für jede Konzerngesellschaft anzuwenden ist. Allerdings gilt die Rückausnahme nur für Zinsaufwendungen aus solchen Verbindlichkeiten, die im konsolidierten Konzernabschluss ausgewiesen sind und bei Finanzierung durch einen Dritten einen Rückgriff gegen einen nicht zum Konzern gehörenden Gesellschafter oder eine ihm nahestehende Person auslösen.[279] Die Rückausnahme greift also nur, wenn die Gesellschafter-Fremdfinanzierung von außerhalb des Konzerns erfolgt.

6.   Auswirkungen der Zinsschranke auf die Gewerbesteuer

103   Nur insoweit als Zinsen gem. § 4h EStG abzugsfähig sind, erfolgt eine 25%-ige Hinzurechnung dieser Zinsen gem. § 8a Nr. 1a GewStG. Fallen die Zinsaufwendungen bereits unter die Zinsschranke, schlägt diese einkommen- bzw. körperschaftsteuerliche Nichtabzugsfähigkeit auf die Gewerbesteuer durch und die Zinsen sind insoweit nicht noch einmal i.H.v. 25% dem Gewerbeertrag hinzuzurechnen.

> **Beispiel:**
>
> Die X-GmbH hat für das Jahr 2008 folgende Gewinn- und Verlustrechnung vor Steuern erstellt:
>
> | | € |
> |---|---|
> | Umsatz | 10.000.000 |
> | Zinsaufwand | 5.000.000 |
> | Abschreibung | 1.000.000 |
> | Gewinn vor Steuern | 4.000.000 |
>
> 1.   Berechnung des körperschaftsteuerlich nicht abzugsfähigen Zinsaufwandes:
>
> | | |
> |---|---|
> | Gewinn vor Steuern | 4.000.000 |
> | Zinsaufwand | 5.000.000 |
> | Abschreibung | 1.000.000 |
> | Steuerliches EBITDA | 10.000.000 |
> | Körperschaftsteuerlich abzugsfähiger Zinsaufwand 10.000.000x30% | 3.000.000 |
> | Körperschaftsteuerlich nicht abzugsfähiger Zinsaufwand | 2.000.000 |

279 Vgl. zu dieser Problematik Töben/Fischer, GmbHR 2007, 532 ff.

2. Berechnung des gewerbesteuerlich nicht abzugsfähigen Zinsaufwandes:

Gewinn vor Steuern		4.000.000
Nicht abzugfähiger Zinsaufwand		2.000.000
Übriger Zinsaufwand	3.000.000	
./. Freibetrag	100.000	
	2.900.000	
davon 25%		725.000
Steuerpflichtiger Gewerbeertrag		6.725.000
Gewerbesteuerlich abzugsfähiger Zinsaufwand 10.000.000x30%		3.275.000
Gewerbesteuerlich nicht abzugsfähiger Zinsaufwand		2.725.000

Erfolgt der einkommen- bzw. körperschaftsteuerliche Abzug von Zinsaufwendungen im Rahmen des Zinsvortrages in einem späteren Wirtschaftsjahr, greift § 8 Nr. 1a GewStG für die gesamten in diesem Wirtschaftsjahr zum Abzug zugelassenen Zinsaufwendungen ein, unabhängig davon, ob es sich um Zinsaufwendungen aus einem Zinsvortrag oder um Zinsaufwendungen des laufenden Wirtschaftsjahres handelt.

7. Gestaltungsmöglichkeiten zur Vermeidung der Zinsschranke

Die Zinsschranke kommt nicht zur Anwendung, wenn der Zinsüberschuss die Freigrenze von € 1 Mio. unterschreitet. Es kann sich daher in Einzelfällen, insbesondere im Bereich von Unternehmensakquisitionen empfehlen, den Zinsaufwand auf mehrere Gesellschaften zu verteilen, um so die Freigrenze mehrfach ausnutzen zu können. Dabei stehen den höheren abziehbaren Zinsaufwendungen höhere Gründungs- und Administrationskosten gegenüber. **104**

Die weite Auslegung des Konzernbegriffs lässt nur wenig Gestaltungsspielraum für die Zusammensetzung des Konsolidierungskreises. Da organschaftlich verbundene Gesellschaften ein Betrieb im Sinne der Zinsschranke sind, können sich u.U. Organschaften zur Erhöhung der Eigenkapitalquote gegenüber der Konzerneigenkapitalquote anbieten. Zu beachten ist allerdings, dass die Freigrenze von € 1 Mio. im Organschaftsverbund nur einmal Anwendung findet. In Einzelfällen kann sich ebenso eine gezielte Nichteinbeziehung von Gesellschaften in den Organkreis anbieten, um die Freigrenze auszunutzen.[280]

Aufgrund der Neuregelungen im Bereich von Verpachtungs- und Leasingaufwendungen kann es sich empfehlen, Neuinvestitionen über Schwestergesellschaften zu tätigen, die wiederum die entsprechenden Investitionsgüter an operative Gesellschaften verpachten. Gleichartige Gestaltungen könnten sich im Bereich des Leasings empfehlen.

280 Scheunemann/Socher, BB 2007, 1144 ff.

4

Die alternative Verwendung unterschiedlicher Rechnungslegungssysteme (insbesondere IFRS und HGB) kann zu Gestaltungsmaßnahmen genutzt werden. Beispielsweise könnte bei einer IFRS-Rechnungslegung die Konzernspitze in der Rechtsform einer Personengesellschaft organisiert werden, deren Eigenkapitalquote aufgrund der Regelungen des IAS 32.16 ff. Null ist, während die Tochtergesellschaften Kapitalgesellschaften sein sollten. In dieser Konstellation reichen bei den Tochtergesellschaften u.U. geringe Eigenkapitalquoten zur Vermeidung der Zinsschranke.

Im Fall der Kapitalgesellschaft als Konzernspitze mit nicht im 100% Anteilseigentum stehenden Tochtergesellschaften in Form von Personengesellschaften sollte hingegen eine Konzernbilanzierung nach HGB erfolgen, da die Untergesellschaften nach IFRS eine um die latenten Abfindungsansprüche der Minderheitengesellschafter reduzierte Eigenkapitalquote hätten, wodurch unter Umständen die Zinsschranke greifen würde.[281]

Im Bereich der Konzernabschlüsse sind grundsätzlich zwei Zielrichtungen zur Vermeidung der Zinsschranke denkbar: Absenkung der Eigenkapitalquote der Muttergesellschaft und Erhöhung der Eigenkapitalquote der Tochtergesellschaften. Dabei sind eigenkapitalerhöhende Maßnahmen im Einzelabschluss nur sinnvoll, wenn die daraus resultierende prozentuale Erhöhung des Eigenkapitals im Konzern niedriger als im Einzelabschluss ist. Jedoch sind diese Möglichkeiten eingeschränkt, da nach der Gesetzesbegründung eine konzerneinheitliche Bilanzierung und Bewertung gefordert wird.

B. Kürzungen

I. Allgemeines

105   Für die Ermittlung des Gewerbeertrags ist der um die Hinzurechnungen nach § 8 GewStG erhöhte Gewinn nach EStG oder KStG ggf. um die Kürzungen nach § 9 GewStG zu berichtigen. Ebenso wie die Hinzurechnungen dienen die Kürzungen vor allem der Verwirklichung des Objektsteuercharakters der Gewerbesteuer. Entsprechend dieser Systematik werden über die Kürzungsvorschriften ausländische Erträge aus der Gewerbesteuerpflicht ausgenommen (§ 9 Nr. 3, 7, 8 GewStG) und damit die Besteuerung lediglich des inländischen Gewerbebetriebs sichergestellt. Gewerbesteuerliche Doppelbelastungen werden bei Vorliegen der entsprechenden Voraussetzungen durch Kürzung der jeweiligen Beteiligungserträge sichergestellt (§ 9 Nr. 2, 2a, 2b GewStG). Darüber hinaus werden jedoch auch noch weitere Zwecke verfolgt, wie z.B. die Vermeidung der Doppelbelastung von Grundsteuer und Gewerbesteuer im Rahmen der Grundstückskürzung (Nr. 1) oder die Steuerbefreiung von Zuwendungen an Stiftungen (Nr. 5). Viele Kürzungsvorschriften korrespondieren mit entsprechenden Hinzurechnungstatbeständen.

Die Kürzungen werden grundsätzlich von Amts wegen durchgeführt.[282] Nur auf Antrag des Steuerpflichtigen erfolgt die erweiterte Grundstückskürzung nach § 9 Nr. 1 S. 2 GewStG, die Kürzung um Spenden in den Vermögensstock einer Stiftung nach § 9 Nr. 5 S. 3 GewStG sowie die Kürzung um mittelbare Ausschüttungen von Enkelgesellschaften nach § 9 Nr. 7 S. 4 GewStG.

Im Zuge des Unternehmenssteuerreformgesetzes 2008 ist die Kürzungsvorschrift des § 9 Nr. 4 GewStG mit Wirkung ab dem Erhebungszeitraum 2008 aufgehoben worden. Bis zum Erhebungszeitraum 2007 ist nach § 9 Nr. 4 GewStG bei Vermietern und Verpächtern die Summe des Ge-

---

281 Lüdenbach/Hoffmann, DStR 2007, 641.
282 BFH v. 23.01.1992, XI R 47/89; BStBl II 1992, 630.

winns und der Hinzurechnungen um darin enthaltene Miet- oder Pachteinnahmen zu kürzen, soweit diese nach § 8 Nr. 7 GewStG beim Mieter oder Pächter hinzugerechnet werden. Hierdurch kann eine gewerbesteuerliche Doppelbelastung derselben Zahlung beim Leistenden und beim Empfänger vermieden werden. Durch Aufgabe dieses Korrespondenzprinzips droht in diesem Bereich ab dem Erhebungszeitraum 2008 jedoch eine Doppelbesteuerung.[283]

Im Folgenden werden die wesentlichen und für die Praxis bedeutsamen Kürzungsvorschriften vorgestellt.

II. Grundbesitz

1. Allgemeine Grundbesitzkürzung

Nach § 9 Nr. 1 S. 1 GewStG ist die Summe des Gewinns und der Hinzurechnungen um 1,2 v.H. des Einheitswertes des zum Betriebsvermögen des Unternehmers gehörenden Grundbesitzes zu kürzen. Zweck der Kürzung ist die Vermeidung der Doppelbelastung des Grundbesitzes mit Grundsteuer und Gewerbesteuer. Bis einschließlich Erhebungszeitraum 2007 kann die allgemeine Grundbesitzkürzung auch in Anspruch genommen werden, wenn das betreffende Grundstück gar nicht mit Grundsteuer belastet war. Mit dem Unternehmenssteuerreformgesetz 2008 ist jedoch im Gesetzestext festgeschrieben worden, dass ab dem Erhebungszeitraum 2008 die allgemeine Grundbesitzkürzung nur noch „für nicht von der Grundsteuer befreiten Grundbesitz" möglich ist.

106

Für Zwecke der Gewerbesteuer zählen Grundstücke des Grundvermögens nach § 68 BewG und die Betriebsgrundstücke nach § 99 BewG zum Grundbesitz. Das Grundvermögen umfasst den Grund und Boden, die Gebäude, die sonstigen Bestandteile (§§ 93 ff. BGB) und das Zubehör (§ 97 BGB) sowie Erbbaurechte. Gebäude auf fremdem Grund und Boden sind nach § 70 Abs. 3 BewG ebenfalls in das Grundvermögen mit einzubeziehen, während Bodenschätze oder Betriebsvorrichtungen nicht zum Grundstück gehören, selbst wenn letztere wesentliche Bestandteile des Grundstücks sind (§ 68 Abs. 2 BewG).

Für die Grundstückskürzung ist Voraussetzung, dass das Grundvermögen zum Betriebsvermögen des Unternehmers gehört. Diese Zuordnungsentscheidung ist gem. § 20 Abs. 1 GewStDV nach den Vorschriften des KStG[284] oder des KStG zu treffen.[285] Bei Einzelgewerbetreibenden oder im Rahmen von Mitunternehmerschaften kann grundsätzlich notwendiges Betriebsvermögen (= mehr als 50% eigenbetriebliche Nutzung), gewillkürtes Betriebsvermögen (= zwischen 10% und 50% eigenbetriebliche Nutzung) oder notwendiges Privatvermögen (= weniger als 10% eigenbetriebliche Nutzung) vorliegen.[286] Wird ein teilweise betrieblich genutztes Grundstück dem gewillkürten (Sonder-) Betriebsvermögen zugeordnet, ist für das Grundstück folglich insgesamt die Kürzung zu gewähren.

---

283 Fehling, NWB 2007, 2459 (2468).
284 R 4.2 Abs. 7 EStR.
285 Für die Zuordnung des Grundstücks zum Betriebsvermögen ist somit nicht auf die Regelungen des § 99 BewG zurückzugreifen, wonach ein Grundstück lediglich dann zum Betriebsvermögen gehört, wenn es zu mehr als der Hälfte seines Wertes einem gewerblichen Betrieb dient (Blümich, § 9 GewStG Rn 21; Lenski/Steinberg, § 9 Rn29).
286 R 4.2 Abs. 1 EStR.

Hinweis:

Die Bildung von gewillkürtem Betriebsvermögen ist in gewerbesteuerlicher Hinsicht dann vorteilhaft, wenn die allgemeine Grundbesitzkürzung voraussichtlich höher ist als die aus dem gewillkürten Grundbesitz erwirtschafteten Erträge.[287]

Bei lediglich teilweiser Zuordnung des Grundbesitzes zum (Sonder-) Betriebsvermögen kann nach § 20 Abs. 2 GewStDV dementsprechend auch nur der betrieblich genutzte Anteil des Einheitswertes gekürzt werden. Ein Grundstück, das lediglich den eigenen Wohnzwecken der Gesellschafter dient, ist auch dann nicht Betriebsvermögen, wenn es zum Gesamthandsvermögen einer Personengesellschaft gehört.[288] Der Grundbesitz von Kapitalgesellschaften, Genossenschaften und Versicherungs- und Pensionsvereinen auf Gegenseitigkeit gilt stets und in vollem Umfang als gewerbliches Betriebsvermögen, da deren Tätigkeit nach § 8 Abs. 2 KStG insgesamt als gewerblich zu qualifizieren ist. Bei Vereinen oder Stiftungen kann jedoch z.B. nur für den Teil des Grundbesitzes die allgemeine Kürzung in Anspruch genommen werden, der einem Gewerbebetrieb oder wirtschaftlichen Geschäftsbetrieb dient und daher Betriebsvermögen darstellt.[289] Nach § 20 Abs. 1 S. 1 GewStDV sind für die Zugehörigkeit des Grundbesitzes zum Betriebsvermögen aufgrund des strengen Stichtagsprinzips die Verhältnisse am 1.1. des jeweiligen Kalenderjahres maßgebend.

In Abweichung zum Ertragsteuerrecht ist die allgemeine Grundbesitzkürzung jedoch auch dann durchzuführen, wenn ein eigenbetrieblich genutzter Grundstücksteil aufgrund seines untergeordneten Wertes nach § 8 EStDV nicht als Betriebsvermögen behandelt wird.[290] Darüber hinaus kann für ertragsteuerlich dem Betriebsvermögen zugeordnetem Auslandsgrundbesitz die pauschale Kürzung nicht gewährt werden, da gem. § 2 Abs. 1 S. 1 GewStG nur der inländische Gewerbebetrieb der Gewerbesteuer unterliegt.[291]

107   Maßgebend für die Kürzung um 1,2 v.H. ist der Einheitswert, der auf den letzten Feststellungszeitpunkt (Hauptfeststellungs-, Fortschreibungs- oder Nachfeststellungszeitpunkt) vor dem Ende des Erhebungszeitraums lautet. Einheitswerte werden grundsätzlich auf den 1.1. eines Kalenderjahres festgestellt.[292] Dieser Zeitpunkt ist auch für die allgemeine Grundbesitzkürzung entscheidend. Auf Grund dieses Stichtagsprinzips ist z.B. bei der unterjährigen Gründung eines Betriebs im betreffenden Erhebungszeitraum auch bei Vorhandensein eines Betriebsgrundstückes keine allgemeine Grundbesitzkürzung möglich. Bemessungsgrundlage ist für Grundstücke (§ 70 BewG) und Betriebsgrundstücke (§ 99 Abs. 1 Nr. 1 BewG) 140 v.H. des auf den Wertverhältnissen vom 01.01.1964 beruhenden Einheitswertes (§ 121a BewG). Bildet ein Betriebsgrundstück losgelöst von seiner Zugehörigkeit zu einem Gewerbebetrieb einen Betrieb der Land- und Forstwirtschaft (§ 99 Abs. 1 Nr. 2 BewG), sind 100 v.H. des Einheitswertes zugrunde zu legen.[293] Gehört lediglich ein Teil eines Grundstückes zum Betriebsvermögen, ist der zu kürzende Teil des Einheitswertes nach dem Verhältnis der Jahresrohmiete zu ermitteln. Andere Aufteilungsmaßstäbe, wie z.B. das Verhältnis der Nutzfläche oder des Rauminhalts, kommen jedoch in Betracht, wenn hierdurch den tatsächlichen Verhältnissen des Einzelfalles besser Rechnung getragen werden kann. Bei Erbbaurechten ist nur der Wert des Rechts und der Gebäude, jedoch nicht der Grundstückswert anzusetzen.[294]

---

287 Gosch, in: Blümich, § 9 GewStG Rn 22.
288 H 4.2 Abs. 11 EStH.
289 Lenski/Steinberg, § 9 Nr. 1 Rn 34 ff.
290 R 59 Abs. 1 S. 5 EStR.
291 Gosch, in: Blümich, § 9 GewStG Rn 23.
292 §§ 21 Abs. 2, 22 Abs. 4, 23 Abs. 2 BewG.
293 R 59 Abs. 4 S. 4 GewStR.
294 Abschn. 59 Abs. 2 GewStR.

> **Beispiel:**
>
> Bei der Ermittlung des Einheitswertes wird von einem Gesamtwert ausgegangen, der für den Grund und Boden einschließlich der Gebäude und Außenanlagen festzustellen wäre, wenn die Belastung mit dem Erbbaurecht nicht bestünde. Beträgt die Dauer des Erbbaurechts in dem für die Bewertung maßgebenden Zeitpunkt noch 50 Jahre oder mehr, entfällt der Gesamtwert allein auf die wirtschaftliche Einheit des Erbbaurechts und dem belasteten Grundstück ist ein Einheitswert von € 0 zuzuweisen. Beträgt die Dauer des Erbbaurechts z.B. lediglich noch 25 Jahre, entfällt gem. § 92 Abs. 3 S. 2 Nr. 1 BewG auf das Erbbaurecht der gesamte Gebäudewert sowie 70% des Bodenwertes aus dem Gesamteinheitswert, während 30% des Bodenwertes aus dem Gesamteinheitswert dem belasteten Grundstück zuzuweisen sind.

Der Einheitswertbescheid ist Grundlagenbescheid i.S.v. §§ 171 Abs. 10, 175 Abs. 1 S. 1 Nr. 1 AO für den Gewerbesteuermessbetragsbescheid. Daher hat nach Änderung des Einheitswertbescheides auch ein geänderter Gewerbesteuermessbetragsbescheid zu ergehen.[295]

2. Die erweiterte Grundbesitzkürzung bei Grundstücksunternehmen

a) Grundlagen

Grundstücksunternehmen können rechtsformunabhängig auf Antrag und unter bestimmten Voraussetzungen statt der allgemeinen Grundbesitzkürzung eine Kürzung um den Teil des Gewerbertrags vornehmen, der auf die Verwaltung und Nutzung des eigenen Grundbesitzes entfällt (§ 9 Nr. 1 S. 2-4 GewStG). Voraussetzung ist, dass die Tätigkeit des Grundstücksunternehmens vermögensverwaltend und nicht gewerblich ist. Die vermögensverwaltende Tätigkeit muss aber gleichwohl gewerbesteuerpflichtig sein, wie z.B. bei einer Kapitalgesellschaft qua Rechtsform oder einer gewerblich geprägten Personengesellschaft i.S.v. § 15 Abs. 3 Nr. 2 EStG. Die Inanspruchnahme der erweiterten Grundbesitzkürzung empfiehlt sich immer dann, wenn aus der Verwaltung und Nutzung des eigenen Grundbesitzes ein positiver Gewerbeertrag erzielt wird und dieser Gewerbeertrag die allgemeine Grundbesitzkürzung nach § 9 Abs. 1 Nr. 1 S. 1 GewStG übersteigt.[296] Der Antrag kann mangels Fristsetzung noch bis zur Rechtskraft des Gewerbesteuermessbetragsbescheides gestellt werden.[297]

108

Begünstigte Grundstücksunternehmen sind nach § 9 Nr. 1 S. 2 GewStG Unternehmen, die ausschließlich eigenen Grundbesitz verwalten und nutzen. Unschädlich für die erweiterte Grundbesitzkürzung ist die neben der Grundbesitzverwaltung und -nutzung ausgeübte

109

- Verwaltung und Nutzung von eigenem Kapitalvermögen,
- Betreuung von Wohnungsbauten oder
- Errichtung und Veräußerung von Einfamilienhäusern, Zweifamilienhäusern oder Eigentumswohnungen i.S.d. WEG.

---

295 Güroff, in: Glanegger/Güroff, § 9 Nr. 1 Rn 14; Gosch, in: Blümich, § 9 GewStG Rn 35; Lenski/Steinberg, § 9 Nr. 1 Rn 67.
296 Güroff, in: Glanegger/Güroff, § 9 Nr. 1 Rn 17.
297 Lenski/Steinberg, § 9 Nr. 1 Rn 93.

4

Der Begriff „Grundbesitz" sowie die Frage der Zugehörigkeit zum Betriebsvermögen ist nach denselben Kriterien zu beurteilen wie bei der allgemeinen.

Die Beschränkung des Anwendungsbereiches der allgemeinen Grundbesitzkürzung nach § 9 Nr. 1 S. 1 GewStG auf Grundstücke, die nicht von der Grundsteuer befreit sind, gilt nicht für die erweiterte Grundbesitzkürzung nach § 9 Nr. 1 S. 2 GewStG.[298] Dies ist konsequent, denn der ursprüngliche Zweck der Vorschrift war nicht die Vermeidung der Doppelbelastung mit Grundsteuer und Gewerbesteuer, sondern z.B. Grundstücksunternehmen in der Rechtsform der Kapitalgesellschaft mit vermögensverwaltenden Personengesellschaften gleichzustellen.[299]

b)   Ausschließliche Nutzung und Verwaltung eigenen Grundbesitzes

110   Die Verwaltung eigenen Grundbesitzes darf nicht über den Rahmen der Vermögensverwaltung hinausgehen. Hiervon umfasst sind grundsätzlich die Eigennutzung, die Vermietung und Verpachtung sowie die Veräußerung des Grundbesitzes.[300] Auch die Bewirtschaftung eigenen land- und forstwirtschaftlichen Vermögens ist der Verwaltung und Nutzung eigenen Grundbesitzes zuzurechnen.[301] Insbesondere hinsichtlich der Veräußerung des Grundbesitzes sind jedoch die Grenzen zur gewerblichen Tätigkeit und damit vor allem die Grundsätze zum gewerblichen Grundstückshandel[302] auch bei einer Kapitalgesellschaft zu beachten.[303] Eine schädliche gewerbliche Tätigkeit ist grundsätzlich auch im Fall der Betriebsaufspaltung gegeben, wenn sich z.B. eine Besitzpersonengesellschaft zwar auf die Vermietung/Verpachtung eigenen Grundbesitzes beschränkt, sie diesen Grundbesitz jedoch bei Vorliegen von sachlicher und personeller Verflechtung einer Betriebskapitalgesellschaft überlässt.[304] Aufgrund der Verflechtung mit der Betriebskapitalgesellschaft ist die Vermietungstätigkeit dann als gewerblich zu qualifizieren und die Inanspruchnahme der erweiterten Grundbesitzkürzung folglich nicht mehr möglich.[305] Die erweiterte Grundbesitzkürzung ist jedoch möglich, wenn es sich bei der vermietenden Besitzgesellschaft um eine Kapitalgesellschaft handelt. Selbst wenn auch hier an Besitz- und Betriebsgesellschaft identische Gesellschafterverhältnisse bestehen, ist nach Auffassung des BFH in der Grundstücksüberlassung durch die Besitzkapitalgesellschaft eine reine Vermietungstätigkeit zu sehen.[306] Dies lag im Urteilsfall darin begründet, dass der Besitz-GmbH die von ihren Anteilseignern gehaltenen Anteile an der Betriebs-GmbH und die mit diesem Anteilsbesitz verbundene Beherrschungsfunktion nicht zugerechnet werden können, da eine solche Zurechnung einen unzulässigen Durchgriff auf die hinter der Besitzkapitalgesellschaft stehenden Personen bedeuten würde.[307]

---

298 Ortmann-Babel/Zipfel, BB 2007, 1869 (1870); Fehling, NWB 2007, 2459 (2468); Ott, StuB 2007, 563 (566).
299 Güroff, in: Glanegger/Güroff, § 9 Nr. 1 Rn 17.
300 RFH v. 30.06.1942, I 51/42, RStBl 1942, 988; BFH v. 29.04.1987, I R 10/86, BStBl II 1987, 603.
301 RFH v. 10.09.1940, I 106/40; RStB. 1939, 909.
302 BMF v. 26.03.2004, IV A 6 – S-2240 – 46/04, BStBl I 2004, 434.
303 BFH v. 18.05.1999, I R 118/97; BStBl II 2000, 28.
304 R 15.7 Abs. 4-8 EStR.
305 Z.B. BFH v. 29.03.1973, I R 174/72; BStBl II 1973, 686.
306 BFH v. 01.08.1979, I R 111/78, BStBl II 1980, 77; vgl. auch Gosch, in: Blümich, § 9 GewStG Rn 62.
307 BVerfG v. 24.01.1962, 1 BvR 845/58, BStBl I 1962, 500.

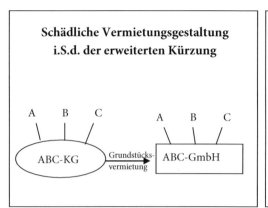

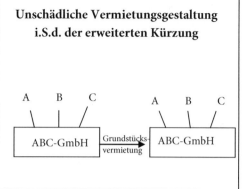

Die Verpachtung eines Gewerbebetriebes mit Einrichtung ist nicht als Vermögensverwaltung anzusehen, da hierbei nicht nur der Grundbesitz, sondern i.d.R. auch Maschinen und Inventar überlassen werden.[308] Nach neuester Rechtsprechung des BFH ist bereits eine geringfügige Mitvermietung von Betriebsvorrichtungen als schädlich i.S.d. erweiterten Grundbesitzkürzung anzusehen, wenn kein zwingender funktionaler Zusammenhang mit dem vermieteten Grundstück besteht.[309] Bei einem engen funktionalen Zusammenhang der Betriebsvorrichtung mit dem vermieteten Grundstück ist jedoch eine geringfügige Mitvermietung als unschädlich angesehen worden.[310] Weitere Zusatztätigkeiten sind neben den genannten gesetzlich zugelassenen Nebentätigkeiten nur dann unproblematisch für die erweiterte Kürzung, wenn diese zwingend notwendiger Teil einer wirtschaftlich sinnvoll gestalteten eigenen Grundstücksverwaltung und –nutzung sind. Hieran sind strenge Anforderungen zu stellen. Darüber hinaus sollte es sich auch hier nur um untergeordnete und hinsichtlich des Umfangs um zu vernachlässigende Nebentätigkeiten handeln. Die Verwaltung von Mietkautionen ohne Gewinnerzielungsabsicht, die Hausmeisterei, der Brennstoffhandel und Regiebetriebe für die eigene Grundstücksverwaltung werden als zulässige Nebentätigkeiten in der Literatur genannt.[311] Aufgrund des eindeutigen Gesetzeswortlauts („ausschließlich") sollten in der Gestaltungspraxis zur Sicherstellung der erweiterten Grundbesitzkürzung die beschriebenen schädlichen Tätigkeiten möglichst vermieden oder ggf. eine Auslagerung dieser Erträge auf eine separate Gesellschaft erwogen werden. Wird hierfür z.B. eine Kapitalgesellschaft gegründet, wären die hieraus resultierenden Gewinnanteile bei der Grundstücksgesellschaft als Einkünfte aus Kapitalnutzung unschädlich für die erweiterte Kürzung.[312] Hält die Grundstücksgesellschaft eine Kommanditbeteiligung an einer nicht gewerblichen, lediglich grundstücksverwaltenden Personengesellschaft, ist die erweiterte Grundbesitzkürzung jedoch wegen fehlender Ausschließlichkeit zu versagen.[313] Beteiligt sich hingegen das Unternehmen an der gemeinschaftlichen Verwaltung eines Grundstücks, gewährt die Verwaltung die erweiterte Kürzung, wenn das Unternehmen zu 2/3-Anteilen Miteigentümer des Grundstücks ist.[314]

---

308 RFH v. 16.05.1939, I 160/39, RStBl. 1939, 790.
309 BFH v. 17.05.2006, VIII R 39/05, BStBl II 2006, 659.
310 Im Urteilsfall betrug der Anteil an den Mieteinnahmen für ein auf dem Grundstück stehendes Silo 1,22 v.H. sowie der Anteil an den Gesamtherstellungskosten 2,88 v.H., Vgl. BFH v. 04.10.2006, VIII R 48/05, vgl. in diesem Zusammenhang auch Mies/Behrends/Schumacher, BB 2007, 810.
311 Güroff, in: Glanegger/Güroff, GewStG, § 9 Nr. 1 Rn 24.
312 Gosch, in: Blümich, § 9 GewStG Rn 72.
313 BFH v. 17.10.2002, I R 24/01; BStBl II 2003, 355.
314 R 60 Abs. 1 S. 1 Nr. 3 S. 16 GewStR.

111 Im Fall einer Organschaft sind die Voraussetzungen für die erweiterte Grundbesitzkürzung für den Organträger und die Organgesellschaft separat zu prüfen. Dem Organträger kann bei der Festsetzung des Gewerbesteuermessbetrags für den Organkreis, die erweiterte Kürzung auf jeden Fall nicht versagt werden, wenn die Organgesellschaft eine Tätigkeit ausübt, die schädlich i.S.d. erweiterten Kürzung nach § 9 Nr. 1 S. 2 GewStG ist.[315]

112 Unternehmen, die auf Grund von Leasingverträgen anderen Personen unbewegliche Wirtschaftsgüter zum Gebrauch überlassen, können die erweiterte Grundbesitzkürzung in Anspruch nehmen, wenn ihre Betätigung für sich betrachtet ihrer Natur nach keinen Gewerbebetrieb darstellt, sondern als Vermögensverwaltung anzusehen ist.[316] In der Praxis erfolgt für diese Zwecke eine Aufteilung der Immobilienleasingaktivitäten in eine Dienstleistungsgesellschaft und eine Objektgesellschaft. Die reine Grundstücksvermietung wird durch eine Besitzobjektgesellschaft übernommen, während die sonstigen Leistungen im Rahmen eines Immobilienleasings von anderen Konzernunternehmen erbracht werden. Voraussetzung für die Inanspruchnahme der erweiterten Kürzung ist jedoch, dass das wirtschaftliche Eigentum nach § 39 AO bei der vermietenden Objektgesellschaft verbleibt.[317]

Für die Beurteilung, ob ausschließlich begünstigungsfähige Tätigkeiten ausgeübt werden, sind die Verhältnisse während des gesamten Erhebungszeitraums maßgebend.[318]

c) Zulässige Nebentätigkeiten

aa) Verwaltung und Nutzung eigenen Kapitalvermögens

113 Die Grundstücksgesellschaft darf gem. § 9 Nr. 1 S. 2 GewStG neben der vermögensverwaltenden Grundstücksnutzung Einkünfte aus der Verwaltung und Nutzung eigenen Kapitalvermögens erzielen, ohne dass die Voraussetzungen für die erweiterte Grundbesitzkürzung hierdurch wegfallen. Inwieweit Einkünfte aus der Verwaltung und Nutzung von Kapitalvermögen vorliegen, richtet sich grundsätzlich nach § 20 EStG. Der Begriff des Kapitalvermögens umfasst vor allem Wertpapiere jeder Art, sonstige Anteile an Gesellschaften und Genossenschaften, stille Beteiligungen sowie Kapitalforderungen z.B. aus Hypotheken, Grund- und Rentenschulden oder aus Lebensversicherungen.[319] Unproblematisch für die erweiterte Grundbesitzkürzung ist somit die Beteiligung an einer gewerblich tätigen Kapitalgesellschaft, da hierdurch Einkünfte aus Kapitalvermögen erzielt werden, während selbst ein Anteil an einer nichtgewerblichen, lediglich grundstücksverwaltenden Personengesellschaft aufgrund Verletzung des Ausschließlichkeitsgebots zur Versagung der erweiterten Kürzung führt.[320] Schädlich für die erweiterte Grundbesitzkürzung ist die Verwaltung und Nutzung fremden Kapitalvermögens, wobei die Fremdfinanzierung des Kapitalvermögens zulässig ist.[321]

Die Nutzung und Verwaltung eigenen Kapitalvermögens darf nicht den Charakter einer gewerblichen Tätigkeit annehmen.[322] Während also der gelegentliche An- und Verkauf von Wertpapieren unschädlich ist, darf die Tätigkeit jedoch nicht den Anschein von Wertpapierspekulation anneh-

315 BFH v. 30.07.1969, I R 21/67, BStBl II 1969, 629.
316 R 60 Abs. 5 GewStR.
317 Spangemacher, Gewerbesteuer, 13. Aufl., 2000, 376.
318 BFH v. 29.3.1973, I R 199/72, BStBl II 1973, 563; BFH v. 8.6.1978, I R 68/75, BStBl II 1978, 505.
319 Gosch, in: Blümich, § 9 GewStG Rn 89.
320 BFH v. 17.10.2002, I R 24/01, BStBl II 2003, 355.
321 BFH v. 03.08.1972, IV R 235/67, BStBl II 1972, 799.
322 BFH v. 03.08.1972, IV R 235/67, BStBl II 1972, 799; vgl. zum gewerblichen Wertpapierhandel: BFH v. 31.07.1990, I R 173/83, BStBl II 1991, 66.

men oder am Markt mit einer Tätigkeit als Geldausleiher geworben werden.[323] Zwischenfinanzierungen im Rahmen der Baubetreuung sind jedoch als unkritisch einzustufen.[324]

Es wird nicht vorausgesetzt, dass die Nutzung und Verwaltung des Kapitalvermögens in einem geringeren Umfang betrieben wird als die Verwaltung und Nutzung des Grundbesitzes.[325] Wird jedoch das gesamte Grundvermögen während des Erhebungszeitraums veräußert und die Mittel ausschließlich in Kapitalvermögen investiert, kann die erweiterte Grundbesitzkürzung nicht mehr gewährt werden.[326]

bb) Betreuung von Wohnungsbauten

Die Betreuung von Wohnungsbauten ist ebenfalls eine gesetzlich erlaubte Nebentätigkeit zur Verwaltung und Nutzung eigenen Grundbesitzes. Als Wohnungsbauten gelten Gebäude, Einfamilienhäuser, Zweifamilienhäuser sowie Eigentumswohnungen, die ausschließlich Wohnzwecken dienen. Wohnungsbauten sind hierbei sowohl fertiggestellte als auch erst im Entstehen begriffene Bauwerke.[327] Betrieblich genutzte Gebäude, wie z.B. Büro-, Geschäftshäuser, Lagerhallen sowie unbebaute Grundstücke sind nicht begünstigt.[328] In der Literatur wird teilweise die Meinung vertreten, dass gemischt genutzte Grundstücke, die zu mehr als 66 2/3 v.H. Wohnzwecken dienen, zu den Wohnungsbauten gerechnet werden können.[329] Dies wird damit begründet, dass § 9 Nr. 1 S. 3 GewStG, der sich ausschließlich auf die Errichtung und Veräußerung von Eigentumswohnungen bezieht, nach Sinn und Zweck der Regelung auch für die Betreuung von Wohnungsbauten zu gelten habe. Dies erscheint zweifelhaft und kann insbesondere in Fällen, in denen die erweiterte Grundbesitzkürzung nicht gefährdet werden soll, keine Gestaltungsempfehlung sein.

Die „Betreuung von Wohnungsbauten" beinhaltet jede technische, finanzielle und wirtschaftliche Hilfe und Unterstützungshandlung im Rahmen der reinen Baubetreuung bei der Errichtung von Wohngebäuden, wobei die Durchführung der Bauarbeiten selbst nicht zur Baubetreuung zu zählen ist. Die sog. Bewirtschaftungsbetreuung, d.h. eine Tätigkeit des Grundstücksunternehmens als Verwalter von Wohnungseigentumsanlagen i.S.d. §§ 26 ff. WEG, ist ebenfalls noch unter den Begriff der Betreuung von Wohnungsbauten zu subsumieren. Der Abschluss von Generalunternehmerverträgen, z.B. im Rahmen von Bauherrenmodellen, ist hingegen schädlich.[330]

Da die Betreuung von fremden Wohnungsbauten i.d.R. gewerblichen Charakter hat, kann in diesem Fall die Gewerblichkeit der Tätigkeit nicht schädlich für die Grundbesitzkürzung sein, da ansonsten der Gesetzeszweck ad absurdum geführt werden würde.[331]

Materielle Voraussetzung für die erweiterte Grundbesitzkürzung bei Vorliegen der Nebentätigkeit „Betreuung von Wohnungsbauten" ist darüber hinaus nach § 9 Nr. 1 S. 4 GewStG, dass der Gewinn aus der Verwaltung und Nutzung des eigenen Grundbesitzes gesondert ermittelt wird.

---

323 Lenski/Steinberg, § 9 Nr. 1 Rn 156.
324 Gosch, in: Blümich, § 9 GewStG Rn 93; Güroff, in: Glanegger/Güroff, § 9 Nr. 1 Rn 28.
325 BFH v. 03.08.1972, IV R 235/67, BStBl II 1972, 799.
326 BFH v. 20.01.1982, I R 201/78, BStBl II 1982, 477.
327 BFH v. 17.09.2003, I R 8/02, BStBl II 2004, 243.
328 Gosch, in: Blümich, § 9 GewStG Rn 95.
329 Lenski/Steinberg, § 9 Nr. 1 Rn 167; Güroff, in: Glanegger/Güroff, § 9 Nr. 1 Rn 29; a.A. Gosch, in: Blümich, § 9 GewStG Rn 95.
330 Gosch, in: Blümich, § 9 GewStG Rn 97; Pieper, in: Lippross, § 9 Rn24.
331 Lenski/Steinberg, § 9 Rn 169; Gosch, in: Blümich, § 9 GewStG Rn 98.

cc)   **Errichtung und Veräußerung von Einfamilienhäusern, Zweifamilienhäusern oder Eigentumswohnungen**

115   Eine weitere erlaubte Nebentätigkeit zur Verwaltung und Nutzung eigenen Grundbesitzes stellt die Errichtung und Veräußerung von Einfamilienhäusern, Zweifamilienhäusern, Eigentumswohnungen sowie von Teileigentum dar.

Einfamilienhäuser sind Wohnungsgrundstücke, die nur eine Wohnung enthalten (§ 75 Abs. 5 S. 1 BewG). Zweifamilienhäuser sind Wohnungsgrundstücke, die nur zwei Wohnungen enthalten (§ 75 Abs. 6 S. 1 BewG). Wohnungseigentum ist das Sondereigentum an einer Wohnung in Verbindung mit dem Miteigentumsanteil an dem gemeinschaftlichen Eigentum, zu dem es gehört (§ 1 Abs. 2 WEG). Teileigentum ist das Sondereigentum an nicht zu Wohnzwecken dienenden Räumen eines Gebäudes in Verbindung mit dem Miteigentumsanteil an dem gemeinschaftliches Eigentum, zu dem es gehört (§ 1 Abs. 3 WEG). Die Artfeststellung im Einheitswertbescheid ist jedoch nicht bindend für die Auslegung im Rahmen des § 9 Nr. 1 S. 2 GewStG.[332] Da die Vorschrift Teileigentum mit umfasst, werden im Rahmen dieser Nebentätigkeit somit auch gemischtgenutzte Gebäude begünstigt, wobei jedoch gem. § 9 Nr. 1 S. 3 GewStG das gemischtgenutzte Gebäude zu mehr als 66 2/3 v.H. Wohnzwecken dienen muss.

Das Grundstücksunternehmen darf bei der „Errichtung" und „Veräußerung" die Baumaßnahme zum Zwecke der Veräußerung auch selbst durchführen.[333] Auch hier handelt es sich regelmäßig um eine gewerbliche Tätigkeit, die grundsätzlich unschädlich für die erweiterte Grundbesitzkürzung sein muss, um dem Gesetzeszweck gerecht werden zu können.[334]

Bei der Nebentätigkeit „Veräußerung von Einfamilienhäusern, Zweifamilienhäusern oder Eigentumswohnungen" ist nach § 9 Nr. 1 S. 4 GewStG materielle Voraussetzung für die erweiterte Grundbesitzkürzung, dass der Gewinn aus der Verwaltung und Nutzung des eigenen Grundbesitzes gesondert ermittelt wird.

d)   Grundstücke im Dienste eines Gesellschafters oder Genossen

116   Die erweiterte Grundbesitzkürzung ist nach § 9 Nr. 1 S. 5 Nr. 1 GewStG ausgeschlossen, wenn der Grundbesitz ganz oder zum Teil dem Gewerbebetrieb eines Gesellschafters oder Genossen dient. Mit dieser Bestimmung soll verhindert werden, dass eine Grundstücksgesellschaft die erweiterte Kürzung in Anspruch nehmen kann, weil sie zwar selbst nicht gewerblich tätig ist, aber damit dem Gewerbebetrieb eines Gesellschafters oder Genossen dient. Gewerbebetriebe kraft Rechtsform werden auf diese Weise mit dem Gewerbebetrieb einer natürlichen Person gleichgestellt.[335]

Auch bei einer unentgeltlichen Überlassung des Grundstücks an den Gewerbebetrieb des Gesellschafters kann die erweiterte Grundbesitzkürzung nicht mehr in Anspruch genommen werden. Die Finanzverwaltung gewährt die erweiterte Grundbesitzkürzung für den Fall, dass nur ein ganz unwesentlicher Teil des Grundbesitzes dem Gewerbebetrieb des Gesellschafters dient, besonders wenn das nur vorübergehend der Fall ist.[336] Der Grundbesitz dient auch dem Gewerbebetrieb eines Gesellschafters oder Genossen, wenn der Grundbesitz von einer gewerblichen Personengesellschaft genutzt wird, an der Gesellschafter oder Genossen des Grundstücksunternehmens

---

332 Güroff, in: Glanegger/Güroff, GewStG, § 9 Nr. 1 Rn 30; Gosch, in: Blümich, § 9 GewStG Rn 100.
333 Güroff, in: Glanegger/Güroff, GewStG, § 9 Nr. 1 Rn 30.
334 BFH v. 31.07.1990, I R 13/88, BStBl II 1990, 1075.
335 Gosch, in: Blümich, § 9 GewStG Rn 104; Lenski/Steinberg, § 9 Nr. 1 Rn 191.
336 Abschn. 60 Abs. 4 S. 9 GewStR.

als Mitunternehmer beteiligt sind.[337] Die erweiterte Grundbesitzkürzung ist bereits zu versagen, wenn ein zu 5% an der verpachtenden Grundstücksgesellschaft beteiligter Gesellschafter an der gewerblich tätigen Personengesellschaft beteiligt ist. Für den BFH lag erst bei einer Beteiligung von weniger als 1% eine für die erweiterte Grundbesitzkürzung unschädliche Zwergbeteiligung an der Grundstücksgesellschaft vor.[338] Der Grundbesitz einer Wohnungs-GmbH dient ebenso dem Gewerbebetrieb eines Gesellschafters, wenn die Vermietung des Grundbesitzes an Arbeitnehmer des Gewerbebetriebs des Gesellschafters oder an Arbeitnehmer einer gewerblichen Personengesellschaft erfolgt, an der der Gesellschafter als Mitunternehmer beteiligt ist.[339] Ähnlich wie im Fall der Betriebsaufspaltung mit einer Kapitalgesellschaft als Besitzgesellschaft bleibt die erweiterte Grundbesitzkürzung aufgrund des Durchgriffsverbots bestehen, wenn der Grundbesitz einer Kapitalgesellschaft dient, an der ein Gesellschafter oder Genosse der Grundstücksgesellschaft beteiligt ist.[340] Kürzungsschädlich scheint bereits die Belastung des Grundbesitzes für den Fall zu sein, wenn die Belastung als Sicherheit dem Gewerbebetrieb des Gesellschafters oder Genossen dient.[341]

Die erweiterte Grundbesitzkürzung ist zu versagen, wenn eine Organgesellschaft Grundbesitz an ihren Organträger vermietet.[342] Vermietet jedoch eine Organgesellschaft (GmbH) den Grundbesitz an eine weitere Organgesellschaft (GmbH) desselben Organkreises, liegt aufgrund des Durchgriffsverbots keine für die erweiterte Kürzung schädliche Nutzung durch den Organträger vor.[343] Räumt die Grundstücksgesellschaft einem Gesellschafter auf ihrem Grundstück ein Erbbaurecht ein, das dieser für seinen Gewerbebetrieb nutzt, ist dies unschädlich für die erweiterte Grundbesitzkürzung. Hätte die Grundstücksgesellschaft dem Gesellschafter ein ihr selbst zustehendes Erbbaurecht überlassen, würde die erweiterte Grundbesitzkürzung entfallen, da das Erbbaurecht zum Grundvermögen der Grundstücksgesellschaft gehört, während im anderen Fall das Erbbaurecht als selbständiges, grundstücksgleiches Recht zum Grundvermögen des Gesellschafters gehört und damit keine Überlassung durch die Grundstücksgesellschaft an den Gesellschafter vorliegt.[344]

117

---

337 Abschn. 60 Abs. 4 S. 3 GewStR; vgl. BFH v. 24.09.1969, I 206/64; BStBl II 1969, 505.
338 BFH v. 07.04.2005, IV R 34/03, BStBl II 2005, 576.
339 Abschn. 60 Abs. 4 S. 5 GewStR; BFH v. 18.12.1974, I R 10/73, BStBl II 1975, 268; BFH v. 28.07.1993, I R 35 36/92, BStBl II 1994, 46.
340 BFH v. 15.04.1999, IV R 11/98, BStBl II 1999, 532.
341 FG Hamburg v. 13.12.1989, II 192/87, EFG 1990, 439.
342 FG Düsseldorf v. 24.02.1988, 15 K 361/83, EFG 1988, 379.
343 FG München v. 14.11.2005, 7 K 2699/03, EFG 2006, 578.
344 BFH v. 17.01.1968, I 5/65, BStBl II 1968, 353.

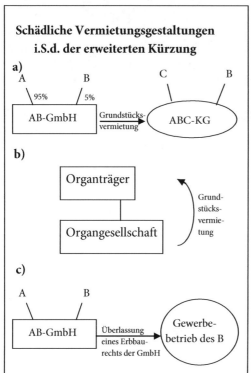

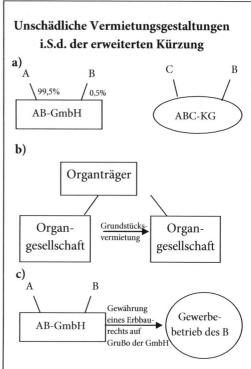

e) Gewinne aus der Aufdeckung stiller Reserven

118 Die erweiterte Grundbesitzkürzung kann nach § 9 Nr. 1 S. 5 Nr. 2 GewStG nicht in Anspruch genommen werden, soweit der Gewerbeertrag Gewinne aus der Aufdeckung stiller Reserven aus dem Grundbesitz enthält, der innerhalb von drei Jahren vor der Aufdeckung der stillen Reserven zu einem unter dem Teilwert liegenden Wert in das Betriebsvermögen des aufdeckenden Gewerbebetriebs überführt worden ist, und soweit diese Gewinne auf bis zur Überführung oder Übertragung entstandene stille Reserven entfallen.

Ohne diese Regelung wäre es möglich, Grundstücke steuerneutral in eine Grundstückspersonengesellschaft nach § 6 Abs. 5 S. 2 EStG einzubringen und diesen daraufhin durch die Grundstücksgesellschaft gewerbesteuerneutral mit Hilfe der auch auf die Veräußerungsgewinne entfallenden erweiterten Kürzung zu veräußern, soweit nicht bereits ein gewerblicher Grundstückshandel begründet wurde. Um solchen Gestaltungen entgegen zu wirken, wurde diese Missbrauchsbekämpfungsregelung mit Wirkung ab dem Erhebungszeitraum 2004 etabliert.[345]

---

345 Gosch, in: Blümich, § 9 GewStG Rn 110.

f) Gewinne aus der Veräußerung oder Aufgabe des Anteils an einer Personengesellschaft

Gem. § 9 Nr. 1 S. 6 GewStG ist die erweiterte Kürzung auch nicht zu gewähren, soweit der Gewerbeertrag auf Gewinne aus der Veräußerung oder Aufgabe des Anteils an einer Personengesellschaft i.S.v. § 7 S. 2 Nr. 2 u. 3 GewStG entfällt. Dies betrifft die Veräußerung oder Aufgabe eines Mitunternehmeranteils oder von Anteilen des persönlich haftenden Gesellschafters einer KGaA durch eine Kapitalgesellschaft. Da jedoch die Veräußerung von Mitunternehmeranteilen grundsätzlich nicht der erweiterten Grundbesitzkürzung unterliegt, muss mit dieser Regelung wohl lediglich eine Klarstellung bezweckt worden sein.[346]

119

4

g) Ermittlung der erweiterten Grundbesitzkürzung

Die erweiterte Grundbesitzkürzung kann nur im Umfang des Gewerbeertrags in Anspruch genommen werden, der bei unschädlichen Nebentätigkeiten anteilig auf die Verwaltung und Nutzung des eigenen Grundbesitzes entfällt. Es ist somit eine anteilige Ermittlung des Gewerbeertrags nach § 7 GewStG (also einschließlich Hinzurechnungen z.B. für Dauerschuldzinsen sowie Kürzungen) für die Erträge aus der Nutzung und Verwaltung des Grundbesitzes vorzunehmen. Insbesondere bei den Nebentätigkeiten „Betreuung von Wohnungsbauten" und „Veräußerung von Einfamilienhäusern, Zweifamilienhäusern und Eigentumswohnungen" ist eine gesonderte Gewinnermittlung als materiell-rechtliche Voraussetzung für die Inanspruchnahme der erweiterten Grundbesitzkürzung in § 9 Nr. 1 S. 4 GewStG vorgeschrieben.

120

Der begünstigte Gewerbeertrag beinhaltet alle Aktivitäten, die der Verwaltung und Nutzung des Grundbesitzes zuzuordnen sind.[347] Dazu gehören auch Erträge aus der gelegentlichen Veräußerung von Grundbesitz der Grundstücksgesellschaft[348], Abwicklungsgewinne i.S.v. § 18 Abs. 3 UmwStG bei Vorliegen der Voraussetzungen des § 9 Nr. 1 S. 2 GewStG sowie Übertragungsgewinne aus der Umwandlung einer Grundstückskapitalgesellschaft in eine Personengesellschaft durch Aufdeckung der im Grundbesitz vorhandenen stillen Reserven[349]. Auch die Auflösung einer in vorhergehenden Veranlagungsjahren gebildeten 6b-Rücklage ist begünstigt, wenn es sich hierbei um Veräußerungsgewinne handelt, die im Jahr der Bildung der Rücklage ansonsten aufgrund der erweiterten Grundbesitzkürzung gewerbesteuerfrei gewesen wäre. Der Zuschlag nach § 6b Abs. 7 EStG ist jedoch nicht begünstigt.[350] Verdeckte Gewinnausschüttungen, die in Zusammenhang mit der Verwaltung und Nutzung des Grundbesitzes angefallen sind ebenso zu kürzen, wie die bei einer Personengesellschaft nach § 15 Abs. 1 S. 1 Nr. 2 EStG im Gewinn erfassten Geschäftsführungsvergütungen.[351] Nicht nur die erlaubten, aber nicht begünstigten Nebentätigkeiten sind von der erweiterten Grundbesitzkürzung auszunehmen, sondern auch die mit der Verwaltung und Nutzung des Grundbesitzes zusammenhängenden unschädlichen Nebentätigkeiten (z.B. geringfügige Mitvermietung von Betriebsvorrichtungen, die in einem engen funktionalen Zusammenhang mit dem Grundstück stehen).[352]

---

346 Pieper, in: Lippross, § 9 Rn 28.
347 Gosch, in: Blümich, § 9 GewStG Rn 117; Güroff, in: Glanegger/Güroff, § 9 Nr. 1 Rn 34.
348 BFH v. 29.04.1987, I R 10/86, BStBl II 1987, 603.
349 Gosch, in: Blümich, § 9 GewStG Rn 117; Güroff, in: Glanegger/Güroff, § 9 Nr. 1 Rn 34.
350 BFH v. 15.03.2000, I R 17/99, BStBl II 2001, 251.
351 Lenski/Steinberg, § 9 Nr. 1 Rn 210; Gosch, in: Blümich, § 9 GewStG Rn 116.
352 BFH v. 22.06.1977, I R 50/75, BStBl II 1977, 778; Pieper, in: Lippross, § 9 Rn 29; Gosch, in: Blümich, § 9 GewStG Rn 117; a.A. Güroff, in: Glanegger/Güroff, § 9 Nr. 1 Rn 34.

4

Herrschende Literaturauffassung ist, dass eine Aufteilung im Wege der Schätzung erfolgen darf, wenn anhand der Buchführungsunterlagen keine eindeutige Zuordnung des Aufwandes (z.B. Gehälter von Angestellten, die in beiden Bereichen tätig sind) zum kürzungsfähigen Teil des Gewerbeertrages oder zum zwar unschädlichen, aber nicht begünstigten Teil des Gewerbeertrages möglich ist.[353] Stehen die Aufwendungen mit mehreren Tätigkeiten in einem objektiven Zusammenhang, so sind diese jedoch nach Ansicht des FG Berlin vollständig bei der Tätigkeit zu berücksichtigen, zu der die Aufwendungen nach Grund und Wesen die engere Beziehung haben.[354]

Im Organkreis ist der kürzungsfähige Gewerbeertrag für den Organträger und die Organgesellschaft jeweils gesondert zu ermitteln. Die Gewerbeerträge der Organgesellschaften sind erst nach Vornahme der Kürzungen zusammenzurechnen.[355] Dementsprechend kann auch das Wahlrecht zwischen allgemeiner und erweiterter Grundbesitzkürzung bei jeder Organgesellschaft selbständig ausgeübt werden.[356]

III.   Kürzung um Gewinnanteile aus Mitunternehmerschaften

121   Nach § 9 Nr. 2 GewStG sind die Anteile am Gewinn einer in- oder ausländischen OHG, KG oder einer anderen Mitunternehmerschaft zu kürzen, wenn die Gewinnanteile bei der Gewinnermittlung nach § 7 GewStG angesetzt worden sind. Die Kürzung gilt jedoch nicht für Lebens- und Krankenversicherungsunternehmen sowie Pensionsfonds.

Ebenso wie bei der Hinzurechnung des Verlustes aus in- und ausländischen Mitunternehmerschaften nach § 8 Nr. 8 GewStG, soll durch die Kürzung nach § 9 Nr. 2 GewStG eine gewerbesteuerliche Doppelerfassung vermieden werden, da die Mitunternehmerschaft selbst bereits der Gewerbesteuer unterliegt. Dies ergibt sich bereits aus der Systematik des gewerbesteuerlichen Betriebsbegriffs, so dass die genannten Vorschriften lediglich klarstellenden Charakter haben.[357] Für die Gewinnanteile aus ausländischen Mitunternehmerschaften ergibt sich i.d.R. bereits aufgrund des in den Doppelbesteuerungsabkommen verankerten Betriebsstättenprinzips eine ertragsteuerliche Freistellung.

Die Kürzung bezieht sich auf Gewinnanteile aus Unternehmen, die einen Gewinn aus Gewerbebetrieb nach § 15 Abs. 1 Nr. 2 EStG erzielen.[358] Dies umfasst nicht nur die Anteile an einer OHG oder KG, sondern u.a. auch die atypisch stille Gesellschaft, Partenreedereien i.S.v. § 489 HGB oder die Gesellschaft des bürgerlichen Rechts, wenn deren gemeinsamer Zweck in der Ausübung einer gewerblichen Tätigkeit besteht. Ebenfalls zu den Mitunternehmerschaften zählt die gewerblich geprägte Personengesellschaft i.S.v. § 15 Abs. 3 Nr. 2 EStG. Die Gewinnanteile des Komplementärs einer KGaA sind hingegen nicht nach § 9 Nr. 2 GewStG sondern nach § 9 Nr. 2b GewStG zu kürzen, soweit der Gewinnanteil des persönlich haftenden Gesellschafters bei der KGaA nach § 8 Nr. 4 GewStG hinzugerechnet wurde.

---

353 Eine Aufteilung im Wege der Schätzung bejahen grundsätzlich: Lenski/Steinberg, § 9 Nr. 1 Rn 211; Gosch, in: Blümich, § 9 GewStG Rn 118; Pieper, in: Lippross, § 9 Rn 29; ebenfalls bejahend, soweit ein Geschäftsvorfall den begünstigten und nicht begünstigten Bereich betrifft: Glanegger, in: Glanegger/Güroff, § 9 Rn 31.
354 FG Berlin v. 14.01.1998, 6 K 6419/95, EFG 1998, 1145.
355 Abschn. 60 Abs. 2 GewStR, BFH v. 30.07.1969, I R 21/67, BStBl II 1969, 629.
356 Gosch, in: Blümich, § 9 GewStG Rn 121.
357 BFH v. 23.10.1986, IV R 352/84, BStBl II 1988, 128.
358 BFH v. 10.06.1987, I R 301/83, BStBl II 1987, 817.

Bei Anteilen an ausländischen Gesellschaften ist eine Kürzung vorzunehmen, wenn diese mit einer Mitunternehmerschaft nach deutschem Recht vergleichbar sind.[359] Für diese Zwecke ist ein Typenvergleich nach Maßgabe des deutschen Rechts durchzuführen.[360]

Voraussetzung für die Kürzung nach § 9 Nr. 2 GewStG sind gewerbliche Einkünfte i.S.v. § 15 Abs. 1 Nr. 2 EStG aus der betreffenden Beteiligung. Die Kürzung ist nicht möglich, wenn diese lediglich vermögensverwaltend tätig ist.[361] Dementsprechend erfolgt auch keine Kürzung der Gewinnanteile aus sog. Zebragesellschaften, da die „Zebragesellschaft" selbst lediglich vermögensverwaltend tätig ist und erst durch die Umqualifikation auf Ebene des jeweiligen Gesellschafters in dessen Betriebsvermögen zu gewerblichen Einkünften führt.[362] Die Kürzung ist auch dann zu gewähren, wenn die Personengesellschaft nicht der Gewerbesteuer (z.B. Befreiung nach § 3 GewStG) unterliegt. Bei ausländischen Gesellschaften wird nicht vorausgesetzt, dass diese einer der deutschen Gewerbesteuer entsprechenden Steuer unterliegen müssen.[363]

Für die Kürzung ist ausreichend, dass die Beteiligung zu irgendeinem Zeitpunkt innerhalb des Erhebungszeitraums zum Betriebsvermögen gehört hat und der Gewinnanteil innerhalb des Erhebungszeitraums entstanden ist.[364] Nach dem Wortlaut des § 9 Nr. 2 GewStG ist auch keine Mindestbeteiligung für die Kürzung erforderlich.

Der Gewerbeertrag ist zu kürzen um den Anteil am Gewinn der Mitunternehmerschaft, der sich aus der einheitlichen und gesonderten Gewinnfeststellung nach § 180 Abs. 1 Nr. 2a AO ergibt. Hierzu gehören somit auch die Sondervergütungen nach § 15 Abs. 1 Nr. 2 EStG.[365] Veräußert eine Kapitalgesellschaft einen Mitunternehmeranteil, unterliegt dieser Veräußerungsgewinn der Gewerbesteuer nach § 7 S. 2 Nr. 2 GewStG. Der Veräußerungsgewinn ist nach Auffassung des BFH Bestandteil des Gewerbeertrags der Mitunternehmerschaft selbst und gehört grundsätzlich nicht zum Gewerbeertrag der veräußernden Kapitalgesellschaft.[366] Werden jedoch Gewinne aus der Veräußerung eines Mitunternehmeranteils bei der Mitunternehmerschaft einheitlich und gesondert festgestellt und ist dieser Veräußerungsgewinn vorerst auch im Gewinn der Kapitalgesellschaft enthalten, muss eine Kürzung nach § 9 Nr. 2 GewStG erfolgen, um dem Sinn und Zweck der Vorschrift gerecht werden zu können und die doppelte Erfassung von Mitunternehmergewinnen bzw. -verlusten zu vermeiden.[367] Auch ein bei der Umwandlung entstandener Übertragungsgewinn aus der Aufdeckung stiller Reserven ist ein Veräußerungsgewinn und ist entsprechend den dargestellten Grundsätzen zu behandeln.[368]

Aufwendungen im Zusammenhang mit der Beteiligung sind bei der Kürzung des Gewinnanteils grundsätzlich nicht steuermindernd zu berücksichtigen.[369] Stehen Aufwendungen im Zusammenhang mit der mitunternehmerischen Beteiligung, sind diese jedoch i.d.R. bereits als Sonderbetriebsausgabe bei der Mitunternehmerschaft selbst zu erfassen und mindern auf diese Weise den einheitlich und gesondert festgestellten Gewinnanteil. Handelt es sich bei diesen Sonderbetriebsausgaben um Dauerschuldzinsen ist § 8 Nr. 1 GewStG zu beachten.[370]

122

359 BFH v. 17.07.1968, I 212/64, BStBl II 1968, 695.
360 Gosch, in: Blümich, § 9 GewStG Rn 138.
361 BFH v. 07.02.1985, IV R 31/83, BStBl II 1985, 372; BFH v. 10.06.1987, I R 301/83, BStBl II 1987, 817.
362 Pieper, in: Lippross, § 2 Rn 39.
363 BFH v. 23.10.1986, IV R 319/84, BStBl II 1987, 64.
364 Gosch, in: Blümich, § 9 GewStG Rn 146.
365 BFH v. 27.02.1991, I R 15/89, BStBl II 1991, 444; a.A. Güroff, in: Glanegger/Güroff, § 9 Nr. 2 Rn 5.
366 BFH v. 28.02.1990, I R 92/86, BStBl II 1990, 699; BFH v. 25.05.1962, I 78/ 61, BStBl III 1962, 438.
367 Gosch, in: Blümich, § 9 GewStG Rn 149.
368 BFH v. 28.02.1990, I R 92/86, BStBl II 1990, 699.
369 Güroff, in: Glanegger/Güroff, § 9 Nr. 2 Rn 5; Gosch, in: Blümich, § 9 GewStG Rn 150.
370 BFH v. 09.04.1981, IV R 178/81, BStBl II 1981, 621.

IV.   Gewinnanteile aus Kapitalgesellschaften

1.   Inländische Kapitalgesellschaften

a)   Voraussetzungen für die Kürzung

123   Nach § 9 Nr. 2a GewStG ist die Summe des Gewinns und der Hinzurechnungen zu kürzen um Gewinne aus Anteilen an einer

- nicht steuerbefreiten inländischen Kapitalgesellschaft i.S.v. § 2 Abs. 2 GewStG (SE, AG, KGaA, GmbH),
- einer Erwerbs- und Wirtschaftsgenossenschaft,
- einer Kreditanstalt des öffentlichen Rechts oder
- einer Unternehmensbeteiligungsgesellschaft i.S.v. § 3 Nr. 23 GewStG,

wenn ab Erhebungszeitraum 2008 die Beteiligung mindestens 15% bzw. bis einschließlich Erhebungszeitraum 2007 die Beteiligung mindestens 10% des Grund- oder Stammkapitals beträgt und die Gewinnanteile bei der Gewinnermittlung angesetzt worden sind.

In der Praxis besonders relevant ist die Vorschrift für Gewinne aus Kapitalgesellschaftsanteilen. Voraussetzung für die Kürzung ist jedoch, dass die Kapitalgesellschaft selbst gewerbesteuerpflichtig und nicht nach § 3 GewStG befreit ist. Darüber hinaus gilt das sog. Schachtelprivileg nach § 9 Nr. 2a GewStG auch nur für inländische Kapitalgesellschaften. Für ausländische Schachtelbeteiligungen ist § 9 Nr. 7 GewStG zu beachten.

Die Beteiligung muss seit dem Erhebungszeitraum 2008 mindestens 15 v.H. des Grund- oder Stammkapitals (Nennwert) betragen. Weder der Stimmrechtsanteil ist hierbei von Bedeutung noch ob es sich um Stamm- oder Vorzugsanteile handelt. Genussrechte sind dann zu berücksichtigen, wenn mit ihnen das Recht am Gewinn und am Liquidationserlös verbunden ist.[371] Das Nennkapital ist um die eigenen Anteile im Besitz der Kapitalgesellschaft zu vermindern[372] Es genügt eine mittelbare Beteiligung, z.B. über einen Treuhänder, wenn der Gewinn aus der Beteiligung im Gewinn des Treugebers enthalten ist.[373] Auch eine mittelbare Beteiligung über eine Personengesellschaft oder eine Kapitalgesellschaft dürfte ausreichend sein.[374]

> **Beispiel:**
>
> Die M-GmbH hält über den 30%-Anteil an der T1-GmbH mittelbar 12% und über den 6%-Anteil an der T2-GmbH mittelbar 3% an der E-GmbH und somit mittelbar insgesamt 15% an der E-GmbH. Die Voraussetzungen für die Kürzung um die Gewinnausschüttungen aus der T1-GmbH und der T2-GmbH sind gem. § 9 Nr. 2a i.V.m. § 8 Nr. 5 GewStG daher erfüllt, soweit diese Gewinnausschüttungen weitergeleitete Gewinne der E-GmbH betreffen.[375]

---

371 Gosch, in: Blümich, § 9 GewStG Rn 168; Lenski/Steinberg, § 9 Nr. 2a Rn 25.
372 BFH v. 24.09.1970, IV R 138/69, BStBl II 1971, 89.
373 BFH v. 17.05.2000, I R 31/99, BStBl II 2001, 685.
374 Lenski/Steinberg, § 9 Nr. 2a Rn 27.
375 Pieper, in: Lippross, § 9 Rn 40.

Mittelbare Beteiligung

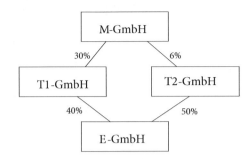

Die Beteiligung muss zu Beginn des Erhebungszeitraums bestanden haben. Aufgrund dieses Stichtagsprinzips sind Veränderungen vor oder nach diesem Zeitpunkt nicht zu berücksichtigen. Bei rückwirkenden Umwandlungen nach § 2 UmwStG ist bei der Verschmelzung des Anteilseigners auf eine andere Gesellschaft die Schachtelkürzung bei Vorliegen der sonstigen Voraussetzungen grundsätzlich zu gewähren. Wird jedoch die Kapitalgesellschaft auf eine andere Gesellschaft verschmolzen, liegen die Voraussetzungen für das Schachtelprivileg nicht rückwirkend vor, da die Rückwirkung zwar für den übertragenden und den übernehmenden Rechtsträger gilt, i.d.R. jedoch nicht für deren Anteilseigner.[376]

Die Kürzung kann nach § 9 Nr. 2a S. 5 GewStG von Lebens- und Krankenversicherungsunternehmen sowie Pensionsfonds nicht in Anspruch genommen werden, wenn die Gewinnanteile Beteiligungen betreffen, die den Kapitalanlagen zuzurechnen sind.

b) Umfang der Kürzung

Die Kürzung umfasst Gewinne aus Anteilen an den in § 9 Nr. 2a GewStG genannten Gesellschaften, soweit diese bei der Gewinnermittlung angesetzt worden sind. Nach herrschender Auffassung handelt es sich um Gewinne i.S.v. § 20 Abs. 1 Nr. 1 EStG und somit im Regelfall um offene oder verdeckte Gewinnausschüttungen der Kapitalgesellschaft.[377] Bei Ausschüttungen aus dem Einlagekonto nach § 27 KStG handelt es sich um die Rückzahlung von Einlagen, so dass keine kürzungsfähigen Gewinnausschüttungen vorliegen können. Als Gewinnanteile gelten auch Ausschüttungen aus Gewinnen, die während der Liquidation der Gesellschaft angefallen sind.[378] Da die nach § 7 UmwStG fingierte Vollausschüttung der steuerlichen Gewinnrücklagen im Rahmen der Umwandlung einer Kapitalgesellschaft in eine Personengesellschaft als eine Gewinnausschüttung gem. § 20 Abs. 1 Nr. 1 EStG gilt, ist das gewerbesteuerliche Schachtelprivileg des § 9 Nr. 2a GewStG auch solchen Fällen anzuwenden. Kein Gewinnanteil i.S.d. Kürzungsvorschrift ist der Gewinn aus der Veräußerung der Beteiligung, da der Veräußerungsgewinn originär beim Gesellschafter entsteht und keine Ausschüttung der Beteiligung darstellt.[379] Ebenfalls nicht in die Kürzung einzubeziehen sind Umwandlungsgewinne i.S.v. § 18 Abs. 3 UmwStG.[380]

124

---

376 Ausnahmen bestehen jedoch bei der Verschmelzung der Beteiligungsgesellschaft, wenn der Anteilseigner eine Personengesellschaft ist oder im Fall der Upstream-Verschmelzung auf den Anteilseigner. Vgl. Gosch, in: Blümich, § 9 GewStG Rn 175.

377 Güroff, in: Glanegger/Güroff, § 9 Nr. 2a Rn 5; Gosch, in: Blümich, § 9 GewStG Rn 180.

378 BFH v. 02.04.1997, X R 6/95, BStBl II 1998, 25.

379 BFH v. 07.12.1971, VIII R 3/70, BStBl II 1972,468; BFH v. 02.02.1972, I R 217/69, BStBl II 1972, 470.

380 BFH v. 23.01.2002, XI R 48/99, BStBl II 2002, 875.

Ist die ausschüttende Körperschaft teilweise von der Gewerbesteuer befreit und übt sie teilweise eine gewerbesteuerpflichtige Tätigkeit aus, ist die Kürzung nach dem Verhältnis der steuerpflichtigen Gewinnanteile zum Gesamtgewinn der Körperschaft vorzunehmen oder erforderlichenfalls im Schätzungswege zu ermitteln.[381]

Für die Gewinnanteile, die bereits auf Grund des Halbeinkünfteverfahrens von der Gewerbesteuer befreit sind (§ 3 Nr. 40, 41 EStG, § 8b KStG i.V.m. § 7 S. 1 GewStG), ist die Kürzung nach § 9 Nr. 2a GewStG mangels Berücksichtigung bei der Gewinnermittlung nicht anzuwenden. Bei der Ermittlung des Gewerbeertrags einer Mitunternehmerschaft richtet sich die Behandlung der Beteiligungserträge gem. § 7 S. 4 GewStG danach, ob natürliche Personen unmittelbar oder mittelbar über mehrere Personengesellschaften (Anwendung der §§ 3 Nr. 40, 3c Abs. 2 EStG) oder Körperschaften an der Mitunternehmerschaft beteiligt sind (Anwendung von § 8b KStG). Die nach § 8b Abs. 5 KStG nicht abzugsfähigen Betriebsausgaben in Höhe von 5 v.H. der Bruttodividende gehören nach § 9 Nr. 2a S. 4 GewStG nicht zu den kürzungsfähigen Gewinnanteilen.[382]

125 Aufwendungen, die in unmittelbarem Zusammenhang mit den Gewinnanteilen stehen, mindern entsprechend § 3c EStG den Kürzungsbetrag gem. § 9 Nr. 2a S. 3 GewStG. Werden daher beispielsweise Zinsaufwendungen aus der Refinanzierung der Beteiligung mindernd bei der Kürzung berücksichtigt, so sind diese nicht nochmals als Dauerschuldzinsen nach § 8 Nr. 1 GewStG hinzuzurechnen. Da jedoch § 9 Nr. 2a S. 3 GewStG erst im Rahmen des Jahressteuergesetz 2007 mit Wirkung ab dem Erhebungszeitraum 2006 eingefügt wurde, gilt nach BFH-Rechtsprechung bis einschließlich Erhebungszeitraum 2005 die Kürzung um den Brutto-Gewinnanteil.[383]

 Beispiel:[384]

a) Sachverhalt

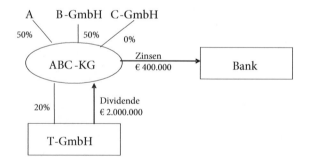

Mittelbare Beteiligung über Personengesellschaft

Die ABC-GmbH & Co. KG hält eine 20%-Beteiligung an der T-GmbH. Die Anschaffung der Beteiligung wurde vor Jahren langfristig fremdfinanziert. Für dieses Darlehen sind im Erhebungszeitraum Zinsaufwendungen i.H.v. € 400.000 angefallen. Darüber hinaus wurden im gleichen Erhebungszeitraum € 2.000.000 von der T-GmbH an die ABC-GmbH & Co. KG ausgeschüttet.

---

381 R 61 Abs. 1 S. 13 f. GewStR.
382 Vgl. auch klarstellend BFH v. 10.01.2007, I R 53/06, BStBl II 2007, 585 für die Erhebungszeiträume bis einschließlich 2005; § 9 Nr. 2a S. 4 GewStG wurde mit Wirkung ab Erhebungszeitraum 2006 im Rahmen des JStG 2007 eingefügt.
383 BFH v. 25.01.2006, I R 104/04, BStBl II 2006, 844.
384 Beispiel im Wesentlichen entnommen aus: Schiller, DB 2006, 1127.

b) Lösung:

	€	€
Jahresüberschuss		1.600.000
Außerbilanzielle Korrekturen		
§ 3 Nr. 40d EStG (A)	-500.000	
§ 3c Abs. 2 EStG (A)	100.000	
§ 8b Abs. 1, 6 KStG (B-GmbH)	-1.000.000	
§ 8b Abs. 5, 6 KStG (B-GmbH)	50.000	-1.350.000
Gewinn aus Gewerbebetrieb gem. § 7 GewStG		250.000
Schuldzinsen gem. § 8 Nr. 1 GewStG		
A	0	
B-GmbH	50.000	
Gewinnanteile gem. § 9 Nr. 2a GewStG		
A	-400.000	
B-GmbH	0	-350.000
Gewerbeertrag		-100.000

Gem. § 7 S. 4 GewStG sind die sich aus § 8b KStG bzw. des Halbeinkünfteverfahrens ergebenden Rechtsfolgen auch bei Mitunternehmerschaften zu berücksichtigen. Dementsprechend erfolgen zunächst die entsprechenden gesellschafterbezogenen außerbilanziellen Korrekturen.

Für den Mitunternehmer A sind im Gewinn nach diesen außerbilanziellen Korrekturen noch eine anteilige Gewinnausschüttung i.H.v. € 500.000 sowie anteilige Schuldzinsen i.H.v. € 100.000 enthalten. Nach § 9 Nr. 2a GewStG ist der Nettobetrag i.H.v. € 400.000 zu kürzen. Eine zusätzliche Hinzurechnung der (Dauer)schuldzinsen unterbleibt.

Für den Mitunternehmer B-GmbH ist im Gewinn nach außerbilanziellen Korrekturen gem. § 7 S. 4 GewStG i.V.m. § 8b KStG kein Gewinnanteil aus der Ausschüttung mehr enthalten. Da die fiktiven nicht abzugsfähigen Ausgaben i.H.v. € 50.000 gem. § 9 Nr. 2a S. 4 GewStG nicht zu den kürzungsfähigen Gewinnanteilen gehören, erfolgt für die B-GmbH insgesamt keine Kürzung nach § 9 Nr. 2a GewStG. Die im Gewinn weiterhin enthaltenen Schuldzinsen i.H.v. € 200.000 sind jedoch i.H.v. € 50.000 als nach § 8 Nr. 1a GewStG (25%) hinzuzurechnen. Bis zum Erhebungszeitraum 2007 würde die Hinzurechnung € 100.000 (50%) betragen.

2. Kapitalgesellschaften mit Sitz und Geschäftsleitung im Ausland

a) Allgemeines

Gewinne aus Schachtelbeteiligungen an bestimmten ausländischen Kapitalgesellschaften werden 126 durch § 9 Nr. 7 GewStG gekürzt, wenn es sich um Tochterkapitalgesellschaften i.S.d. Mutter-Tochter-Richtlinie handelt oder die betreffenden ausländischen Kapitalgesellschaften einer aktiven Geschäftstätigkeit nachgehen. Dieser Aktivitätsvorbehalt dient dazu, die Schachtelbeteiligungen an ausländischen Kapitalgesellschaften mit den ausländischen Betriebsstätten (§ 9 Nr. 3 GewStG) in der gewerbesteuerlichen Behandlung gleichzustellen.

Grundsätzlich steht jedem gewerblichen Unternehmen i.S.v. § 2 GewStG die Kürzungsvorschrift zu.[385] Tatsächlich von Bedeutung ist die Vorschrift jedoch lediglich für Einzelunternehmen und Personengesellschaften, da die Beteiligungserträge bei Kapitalgesellschaften bereits nach § 8b Abs.

---

385 Abschn. 65 Abs. 3 S. 1 GewStR.

1 KStG oder teilweise auch auf Grund von Doppelbesteuerungsabkommen gewerbesteuerbefreit sind.[386] Die gewerbesteuerliche Schachtelvergünstigung nach einem Doppelbesteuerungsabkommen kann weitere oder engere Voraussetzungen als nach § 9 Nr. 7 GewStG haben, so dass in diesen Fällen die für den Steuerpflichtigen günstigere Regelung zu Anwendungen kommt.[387] Da das abkommensrechtliche Schachtelprivileg jedoch grundsätzlich nur juristischen Personen zusteht, ergibt sich weder durch ein Doppelbesteuerungsabkommen (noch durch die hieran anknüpfende Kürzungsvorschrift § 9 Nr. 8 GewStG) eine über die Freistellung nach § 8b Abs. 1 KStG hinausgehende Gewerbeteuerentlastung.[388] Ist jedoch in einem Doppelbesteuerungsabkommen eine niedrigere Beteiligungsgrenze als 15 v.H. vereinbart, ist nach § 9 Nr. 8 GewStG diese maßgebend. Bei Einzelunternehmen und natürlichen Personen als Mitunternehmer einer Personengesellschaft ist die Kürzung nur auf den im Rahmen des Teileinkünfteverfahrens steuerpflichtigen Teil des Beteiligungsertrags anzuwenden.

Die Kürzungsvoraussetzungen sind durch das inländische Unternehmen durch die in § 9 Nr. 7 S. 7 GewStG genannten Unterlagen nachzuweisen.

Die Kürzung kann nach § 9 Nr. 7 S. 8 GewStG von Lebens- und Krankenversicherungsunternehmen sowie Pensionsfonds nicht in Anspruch genommen werden, wenn die Gewinnanteile Beteiligungen betreffen, die den Kapitalanlagen zuzurechnen sind.

Hinsichtlich des Umfangs der Kürzung insbesondere die Berücksichtigung von unmittelbar mit der Beteiligung in Zusammenhang stehenden Aufwendungen wird auf die vorstehenden Ausführungen zum inländischen Schachtelprivileg verwiesen.

b)   Unmittelbare Beteiligungserträge aus ausländischen Tochtergesellschaften

aa)   Beteiligungserträge aus Tochterkapitalgesellschaften i.S.d. Mutter-Tochter-Richtlinie

127   Begünstigt sind auch Gewinne aus Anteilen an einer EU-Kapitalgesellschaft i.S.d. Mutter-Tochter-Richtlinie (vgl. Anlage 2 zum EStG „§ 43b EStG"), an denen das Mutterunternehmen zu mindestens 10 v.H. am Nennkapital seit Beginn des Erhebungszeitraums ununterbrochen beteiligt ist, soweit der Gewinnanteil nicht aufgrund einer Kapitalherabsetzung oder nach Auflösung der Gesellschaft anfällt. Das Mutterunternehmen muss keine Muttergesellschaft i.S.d. Mutter-Tochter-Richtlinie sein. Die Kürzung können somit grundsätzlich alle gewerblichen Unternehmen in Anspruch nehmen.[389] EU-Tochtergesellschaften mit Sitz und Geschäftsleitung in einem EU-Staat, die unter die Mutter-Tochter-Richtlinie fallen, unterliegen also keinem Aktivitätsvorbehalt.[390]

Gemäß Änderung durch das Jahressteuergesetz 2008 muss die Beteiligung zu mindestens 10 v.H. nur noch zu Beginn des Erhebungszeitraumes und nicht mehr im ganzen Erhebungszeitraum ununterbrochen bestehen. Ebenfalls soll die Kürzung nicht mehr anteilig ausgeschlossen werden, wenn im Gewinnanteil Erträge aus einer Kapitalherabsetzung oder Erträge nach Auflösung der Gesellschaft enthalten sind. Die Änderungen nach dem Jahressteuergesetz 2008 sollen bereits in Erhebungszeiträumen vor 2007 anzuwenden sein.[391]

---

386 Gosch, in: Blümich, § 9 GewStG Rn 289.
387 Abschn. 60 Abs. 2 S. 2 f. GewStR.
388 Pieper, in: Lippross, § 9 Rn 73.
389 Gosch, in: Blümich, § 9 GewStG Rn 290.
390 Güroff, in: Glanegger/Güroff, § 9 Nr. 7 Rn 4.
391 § 36 Abs. 8a GewStG-E.

bb) Beteiligungserträge aus sonstigen Tochterkapitalgesellschaften mit Aktivitätsvorbehalt

Die Kürzung nach § 9 Nr. 7 S. 1 GewStG wird über den Anwendungsbereich von EU-Tochterkapitalgesellschaften hinaus auch für Gewinne aus Anteilen an Kapitalgesellschaften mit Geschäftsleitung und Sitz außerhalb des Geltungsbereiches des Gewerbesteuergesetzes gewährt, wenn das Unternehmen an dieser Kapitalgesellschaft seit Beginn des Erhebungszeitraumes ununterbrochen zu mindestens 15% (bis einschließlich Erhebungszeitraum 2007: 10%) beteiligt war. Die ausländischen Tochtergesellschaften müssen denen einer deutschen Kapitalgesellschaft vergleichbar sein, wobei es hier nicht auf deren steuerliche Behandlung ankommen soll.[392]   128

Kürzungsfähig sind darüber hinaus nur Gewinne aus Anteilen an Tochtergesellschaften, die ihre Bruttoerträge ausschließlich oder fast ausschließlich aus einer aktiven Tätigkeit i.S.v. § 8 Abs. 1 Nr. 1 bis 6 AStG erzielen. Besteht eine mehrstufige Konzernstruktur, ist weitere Voraussetzung, dass die Tochtergesellschaft selbst entweder

- als Landesholding fungiert:
  - der Anteil der Tochtergesellschaft muss ununterbrochen seit Beginn des Erhebungszeitraumes mindestens 25% an der Enkelgesellschaft betragen,
  - sowohl die Tochtergesellschaft als auch die Enkelgesellschaft haben Sitz und Geschäftsleitung im selben ausländischen Staat,
  - die Enkelgesellschaften selbst beziehen ausschließlich oder fast ausschließlich Bruttoerträge aus aktiven Tätigkeiten i.S.v. § 8 Abs. 1 Nr. 1 bis 6 AStG; oder
- als Funktionsholding fungiert:
  - der Anteil der Tochtergesellschaft muss ununterbrochen seit Beginn des Erhebungszeitraumes mindestens 25% an der Enkelgesellschaft betragen,
  - die Beteiligung an der Enkelgesellschaft muss in wirtschaftlichem Zusammenhang stehen mit der eigenen aktiven Tätigkeit der Tochtergesellschaft,
  - die Enkelgesellschaften selbst beziehen ausschließlich oder fast ausschließlich Bruttoerträge aus aktiven Tätigkeiten i.S.v. § 8 Abs. 1 Nr. 1 bis 6 AStG.

Die genannten Voraussetzungen sind durch das die Kürzung in Anspruch nehmende Unternehmen nachzuweisen.

Bei den begünstigten aktiven Tätigkeiten i.S.v. § 8 Abs. 1 Nr. 1 bis 6 AStG handelt es sich um:
1) Land- und Forstwirtschaft
2) Herstellung, Bearbeitung, Verarbeitung und Montage von Sachen, Erzeugung von Energie sowie Aufsuchen und Gewinnung von Bodenschätzen,
3) Betrieb von Kreditinstituten oder Versicherungsunternehmen, die für ihre Geschäfte einen in kaufmännischer Weise eingerichteten Betrieb unterhalten,
4) Handel (mit Ausnahmen)
5) Dienstleistungen (mit Ausnahmen)
6) Vermietung und Verpachtung, ausgenommen:
   a) die Überlassung der Nutzung von Rechten, Plänen, Mustern, Verfahren, Erfahrungen und Kenntnissen (Ausnahme: Auswertung eigener Forschung und Entwicklungsarbeit),
   b) Vermietung und Verpachtung von Grundstücken (mit Ausnahmen),
   c) Vermietung und Verpachtung von beweglichen Sachen (mit Ausnahmen).

---

392 Lenski/Steinberg, § 9 Nr. 7 Rn 23.

Nicht begünstigt ist somit u.a. die Aufnahme und darlehensweise Vergabe von Kapital. Die aktiven Tätigkeiten müssen „ausschließlich oder fast ausschließlich" ausgeübt werden. „Fast ausschließlich" bedeutet, dass der Anteil der aktiven Tätigkeiten mindestens 90% betragen muss.[393] Als Bruttoerträge gelten im Rahmen eines Betriebsvermögensvergleichs die Solleinnahmen, im Rahmen einer Einnahmen-Überschussrechnung die Isteinnahmen, jeweils vermindert um durchlaufende Posten und Körperschaftsteuer.[394]

c) Mittelbare Beteiligungserträge aus ausländischen Enkelgesellschaften

129 Die Inanspruchnahme des internationalen Schachtelprivilegs ist nach § 9 Nr. 7 S. 4 bis 6 GewStG auf Antrag auch möglich, wenn zwar die Tochtergesellschaft selbst keine aktive Tätigkeit ausübt, aber die Tochtergesellschaft an einer weiteren Enkelgesellschaft beteiligt ist, deren Bruttoerträge ausschließlich oder fast ausschließlich aus einer aktiven Tätigkeit i.S.v. § 8 Abs. 1 Nr. 1 bis 6 AStG oder die Gewinnanteile aus einer Landesholding gem. § 9 Nr. 7 S. 1 Nr. 1 GewStG resultieren. Voraussetzung ist zum einen, dass

- einerseits das inländische Unternehmen zu mindestens 15% (bis einschließlich Erhebungszeitraum 2007: 10%) an der Tochtergesellschaft beteiligt sein muss, und

- die Tochtergesellschaft an der Enkelgesellschaft zu mindestens 15% (bis einschließlich Erhebungszeitraum 2007: 10%) beteiligt ist, sowie

- die Muttergesellschaft mittelbar über die Tochtergesellschaft auch an der Enkelgesellschaft zu mindestens 15% (bis einschließlich Erhebungszeitraum 2007: 10%) beteiligt ist.

> Beispiel:

Mittelbare Beteiligung

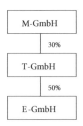

Die M-GmbH hält über die 30%-Beteiligung an der T-GmbH und deren 50%-Beteiligung an der E-GmbH mittelbar 15% an der E-GmbH. Liegen die weiteren Voraussetzungen ebenso vor, kann das internationale gewerbesteuerliche Schachtelprivileg für Gewinnausschüttungen der Enkelgesellschaft in Anspruch genommen werden.[395]

---

393 Abschn. 65 Abs. 4 S. 3 GewStR i.V.m. R 76 Abs. 9 KStR 1995; Lenski/Steinberg, § 9 Nr. 7 Rn 26; Piper, in: Lippross, § 9 Rn 67; a.A. Güroff, in: Glanegger/Güroff, § 9 Nr. 7, Rn 6: „fast ausschließlich" bedeutet „fast 100%".
394 Abschn. 65 Abs. 4 S. 3 GewStR i.V.m. R 76 Abs. 8 KStR.
395 Pieper, in: Blümich, § 9 GewStG Rn 67.

Weitere Voraussetzung ist, dass

- das inländische Unternehmen im Wirtschaftsjahr Gewinne aus Anteilen an der Tochtergesellschaft bezogen hat und

- im gleichen Wirtschaftsjahr die Tochtergesellschaft ihrerseits Gewinne an die Tochtergesellschaft ausgeschüttet hat.

Bezieht die Tochtergesellschaft in dem betreffenden Wirtschaftsjahr neben den Gewinnanteilen einer Enkelgesellschaft noch andere Erträge, ist die Kürzung der Höhe nach auf den Teil der Ausschüttung der Tochtergesellschaft beschränkt, der dem Verhältnis der Gewinnanteile aus der Enkelgesellschaft zu der Summe der Gewinnanteile aus der Enkelgesellschaft und der übrigen Erträge der Tochtergesellschaft entspricht.

> **Beispiel[396]**

> Die M-GmbH ist mit 40% an der T-GmbH beteiligt. Die T-GmbH ist an der E-GmbH mit 50% beteiligt, so dass sich eine mittelbare Beteiligung der M-GmbH an der E-GmbH i.H.v. 20% ergibt. Die E-GmbH schüttet € 1.000.000 an die T-GmbH aus. Die T-GmbH schüttet insgesamt € 1.000.000 an ihre Anteilseigner aus, wobei die T-GmbH selbst sonstige passive Erträge i.H.v. € 600.000 hat. Von der Ausschüttung der T-GmbH entfallen € 400.000 auf die M-GmbH. Die M-GmbH kann gem. § 9 Nr. 7 S. 3 GewStG lediglich € 1 Mio./€ 1,6 Mio. = 5/8 von € 400.000 = € 250.000 kürzen, da dieser Betrag niedriger ist als der auf die T-GmbH entfallende Ausschüttungsbetrag von € 1.000.000 und als der hiervon auf die M-GmbH entfallende Anteil von € 400.000.

V. Anteiliger Gewerbeertrag aus ausländischer Betriebsstätte und Unternehmen der Seeschifffahrt

1. Ausländische Betriebsstätte

a) Kürzungsvoraussetzungen

Bereits nach § 2 Abs. 1 S. 1 GewStG unterliegt der stehende Gewerbebetrieb der Gewerbesteuer, soweit er im Inland betrieben wird. Beinhaltet dementsprechend der Gewinn nach § 7 GewStG noch einen anteiligen Gewerbeertrag aus einer nicht im Inland belegenen Betriebsstätte, so ist dieser nach § 9 Nr. 3 GewStG zu kürzen. Die Kürzung betrifft nicht nur Erträge, sondern auch Gewerbeverluste aus einer ausländischen Betriebsstätte, deren „Kürzung" zu einer Erhöhung des inländischen Gewerbeertrages führen würde. Eine Gestaltungsmöglichkeit kann daher darin bestehen, im Falle ausländischer Verluste, falls dies im Rahmen der Tätigkeit möglich ist, keine Betriebsstätte zu begründen und umgekehrt bei ausländischen Gewinnen die Kürzungsmöglichkeiten durch Begründung einer Betriebsstätte zu nutzen.[397]

Das inländische Unternehmen muss eine Betriebsstätte im Ausland unterhalten. Ist das Unternehmen lediglich im Ausland tätig, ohne dass eine Betriebsstätte begründet wird, so unterliegen die hieraus resultierenden Beträge im Rahmen des inländischen Gewerbeertrags der Gewerbe-

130

---

396 Güroff, in: Glanegger/Güroff, § 9 Nr. 7 Rn 14.
397 Gosch, in: Blümich, § 9 GewStG Rn 220 mit Verweis auf Schnädter, BB 1988, 313, 319.

steuer.[398] Ob eine Betriebsstätte vorliegt richtet sich i.d.R. nach § 12 AO, wonach eine Betriebsstätte jede feste Geschäftseinrichtung oder Anlage ist, die der Tätigkeit des Unternehmens dient. Der engere Betriebsstättenbegriff der meisten Doppelbesteuerungsabkommen ist nicht maßgeblich.[399]

b)   Ermittlung der Kürzung

131   Zu kürzen ist der anteilige Gewerbeertrag der ausländischen Betriebsstätte, d.h. einschließlich der auf die Betriebsstätte entfallenden Hinzurechnungen und Kürzungen.[400] Der anteilige Gewerbeertrag umfasst sowohl laufende Gewinne als auch Veräußerungs- oder Aufgabegewinne.[401]

Die Ermittlung des anteiligen Gewerbeertrages der ausländischen Betriebsstätte kann sowohl nach der sog. direkten oder indirekten Methode erfolgen. Bei der direkten Methode wird der anteilige Betriebsstättengewinn im Rahmen der Buchführung isoliert wie für ein eigenständiges Unternehmen ermittelt. Bei der indirekten Methode erfolgt hingegen eine schätzungsweise Aufteilung des Gewerbeertrages des Gesamtunternehmens. Dabei sind alle Umstände zu berücksichtigen, die für die Schätzung von Bedeutung sind. Hierbei können die Zerlegungsmaßstäbe des § 29 GewStG (Zerlegung nach der Lohnsumme) zugrunde gelegt werden,[402] wobei ein solcher Zerlegungsmaßstab in etwa gleichwertige Tätigkeiten des in den Betriebsstätten beschäftigten Personals mit den übrigen Beschäftigten bei annähernd gleichwertigem Lohn- und Preisniveau voraussetzt.[403]

2.   Unternehmen der Seeschifffahrt

132   Unternehmen der Seeschifffahrt mit Geschäftsleitung im Inland müssten aufgrund fehlender ausländischer Betriebsstätte ihren Gewerbeertrag voll der Gewerbesteuer unterwerfen, obwohl sie ihre Tätigkeit nicht im Inland ausüben.[404] Dementsprechend gilt nach § 9 Nr. 3 S. 2 GewStG bei Unternehmen, die ausschließlich den Betrieb von eigenen oder gecharterten Handelsschiffen im internationalen Verkehr zum Gegenstand haben, 80% des Gewerbeertrags als nicht auf die im Inland belegene Betriebsstätte entfallend. Falls das Unternehmen nicht ausschließlich den Betrieb von Handelsschiffen im internationalen Verkehr zum Gegenstand hat, so sind nach § 9 Nr. 3 S. 3 GewStG 80% des Teils des Gewerbeertrags zu kürzen, der auf den Betrieb von Handelsschiffen im internationalen Verkehr entfällt. Voraussetzung ist im letzteren Fall jedoch, dass eine gesonderte Gewinnermittlung erfolgt.

Handelsschiffe werden im internationalen Verkehr betrieben, wenn eigene oder gecharterte Handelsschiffe im Wirtschaftsjahr überwiegend zur Beförderung von Personen und Gütern im Verkehr mit oder zwischen ausländischen Häfen, innerhalb eines ausländischen Hafens oder zwischen einem ausländischen Hafen und der freien See eingesetzt werden. „Überwiegend" bedeutet in diesem Zusammenhang, dass jedes Schiff im betreffenden Wirtschaftsjahr an mehr als 50% der Gesamtreisetage im internationalen Verkehr eingesetzt sein muss.[405]

---

398 BFH v. 28.03.1985, IV R 80/82, BStBl II 1985, 405.
399 BFH v. 07.03.1979, I R 145/76, BStBl II 1979, 527; Güroff, in: Glanegger/Güroff, § 9 Nr. 3 Rn 2; Gosch, in: Blümich, § 9 Rn 218.
400 Güroff, in: Glanegger/Güroff, § 9 Nr. 3 Rn 3.
401 Gosch, in: Blümich, § 9 GewStG Rn 220.
402 Abschn. 62 Abs. 2 GewStR.
403 BFH v. 21.04.1971, I R 200/67, BStBl II 1971, 743.
404 Lenski/Steinberg, § 9 Nr. 3 Rn 20.
405 BFH v. 11.04.1990, I R 163/87, BStBl II 1990, 783.

§ 5 Steuermessbetrag, Zerlegung und Hebesatz

A. Zusammenwirken von Steuermessbetrag und Hebesatz

Nach der Berechnung des Gewerbeertrags setzt das zuständige Finanzamt einen Steuermessbe- 1
trag fest, der ggf. auf die Gemeinden zerlegt wird. Die Gemeinde oder die Gemeinden ermitteln
die Gewerbesteuer durch Anwenden eines Hebesatzes auf diesen (anteiligen) Steuermessbetrag.
Ursache für diese Berechnungsmethode in zwei Schritten ist die Aufgabenteilung zwischen den
Finanzämtern der Länder und den Gemeinden. Die Zuständigkeit der Finanzämter für die Berechnung des Gewerbeertrags und die Festsetzung des Steuermessbetrags dient der Einheitlichkeit und einer effizienten Bearbeitung der Steuerfälle. Sofern der Gewerbebetrieb im Erhebungszeitraum Betriebsstätten zur Ausübung des Gewerbes in mehreren Gemeinden unterhalten hat,
ist der Messbetrag noch durch die Finanzämter in die auf die einzelnen Gemeinden entfallenden
Zerlegungsanteile zu zerlegen (§ 28 GewStG). Auch in den Fällen, in denen sich eine Betriebsstätte über mehrere Gemeinden erstreckt hat oder eine Betriebsstätte innerhalb eines Erhebungszeitraumes von einer Gemeinde in eine andere Gemeinde verlegt worden ist, muss eine Zerlegung des
Gewerbesteuermessbetrags durch die Finanzämter auf die Gemeinden erfolgen. Die Gemeinden
wenden auf ihren Anteil am Steuermessbetrag ihren eigenen Hebesatz an, um letztendlich die
Höhe der Gewerbesteuer zu bestimmen (§§ 4, 34a GewStG). Sie können über die Höhe des Hebesatzes Standortpolitik betreiben.

B. Steuermessbetrag – Rechtsstand bis zum Erhebungszeitraum 2007

I. Ausgangspunkt: Gewerbeertrag

Ausgangspunkt für die Ermittlung des Steuermessbetrags ist der sich aus § 7 GewStG ergebende 2
Gewerbeertrag nach Berücksichtigung der in §§ 8 und 9 GewStG aufgeführten Hinzurechnungen
und Kürzungen. Die Ermittlung des Gewerbeertrags wurde bereits ausführlich dargestellt. Dieser
Gewerbeertrag ist gem. § 11 Abs. 1 S. 3 GewStG auf volle 100 Euro nach unten abzurunden.

II. Freibetrag bei Einzelunternehmen und Personengesellschaften

Der auf volle 100 Euro abgerundete Gewerbeertrag ist bei natürlichen Personen und bei Perso- 3
nengesellschaften gem. § 11 Abs. 1 Satz 3 GewStG um einen Freibetrag i.H.v. € 24.500, höchstens jedoch in Höhe des abgerundeten Gewerbeertrags, zu kürzen.[1] Grund für die Gewährung
des Freibetrags bei diesen Formen unternehmerischer Betätigung ist, dass der Gesetzgeber einen

---

1 Dies gilt auch für gewerblich geprägte Personengesellschaften, Nietsch, DB 1978, 1426.

fiktiven Unternehmerlohn in typisierter Form berücksichtigen will. Damit sollen natürliche Personen und Personengesellschaften den Kapitalgesellschaften gleichgestellt werden, die ihrerseits den Gewinn um Geschäftsführergehälter mindern können, auch wenn diese Gehälter an ihre Gesellschafter gezahlt werden. Der Freibetrag soll damit ein Ausgleich dafür sein, dass bei Personenunternehmen der Unternehmerlohn anders als bei Kapitalgesellschaften zum gewerblichen Gewinn gehört und daher der Gewerbesteuer unterliegt.[2]

🅟 Praxishinweis:

Der Freibetrag wird betriebsbezogen gewährt.[3] Soweit es organisatorisch und betriebswirtschaftlich sinnvoll ist, kann ein ursprünglich bestehender einzelner Gewerbebetrieb in mehrere gewerbliche Personengesellschaften aufgeteilt werden, um den Gewerbesteuerfreibetrag mehrfach zu nutzen.

Voraussetzung für diese Gestaltungsmöglichkeit ist, dass es sich um mehrere selbstständige Gewerbebetriebe handelt. Der Gewerbebetrieb muss vollkommen eigenständig sein und eine Verbindung zwischen den Betrieben darf im Wesentlichen nur in der Person des Steuerpflichtigen selbst bestehen. Soweit die Aktivitäten der einzelnen Betriebe zusammengefasst werden, um am Markt wirksam auftreten zu können, müsste von einer wirtschaftlichen Einheit gesprochen werden, die den Gewerbesteuerfreibetrag nicht mehrfach in Anspruch nehmen kann. Ob die Betätigungen eines Steuerpflichtigen nur Teil eines einheitlichen Betriebs sind oder ob mehrere gesondert zu behandelnde gewerbliche Betätigungen vorliegen, ist stets eine Frage des Sachverhalts.[4] Jede Personengesellschaft kommt in den Genuss des gewerbesteuerlichen Freibetrags. Er ist auch Kapitalgesellschaften zu gewähren, an deren gewerblichem Unternehmen natürliche Personen als atypisch stille Gesellschafter beteiligt sind.[5] Sind allerdings mehrere natürliche Personen aufgrund mehrerer isoliert zu betrachtende Gesellschaftsverträge als atypisch stille Gesellschafter an einer Kapitalgesellschaft beteiligt ist, ist der Freibetrag auch nur einmal und nicht mehrfach zu gewähren[6].

4   Bei Veräußerung eines Gewerbebetriebs kann der Freibetrag mehrfach genutzt werden. Nach § 2 Abs. 5 GewStG gilt der Gewerbebetrieb, wenn er im Ganzen auf einen anderen Unternehmer übergeht, als durch den bisherigen Unternehmer eingestellt und als durch den anderen Unternehmer neu begründet, wenn er nicht mit einem bereits bestehenden Gewerbebetrieb vereinigt wird. Im Erhebungszeitraum der Veräußerung können sowohl der Veräußerer als auch der Erwerber den Freibetrag von € 24.500 geltend machen, sofern es sich um natürliche Personen oder Personengesellschaften handelt. Dies gilt aber nicht, wenn ein Unternehmer sein Einzelunternehmen in eine den Gewerbebetrieb fortführende Personengesellschaft einbringt. In diesem Fall stehen der Personengesellschaft und dem Einbringenden bei der Ermittlung des Steuermessbetrags nach dem Gewerbeertrag sowohl der Abrundungsbetrag auf volle € 100 als auch der Freibetrag nur anteilig zu.[7]

Ergänzend sei erwähnt, dass bei bestimmten juristischen Personen gem. § 11 Abs. 1 Satz 3 Nr. 2 GewStG ein Freibetrag in Höhe von € 3.900 gewährt wird.[8]

---

2   Lenski/Sternberg, § 11 Rn 3.
3   BFH v. 06.12.1995, I. R 109/94, BStBl 1998 II, 685.
4   Die Grundsätze zur Abgrenzung sind durch den BFH zusammengefasst im Urteil v. 09.08.1989X R 130/87, BStBl 1989 II, 901.
5   BFH v. 10.11.1993, I R 20/93, BStBl 1994 II, 327.
6   BFH v. 08.02.1995, I R 127/93, BStBl 1995 II, 794.
7   BFH v. 26.08.1993, IV R 133/90, BStBl 1995 II, 791.
8   Bei diesen Unternehmen handelt es sich insbesondere um Unternehmen sonstiger juristischer Personen des privaten Rechts und der nicht rechtsfähigen Vereine im Sinne des § 2 Abs. 3 GewStG, soweit sie einen wirtschaftlichen Geschäftsbetrieb unterhalten, und um nach § 3 Nr. 5, 6, 8, 9, 15, 17, 21, 26, 27, 28 und 29 GewStG von der Gewerbesteuer befreite Unternehmen und um Unternehmen von juristischen Personen des öffentlichen Rechts.

III.   Staffelmesszahl bei Einzelunternehmen/ Personengesellschaften

Der Steuermessbetrag ist durch Anwendung einer Steuermesszahl in Prozent auf den abgerun-   5
deten Gewerbeertrag zu ermitteln. Die Höhe der Steuermesszahlen ist in § 11 Abs. 2 GewStG
festgelegt. Bei Gewerbebetrieben, die von natürlichen Personen oder von Personengesellschaften
betrieben werden, beträgt die Steuermesszahl für den Gewerbeertrag

- für die ersten € 12.000   1 Prozent
- für 12.001 bis € 24.000   2 Prozent
- für 24.001 bis € 36.000   3 Prozent
- für 36.001 bis € 48.000   4 Prozent
- für übersteigende Beträge   5 Prozent

Ziel des Staffeltarifs war die Förderung von Investitionen und Arbeitsplätzen im Beitrittsgebiet,
um den Anpassungsprozess zu beschleunigen.[9] Darüber hinaus sollte durch ein Ausdehnen der
Vergünstigung auf alle mittelständischen Personengesellschaften und Einzelunternehmen im gesamten Bundesgebiet die steuerliche Entlastung und Förderung des Mittelstands im Allgemeinen
erreicht werden.[10]

Faktisch bedeutet die Anwendung des Staffeltarifs durch unterschiedliche Messzahlen für bestimmte Gewerbeertragsstufen eine weitere Freistellung für Gewerbesteuerpflichtige Personenunternehmen im Vergleich zu Kapitalgesellschaften, die diese Begünstigung nicht in Anspruch
nehmen können.

Praxishinweis:

*Der Staffeltarif lässt sich in folgende Freibeträge für Einzelunternehmer und Personengesellschaften umrechnen, um eine
Berechnung in Einzelschritten zu vermeiden. Die in der Tabelle angegebenen Steuermesszahlen sind auf den nach Abzug des
Freibetrags verbleibenden Gewerbeertrag anzuwenden:*

Gewerbeertrag (vor Freibetrag) €	Freibetrag €	Steuer- messzahl
bis 24.500	0	0%
bis 36.500	24.500	1%
bis 48.500	30.500	2%
bis 60.500	36.500	3%
bis 72.500	42.500	4%
ab 72.500	48.500	5%

IV.   Einheitliche Steuermesszahl bei Kapitalgesellschaften

Bei anderen Gewerbebetrieben beträgt die Steuermesszahl gem. § 11 Abs. 2 Nr. 2 GewStG stets   6
5 %. Die Steuermesszahl von 5 % ist bei allen Gewerbebetrieben anzuwenden, die nicht von natürlichen Personen oder Personengesellschaften betrieben werden.

---

9   BT-Drs. 12/219 (Entwurf des Steueränderungsgesetzes 1991), S. 20 und 35.
10   BT-Drs. 12/1108 (Entwurf des Steueränderungsgesetzes 1992), S. 36.

Die Regelung betrifft Körperschaften, soweit sie einen Gewerbebetrieb unterhalten, also insbesondere Kapitalgesellschaften (z.B. europäische Gesellschaften, Aktiengesellschaften, Kommanditgesellschaften auf Aktien und Gesellschaften mit beschränkter Haftung) sowie Erwerbs- und Wirtschaftsgenossenschaften.

C. Steuermessbetrag – Rechtsstand ab dem Erhebungszeitraum 2008

I. Freibetrag bei Einzelunternehmen/ Personengesellschaften

7 Die in § 11 Abs. 1 GewStG getroffene Regelung zu Freibeträgen bleibt unverändert. Natürliche Personen sowie Personengesellschaften kommen wie bisher in den Genuss eines Freibetrags in Höhe von € 24.500. Für bestimmte in § 11 Abs. 1 Nr. 2 GewStG beschriebene Unternehmen bleibt es bei dem bereits bis zum Erhebungszeitraum 2007 zur Anwendung kommenden Freibetrags in Höhe von € 3.900. Der Freibetrag ist nach wie vor betriebsbezogen zu gewähren.

II. Einheitliche Steuermesszahl

8 Die Steuermesszahl für den Gewerbeertrag wird durch § 11 Abs. 2 GewStG ab dem Erhebungszeitraum 2008 auf 3,5% vereinheitlicht. Der Staffeltarif für Einzelunternehmen und Personengesellschaften ist ersatzlos entfallen. Eine besondere Entlastung des Mittelstands wird somit nicht mehr gewährt.

Die Reduzierung der Steuermesszahl auf 3,5% ist im Zusammenhang mit den Zielsetzungen der Unternehmenssteuerreform 2008 zu sehen. Eine wesentliche gesetzgeberische Zielsetzung ist unter anderem, die Attraktivität des Standortes Deutschland für Direktinvestitionen zu steigern. Hierzu ist die steuerliche Belastung nach außen deutlich erkennbar herabgesenkt worden. Eine Verringerung des Körperschaftssteuersatzes von 25% auf 15% und die Senkung der Gewerbesteuermesszahl auf einheitlich 3,5% reduzieren bei einem unterstellten Gewerbesteuerhebesatz von 400% die nominale Belastung der Unternehmensgewinne auf 29,83%. Nach Auffassung des Gesetzgebers wird der Unternehmensstandort Deutschland durch eine Senkung des nominalen Steuersatzes attraktiver für ausländische Direktinvestitionen.[11]

Die Senkung der nominellen Steuerbelastung wird dabei von diversen Maßnahmen zur Gegenfinanzierung flankiert. Bezüglich der Gewerbesteuer ist hier insbesondere zu erwähnen, dass nach dem Wortlaut des § 4 Abs. 5 b EStG die Gewerbesteuer sowie die darauf entfallenden Nebenleistungen (Säumniszuschläge, Verspätungszuschläge, Zinsen, Zwangsgelder) ab dem Erhebungszeitraum 2008 keine Betriebsausgaben mehr sind und damit auch steuerlich nicht mehr abzugsfähig sind. Um diese Maßnahme abzumildern, ist in § 35 Abs. 1 EStG festgelegt, dass Einzel- und Personenunternehmen anstelle des bisher 1,8-fachen ab dem Veranlagungszeitraum 2008 das 3,8-fache des jeweils für den dem Veranlagungszeitraum entsprechenden Erhebungszeitraum

---

11 BT-Drs. 16/4841, S. 59.

festgesetzten (anteiligen) Steuermessbetrags auf die eigene Einkommensteuerschuld anrechnen können. Der Abzug des Einkommensteuerermäßigungsbetrags wird dabei auf die tatsächlich zu zahlende Gewerbesteuer beschränkt.

D.   Zerlegung

I.   Allgemeines

Soweit im Erhebungszeitraum Betriebsstätten zur Ausübung des Gewerbes in mehreren Gemeinden unterhalten worden sind, ist gem. § 28 GewStG der Steuermessbetrag in die auf die einzelnen Gemeinden entfallenden Anteile zu zerlegen. Diese Anteile werden Zerlegungsanteile genannt. Eine Zerlegung ist auch in den Fällen durchzuführen, in denen eine Betriebsstätte sich über mehrere Gemeinden erstreckt hat oder eine Betriebsstätte innerhalb eines Erhebungszeitraumes von einer Gemeinde in eine andere Gemeinde verlegt worden ist.

Maßgeblich für die Zerlegung sind die Verhältnisse im Erhebungszeitraum, der dem Kalenderjahr entspricht. Dies gilt auch dann, wenn das Wirtschaftsjahr vom Erhebungszeitraum abweicht.[12] Das bedeutet, dass beispielsweise eine spät im Kalenderjahr in einer anderen bzw. neuen Gemeinde begründe Betriebsstätte für die Zerlegung zu berücksichtigen ist, auch wenn sie in dem (abweichenden) Wirtschaftsjahr, das im Erhebungszeitraum zur Veranlagung herangezogen wird, noch gar nicht bestanden hat. Gleiches gilt, wenn in einer Gemeinde durch Begründung einer gewerbesteuerlichen Organschaft eine Betriebsstätte entsteht.

Von der Zerlegung werden grundsätzlich bestimmte Gemeinden durch § 28 Abs. 2 GewStG ausgeschlossen. Das sind:

- Gemeinden nur mit Gleisanlagen von Verkehrsunternehmen
- Gemeinden nur mit Anlagen, die der Weiterleitung fester, flüssiger und gasförmiger Stoffe sowie elektrischer Energie dienen, ohne, dass diese dort abgegeben werden
- Gemeinden nur mit unterirdischen Anlagen von Bergbauunternehmen.

Dieser Ausschluss von Gemeinden von der Zerlegung kommt nach § 28 Abs. 2 Satz 2 GewStG dann nicht zum Tragen, wenn durch den Ausschluss auf keine Gemeinde ein Zerlegungsanteil oder der Steuermessbetrag entfallen würde. In diesem Fall ist ein Zerlegungsverfahren unter Berücksichtigung der sonst ausgeschlossenen Gemeinden, beispielsweise also von Gemeinden, in denen Verkehrsunternehmen lediglich Gleisanlagen unterhalten, durchzuführen.

II.   Zerlegungsmaßstab bei Betriebsstätten in mehreren Gemeinden

Grundvoraussetzung für die Zerlegung des Gewerbsteuermessbetrags ist, dass ein gewerbliches Unternehmen im Erhebungszeitraum mehrere Betriebsstätten unterhält und diese Betriebsstätten sich im Bezirk von mindestens zwei oder noch mehr Gemeinden befinden. Regelmäßiger Zerlegungsmaßstab ist gem. § 29 Abs. 1 GewStG das Verhältnis, in dem die Summe der Arbeitslöhne

---

12   BFH v. 17.02.1993, I R 19/92, BStBl 1993 II, 679.

die an die bei allen Betriebsstätten beschäftigten Arbeitnehmer gezahlt worden sind, zu den Arbeitslöhnen steht, die an die bei den Betriebsstätten der einzelnen Gemeinden beschäftigten Arbeitnehmer gezahlt worden sind.

Die Arbeitslöhne als Maßstab für die Zerlegung sind vom Gesetzgeber gewählt worden, weil sich vor allem an den Arbeitslöhnen der in den Betriebsstätten beschäftigten Arbeitnehmer ablesen lässt, welche Bedeutung die Betriebsstätte innerhalb des Unternehmens hat, welche Belastung eine Gemeinde durch die Betriebsstätte erfährt und welcher Anteil an der von dem Unternehmen geschuldeten Gewerbesteuer deshalb der Betriebsstättengemeinde zukommen muss.[13] Der Begriff der Arbeitslöhne für die Zerlegung ist in § 31 GewStG erläutert. Es handelt sich um die Vergütungen im Sinne des § 19 Abs. 1 Nr. 1 EStG, soweit sie nicht durch andere Vorschriften von der Einkommensteuer befreit sind. Ungeachtet der einkommensteuerlichen Behandlung gehören aber Zuschläge für Mehrarbeit und für Sonntags-, Feiertags- und Nachtarbeit zu den Arbeitslöhnen für Zwecke der Zerlegung.

Die Vergütungen, die an Personen gezahlt worden sind, die zu ihrer Berufsausbildung beschäftigt werden sowie einmalige Vergütungen, die nach dem Gewinn berechnet werden (z.B. Tantiemen und Gratifikationen) sind nicht zu berücksichtigen. Das Gleiche gilt für sonstige Vergütungen, soweit sie bei dem einzelnen Arbeitnehmer € 50.000,00 übersteigen. Bei Unternehmen, die als Einzelunternehmen oder in einer Personengesellschaft betrieben werden, sind für die im Betrieb tätigen Unternehmer oder Mitunternehmer insgesamt € 25.000,00 jährlich anzusetzen.

Folgendes Beispiel soll die Ermittlung der Arbeitslöhne für die Zerlegung verdeutlichen: Wir gehen dabei von einem Unternehmen aus, das nicht von einer juristischen Personen betrieben wird, sondern in Form eines Einzelunternehmens oder als Personengesellschaft:

> Beispiel:

Mitarbeiter	Festgehalt	Zuschläge	Tantieme	Gesamte Gehälter	Arbeitslohn für Zerlegung
Angestellter 1	35.000	10.000	0	45.000	45.000
Angestellter 2	65.000	10.000	0	75.000	50.000
Angestellter 3	35.000	0	30.000	65.000	35.000
Angestellter 4	65.000	0	30.000	95.000	50.000
Auszubildender	12.000	0	0	12.000	0
Mitunternehmer 1	0	0	0	0	12.500
Mitunternehmer 2	0	0	0	0	12.500
				292.000	205.000

Maßgeblich sind nur die als Arbeitslöhne gezahlten Beträge. Es sind also lediglich diejenigen Arbeitnehmer zu berücksichtigen, die in dem Unternehmen beschäftigt sind, dessen Gewerbesteuermessbetrag zu zerlegen ist. Arbeitnehmer, die in einem Dienstverhältnis zu einem anderen Unternehmen stehen, beispielsweise Leiharbeiter, aber in dem Unternehmen tätig werden, dessen Gewerbesteuermessbetrag zu zerlegen ist, sind keine Arbeitnehmer dieses Unternehmens und Beträge, die für Tätigkeiten dieser Personen gezahlt werden, sind bei den Arbeitslöhnen nicht zu

---

13   Lenski/Steinberg, § 29 Rn 8.

berücksichtigen.[14] Zu berücksichtigen sind nach § 29 Abs. 2 GewStG die Arbeitslöhne, die während des Erhebungszeitraums in den Betriebsstätten der beteiligten Gemeinden gezahlt worden sind. Auch hier ist auf die Verhältnisse in dem Erhebungszeitraum abzustellen, in dem das Wirtschaftsjahr des Unternehmens endet. Bei einem abweichenden Wirtschaftsjahr oder bei unterjähriger Begründung einer Organschaft sind die Arbeitslöhne also erhebungszeitraumbezogen bzw. kalenderjahrbezogen zu berücksichtigen.

Für die Ermittlung der Verhältniszahlen zur Zerlegung sind die Arbeitslöhne nach § 29 Abs. 3 GewStG auf volle € 1.000 abzurunden. Damit wird die Berechnung der Zerlegung erleichtert.

III.   Zerlegung bei mehrgemeindlichen Betriebsstätten

5

Wenn sich die Betriebsstätte auf mehrere Gemeinden erstreckt, ist der Steuermessbetrag oder Zerlegungsanteil auf die Gemeinden zu zerlegen, auf die sich die Betriebsstätte erstreckt und zwar individuell nach der Lage der örtlichen Verhältnisse unter Berücksichtigung der durch das Vorhandensein der Betriebsstätte erwachsenen Gemeindelasten. Diese Regelung war notwendig, weil der allgemeine Zerlegungsmaßstab, die Arbeitslöhne, im Fall einer mehrgemeindlichen Betriebsstätte nicht für die Zerlegung geeignet ist.   11

Die Zerlegung als solche hängt nur vom Faktum einer mehrgemeindlichen Betriebsstätte ab. Beim Zerlegungsmaßstab ist mit unbestimmten Rechtsbegriffen ein grober Maßstab gesetzt worden. Worin sich die Lasten der Gemeinde bei der Ermittlung eines Zerlegungsmaßstabs ausdrücken, ist nicht abschließend geklärt. Die Rechtsprechung des BFH hat jedenfalls als Zerlegungsmaßstab bei mehrgemeindlichen Betriebsstätten stets die Berücksichtigung des Faktors „Betriebsanlagen" neben dem Faktur „Wohnen der Arbeitnehmer" gefordert.[15] Führt eine Zerlegung nach diesen Maßstäben zu einem offenbar unbilligen Ergebnis, so ist ein anderer Maßstab zu suchen, der die tatsächlichen Verhältnisse besser berücksichtigt. Nach diesem Maßstab ist zu zerlegen. Es ist möglich und auch angeraten, eine Lösung im Einvernehmen zwischen den betroffenen Gemeinden und dem Unternehmen zu finden.[16]

E.   Hebesatz

I.   Hebesatzrecht der Gemeinden

Die Gewerbesteuer ist zu berechnen, indem auf den Steuermessbetrag ein Prozentsatz (Hebesatz) angewendet wird, der von der hebeberechtigten Gemeinde zu bestimmen ist (§ 16 Abs. 1 GewStG). Innerhalb bestimmter, in § 16 Abs. 4 und 5 GewStG geregelter Vorgaben für die Höhe des Hebesatzes ist die Gemeinde in ihrer Entscheidung über die Höhe des Hebesatzes frei. Bis zum Erhebungszeitraum 2003 hatten Gemeinden die Möglichkeit, einen Hebesatz von 0% festzusetzen, was dazu geführt hat, dass ein in dieser Gemeinde ansässiges und tätiges Unternehmen de facto keine Gewerbesteuer entrichtet hat. Tatsächlich versuchten Gemeinden, wie z.B. die allgemein bekannte Gemeinde Norderfriedrichskoog, durch Festsetzung eines Hebesatzes von 0%   12

---

14 Lenski/Sternberg, § 29 Rn 12.
15 BFH v. 28.10.1987, I R 275/83, BStBl 1988 II, 292.
16 BFH v. 25.09.1968, I B 118/65, BStBl 1968 II, 827.

Unternehmen zwecks Arbeitsplatzschaffung in ihre Gemeinde zu ziehen. Durch die Einführung eines Mindesthebesatzes von 200% (§ 16 Abs. 4 S. 2 GewStG) besteht diese Möglichkeit seit dem Erhebungszeitraum 2004 nicht mehr.

§ 16 Abs. 5 GewStG räumt den Bundesländern die Möglichkeit ein, durch eine landesrechtliche Regelung festzulegen, welche Höchstsätze nicht überschritten werden dürfen und wie weit mit Genehmigung der Gemeindeaufsichtsbehörde Ausnahmen zugelassen werden können. Die Länder können auch durch Vorschriften festlegen, in welchem Verhältnis die Hebesätze für die Grundsteuer und die Gewerbesteuer zueinander stehen müssen. Zurzeit bestehen keine Landesvorschriften zu Höchsthebesätzen oder zu dem Verhältnis zwischen den Hebesätzen der Gewerbe- und Grundsteuer.

❶ Praxishinweis:

Auch wenn die Gemeinden keinen Hebesatz von unter 200% bestimmen dürfen, sind insbesondere in den Ballungsgebieten und den sie umgebenden Gemeinden erhebliche Unterschiede in den Hebesätzen festzustellen. Soweit die Struktur des Unternehmens es zulässt, kann die Gewerbesteuerbelastung durch Auswahl einer Gemeinde mit niedrigem Hebesatz erheblichen verringert werden. Nachfolgende werden die Hebesätze einiger Großstätte und im Umkreis befindlicher Gemeinden beispielhaft aufgeführt (Stand 2007):

Stadt	Hebesatz (%)	Stadt	Hebesatz (%)
München	490	Grünwald	240
Frankfurt am Main	460	Bad Soden am Taunus	280
Stuttgart	420	Kornwestheim	300
Berlin	410	Gemeinde Niedergörsdorf	250

§ 6 Gewerbesteuerliche Verlustnutzung

Die Besteuerung sowohl der Einzelunternehmen als auch der Personen- und Kapitalgesellschaften basiert auf dem Leistungsfähigkeitsprinzip, das auf das Gesamteinkommen über die „Lebenszeit" des Unternehmens hinweg als verfassungsrechtlich gerechte Bemessungsgrundlage abstellt. Da jedoch die fortlaufende Steuererhebung auf Jahresabschnitten als Veranlagungszeiträume für die Besteuerung aufbaut, kann es zu Verwerfungen bei der Besteuerung der Einzelabschnitte kommen, wenn Verluste und Gewinne aus verschiedenen Besteuerungsabschnitten nicht verrechnet werden können. Dem Prinzip der Lebenseinkommensbesteuerung wird daher durch die Möglichkeit von periodenübergreifenden Verlustverrechnungen Rechnung getragen.

Nachfolgend wird zunächst diese periodenübergreifende Verlustverrechnung im Rahmen der sog. Mindestbesteuerung beschrieben und anschließend die Möglichkeiten zur gewerbesteuerlichen Verlustnutzung bei Unternehmenskäufen und -verkäufen sowie mit Unternehmensumstrukturierungen dargestellt.

A. Mindestbesteuerung

Eine Verrechnung von Gewinnen mit einem bestehenden gewerbesteuerlichen Verlustvortrag (vortragsfähiger Gewerbeverlust) ist nur im Rahmen der sog. Mindestbesteuerung möglich. Die Mindestbesteuerung kann im Einzelfall zu einer Gewerbesteuerbelastung trotz noch vorhandener Verlustvorträge und damit im Ergebnis zu einer zeitlichen Streckung der vollständigen Verlustverrechnung führen. Der BFH sieht darin keinen Verstoß gegen das verfassungsrechtlich garantierte Leistungsfähigkeitsprinzip.[1]

I. Ergebnisermittlung

Grundsätzlich basiert die Ergebnisermittlung für die Gewerbesteuer auf derjenigen für die Einkommen- bzw. Körperschaftsteuer (vgl. § 7 Satz 1 GewStG). Allerdings wird der für die Einkommensbesteuerung ermittelte Gewinn um spezielle Hinzurechnungen (§ 8 GewStG) und Kürzungen (§ 9 GewStG) zur gewerbesteuerlichen Bemessungsgrundlage modifiziert.

II. Durchführung der Verlustverrechnung und des Verlustausgleichs

Bei der Ermittlung des jährlichen steuerpflichtigen Einkommens sind negative Einkünfte zunächst mit anderweitigen positiven Einkünften im Veranlagungszeitraum ihrer Entstehung auszugleichen. Die Verlust- bzw. Aufwands- und Ertragsverrechnung innerhalb eines Wirtschaftsjahres ist betragsmäßig nicht begrenzt. Darüber hinaus enthält § 10d EStG Möglichkeiten für einen periodenübergreifenden Verlustausgleich in Form des Verlustvor- oder Verlustrücktrags. Der periodenübergreifende Verlustausgleich wird allerdings durch die Vorschriften der Mindestbesteuerung in §§ 10d Abs. 2 EStG, 10a S. 1 und 2 GewStG eingeschränkt.

---

1   BFH v. 27.01.2006, VIII B 179/05, BFH/NV 2006, 1150.

Im Gegensatz zum Einkommensteuerrecht existiert gewerbesteuerlich kein Verlustrücktrag. Im Rahmen des § 10a GewStG können Verluste jedoch vorgetragen und in späteren Erhebungszeiträumen mit positiven Gewerbeerträgen dieser Zeiträume verrechnet werden. Der Verlustvortrag ist zeitlich unbeschränkt, betragsmäßig ist die Verrechnung von Verlustvorträgen mit positiven Gewerbeerträgen in folgenden Erhebungszeiträumen jedoch begrenzt. Bis zu einem Gesamtbetrag der Einkünfte von € 1.000.000 ist eine Verrechnung uneingeschränkt möglich. Darüber hinaus ist ein Abzug nur bis zu 60 % des € 1.000.000 übersteigenden Gewerbeertrags möglich. Im Ergebnis kommt es damit zu einer Besteuerung von 40 % des € 1.000.000 übersteigenden Betrags, also zu einer Gewerbesteuerbelastung trotz vorhandener Verlustvorträge. Die nicht verrechneten Verluste können in spätere Erhebungszeiträume weiter vorgetragen werden.

> **Beispiel:**

Die X-GmbH erzielt im aktuellen Erhebungszeitraum einen Gewerbeertrag von € 10 Mio. Aus vorangegangenen Erhebungszeiträumen verfügt die Gesellschaft über einen gewerbesteuerlichen Verlustvortrag in Höhe von € 7 Mio.

		€	€
Gewerbeertrag			10 Mio.
VV zu Beginn des EZ		7 Mio.	
Unbeschränkter Abzug i.H.v. € 1 Mio.		./. 1 Mio.	
60 % des übersteigenden Betrags	60% x (€ 10 Mio. ./. € 1 Mio.)	./. 5,4 Mio.	
Verrechenbarer VV			./. 6,4 Mio.
Verbleibender VV zum Ende des EZ		0,6 Mio.	
Gewerbeertrag nach Verlustverrechnung			3,6 Mio.
GewSt trotz verbleibender VV	14% x € 3,6 Mio.		0,5 Mio.

(Hebesatz = 400%)

Im laufenden Erhebungszeitraum kann eine Kürzung des Gewerbeertrags in Höhe von € 1 Mio. unbeschränkt vorgenommen werden. Der übersteigende Gewerbeertrag von € 9 Mio. ist nur zu 60% mit den Fehlbeträgen verrechenbar. Demnach kann der Gewerbeertrag in Höhe von € 6,4 Mio. mit den Verlustvorträgen ausgeglichen werden. Der nicht genutzte Fehlbetrag in Höhe von € 0,5 Mio. kann vorgetragen und in späteren Erhebungszeiträumen genutzt werden.

Die Mindestbesteuerung wirkt sich bei einer Personengesellschaft (abgesehen von gewerbesteuerlichen Freibetrag von Personengesellschaften) grundsätzlich ebenso wie bei Kapitalgesellschaften aus.

III.   Verfahrensrechtliche Aspekte

4   Die Gewerbesteuerfestsetzung vollzieht sich in drei Stufen: Ausgehend von dem Ergebnis der Einkommensermittlung nach Einkommen- oder Körperschaftsteuerrecht (§ 7 GewStG) ist der Gewerbeertrag durch Hinzurechnungen (§ 8 GewStG) und Kürzungen (§ 9 GewStG) zu ermitteln. Durch Ansatz der Gewerbesteuermesszahl ergibt sich der Gewerbesteuermessbetrag, der vom Finanzamt im Gewerbesteuermessbescheid festgesetzt wird. Auf Grundlage des Gewerbesteuermessbescheides erlässt die zuständige Gemeinde den Gewerbesteuerbescheid, aus dem sich durch den Ansatz des jeweiligen Hebesatzes dieser Gemeinde die tatsächlich zu zahlende Gewerbesteuer ergibt. In Verlustfällen erlässt die Finanzverwaltung darüber hinaus einen gesonderten Verlustfeststellungsbescheid. Zuständig hierfür ist das Finanzamt, das auch den Gewerbesteuermessbescheid erlassen hat.

Obwohl die gewerbesteuerliche Bemessungsgrundlage an das im Rahmen der Einkommen- bzw. Körperschaftsteuer ermittelte zu versteuernde Einkommen anknüpft, stellen die Einkommen- oder Körperschaftsteuerbescheide bzw. die gesonderten Gewinnfeststellungsbescheide verfahrensrechtlich keine die Festsetzung der Gewerbesteuer bindenden Grundlagenbescheide im Sinne von § 182 AO dar. Um die verfahrenstechnischen Abläufe zu vereinfachen und Doppelverfahren zu vermeiden, regelt § 35b GewStG als eigenständige Rechtsgrundlage die Änderung von Gewerbesteuermess- und Gewerbesteuerverlustfeststellungsbescheiden. Nach Absatz 1 dieser Vorschrift sind diese Bescheide von Amts wegen zu ändern oder aufzuheben, wenn

- ein Einkommensteuer-, Körperschaftsteuer- oder Gewinnfeststellungsbescheid geändert oder aufgehoben wird und
- sich diese Änderung oder Aufhebung auf den Gewinn aus Gewerbebetrieb auswirkt.

Die Änderung bzw. Aufhebung des Einkommensteuer-, Körperschaftsteuer- bzw. Gewinnfeststellungsbescheides ist in Bezug auf den Gewerbsteuersteuermessbescheid bzw. Verlustfeststellungsbescheid insoweit zu berücksichtigen, als sich die Höhe des Messbetrages bzw. Verlustvortrags ändert, § 35b Abs. 1 S. 2 GewStG.

Daneben enthält § 35 b Abs. 2 GewStG eine weitere Spezialvorschrift zu Änderungen von Verlustfeststellungsbescheiden (Bescheide über die Feststellung der Höhe der vortragsfähigen Verluste nach § 10 a Satz 4 GewStG bzw. Bescheide über die Feststellung des vortragsfähigen Gewerbeverlustes nach § 35 b Abs. 2 GewStG). Danach ist ein Verlustfeststellungsbescheid unabhängig vom Gewerbesteuermessbescheid immer dann zu ändern, wenn sich die für die Ermittlung des vortragsfähigen Gewerbeverlustes maßgebenden Besteuerungsgrundlagen ändern und deshalb auch der Gewerbesteuermessbetragsbescheid zu ändern wäre. Dies gilt selbst dann, wenn sich der Gewerbsteuermessbetrag nicht ändert und der Gewerbesteuermessbescheid daher nicht zu ändern ist. Dies betrifft insbesondere Fälle, in denen sich ein negativer Gewerbeertrag ändert, der Gewerbesteuermessbetrag aber weiterhin € 0 beträgt, da der Messbetrag nicht negativ sein kann.

Anders als § 35b Abs. 1 GewStG, der nur Änderungen des Gewinns im Sinne des EStG bzw. KStG erfasst, bezieht sich die Änderungsvorschrift des § 35b Abs. 2 GewStG auch auf einen geänderten Gewerbeertrag, mithin auch auf geänderte Kürzungen und Hinzurechnungen gem. §§ 8, 9 GewStG.

B.   Unternehmenskauf und -verkauf

Trotz des Objektsteuercharakters der Gewerbesteuer (Steuergegenstand ist der jeweilige Gewerbebetrieb) setzt der gewerbesteuerliche Verlustabzug durch Einzelunternehmer und Personengesellschaft eine Unternehmens- und Unternehmeridentität voraus. Für Körperschaften verlangt § 10a S. 8 GewStG i.V.m. § 8 Abs. 4 KStG in der bis zum Erhebungszeitraum 2007 geltenden Fassung bzw. § 10a S. 9 GewStG i.V.m. § 8c KStG in der ab dem Erhebungszeitraum 2008 gültigen Fassung als Spezialregelung eine wirtschaftliche Identität zwischen der Körperschaft, die den Verlust erlitten hat und der Körperschaft, die den Verlustabzug geltend macht.

Der gewerbesteuerliche Verlustabzug ist insbesondere dann gefährdet, wenn der Gewerbebetrieb (teilweise) übertragen wird. Grundlage solcher Übertragungen sind häufig Unternehmenskäufe und -verkäufe, daneben insbesondere auch Umstrukturierungsmaßnahmen.

Nachfolgend werden die vorgenannten Grundsätze zum gewerbesteuerlichen Verlustabzug mit einem besonderen Augenmerk auf den Unternehmenskauf und -verkauf erläutert. Dabei ist nach den Auswirkungen auf Ebene des übertragenen Gewerbebetriebs und den Auswirkungen auf Ebene des Übertragenden zu unterscheiden. Zudem ist aufgrund der unterschiedlichen Beurteilungsmaßstäbe zwischen dem Verlustabzug von Einzelunternehmen und Personengesellschaften auf der einen Seite und Körperschaften auf der anderen Seite zu differenzieren.

I.   Veräußerung von Einzelunternehmen und Anteilen an Personengesellschaften

6   Wird der Gewerbebetrieb eines Einzelunternehmers übertragen oder wechselt der Gesellschafterbestand einer Personengesellschaft, wirkt sich dies auf den gewerbesteuerlichen Verlustabzug des Einzelunternehmens bzw. der Personengesellschaft aus. Denn nach § 2 Abs. 5 GewStG gilt ein Gewerbebetrieb durch den bisherigen Unternehmer als eingestellt, soweit der Betrieb auf einen anderen Unternehmer übergeht. Bei einer derart fehlenden Unternehmeridentität versagt § 10a S. 8 GewStG eine Verrechnung von Gewerbeerträgen mit Verlustvorträgen, die vor dem Übergang des Unternehmens aufgebaut wurden. Neben der Unternehmensidentität verlangen Rechtsprechung und Finanzverwaltung als Voraussetzung für den gewerbesteuerlichen Verlustabzug bei Einzelunternehmen und Personengesellschaften auch eine Unternehmeridentität.

Bei Personengesellschaften sind die Grundsätze der Unternehmens- und Unternehmeridentität nicht einheitlich für die Personengesellschaft als Gesamtheit, sondern stets in Bezug auf den einzelnen Mitunternehmer zu beurteilen.[2]

1.   Unternehmensidentität

7   Unternehmensidentität bedeutet, dass der Gewerbebetrieb, der den Verlustabzug vornehmen will, mit dem Gewerbebetrieb, der den Verlust erlitten hat, wirtschaftlich identisch ist. Dies ist Konsequenz aus dem Objektsteuercharakter der Gewerbesteuer, der es nicht zulässt, dass Verluste eines Unternehmens bei der Veranlagung eines anderen Unternehmens berücksichtigt werden.[3] Entscheidendes Besteuerungsmerkmal ist somit nicht der Gewinn eines bestimmten Steuersubjekts, sondern der vom jeweiligen Rechtsträger losgelöste Ertrag des Gewerbebetriebs.[4] Folglich sind auch Korrekturen des Gewinns eines Erhebungszeitraums durch einen Abzug von Verlust aus vorangegangenen Erhebungszeiträumen nur gerechtfertigt, wenn das Unternehmen, dem die Kürzung des Gewinns zugute kommt, dem Verlustunternehmen wirtschaftlich entspricht.

Für die Unternehmensidentität kommt es auf die ausgeübte gewerbliche Tätigkeit im Sinne des § 2 Abs. 1 S. 2 GewStG i.V.m. § 15 Abs. 2 EStG an. Nach dem Gesamtbild der Verhältnisse ist zu entscheiden, ob die Tätigkeiten im Zeitpunkt der Verlustentstehung und dem Zeitpunkt des geltend gemachten Verlustabzugs identisch sind. Dabei kommt es insbesondere auf die Art der Betätigung, den Kunden- und Lieferantenkreis, die Arbeitnehmerschaft, die Geschäftsleitung, die Betriebsstätten sowie den Umfang und die Zusammensetzung des Aktivvermögens an.[5] Diese Kriterien sind in Abhängigkeit vom jeweiligen Einzelfall nach der Verkehrsanschauung zu gewichten.[6]

---

2   BFH v. 14.12.1989, IV R 117/88, BStBl II 1990, 436; BFH v. 16.02.1994, XI R 50/88, BStBl II 1994, 364.
3   BFH v. 19.12.1957, IV 666/55 U, BStBl III 1958, 210.
4   BVerfG v. 13.05.1969, 1 BvR 25/65, BStBl II 1969, 424.
5   Abschn. 67 Abs. 1 GewStR.
6   Kleinheisterkamp in Lenski/ Steinberg, § 10a Rn 21.

a) Einzelunternehmen

Der gewerbesteuerliche Verlustabzug ist stets auf den einzelnen Gewerbebetrieb beschränkt. Dies [8] gilt auch für ein Einzelunternehmen. Übt ein Unternehmer mehrere gewerbliche Betätigungen gleichzeitig oder nacheinander aus, ist für gewerbesteuerliche Zwecke zu prüfen, ob ein einheitlicher Gewerbebetrieb oder mehrere selbstständige Gewerbebetriebe vorliegen. An einem einheitlichen Gewerbebetrieb fehlt es, wenn zwischen den verschiedenen Tätigkeiten kein sachlicher, wirtschaftlicher, finanzieller und organisatorischer Zusammenhang besteht. Die Verhältnisse des Einzelfalls sind dabei unter Berücksichtigung der Verkehrsanschauung zu würdigen.[7] Betriebsbedingte – auch strukturelle – Anpassungen der wirtschaftlichen Verhältnisse stehen der Annahme einer identischen Tätigkeit nicht entgegen.[8] Liegen sachlich selbstständige Gewerbebetriebe vor, scheidet mangels Unternehmensidentität ein Verlustabzug zwischen den verschiedenen Unternehmen aus.[9]

In der Rechtsprechung wurde die Unternehmensidentität z.B. bei einem Wechsel von einem Wein- und Spirituosenhandel zu einem Maklergeschäft abgelehnt.[10] Dagegen wurde sie z.B. im Fall des Wechsels von einer Lotto-/ Totoannahmestelle zu einem Tabakwareneinzelhandel für gegeben angesehen.[11]

b) Personengesellschaften

Eine teilweise gewerblich tätige oder gewerblich geprägte Personengesellschaft i.S.v. § 15 Abs. 3 [9] EStG ist für gewerbesteuerliche Zwecke stets als einheitlicher Gewerbebetrieb anzusehen und stellt stets nur ein einziges Besteuerungssubjekt i.S.d. GewStG dar.[12] Dies gilt auch dann, wenn die Personengesellschaft verschiedenartige Tätigkeiten ausübt, die sachlich an sich als selbstständige Tätigkeiten anzusehen wären. Aufgrund der in § 2 Abs. 1 S. 2 GewStG i.V.m. § 15 Abs. 3 EStG begründeten Fiktion eines einheitlichen Unternehmens ist folglich bei Personengesellschaften ein Verlustausgleich auch zwischen den sachlich nicht zusammenhängenden Tätigkeiten möglich. Die Unternehmensidentität einer solchen, nach § 15 Abs. 3 EStG gewerblichen Personengesellschaft bleibt durch eine Ausübung verschiedener Tätigkeiten auch dann unberührt, wenn diese ohne Unterbrechung zeitlich nacheinander ausgeübt werden. Wird eine von mehreren unterschiedlichen Tätigkeiten aufgegeben, oder eine weitere verschiedenartige Tätigkeit aufgenommen, hat auch dies keinen Einfluss auf die Identität einer Personengesellschaft.[13]

Liegen die Voraussetzungen des § 15 Abs. 3 EStG nicht vor, ist der sachliche Zusammenhang der ausgeübten Tätigkeiten von Bedeutung. Dies betrifft die „originär" gewerblich tätige und nicht gewerblich geprägte Personengesellschaft. Die Unternehmensidentität bleibt bei diesen Gesellschaften z.B. im Fall der Einstellung der ursprünglichen Tätigkeit vor Aufnahme einer neuen Tätigkeit nur gewahrt, soweit die beiden Tätigkeiten wirtschaftlich, finanziell und organisatorisch zusammenhängen.[14]

---

7   BFH v .12.01.1983, IV R 177/80, BStBl II 19983, 425.
8   BFH v. 12.01.1978, IV R 26/73, BStBl II 1978, 348; BFH v. 14.09.1993, VIII R 84/90, BStBl II, 764.
9   Kleinheisterkamp in Lenski/Steinberg, § 10a Rn 30.
10 BFH v. 12.01.1960, IV 353/60, BStBl III 1961, 65.
11 BFH v. 19.11.1985, VIII R 310/83, BStBl II 1977, S. 719.
12 Kleinheisterkamp in Lenski/Steinberg, § 10a Rn 24; einschränkend z.B. Güroff in Glanegger/ Güroff, § 10a Rn 9.
13 Obermeier in Blümich, § 2 GewStG Rn 51.
14 BFH v. 28.04.1977, IV R 165/76, BStBl II 1977, 666.

Bei der Übertragung des Betriebs einer Personengesellschaft mit gewerbesteuerlichen Verlustvorträgen auf ein anderes Unternehmen können die Verlustvorträge des übertragenen Unternehmens durch die übernehmende Gesellschaft nur dann genutzt werden, wenn die Identität des übertragenen Betriebs gewahrt bleibt. Die Unternehmensidentität ist dabei anhand eines Vergleichs des Verlustunternehmens vor und nach seinem Übergang zu prüfen.[15] Voraussetzung für die Wahrung der Unternehmensidentität ist die tatsächliche Fortführung des Unternehmens durch den Erwerber. Eine Prägung der Gesamttätigkeit der aufnehmenden Gesellschaft durch das übergehende Unternehmen, oder eine Fortführung des übertragenen Betriebs als Teilbetrieb in dem übernehmenden Betrieb ist dagegen nicht erforderlich.[16] Ausreichend ist folglich eine Aufrechterhaltung der Identität der übergehenden Personengesellschaft innerhalb des Gesamtbetriebs der aufnehmenden Mitunternehmerschaft. Diese ist erfüllt, wenn die Tätigkeit im Rahmen der übernehmenden Gesellschaft nach denen das Gesamtbild prägenden Kriterien wirtschaftlich, organisatorisch und finanziell als die Fortsetzung der bisherigen Tätigkeit angesehen werden kann.[17]

Der Übergang eines Unternehmens auf eine Verlustpersonengesellschaft hat ebenfalls keinen Einfluss auf die Verlustvorträge der aufnehmenden Gesellschaft, wenn deren Unternehmensidentität nicht verloren geht. Im Rahmen gewerblich geprägter oder gewerblich tätiger Unternehmen steht die Übernahme eines Betriebs der Aufnahme einer neuen Tätigkeit gleich und hat insoweit keinen Einfluss auf die Unternehmensidentität. Dies gilt auch für den Fall, dass einzelne Tätigkeiten des übergehenden Unternehmens eingestellt werden.

2.   Unternehmeridentität

10   Nach dem Grundsatz der Unternehmeridentität ist es für die Geltendmachung von gewerbesteuerlichen Verlustvorträgen erforderlich, dass der Unternehmer, der den Verlustabzug vornehmen will, den Verlust zuvor in eigener Person erlitten hat.[18] Diese Voraussetzung widerspricht zwar dem Charakter der Gewerbesteuer, die eine auf den Gewerbebetrieb bezogene Objektsteuer ist.[19] Dennoch ist die Unternehmeridentität nach nahezu einhelliger Auffassung der Rechtsprechung und Finanzverwaltung zwingende Voraussetzung für den Verlustabzug. Dies gilt auch über die Fälle der §§ 10a S. 5, 2 Abs. 5 GewStG hinaus, die lediglich auf den Übergang eines Gewerbebetriebs im Ganzen auf einen anderen Unternehmer erfassen.

Für die Unternehmeridentität ist entscheidend, wer im Erhebungszeitraum der Geltendmachung des Verlustabzugs bzw. im Erhebungszeitraum der Verlustentstehung Unternehmer ist bzw. war. Für Gewerbesteuerzwecke allgemein und damit auch für die Beurteilung des Grundsatzes der Unternehmeridentität derjenige als Unternehmer anzusehen, auf dessen Rechnung das Unternehmen betrieben wird, § 5 Abs. 1 S. 2 GewStG.

a)   Einzelunternehmen

11   Bei Einzelunternehmen geht die Unternehmeridentität geht in folgenden Fällen verloren:[20]

■ Verkauf,

---

15   Kleinheisterkamp in Lenski/ Steinberg, § 10a Rn 34.
16   BFH v. 14.09.1993, VIII R 68/90, BStBl II 1994, 764.
17   BFH v. 14.09.1993, VIII R 68/90, BStBl II 1994, 764.
18   BFH v. 19.12.1957, IV 666/55 U, BStBl III 1958, 210.
19   Glanegger/ Güroff, § 10a, Rn 12.
20   Meyer-Scharenberg, § 10a Rn 10.

- unentgeltliche Übertragung im Wege der vorweggenommenen Erbfolge,
- unentgeltliche Übertragung von Todes wegen.

Das bedeutet, dass der Erwerber bzw. Übernehmer des Unternehmens den Verlust, der beim übertragenden Unternehmer entstanden ist, nicht abziehen kann. Die gewerbesteuerlichen Verlustvorträge gehen folglich unter.

Treten in ein Einzelunternehmen eine oder mehrere Personen ein, bleibt die Unternehmeridentität gewahrt. Allerdings kann der im Einzelunternehmen entstandene Verlustvortrag im Rahmen der neu entstanden Personengesellschaft nur insoweit zur Verrechnung mit Gewinnen genutzt werden, als der Gewinn nach dem allgemeinen Gewinnverteilungsschlüssel der Personengesellschaft auf den früheren Einzelunternehmer entfällt.

b) Personengesellschaften

Bei einer Personengesellschaft sind die einzelnen Mitunternehmer, nicht die Personengesellschaft selbst, Träger des Rechts auf den Verlustabzug.[21] Wechselt der Gesellschafterbestand der Mitunternehmerschaft, berührt dies die Unternehmeridentität. Zwar liegt beim Ausscheiden nur eines oder mehrerer Mitunternehmer kein Unternehmerwechsel im Sinne der §§ 10a S.5, 2 Abs. 5 GewStG vor. Dennoch nehmen Rechtsprechung und Finanzverwaltung auch in diesem Fall an, dass es an der erforderlichen Unternehmeridentität fehlt.[22]

12

Bei einem Wechsel im Gesellschafterbestand unter Zurückbleiben eines oder mehrerer Mitunternehmern kommt es folglich zu einem teilweisen Inhaberwechsel des Gewerbebetriebs und damit zu einem teilweisen Untergang der bestehenden Verlustvorträge. Die gewerbesteuerlichen Verlustvorträge der Personengesellschaft gehen insoweit unter, als sie im Zeitpunkt der Verlustentstehung auf den oder die ausgeschiedenen Mitunternehmer entfallen sind.[23] Der auf die verbliebenen Gesellschafter entfallende Anteil der Verluste kann dagegen weiterhin zur Verrechnung mit Gewinnen genutzt werden.

Die vorgenannten Grundsätze gelten auch, wenn der Gewerbebetrieb nach dem Austritt von Gesellschaftern nur mehr durch einen Einzelunternehmer fortgeführt wird, oder es sich beim verbleibenden Gesellschafter um eine Kapitalgesellschaft handelt.[24]

Durch einen „bloßen" Neueintritt eines Gesellschafters ohne Ausscheiden eines Alt-Gesellschafters bleibt der gewerbesteuerliche Verlustvortrag in der Höhe unberührt. Allerdings darf er nur insoweit mit dem Gewerbeertrag verrechnet werden, als dieser nach dem Gewinnverteilungsschlüssel auf Alt-Gesellschafter entfällt.[25]

Bei einer doppelstöckigen Mitunternehmerschaft sind nicht die Gesellschafter der Obergesellschaft, sondern die Obergesellschaft selbst als Träger des Rechts auf Abzug der in der Untergesellschaft entstandenen Verluste anzusehen.[26] Daher beeinflusst ein Wechsel im Gesellschafterbestand der Obergesellschaft die Unternehmeridentität der Untergesellschaft nicht.

Wird der Betrieb einer Personengesellschaft auf Personen übertragen, die an der bisherigen Personengesellschaft nicht beteiligt waren, gehen die gewerbesteuerlichen Verlustvorträge der Per-

---

21 BFH v. 03.05.1993, GrS 3/92, BStBl II 1993, 616.
22 BFH v. 14.12.1989, IV R 117/88, BStBl II 1990, 436.
23 BFH v. 14.12.1989, IV R 117/88, BStBl II 1990, 436.
24 BFH v. 02.03.1983, I R 85/79, BStBl II 1983, 427.
25 BFH v. 03.05.1993, GrS 3/92, BStBl II 1993, 616.
26 BFH v. 03.05.1993, GrS 3/92, BStBl II 1993, 616.

sonengesellschaft grundsätzlich unter. Wird der Betrieb der Personengesellschaft auf eine andere Personengesellschaft übertragen, bleibt die Unternehmeridentität insoweit gewahrt, als die Mitunternehmer des übergehenden Betriebs auch Mitunternehmer der Übernehmerin sind. Sind an der übernehmenden Personengesellschaft neben den Mitunternehmern der übertragenden Gesellschaft weitere Mitunternehmer beteiligt, bleibt der gewerbesteuerliche Verlustvortrag der übergehenden Gesellschaft ebenfalls in voller Höhe nutzbar. Er kann jedoch nur mit dem Anteil am Gewerbeertrag der übernehmenden Gesellschaft verrechnet werden, der nach dem allgemeinen Gewinn- und Verlustverteilungsschlüssel der übernehmenden Personengesellschaft auf die Mitunternehmer entfällt, die sowohl an der übertragenden als auch übernehmenden Gesellschaft beteiligt sind.[27] Aus der Tatsache, dass der gesamte Verlustvortag der Überträgerin nur mit einem Anteil des Gewerbeertrags der übernehmenden Gesellschaft verrechnet werden darf, kann eine zeitliche Streckung der Verlustnutzung resultieren.[28]

II.   Veräußerung von Anteilen an Kapitalgesellschaften

1.   Grundlagen, Überblick

Mit der Einführung von § 8 Abs. 4 KStG, der über § 10a S. 8 GewStG auch für die Gewerbesteuer gilt, wollte der Gesetzgeber ursprünglich eine Missbrauchsvorschrift für Fälle formulieren, in denen diejenige Gesellschaft, die Erträge mit Verlustvorträgen verrechnet, rechtlich und/ oder wirtschaftlich nicht mehr mit derjenigen Gesellschaft identisch ist, welche die Verluste erlitten hatte. Insbesondere sollte ein „Handel" mit Gesellschaften mit Verlustvorträgen steuerlich unterbunden werden („Mantelkauf"). Was ursprünglich als Missbrauchsvorschrift gedacht war, entwickelte sich im Laufe der Zeit durch Verschärfungen der gesetzlichen Regelung und der praktischen Handhabung und Auslegung zu einer über den Regelungszweck hinausgehenden Verlustverrechnungsvermeidungsvorschrift. Die ab dem 01.01.2008 geltende Vorschrift des § 8c KStG, die über § 10a S. 9 GewStG ebenfalls für die Gewerbesteuer gilt, geht hier noch weiter und soll offenbar im Zuge der Erweiterung der steuerlichen Bemessungsgrundlagen zu einem zügigen Abbau durch Wegfall der bestehenden Verlustvorträge führen.

2.   § 8 Abs. 4 KStG (Regelung bis 31.12.2007): rechtliche und wirtschaftliche Identität

13   Voraussetzung für den körperschaftsteuerlichen Verlustabzug einer Körperschaft ist nach § 8 Abs. 4 KStG, dass diese sowohl rechtlich als auch wirtschaftlich mit der Körperschaft identisch ist, die den Verlust verursacht hat. Geht die wirtschaftliche oder rechtliche Identität verloren, kann ein bis zum Identitätsverlust erwirtschafteter Gewinn noch mit verbleibenden Verlusten des laufenden Veranlagungszeitraums sowie mit Verlustvorträgen vorausgegangener Veranlagungszeiträume verrechnet werden. Ein bis zu diesem Zeitpunkt entstandener laufender Verlust geht jedoch mit den Verlustvorträgen vorangegangener Veranlagungszeiträume unter.[29] Auf den vor-

---

27   Abschn. 68 Abs. 2 GewStR.
28   Kleinheisterkamp in Lenski/ Steinberg, § 10a Rn 63.
29   Kleinheisterkamp in: Lenski/ Steinberg, § 10a Rn 244.

tragsfähigen Gewerbeverlust ist § 8 Abs. 4 KStG gem. § 10a S. 8 GewStG analog anzuwenden, die körperschaftsteuerliche Regelung schlägt also auch gewerbesteuerlich durch, wobei ein Verlustrücktrag nicht möglich ist.

§ 8 Abs. 4 S. 2 KStG definiert die wirtschaftliche Identität einer Kapitalgesellschaft nicht, sondern beschreibt beispielhaft, wann diese „insbesondere" nicht mehr gegeben ist (Hauptanwendungsfall). Dies ist dann der Fall, wenn folgende beiden Voraussetzungen kumulativ erfüllt sind:

- ▓ Übertragung von mehr als der Hälfte der Anteile an einer Kapitalgesellschaft und
- ▓ Fortführung oder Wiederaufnahme des Geschäftsbetriebs mit überwiegend neuem Betriebsvermögen

Der Verlustabzug entfällt stets in dem Zeitpunkt, in dem alle Tatbestandsvoraussetzungen kumulativ erfüllt sind. Trotz Zuführung von überwiegend neuem Betriebsvermögen entfällt der Verlustvortrag allerdings nicht, wenn diese Zuführung allein der Sanierung des Unternehmens dient und die Gesellschaft den Geschäftsbetrieb nach dem Gesamtbild der wirtschaftlichen Verhältnisse über fünf Jahre in vergleichbarem Umfang fortführt (§ 8 Abs. 4 S. 3 KStG).

Die Formulierung „insbesondere" in § 8 Abs. 4 S. 2 KStG macht deutlich, dass über den vorgenannten Hauptanwendungsfall hinaus auch Gestaltungen mit einem dem Hauptanwendungsfall vergleichbaren wirtschaftlichen Effekt erfasst werden sollen.

Sowohl zum Hauptanwendungsfall als auch zu der vergleichbaren Konstellation hat die Finanzverwaltung im BMF-Schreiben vom 16.04.1999 umfassend Stellung genommen.[30]

a) Übertragung von Anteilen

Für Zwecke des § 8 Abs. 4 KStG gelten als Anteilsübertragungen alle entgeltlichen oder unentgeltlichen Übertragungen mit Ausnahme von Erbfällen und Erbauseinandersetzungen.[31] Die Grenze von 50% bezieht sich nach Ansicht des BMF grundsätzlich auf das Nennkapital der Gesellschaft. Genussrechte, verdecktes Eigenkapital, Bezugsrechte und eigenkapitalersetzende Gesellschafterdarlehen sind daher nicht in die Prüfung der 50%-Grenze einzubeziehen. Es ist jedoch unerheblich, wer die Anteile erwirbt. Einzig entscheidend ist, dass die Quote von 50% der Anteile der Gesellschaft, deren Anteile übertragen werden, überschritten wird. Auch ein nur vorübergehendes bzw. unterjähriges Überschreiten der Obergrenze ist schädlich.

Besitzt eine Gesellschaft eigene Anteile, so ist bei der Prüfung der 50%-Grenze das Verhältnis aus den übertragenen Anteilen und dem Nennkapital abzüglich der eigenen Anteile zugrunde zulegen.

Anteilsveräußerungen innerhalb eines Konzerns sind als Übertragung im Sinne des § 8 Abs. 4 KStG anzusehen. Gleiches gilt auch für die vorweggenommen Erbfolge, da es sich hierbei – im Gegensatz zum Erbfall – um einen gestaltbaren Anteilseignerwechsel handelt.[32]

Nach der neueren Rechtsprechung des BFH sind mittelbare Anteilserwerbe nicht zu berücksichtigen.[33] Daher ist auch die Veräußerung eines 50 % Anteils an einer Personengesellschaft, die ihrerseits Anteile an einer Verlustkapitalgesellschaft hält, als unschädlich anzusehen.

Mehrfache Übertragungen des nämlichen Anteils sind nur einmal zu erfassen.

---

30 BMF v. 16.04.1999, IV C 6 – S 2743 – 12 – 99, BStBl I 1999, 455.
31 Dötsch in Dötsch/Jost/Pung/Witt, § 8 Abs. 4 Rn 50.
32 BMF v. 16.04.1999, IV C 6 – S 2745 – 12/99, BStBl I, 455 Rn 4.
33 BFH v. 20.08.2003, I R 61/01, BStBl II 2004, 616.

Erfolgen Anteilserwerbe sukzessive und stehen die einzelnen Anteilserwerbe in einem zeitlichen Zusammenhang, sind die einzelnen Erwerbsvorgänge zusammenzufassen. Ein zeitlicher Zusammenhang ist nach Auffassung der Finanzverwaltung stets bei Anteilsübertragungen innerhalb eines Zeitraums von fünf Jahren anzunehmen.[34] Weder die Dauer der Frist, noch deren Beginn und Ende sind gesetzlich festgelegt. Nach der u.E. zuzustimmenden herrschenden Auffassung in der Literatur wird mit jedem Anteilseignerwechsel auch eine weitere Fünfjahresfrist neu in Gang gesetzt, wobei die fünf Jahre als Zeitjahre zu verstehen sind.[35]

> Beispiel

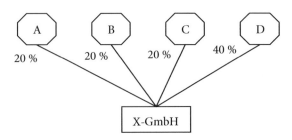

A, B und C halten jeweils 20% der Anteile an der X-GmbH. Die restlichen 40% werden von D gehalten. Die X-GmbH hat im Mai 05 einen verbleibenden Verlustvortrag i.H.v. € 1,2 Mio.

Y erwirbt im Mai 01 die Anteile des A. Im Februar 03 erwirbt er die Anteile von B und im Mai 05 die Anteile des C. Ab Mai 05 ist Y damit zu 60% an der X-GmbH beteiligt. Da innerhalb von fünf Jahren mehr als 50% der Anteile übergegangen sind, geht der Verlustvortrag in Höhe von € 1,2 Mio. vollständig verloren, wenn nach diesem Zeitpunkt auch in schädlichem Umfang neues Betriebsvermögen zugeführt wird.

Die Finanzverwaltung ist bisher der Ansicht, dass alle Anteilserwerbe innerhalb eines Fünfjahreszeitraums für die Bestimmung eines schädlichen Anteilseignerwechsels heranzuziehen sind.[36] Diese Frist ist gesetzlich nicht vorgesehen, sie ergibt sich wohl aus einer Übertragung der Fünfjahresfrist für die Geschäftsbetriebsfortführung im Rahmen der Anwendung der Sanierungsklausel des § 8 Abs. 4 KStG. Im Schreiben vom 02.08.2007 hat das BMF die Anwendung der Fünfjahresfrist für die zur Zeitspanne zwischen Anteilseignerwechsel und Betriebsvermögenszuführung aufgrund entsprechender Rechtsprechung des BFH aufgegeben und im Grundsatz durch eine Zweijahresfrist ersetzt. Vor dem Hintergrund dieser Rechtsprechung ist u.E. davon auszugehen, dass die von der Finanzverwaltung (noch) angewendete Fünfjahresfrist für die Beurteilung eines schädlichen Anteilseignerwechsels einer gerichtlichen Überprüfung nicht standhalten wird.

b)   Die Zuführung überwiegend neuen Betriebsvermögens

15   Nach § 8 Abs. 4 S. 2 KStG ist zweite Voraussetzung für den Erhalt des steuerlichen Verlustabzugs, dass nach dem schädlichen Anteilseignerwechsel dem fortgeführten oder wieder aufgenommenem Geschäftsbetrieb nicht überwiegend neues Betriebsvermögen zugeführt wird. Das neue Betriebsvermögen überwiegt dabei das alte, wenn sein Verkehrswert höher ist, als der des zum Zeitpunkt des Anteilseignerwechsels vorhandenen Aktivvermögens. Für die Beurteilung der Frage, ob das neue das alte Betriebsvermögen überwiegt, ist also ein Vergleich folgender Rechengrößen erforderlich:

---

34   BMF v. 16.04.1999, IV C 6 – S 2745 – 12/99, BStBl I 1999, 455 Rn 6.
35   Dötsch in Dötsch/ Jost/ Pung/ Witt, § 8 Abs. 4 KStG, Rn 62.
36   BMF v. 16.04.1999, IV C 6 – S 2745 – 12/99, BStBl I 1999, 455 Rn 6.

- Vergleichsgröße I: Aktivvermögen zum Zeitpunkt des schädlichen Anteilseignerwechsels. Dieses ist mit dem Teilwert zum Zeitpunkt des Anteilseignerwechsels zu bewerten und stellt eine Fixgröße dar, so dass spätere Wertsteigerungen oder Wertverluste unbeachtlich sind.

- Vergleichsgröße II: Von außerhalb der Verlustgesellschaft zugeführtes Aktivvermögen. Bewertungsmassstab ist ebenfalls der Teilwert, wobei der Wert im Zeitpunkt der jeweiligen Zuführung der Wirtschaftsgüter entscheidend ist. Bei sukzessiven Betriebsvermögenszuführungen können daher unterschiedliche Bewertungsstichtage ausschlaggebend sein.

Wenn zu irgendeinem Zeitpunkt innerhalb des Beobachtungszeitraums, auch nur vorübergehend bzw. unterjährig, das neu zugeführte Betriebsvermögen die Vergleichsgröße I überschreitet, ist die zweite Voraussetzung für die Versagung des Verlustabzugs erfüllt.

Unter „neuem" Betriebsvermögen ist jedes Betriebsvermögen zu verstehen, das vor der Zuführung nicht Bestandteil des Vermögens der (Verlust)Kapitalgesellschaft gewesen ist. „Neu" stellt in diesem Zusammenhang kein Abgrenzungskriterium zu gebrauchten Wirtschaftsgütern dar. „Neu" ist demnach als „von außen zugeführt" zu verstehen.

Bei der Ermittlung der Vergleichsgröße II kann zweifelhaft sein, welches Betriebsvermögen als „von außen zugeführt" gilt. Nach Auffassung des BFH trifft dies jedenfalls nicht auf bloße Umschichtungen und Schuldentilgungen aus selbst erwirtschaftetem Cashflow zu, sodass Gewinne aus der eigenen wirtschaftlichen Tätigkeit der Kapitalgesellschaft unschädlich sind.[37] Dasselbe gilt u.E. auch für frühere Zuführungen von außen, die später von der Verlustgesellschaft mit Gewinn verkauft werden.

> Beispiel:

> In die X-GmbH wurde im Jahr 2002 eine Beteiligung mit dem Teilwert 100 eingelegt. Zum damaligen Zeitpunkt stellte die Einlage keine schädliche Betriebsvermögenszuführung dar. Im Jahr 2006 erfolgt ein schädlicher Anteilseignerwechsel. Die Beteiligung wird im Jahr 2007 für 500 verkauft. Die Realisierung der stillen Reserven stellt keine schädliche Betriebsvermögenszuführung dar.

Eine Trennung von Innen- und Außenfinanzierung ist in der Praxis aufgrund üblicher Mischfinanzierung häufig mit Problemen verbunden sein. Eine Aufspaltung kann daher durch eine Rückrechnung erfolgen[38]:

Summe der Aktivmehrungen

- Gewinne/+ Verluste in der Zeit zwischen den Bilanzstichtagen

- Abschreibungen, die das Bilanzergebnis verringert haben

= fremdfinanzierter Betrag

Nach Ansicht der Finanzverwaltung dürfen Ausschüttungen nicht von den Aktivmehrungen abgezogen werden.[39] Dies hat zur Folge, dass z.B. bei einem Schütt-aus-hol-zurück-Verfahren die Einlage vollständig als Betriebsvermögensmehrung anzusehen ist.

c)   Gegenständliche versus betragsmäßige Betrachtung

Für die Beurteilung der bei der Verlustgesellschaft erfolgten Betriebsvermögenszuführungen kommt es nur darauf an, ob die zugeführten Vermögensgegenstände auch Wirtschaftsgüter dar-

16

---

37   BFH v. 26. 5. 2004, I R 112/03, BStBl II 2004, 1472.
38   Dötsch in Dötsch/Jost/Pung/Witt, § 8 Abs. 4, Rn. 100.
39   BMF v. 16.04.1999, IV C 6 – S 2745 – 12/99, BStBl I, 445 Rn 9.

stellen und nicht darauf, ob sie bilanziert werden. Sowohl im bereits vorhandenen, als auch im neu zugeführten Betriebsvermögen sind nicht aktivierte immaterielle Wirtschaftsgüter wie z.B. ein selbst geschaffener Firmenwert zu berücksichtigen. Nach Meinung der Finanzverwaltung sind allerdings Wirtschaftgüter außer Betracht zu lassen, die bei der steuerlichen Gewinnermittlung aufgrund der allgemeinen Bilanzierungsgrundsätze nicht angesetzt werden dürften.[40] Zudem sind ein aktivischer Verlustausweis und wohl auch Bilanzierungshilfen nicht als Betriebsvermögen im Sinne des § 8 Abs. 4 KStG anzusehen.[41]

Die Finanzverwaltung- verwendet bei der Beurteilung der Frage, wie eine schädliche Betriebsvermögenszufuhr zu ermitteln ist, eine betragsmäßige Betrachtungsweise, wonach auf den Wert des (gesamten) Aktivvermögens abzustellen ist.[42] Ein reiner Aktivtausch gleichwertiger Wirtschaftsgüter stellt nach dieser Ansicht keine Betriebsvermögensmehrung dar, da es sich nicht um eine Zuführung von neuem Betriebsvermögen im Sinne einer Erhöhung des Werts des Betriebsvermögens handelt. Bei Ersatzbeschaffungen gilt nur der Betrag als Zuführung, der den Wert des zu ersetzenden Wirtschaftsguts überschreitet.

Der BFH hat dagegen auch den bloßen Aktivtausch als Betriebsvermögenszuführung angesehen.[43] Nach der vom BFH verwendeten, so genannten gegenständlichen Betrachtungsweise ist bei einem Aktivtausch der Gesamtwert eines Ersatzwirtschaftsguts als Betriebsvermögenszuführung anzusehen. Die Finanzverwaltung hat auf dieses Urteil mit einem Nichtahnwendungserlass reagiert und hält weiterhin an der betragsmäßigen Betrachtungsweise fest.[44]

Der BFH scheint von der rein gegenständlichen Betrachtungsweise zumindest teilweise wieder abzurücken. Denn er hat in einem späteren Urteil zumindest für einen Erwerb von Finanzanlagen des Umlaufvermögens durch Bankguthaben und Schuldentilgungen aus dem selbst erwirtschafteten Cashflow keine Betriebsvermögenszuführung angenommen.[45] Später hat er diese Rechtsprechung dahingehend ergänzt, dass jedenfalls bei Branchenwechsel nur die Anschaffung von „letztlich funktional gleichartigen" Aktiva keine Zuführungen von neuem Betriebsvermögen im Sinne von § 8 Abs.4 KStG sind.[46]

Aus den zuvor angesprochenen Urteilen wird auch deutlich, dass für den BFH der Unterscheidung zwischen Anlage- und Umlaufvermögen eine wichtige Rolle zukommt. Dem liegt offenbar die Auffassung zugrunde, dass die wirtschaftliche Identität einer Kapitalgesellschaft wesentlich mehr durch die Zusammensetzung ihres Anlagevermögens als durch den mehr oder weniger zufälligen Umfang des Umlaufvermögens bestimmt wird. Die Frage, ob (nur) auf das Anlage- oder auf das gesamte Aktivvermögen abzustellen ist, ist zwischen Rechtsprechung und Finanzverwaltung offen. Die Literatur geht u.E. mehrheitlich davon aus, dass auf das gesamte Aktivvermögen abzustellen ist.[47]

Da alleine die Mehrung des Aktivvermögens ausschlaggebend ist, ist es unerheblich, ob gleichzeitig eine Zuführung von Passivvermögen erfolgt. Auch die Vergabe eines Darlehens, das zur Finanzierung von neuem Betriebsvermögen verwendet wird, sorgt über den Geldzugang auf der

---

40 OFD Kiel v. 08.06.2000, S 2745 A – St 261, DStR 2000, 1827.
41 Frotscher, DStR 2002, 13. Zum Charakter aktiver latenter Steuern vgl. Beck´scher Bilanzkommentar § 274 Rn 4: Bilanzierungshilfen, aber DRS 10.3: Vermögensgegenstand.
42 Rn 9 BMF-Schreiben v. 16.04.1999; siehe auch BFH v. 13.08.1997, I R 89/96, BStBl II 1997, 829.
43 BFH v. 08.08.2001, I R 29/00, BStBl II 2002, 392; BFH v. 20.08.2003, I R 61/01, BStBl II 2004, 616.
44 BdF v. 17.06.2002, IV A 2 – S-2745 – 8/02, BStBl I 2002, 629.
45 BFH v. 26. 05. 2004, I R 112/03, DStR 2004, 1866 ff.
46 BFH v. 05.06.2007, I R 106/05, DStR 2007, 1765.
47 Frey/Weißgerber, GmbHR 2002, 135; Neyer, BB 2002, 754; Biermann/Rau GmbHR 2002, 509; Frotscher, DStR 2002, 10.

Aktivseite der Bilanz der Schuldnerin bei dieser für eine Mehrung des Aktivvermögens und ist daher bei der Beurteilung der Höhe der Betriebsvermögenszufuhr zu berücksichtigen.

Unerheblich ist, durch wen die Zuführung von Betriebsvermögen erfolgt. Auch Zuführungen, die nicht von oder unter Mitwirkung von Anteilseignern erfolgen (z.B. über Garantien, Bestellung von Sicherheiten etc.), sind als Betriebsvermögenszuführungen zu betrachten (z.B. selbständige Kreditaufnahmen durch die Kapitalgesellschaft). Insoweit ist der Gesetzeswortlaut u.E. eindeutig, da dieser allein darauf abstellt, dass die Kapitalgesellschaft ihren Geschäftsbetrieb mit überwiegend neuem Betriebsvermögen fortführt oder wieder aufnimmt.

d) Einbeziehung nachgeordneter Gesellschaften

Nach Verwaltungsauffassung ist beim Betriebsvermögensvergleich auch das Aktivvermögen von (ertragsteuerlichen) Organgesellschaften und nachgeordneten Personengesellschaften zu berücksichtigen.[48]

17

6

Im Fall von Organschaften ist das Aktivvermögen der Organgesellschaft in vollem Umfang (auch bei Beteiligung des Organträgers unter 100 %) bei der Ermittlung der Vergleichsgröße I zu berücksichtigen. In der Konsequenz sind dann auch alle Betriebsvermögenszuführungen im gesamten Organkreis zu beachten. Technisch ist bei der Ermittlung der Vergleichsgröße I der Beteiligungsansatz beim Organträger durch das Aktivvermögen einer/der nachgeordneten Organgesellschaft/en zu ersetzen. Bei mehrstufigen Organkreisen hat dies auf jeder Stufe zu erfolgen. Somit sind auch Betriebsvermögenszuführungen bei einer Organenkelin beim Organträger bei der Beurteilung der Steuerschädlichkeit zu berücksichtigen. Unklar ist in diesem Zusammenhang, ob schon durch den Neuabschluss eines Gewinnabführungsvertrags das Betriebsvermögen der Organgesellschaft als neu beim Organträger zugeführt gilt.

Das Aktivvermögen nachgeordneter Personengesellschaften ist mit der Beteiligungsquote beim Betriebsvermögensvergleich zu berücksichtigen.

Im Umkehrschluss zu den Ausführungen des BMF zu Personengesellschaften und Organschaften ist bei nachgeordneten Kapitalgesellschaften deren Aktivvermögen dann nicht anzusetzen, wenn keine Organschaft besteht. Vielmehr fließt nur die Beteiligung in den Vergleich nach § 8 Abs. 4 S. 2 KStG ein.

Einlagen einer Obergesellschaft in eine Enkelgesellschaft könnten auch bei einer Zwischen-Mutter-Gesellschaft mit Verlustvorträgen eine Betriebsvermögenszuführung bewirken. Selbst wenn die Einlage durch die Obergesellschaft direkt in die Enkelgesellschaft „an der Verlustgesellschaft vorbei" erfolgt, so wird doch über die Verbuchung der Einlage durch die Kette auch eine Erhöhung des Buchwertes der Beteiligung und der Kapitalrücklage bei der „übersprungenen" Zwischen-Mutter-Gesellschaft eintreten. Die Frage, ob diese buchhalterische „Zuführung" bereits eine Vermögensmehrung im Sinne von § 8 Abs. 4 KStG darstellt, ist u.E. zu verneinen. Andernfalls könnten nur Zuführungen aus eigener Kraft durch Enkelgesellschaft ohne Auswirkungen auf die Anwendung von § 8 Abs. 4 KStG bei der Zwischen-Mutter-Gesellschaft bleiben.

Nach Ansicht des BMF kann auch eine Zuführung von neuem Betriebsvermögen an eine nicht organschaftlich verbundene Tochtergesellschaft schädlich sein, wenn in diesem Zusammenhang eine Verrechnung der Verlustvorträge mit Gewinnausschüttungen der Tochter angestrebt wird.[49] Dies ist insbesondere nach der Einführung der grundsätzlichen Steuerfreiheit von Divi-

---

48 BMF v. 16.04.1999, IV C 6 – S 2745 – 12/99, BStBl I 1999, 455 Rn 09.
49 BMF v. 16.04.1999, IV C 6 – S 2745 – 12/99, BStBl I 1999, 455 Rn 32.

dendenerträgen durch § 8b Abs. 1 KStG u.E. nicht mehr sachgerecht, da Gewinnausschüttungen der Tochtergesellschaft auf Ebene der Muttergesellschaft zu 95% steuerbefreit sind. Folgt man der Auffassung des BMF, stellen auch Betriebsvermögenszuführungen bei nicht organschaftlich verbundenen Enkelgesellschaften ein für Zwecke des § 8 Abs. 4 KStG schädliches Ereignis auf Ebene der Obergesellschaft dar.

e) Zeitlicher und sachlicher Zusammenhang

18 Für den Untergang des Verlustabzugs müssen die Anteilsübertragungen und die Betriebsvermögenszuführung in einem Zusammenhang stehen. Eine bestimmte zeitliche Frist ist dafür gesetzlich nicht vorgesehen. Nach Auffassung des BFH ist eine auf den Einzelfall bezogene Prüfung dahingehend erforderlich, ob ein zeitlicher und sachlicher Zusammenhang zwischen Anteilsübertragung und Betriebsvermögenszuführung vorliegt.[50] Ein sachlicher Zusammenhang besteht, wenn eine Beherrschung des Geschehensablaufs durch die beteiligten Anteilseigner nach Maßgabe eines Gesamtplans vorliegt. Eine zeitliche Nähe hat dagegen nur eine Indizwirkung dafür, ob ein sachlicher Zusammenhang anzunehmen ist. Dies kann aber von der Kapitalgesellschaft entkräftet werden, wenn sie belegen kann, dass die Betriebsvermögenszuführungen nicht mit dem Anteilseignerwechsel zusammenhängen. Der BFH hat entschieden, dass in einem Fall, in dem ein bzw. drei Jahre nach dem schädlichen Anteilseignerwechsel Betriebsvermögen zugeführt worden ist, ein sachlicher Zusammenhang nicht zwingend gegeben sein muss.[51] Auch die Finanzverwaltung hat inzwischen ihre Ansicht dahingehend revidiert, dass neben einer zeitlichen Komponente auch auf eine sachliche Komponente abzustellen ist.[52] Die Finanzverwaltung geht regelmäßig von einem zeitlichen und sachlichen Zusammenhang aus, wenn zwischen dem Anteilseignerwechsel und der Betriebsvermögenszuführung nicht mehr als zwei Jahre vergangen sind. Sofern ein sachlicher Zusammenhang zwischen Anteilseignerwechsel und Betriebsvermögenszuführung trotz Überschreitens der Zweijahres-Grenze nachgewiesen werden kann, kann auch durch Betriebsvermögenszuführungen außerhalb des Zweijahreszeitraums ein Verlust der wirtschaftlichen Identität eintreten. Die Beweislast trifft dabei die Finanzverwaltung.

Der Zeitraum beginnt im Zeitpunkt der schädlichen Anteilsübertragung. Erfolgt eine Zusammenfassung mehrerer Anteilserwerbe, wird der Fristbeginn folglich durch den Anteilskauf bestimmt, der zum Überschreiten der 50 % Grenze führt.

> **Beispiel:**
>
> Am 31.03.2006 wurden 25% der Anteile an der X-GmbH übertragen. Weitere 30% der Anteile gingen am 01.09.2006 über. Durch den zweiten Anteilserwerb wird die Obergrenze von 50% überschritten, weshalb zur Berechnung einer schädlichen Betriebsvermögenszuführung sämtliche Zuführungen in den nächsten zwei Jahren, also bis zum 01.09.2008, beachtlich sind und zusammengerechnet werden.

Üblicherweise wird davon ausgegangen, dass nur die auf den schädlichen Anteilseignerwechsel folgenden Betriebsvermögensmehrungen in die Prüfung des § 8 Abs. 4 KStG einzubeziehen sind. In Ausnahmefällen werden allerdings auch Betriebsvermögenszuführungen erfasst, die vor dem Zeitpunkt des Anteilserwerbs beginnen oder abgeschlossen sind.[53] Es ist also nicht möglich, den

---

50 BFH v. 14.03.2006, I R 8/05, DStR 2006, 1076 ff.
51 BFH v. 14.03.2006, I R 8/05, DStR 2006, 1076 ff.
52 BMF v. 02.08.2007, damit Außerkraftsetzung von Rn 12 des BMF Schreibens v. 16.04.1999.
53 BMF v. 16.04.1999, IV C 6 – S 2745 – 12/99, BStBl I 1999, 455 Rn 31.

Untergang des Verlustabzugs dadurch zu vermeiden, dass noch der Alt-Gesellschafter in Abstimmung mit dem Erwerber „künstlich" vor dem Anteilseignerwechsel neues Betriebsvermögen zuführt.

f) Branchenwechsel

Auch bei einem Branchenwechsel geht die wirtschaftliche Identität grundsätzlich nur unter, wenn ein sachlicher und zeitlicher Zusammenhang zwischen einem schädlichen Anteilseignerwechsel und einer Betriebsvermögenszuführung in schädlichem Umfang gegeben ist. Liegt nur ein schädlicher Anteilseignerwechsel vor oder nur Betriebsvermögenszuführungen oder fehlt zwischen beiden Vorgängen der erforderliche sachliche und zeitliche Zusammenhang, dann bleibt der Verlustvortrag erhalten.

19

Allerdings werden im Falle eines Branchenwechsels die Vorschriften zur Betriebsvermögenszuführung nach Auffassung der Finanzverwaltung in zweifacher Weise verschärft:

- So hat bei einem Branchenwechsel die Beurteilung über eine Zuführung von überwiegend neuem Betriebsvermögen sowohl betragsmäßig (wie im Regelfall) als auch gegenständlich zu erfolgen.[54] Aus diesem Grund kann der Verlustvortrag entfallen, wenn nach dem Branchenwechsel Aktivvermögen in gleicher Höhe wie vor dem Wechsel ausgewiesen wird, jedoch das „alte" Aktivvermögen gegen „neues" – für die neue Branche notwendiges – Aktivvermögen eingetauscht wurde.[55]

- Außerdem kann bei einem Branchenwechsel im Fall einer Sanierung die Zuführung von Betriebsvermögen nicht durch die Anwendung der Sanierungsklausel als unschädlich behandelt werden. Ursache dafür soll sein, dass durch den Branchenwechsel der ursprüngliche Geschäftsbetrieb eingestellt wird und nicht mehr saniert werden kann.

Auch der BFH verschärft die Anwendung von § 8 Abs. 4 KStG im Fall des Branchenwechsels. Selbst rein innenfinanzierte Anschaffungen können nach Ansicht des BFH Betriebsvermögensmehrungen darstellen, da bei einem Branchenwechsel derartige Anschaffungen eine Änderung der Struktur und wirtschaftlichen Bedeutung des Betriebsvermögens bewirken.[56] Denn beim Branchenwechsel lasse die Änderung der Bilanzstruktur durch Neuanschaffungen im Zusammenhang mit dem Anteilseignerwechsel den Schluss zu, dass der Verlust der wirtschaftliche Identität gewissermaßen beabsichtigt war, da bei der Anteilsübertragung letztlich nicht der Geschäftsbetrieb in seiner bisherigen Form erworben werden sollte.

g) Vergleichbare Sachverhalte

§ 8 Abs. 4 S. 2 KStG beschreibt lediglich den Hauptanwendungsfall, nach dem die wirtschaftliche Identität „insbesondere" verloren geht. Liegt der Hauptanwendungsfall nicht vor, entspricht das wirtschaftliche Ergebnis des vorliegenden Falls dem Hauptanwendungsfall jedoch, gehen die bestehenden Verlustvorträge ebenfalls unter.

20

Hat eine Kapitalerhöhung eine Verschiebung der Anteilsverhältnisse um mehr als 50% zur Folge, ist dies dem Erwerb von mehr als der Hälfte der Anteile gleichzusetzen.[57] Eine quotale Kapitaler-

---

54 BMF v. 16.04.1999, IV C 6 – S 2745 – 12/99, BStBl I, 445 Rn 10.
55 Dötsch in Dötsch/Jost/Pung/Witt, § 8 Abs. 4 Rn 108.
56 BFH v. 05.06.2007, I R 106/05, DStR 2007, 1765.
57 Engers, BB 2006, 743; BFH v. 04.09.2002, I R 78/01, GmbHR 2003, 306.

höhung ist demnach unbeachtlich. Disquotale Kapitalerhöhungen können dagegen einen schädlichen Anteilseignerwechsel bewirken, wenn dadurch der disquotal Einbringende mehr als 50% an der Gesellschaft erwirbt bzw. hinzugewinnt.

> **Beispiel:**
>
> Fünf Gesellschafter sind an einer Kapitalgesellschaft mit einem Stammkapital von € 100.000 in gleicher Höhe und damit zu 20% beteiligt. Es erfolgt eine Erhöhung des Stammkapitals auf € 1.000.000, die ein Gesellschafter alleine durchführt.
>
> Dadurch steigt sein Anteil an der Gesellschaft von 20% auf 92%. Folglich kommt es zu einem schädlichen Anteilseignerwechsel, da wirtschaftlich mehr als die Hälfte der Anteile übergehen.

Der Anwendungsbereich der Mantelkaufvorschrift kann auch durch Kapitalherabsetzungen sowie durch Einziehung eigener Anteile eröffnet werden, wenn sich die maßgeblichen Beteiligungsquoten in schädlicher Weise ändern.

Werden durch eine Verschmelzung einer Gesellschaft auf eine Verlustgesellschaft die Gesellschafter der übertragenden Gesellschaft zu mehr als 50% an der übernehmenden (Verlust-)Gesellschaft beteiligt, greift § 8 Abs. 4 KStG Gleiches gilt für Einbringungen, die zu einer Verschiebung der Eigentümerstruktur um mehr als die Hälfte führen.

Durch Verschmelzung, Einbringung oder Kapitalerhöhung können beide Tatbestandsmerkmale des § 8 Abs. 4 KStG gleichzeitig erfüllt werden, da neben den Anteilseignerwechsel jeweils auch Betriebsvermögen zugeführt wird.

Nach höchstrichterlicher Rechtsprechung kann ein schädlicher Anteilseignerwechsel auch vorliegen, wenn der spätere Anteilserwerber schon im Zeitpunkt der Wiederaufnahme des Geschäftsbetriebs bzw. der Zuführung neuen Betriebsvermögens in Bezug auf die später zu übertragenden Anteile eine Rechtsposition innehat, die der eines Anteilseigners sehr nahe kommt.[58]

Des Weiteren kann die wirtschaftliche Identität einer Kapitalgesellschaft auch durch eine Übertragung von mehr als 50% der Stimmrechte auch ohne einen Übergang der Anteile erfolgen.[59] Ähnliches gilt für atypisch stille Beteiligungen, die ebenfalls als Anteilseignerwechsel angesehen werden können.

Nach Auffassung des BFH kann eine einem Anteilseigner vergleichbare Rechtsposition auch dadurch verschafft werden, dass neben Anteilen Forderungen gegen die Verlustgesellschaft abgetreten werden.[60]

Wirtschaftlich vergleichbar zur Zuführung von Betriebsvermögen von außerhalb des Unternehmens kann nach Auffassung des BFH die Übernahme von Bürgschaften durch den Anteilseigner und die Gewährung von Sicherheiten für Bankkredite sein.[61] In der Konsequenz müsste dies auch für Patronatserklärungen gelten.[62]

h) Sanierungsfälle

21 Nach § 8 Abs. 4 S. 3 KStG ist die Zuführung von neuem Betriebsvermögen ausnahmsweise als steuerlich unschädlich anzusehen, wenn:

---

58 BFH v. 13.08.1997, I R 89/96, BStBl II 1997, 829.
59 BMF v. 16.04.1999, IV C 6 – S 2745 – 12/99, BStBl I 1999, 455 Rn 29.
60 BFH v. 22.10.2003, I R 18/02, DStR 2004, 347 ff.
61 BFH v. 08.08.2001, I R 29/00, BStBl II 2002, 392.
62 Dötsch in Dötsch/Jost/Pung/Witt, § 8 Abs. 4 Rn 140.

- sie allein der Sanierung des Verlust verursachenden Geschäftsbetriebs dient,

- dieser Geschäftsbetrieb in einem dem Gesamtbild der wirtschaftlichen Verhältnisse vergleichbaren Umfang erhalten bleibt und

- in den folgenden fünf Jahren fortgeführt wird.

Der Anwendungsbereich der Sanierungsklausel ist dann eröffnet, wenn das Unternehmen sanierungsbedürftig ist, eine Sanierungsabsicht besteht und das Unternehmen noch sanierungsfähig ist.

Eine Sanierungsbedürftigkeit liegt vor, wenn man bei objektiver Prüfung davon ausgehen muss, dass eine dauerhafte rentable Fortführung des Unternehmens ohne die Sanierungsmaßnahme nicht möglich wäre. Eine Sanierungsabsicht ist gegeben, wenn das Ziel der durchgeführten Maßnahmen die Gesundung des Unternehmens ist. Eine Sanierungsfähigkeit eines Unternehmens setzt voraus, dass die Maßnahmen geeignet sind, das Unternehmen wieder ertragsfähig zu machen, das Unternehmen also noch „zu retten" ist.

22

Nach dem Wortlaut der Sanierungsklausel muss der Geschäftsbetrieb in einem dem Gesamtbild der wirtschaftlichen Verhältnisse vergleichbaren Umfang fortgeführt werden. Der Umfang des Geschäftsbetriebs ist in diesem Zusammenhang im Rahmen einer einzelfallbezogenen Gesamtwürdigung durch den Umsatz, das Auftragsvolumen, das Aktivvermögen, die Anzahl der Arbeitnehmer oder anderer, im Einzelfall sinnvoller Kriterien zu bestimmen. Hierbei ist auf einen Zeitraum von fünf Jahren abzustellen, wobei eine Abweichung von 50% der durchschnittlichen Geschäftsbetriebsgröße als unschädlich anzusehen ist. Die Veränderungssperre wirkt dabei sowohl nach unten als auch nach oben. Der Betrieb darf demnach weder abgeschmolzen noch „übersaniert" werden.[63]

Wird der Geschäftsbetrieb übermäßig abgeschmolzen, findet die Sanierungsklausel keine Anwendung. Betriebsvermögenszuführungen sind dann als schädlich anzusehen.

▶ Beispiel:

	Jahr 0	Jahr 1	Jahr 2	Jahr 3	Jahr 4	Jahr 5
Betriebs-größe (z.B. Umsatz)	T€ 200	T€ 150	T€ 135	T€ 100	T€ 50	T€ 40
		AE-Wechsel und überwiegende BV-Zuführung				

Im Jahr 5 ist der Geschäftsbetrieb verglichen mit dem durchschnittlichen Geschäftsbetrieb während der Verlustphase um mehr als die Hälfte abgeschmolzen (T€ 40 gegenüber T€ 95). Die Anwendung der Sanierungsklausel ist damit nicht möglich.

Die Sanierungsklausel setzt voraus, dass der Geschäftsbetrieb des sanierungsbedürftigen Unternehmens fünf Jahre lang in einem dem Gesamtbild der wirtschaftlichen Verhältnisse vergleichbaren Umfang fortgeführt wird. Der Fristbeginn wird dabei durch das spätere der beiden Ereignisse, die Anteilsübertragung oder die schädliche Betriebsvermögenszuführung, bestimmt. Die fünf Jahre im Sinne der Sanierungsklausel sind als Zeitjahre zu verstehen.[64] Wird der Geschäftsbetrieb nicht den gesamten Zeitraum über fortgeführt, entfällt der Verlustabzug rückwirkend auf den Zeitpunkt der Verwirklichung des ersten Tatbestandsmerkmals.

---

63   Dötsch in Dötsch/Jost/Pung/Witt, § 8 Abs. 4 Rn 154.
64   Dötsch in Dötsch/Jost/Pung/Witt, § 8 Abs. 4 Rn 176.

Das zugeführte Betriebsvermögen darf nur der Sanierung des Geschäftsbetriebs dienen. Das bedeutet, dass die Zuführung den für das Fortbestehen des Geschäftsbetriebs notwendigen Umfang nicht wesentlich überschreiten darf. Es kann demnach nicht unverhältnismäßig viel neues Betriebsvermögen mit dem vorrangigen Ziel zugeführt werden, die in der Vergangenheit entstandenen Verlustvorträge möglichst schnell zu nutzen. Deshalb ist bspw. auch ein wirtschaftlich sinnvoller Aufbau einer neuen Geschäftssparte schädlich für die Anwendung der Sanierungsklausel. Wann genau eine „Übersanierung" anzunehmen ist, ist nach Ansicht der Finanzverwaltung vom jeweiligen Einzelfall abhängig.[65] Die Feststellungslast, dass die Zuführung neuen Betriebsvermögens allein der Sanierung dient, trägt die verlustverursachende Körperschaft.[66]

23   Die Anwendung der Sanierungsklausel wird versagt, sobald der Geschäftsbetrieb eingestellt wurde. Dies ist folgerichtig, da ein eingestellter Geschäftsbetrieb nicht mehr saniert werden kann. Neben einer tatsächlichen Betriebseinstellung mit anschließender Wiederaufnahme sind dadurch auch Fälle des Branchenwechsels und die Verpachtung eines bisher aktiv betriebenen Geschäftsbetriebs betroffen.

3.   § 8c KStG (Regelung ab 01.01.2008)

a)   Allgemeines

24   Aufgrund der in der Praxis schwierigen Anwendung des § 8 Abs. 4 KStG und der zahlreichen Zweifelsfragen bei dessen Auslegung hat sich der Gesetzgeber zu einer Neuregelung der Vorschriften zum Mantelkauf entschlossen. Der im Rahmen des Unternehmensteuerreformgesetzes 2008 eingeführte § 8c KStG verschärft die Vorgängerregelung jedoch erheblich. Der Neuregelung liegt der Gedanke zugrunde, dass sich die wirtschaftliche Identität einer Gesellschaft bereits dadurch ändert, dass mehr als 25% bzw. mehr als 50% der Anteile an der (Verlust-) Kapitalgesellschaft von einem neuen Anteilseigner erworben werden. Eine Zuführung von überwiegend neuem Betriebsvermögen ist für die Anwendung des § 8c KStG irrelevant. Maßgebliches Kriterium für die Fortführung des Verlustabzugs ist allein der Anteilseignerwechsel. § 8c KStG ist gem. § 10a S. 9 GewStG auf gewerbesteuerliche Verlustvorträge entsprechend anzuwenden.

b)   Schädlicher Anteilseignerwechsel

25   Ein schädlicher Anteilseignerwechsel i.S.v. § 8c KStG liegt vor, wenn innerhalb von fünf Jahren unmittelbar oder mittelbar mehr als 25% der Anteile an einer Körperschaft auf einen Erwerber übertragen werden. Als Erwerb gelten hierbei sowohl entgeltliche als auch unentgeltliche Vorgänge. Somit sind auch Übertragungen von Anteilen durch Einlage oder umwandlungsrechtliche Vorgänge erfasst. Nach bereits bisheriger Auffassung der Finanzverwaltung sind auch Schenkungen und die vorgenommene Erbfolge als schädlich anzusehen, lediglich Erbfälle und Erbauseinandersetzungen haben keinen Einfluss auf die künftige Nutzung von Verlustvorträgen. Eine Kapitalerhöhung wird einer Anteilsübertragung insofern gleichgestellt, als sie zu einer Veränderung der Beteiligungsquoten am Kapital der Gesellschaft führt. Als Anteilsübertragungen gelten dabei mittelbare oder unmittelbare Übertragungen des gezeichneten Kapitals, von Mitgliedschaftsrechten,

65   BMF v. 16.04.1999, IV C 6 – S 2745 – 12/99, BStBl I 1999, 455 Rn 17.
66   BMF v. 16.04.1999, IV C 6 – S 2745 – 12/99, BStBl I 1999, Rn 23; Dötsch in Dötsch/Jost/Pung/Witt, § 8 Abs. 4 Rn 179.

Beteiligungsrechten oder Stimmrechten bei einer Körperschaft an einen Erwerber oder diesem nahe stehende Personen. Es liegt somit eine personenbezogene Betrachtungsweise im Sinne eines Anteilserwerbs bzw. Anteilsverstärkung in einer Hand zugrunde. Dadurch ist die Gefahr des Untergangs eines Verlustabzugs von börsennotierten Gesellschaften durch den gewöhnlichen Handel an der Börse entgegengewirkt worden, sofern nicht ein einzelner Großinvestor innerhalb eines Fünfjahreszeitraums mehr als 25% der Aktien erwirbt. Für die Auslegung des Begriffs der „nahe stehenden Person" wird man auf die Regelung des § 1 II AStG abstellen können.[67] Nach dem zu § 8 a KStG ergangenen Anwendungserlass sind nahe stehende Personen insbesondere Mutter- und Tochtergesellschaften des Anteilseigners, können aber auch natürliche Personen sein.

Eine wesentliche Verschärfung im Vergleich zum § 8 Abs. 4 KStG stellt die zusätzliche Erfassung von mittelbaren Anteilsübertragungen dar. Diese waren nach Auffassung der Finanzverwaltung zwar auch schon durch die Vorgängerregelung eingeschlossen, der BFH hatte diese Gesetzesauslegung der Finanzverwaltung jedoch zurückgewiesen.[68] Der Gesetzgeber hat diese Fälle im neuen § 8c KStG ausdrücklich geregelt. Es liegt somit erneut eine rechtsprechungsbrechende Gesetzesänderung vor. Eine Konzernklausel wurde nicht eingeführt. Auch ein reines Umhängen von Unternehmen innerhalb eines Konzerns fällt daher unter § 8c KStG, obwohl es bei wirtschaftlicher Betrachtung nicht zu einem Eigentümerwechsel gekommen ist.[69]

> **Beispiel:**

A ist Alleingesellschafter der A-GmbH. Diese hält 70% der Anteile an der X-GmbH. Die restlichen 30% der Anteile sind im Besitz der B-GmbH.

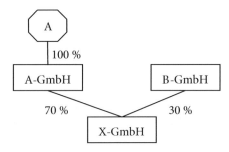

Überträgt der Alleingesellschafter der A-GmbH 50% seiner Anteile, geht ein Verlustabzug auf Ebene der A-GmbH zu 50% unter. Aufgrund der mittelbaren Anteilsübertragung an der X-GmbH entfällt deren Verlustvortrag in Höhe der durchgerechneten Beteiligungsquote und damit zu 35% (50% x 70%).

Als Erwerb durch eine Person gelten auch Käufe durch mehrere Personen mit gleichgerichteten Interessen. Diese liegen u.U. vor, wenn die Erwerber durch tatsächliches Zusammenwirken die Herrschaftsmacht über eine Untergesellschaft erlangen.[70]

Nach den Tatbestandsvoraussetzungen des § 8c KStG sind Anteilsübertragungen innerhalb eines Fünfjahreszeitraums zu beobachten. Sukzessive Anteilsübertragungen sind folglich zusammenzufassen. Erfasst werden zudem auch Sachverhalte, die mit schädlichen Beteiligungserwerben vergleichbar sind. Welche Fälle von dieser unbestimmten Klausel im Einzelnen neben den bereits festgehaltenen Fällen (vgl. z.B. Tz 24 f. des BMF-Schreibens vom 19.04.1999) erfasst werden, ist derzeit noch ungeklärt.[71] Insoweit bleibt die Auslegung der Regelung durch Finanzverwaltung und Rechtsprechung abzuwarten.

---

67 Neyer, BB 2007, 1418.
68 BFH v. 20.08.2003, I R 81/02, BStBl II 2004, 616.
69 Schönherr/Lemaitre, Steuer-Journal 15/2007, 17, 19 f.
70 Neyer, BB 2007, 1417.
71 Wiese, DStR 2007, 742.

c)   Untergang des Verlustabzugs

26   Der schädliche Anteilseignerwechsel bewirkt, dass die bis zum Zeitpunkt des schädlichen Anteilseignerwechsels nicht mit Gewinnen verrechneten Verluste nach dem Anteilseignerwechsel steuerlich nicht mehr mit künftigen Gewinnen verrechnet werden können. Das betrifft:

■   Verlustvorträge gem. § 8 Abs. 1 KStG i.V.m. § 10d EStG bzw. § 10a GewStG,

■   den laufenden Verlust des Veranlagungszeitraums sowie

■   einen im Rahmen der Zinsschranke aufgebauten Zinsvortrag.

Nach § 8c S. 1 KStG entfällt der Verlustabzug in der Höhe der Anteilsübertragung, wenn ein schädlicher Beteiligungserwerb i.H.v. mehr als 25%, aber höchstens 50% der Anteile an der Verlustgesellschaft erfolgt. Unklar ist, ob nach einem quotalen Verlustuntergang der Beobachtungszeitraum für einen weiteren anteiligen Verlustuntergang neu zu laufen beginnt. Dies könnte dahingehend ausgenutzt werden, dass in einem Jahr 26% der Anteile übertragen werden und im nächsten Jahr weitere 23%. Nach dem quotalen Verlustuntergang im ersten Jahr, würde die Frist für einen weiteren quotalen Untergang neu zu laufen beginnen, d.h. weitere Anteilskäufe werden dem Ersterwerb nicht hinzugerechnet.[72] Im Ergebnis geht der Verlustvortrag damit nur zu 26% unter, obwohl 49% der Anteile an einen Erwerber übertragen wurden.

Bei einer Übertragung von mehr als 50% der Anteile ist der Verlustabzug gem. § 8c S. 2 KStG insgesamt nicht mehr berücksichtigungsfähig. Zu beachten ist, dass auch Anteilsübertragungen, die schon zu einem quotalen Untergang des Verlustvortrags geführt haben, für Zwecke eines potentiellen späteren vollständigen Untergangs innerhalb eines Zeitraums von fünf Jahre einzubeziehen sind.[73]

Die für die Verrechenbarkeit von Verlustvorträgen und den innerperiodischen Verlustausgleich nach § 8c KStG maßgeblichen Schwellen und Konsequenzen lassen sich tabellarisch wie folgt zusammenfassen:

Übertragung von Anteilen auf einen Erwerber bzw. einem solchen nahe stehende Personen	Rechtsfolge
≤ 25 %	Vollständiger Erhalt des Verlustabzugs
> 25 % aber ≤ 50 %	Quotaler Untergang des Verlustabzugs
> 50 %	Vollständiger Untergang des Verlustabzugs

> **Beispiel:**
> Das folgende Beispiel ist demjenigen in der Gesetzesbegründung nachempfunden.[74] Die Gesellschaft wird zu Beginn von A zu 80 % und von B zu 20 % gehalten. Zunächst erfolgt eine Kapitalerhöhung, an der alleine C beteiligt ist. Anschließend erwirbt C sukzessive Anteile von A und B.

---

72   Dörfler/ Wittkowski, GmbHR 2007, 516.
73   BT-Drucks. 27.03.2007, S. 136 (Beispiel).
74   BT-Drucks 27.03.2007, S. 136.

	Jahr 1 €	Jahr 2 €	Jahr 3 €	Jahr 4 €	Jahr 5 €
Gezeichnetes Kapital	1.000.000	1.200.000	1.200.000	1.200.000	1.200.000
Kapitalerhöhung		200.000			
Beteiligungsverhältnisse					
Gesellschafter A	800.000	800.000	800.000	750.000	400.000
Gesellschafter B	200.000	200.000	0	0	
Gesellschafter C		200.000	400.000	450.000	800.000
Übertragene Anteile im 5-Jahreszeitraum		200.000 (16,67 %)	400.000 (33,33 %)	450.000 (37,50 %)	800.000 (66,66%)
Schädlicher Beteiligungserwerb	nein	nein	ja	nein	ja
Ergebnis des laufenden VZ	-500.000	-600.000	-500.000	1.000.000	-200.000
Davon Verlust bis zum schädlichen Beteiligungserwerb			-100.000	0	-150.000
Verbleibender Verlustabzug Ende vorangegangener VZ	2.000.000	2.500.000	3.100.000	2.533.334	1.533.334
Verlustabzugsverbot § 8c S. 1		0	1.033.333	0	0
Verlustabzugsverbot § 8c S. 2		0	0	0	1.433.334
Verlustausgleichsverbot		0	33.333	0	150.000
Verlustabzug		0	0	1.000.000	
Verbleibender Verlustabzug Ende VZ	2.500.000	3.100.000	2.533.334	1.533.334	50.000

Die Übertragung im Jahr 2 stellt keinen schädlichen Beteiligungserwerb dar. Der Verlustvortrag bleibt dementsprechend erhalten und erhöht sich um die im Veranlagungszeitraum angefallenen Verluste. Durch die weitere Übertragung im Jahr 3 wird die Schädlichkeitsgrenze überschritten und der Verlustvortrag geht i.H.v. 33% unter. Gleiches gilt auch für die bis zum Beteiligungserwerb angelaufenen Verluste des Veranlagungszeitraums. Die Anteilsveräußerung im Jahr 4 bleibt u.E. ohne Konsequenzen für den Verlustabzug, weil durch den quotalen Untergang im Jahr 3 die Frist für einen anteiligen Verlustabzug neu zu laufen begonnen hat. Da für den vollständigen Untergang des Verlustvortrags die Jahre 2 und 3 jedoch weiterhin von Bedeutung sind, wird die Grenze von 50% im Jahr 5 überschritten. Der Verlustvortrag geht dementsprechend vollständig unter. Auch die bis zum Beteiligungserwerb entstandenen Verluste dürfen in späteren Veranlagungszeiträumen nicht mehr berücksichtigt werden. Lediglich der nach dem Anteilserwerb entstandene Verlust bleibt zum Ausgleich in späteren Veranlagungszeiträumen vorhanden.[75]

d)   Sanierung

Eine weitere grundlegende Veränderung durch § 8c KStG ist der Wegfall der bisherigen Sanie-   27
rungsklausel im Rahmen des Mantelkaufs. Dies ist insofern konsequent, als dass das Merkmal „Zuführung neuen Betriebsvermögens" entfällt und damit auch nicht mehr abweichend in Sanierungsfällen gehandhabt werden kann. Durch die Neuregelung wird allerdings in vielen Fällen schon die Möglichkeit genommen, durch Verlustverrechnung einen Sanierungsgewinn zu schmälern, so dass das Bedürfnis nach Einzelfallregelungen im Sinne eines „Härtefalls" steigen dürfte. Ob und in welchem Umfang die Finanzverwaltung künftig bei Steuerbelastungen aus Sanierungsgewinnen Anträgen auf eine abweichende Steuerfestsetzung mit dem Ziel eines späteren Erlasses

---

75   Weitere Berechnungsbeispiele Grützner, StuB 2007, 339 ff.

der entstandenen Steuerbelastung entspricht, bleibt abzuwarten. Überdies bedeutet das Abstellen auf Billigkeitsregelungen durch die Finanzverwaltung gegenüber einem gesetzlich zustehenden Verrechnungsanspruch mit eigenen Verlustvorträgen eine bedeutende Verschlechterung der Rechtsposition.

4.   Übergangsregelung: Parallele Geltung von § 8 Abs. 4 KStG und § 8c KStG

28   § 34 Abs. 6 KStG regelt die letztmalige Anwendung der Mantelkaufvorschriften von § 8 Abs. 4 KStG sowie die erstmalige Anwendung der Neuregelung durch § 8c KStG.[76] Die Übergangsregelung ist dabei wie folgt ausgestaltet:

- § 8 Abs. 4 KStG gilt für Anteilsübertragungen über den 31.12.2007 bis zum 31.12.2012 hinaus fort.

- § 8c KStG ist auf Anteilsübertragungen nach dem 31.12.2007 anzuwenden.

Während des Übergangszeitraums können damit sowohl die neuen als auch die alten Mantelkaufvorschriften parallel Anwendung finden.

§ 8 Abs. 4 KStG ist anzuwenden, wenn innerhalb eines vor dem 01.01.2008 beginnenden Zeitraums von fünf Jahren mehr als die Hälfte der Anteile an einer Kapitalgesellschaft übertragen werden und der Verlust der wirtschaftlichen Identität vor dem 01.01.2013 eintritt.

Damit soll verhindert werden, dass § 8 Abs. 4 KStG derart umgangen wird, dass eine Zuführung von überwiegend neuem Betriebsvermögen in den Veranlagungszeitraum 2008 verschoben wird. Außerdem ist es nicht möglich, sich der Anwendung von § 8c KStG zu entziehen, indem Anteilsübertragungen gänzlich oder zum Teil in den Veranlagungszeitraum 2007 vorgezogen werden.

> **Beispiel:**
>
> Für die X-GmbH wurde zum 31.12.2006 ein Verlustvortrag in Höhe von € 1 Mio. gesondert festgestellt. In den folgenden Jahren von 2007 bis 2013 wird jeweils ein Verlust in Höhe von T€ 100 erzielt. A erwirbt sukzessive Anteile von B an der X-GmbH.
>
> Nov. 07:   10 %
> Nov. 09:   15 %
> Aug. 11:   30 %
>
> Im Oktober 12 erfolgt eine Zuführung von überwiegend neuem Betriebsvermögen.

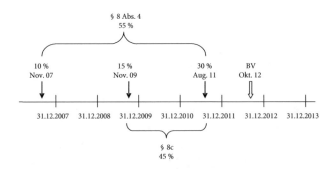

---

76   Zahlreiche Berechnungsbeispiele Hans/Engelen, NWB 2007, 1981 ff.

Für die Anwendung von § 8c KStG sind lediglich die Anteilsübertragungen nach dem 31.12.2007 maßgebend. Daher wird im August 2011 die 25 %-Grenze für den schädlichen Beteiligungserwerb überschritten (15 % + 30 % = 45 %). Infolgedessen gehen im Zeitpunkt des schädlichen Anteilseignerwechsels 45 % des bis zum August 2011 angelaufenen Verlustabzugs sowie der im aktuellen Veranlagungszeitraum bis zum August erlittene laufende Verlust unter.

In Bezug auf § 8 Abs. 4 KStG ist zu beachten, dass durch die Anteilsübertragung im August 2011 innerhalb eines Fünfjahreszeitraums, der vor dem 01.01.2008 begonnen hat, mehr als 50 % der Anteile übertragen wurden und somit ebenfalls ein schädlicher Anteilserwerb stattgefunden hat. Da im Oktober 2012 – und damit innerhalb von zwei Jahren nach dem Überschreiten der Schädlichkeitsgrenze – überwiegend neues Betriebsvermögen zugeführt wurde, geht die wirtschaftliche Identität zu diesem Zeitpunkt verloren. Folglich verliert die X-GmbH im Oktober 2012, den nach dem anteiligen Untergang im August 2011 noch verbleibenden Verlustvortrag gem. § 8 Abs. 4 KStG vollständig.

Wäre die Betriebsvermögenszuführung erst im Januar 2013 erfolgt, würde § 8 Abs. 4 KStG nicht mehr greifen. Zwar läge die Betriebsvermögenszuführung innerhalb des Zweijahreszeitraums nach dem Zeitpunkt des schädlichen Anteilseignerwechsels, eine Anwendung von § 8 Abs. 4 KStG scheidet jedoch aus, da die Übergangsregelung eine Anwendung von §8 Abs. 4 KStG nur bis zum 31.12.2012 vorsieht. Der Verlustvortrag würde somit nur nach § 8c KStG um 45% gekürzt.

III.   Rechtsfolgen auf Ebene des Veräußerers

Gegenstand der Gewerbesteuer ist der Gewinn aus Gewerbebetrieb. Dieser ist nach ständiger   29
Rechtsprechung um Bestandteile zu kürzen, die nicht mit dem Wesen der Gewerbesteuer als auf den Lauf des tätigen Gewerbebetriebs bezogene Objektsteuer übereinstimmen.[77] Dabei unterliegen grundsätzlich auch Aufgabegewinne der Gewerbesteuer. Eine Ausnahme stellen lediglich die Veräußerung und die Aufgabe eines Gewerbebetriebs durch eine unmittelbar beteiligte natürliche Person dar. Gewinne aus der Aufgabe oder Veräußerung von einzelnen Wirtschaftsgütern oder eines Teilbetriebs durch gewerbliche Unternehmen sind dagegen nicht von der Gewerbesteuer befreit.

Kapitalgesellschaften sind kraft Rechtsform gewerbesteuerpflichtig, weshalb ihre werbende Tätigkeit nicht durch die Aufgabe oder den Verkauf eines Betriebs erlöschen kann. Daher unterliegen ihre Aufgabegewinne stets der Gewerbesteuer.

Bei der Übertragung eines Gewerbebetrieb, eines Teilbetriebs oder von Anteile an Kapitalgesellschaften sind neben den Auswirkungen auf die gewerbesteuerlichen Verluste des übertragenen (Teil-) Betriebs auch die Auswirkungen auf die übertragende Gesellschaft bzw. natürliche Person zu berücksichtigen.

Entsteht beim Veräußerer durch die Veräußerung ein Verlust, ist dieser Verlust für gewerbesteuerliche Zwecke ebenso zu behandeln wie ein entsprechender Veräußerungsgewinn. Dass bedeutet, dass ein Veräußerungsverlust für gewerbesteuerliche Zwecke nicht abziehbar ist, wenn ein entsprechender Veräußerungsgewinn gewerbesteuerfrei bleibt. Ist ein Veräußerungsgewinn dagegen gewerbesteuerpflichtig, sind die entsprechenden Veräußerungsverluste zu berücksichtigen.

---

77   BFH v. 17.02.1994, VIII R 13/94, BStBl II 1994, 809.

6

1. Natürliche Personen und Personengesellschaften

30 Veräußert ein Einzelunternehmer seinen Gewerbebetrieb oder einen Teilbetrieb, unterliegt der dabei erzielte Gewinn im Sinne des § 16 Abs. 1 EStG nicht der Gewerbesteuer.[78] Dementsprechend ist ein entsprechender Verluste für gewerbesteuerliche Zwecke nicht berücksichtigungsfähig. Der gesamte Gewerbebetrieb bzw. Teilbetrieb wird veräußert, wenn der (Teil-)Betrieb mit seinen wesentlichen Betriebsgrundlagen unter Aufrechterhaltung des geschäftlichen Organismus auf einen Erwerber übergeht. Wesentliche Betriebsgrundlagen stellen dabei diejenigen Wirtschaftsgüter dar, die zur Erreichung des Betriebszwecks erforderlich sind und ein besonderes wirtschaftliches Gewicht für die Betriebsführung besitzen.[79]

Gewinne aus der Veräußerung eines Mitunternehmeranteils unterliegen seit dem Erhebungszeitraum 2002 gem. § 7 Satz 2 GewStG bei der Mitunternehmerschaft, deren Anteil veräußert wird, grundsätzlich der Gewerbesteuer. Dies gilt jedoch insoweit nicht, als der Gewinn auf eine natürliche Person entfällt, die an der Mitunternehmerschaft unmittelbar beteiligt ist. Der auf die unmittelbar beteiligte Person entfallende Teil des Gewinns der Mitunternehmerschaft ist folglich vom Gewerbeertrag der Personengesellschaft auszunehmen. Die Regelung des § 7 Satz 2 GewStG gilt u.E. über ihren Wortlaut („Veräußerungs- und Aufgabegewinne") hinaus auch für Verluste. Soweit nach § 7 Satz 2 GewStG ein Veräußerungsgewinn folglich gewerbesteuerpflichtig ist, wäre ein Verlust gewerbesteuerlich grundsätzlich zu berücksichtigen. Regelmäßig wird der Verlust jedoch mangels Unternehmer- bzw. Unternehmensidentität untergehen.

Veräußert eine natürliche Person aus ihrem Gewerbebetrieb Anteile an Kapitalgesellschaften, ist der dabei entstehende Gewinn gewerbesteuerpflichtig und nach dem Halbeinkünfteverfahren (§ 3 Nr. 40 GewStG) zu besteuern, § 7 Satz 4 GewStG. Deshalb sind Veräußerungsverluste aus einer Veräußerung von Kapitalgesellschaftsanteilen lediglich hälftig gewerbesteuerlich abzugsfähig.

Die vorgenannten Grundsätze gelten entsprechend, wenn eine Personengesellschaft einen (Teil-)Betrieb, Mitunternehmeranteile oder Anteile an Kapitalgesellschaften veräußert. Dabei ist jedoch zu berücksichtigen, dass § 7 Satz 2 GewStG Veräußerungsgewinne nur insoweit von der Gewerbesteuer freistellt, als sie auf unmittelbar an der Personengesellschaft entfallen. In Bezug auf die Veräußerung von Kapitalgesellschaften findet § 3 Nr. 40 EStG dagegen auch auf mittelbar beteiligte Personen Anwendung. Ferner ist zu berücksichtigen, dass Veräußerungsgewinne nach Ansicht der Rechtsprechung und der Verwaltung als laufender Gewinn zu behandeln sind, soweit auf Seiten des Veräußerers und des Erwerbers dieselben Personen beteiligt sind.[80] Dies ist insbesondere bei (teilweise) beteiligungsidentischen Personengesellschaften denkbar.

2. Kapitalgesellschaften

31 Die Tätigkeit von Kapitalgesellschaften wird kraft Rechtsform als Gewerbebetrieb angesehen.[81] Die von ihnen erzielten Veräußerungs- und Aufgabegewinne unterliegen daher grundsätzlich in vollem Umfang der Gewerbesteuer. Entsprechende Veräußerungsverluste können folglich vom Gewerbeertrag der übertragenden Kapitalgesellschaft abgezogen werden.

---

78 Abschn. 39 Abs. 1 Nr. 1 GewStR.
79 Roser in: Lenski/Steinberg, § 7 Rn 306.
80 Abschn. 39 Abs. 1 Nr. 1 Satz 3 GewStR.
81 § 2 Abs. 2 GewStG.

Gewinne von Kapitalgesellschaften durch die Veräußerung von (Teil-) Betrieben und eines Anteils eines Mitunternehmeranteils werden folglich mit Gewerbesteuer belegt. Somit sind Verluste, die aus den solchen Veräußerungen resultieren, gewerbesteuerlich abzugsfähig.

Veräußert eine Kapitalgesellschaft Anteile an einer anderen Kapitalgesellschaft ist aufgrund von § 8b Abs. 3 KStG ein daraus resultierender Gewinn oder Verlust grundsätzlich bei der Ermittlung des Gewerbeertrags nicht zu berücksichtigen.

IV.   Gewerbesteueranrechnung und Verlustvortrag

Nach § 10a S. 4 GewStG ist der sich für die Mitunternehmerschaft insgesamt ergebende gewerbesteuerliche Fehlbetrag den Mitunternehmern entsprechend dem sich aus dem Gesellschaftsvertrag ergebenden allgemeinen Gewinnverteilungsschlüssel des jeweiligen Verlustjahres zuzurechnen. In Gewinnjahren ist der Gewerbeertrag für Zwecke der Verlustverrechnung den Mitunternehmern ebenfalls entsprechend dem sich aus dem Gesellschaftsvertrag ergebenden allgemeinen Gewinnverteilungsschlüssel des Gewinnjahres zuzurechnen.[82] In beiden Fällen sind Vorabgewinnanteile nicht zu berücksichtigen.

Für Zwecke der Gewerbesteueranrechnung muss der Gewerbesteuermessbetrag auf die einzelnen Gesellschafter aufgeteilt werden. Auch hier erfolgt eine Aufteilung nach Maßgabe des allgemeinen Gewinnverteilungsschlüssels, wobei Vorabgewinnanteile wiederum nicht zu berücksichtigen sind.

Insbesondere nach einem Gesellschafterwechsel ist es denkbar, dass ein für die Anrechnung zur Verfügung stehender Gewerbesteuermessbetrag vorliegt, obwohl die Mitunternehmerschaft noch über gewerbesteuerliche Verlustvorträge verfügt. Dies hat seine Ursache darin, dass beim Ausscheiden eins Mitunternehmers der auf ihn entfallende Gewerbeverlustvortrag im Sinne des § 10a GewStG verloren geht.

Der Gewerbeertrag ist somit zunächst nach dem allgemeinen Gewinnverteilungsschlüssel auf die Mitunternehmer aufzuteilen. Sodann ist der mitunternehmerbezogene Verlustvortrag vom jeweiligen Gewerbeertrag abzuziehen, und so der Gewerbesteuermessbetrag pro Gesellschafter zu ermitteln. Unklar ist, ob der gesamte Gewerbesteuermessbetrag für Zwecke der Gewerbesteueranrechnung nach § 35 EStG ebenfalls strikt nach dem allgemeinen Gewinnverteilungsschlüssel auf die Mitunternehmer zu verteilen ist.

Nach dem Wortlaut von § 35 Abs. 2 S. 2 EStG „richtet sich" der Anteil eines Mitunternehmers am Gewerbesteuermessbetrag nach seinem Anteil am Gewinn der Mitunternehmerschaft nach Maßgabe des allgemeinen Gewinnverteilungsschlüssels – er entspricht diesem somit nicht. Daher ist u.E. eine vorherige Aufteilung des Gewerbeertrags für Zwecke der Verlustverrechnung nach dem allgemeinen Gewinnverteilungsschlüssel bei der Verteilung des Gewerbesteuermessbetrags mit einzubeziehen.

32

6

---

82   § 10a S. 5 GewStG.

❯ Beispiel:

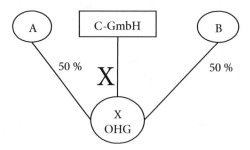

An der X OHG sind die natürliche Person A und die C-GmbH mit jeweils 50% am Gewinn und Verlust beteiligt. Die C-GmbH veräußert ihre Anteile zum 01.01.2008 an die natürliche Person B. Zum 31.12.2007 hat die X OHG einen gewerbesteuerlichen Verlustvortrag von T€ 200. Nach dem allgemeinen Gewinnverteilungsschlüssel entfallen davon T€ 100 auf A und T€ 100 auf die C-GmbH. Im Jahr 2008 erzielt die X OHG einen Gewinn in Höhe von T€ 200.

Lösung:

Durch den Verkauf des Mitunternehmeranteils der C-GmbH geht auch der auf sie entfallende Verlustvortrag in Höhe von T€ 100 unter. Der im Veranlagungszeitraum 2008 erzielte Gewinn ist nach dem allgemeinen Gewinnverteilungsschlüssel zu je T€ 100 auf A und B aufzuteilen. Der auf B entfallende Gewinnanteil muss auf Ebene der Personengesellschaft vollständig versteuert werden, wohingegen der Gewinnanteil des A mit bestehenden Verlustvorträgen verrechnet werden kann. B kann die entstehende Gewerbesteuer bei seiner Einkommensteuer anrechnen. Grundlage für die Anrechnung ist dabei der auf ihn entfallende Gewerbesteuermessbetrag von 3,5.

	Gesamt	A	B	C-GmbH
Verlustvortrag 31.12.2007	./. 200	./. 100	-	./. 100
Ausscheiden C-GmbH/ VV 01.01.2008	./. 100	./. 100	-	-
Gewerbeertrag 08 vor Verlustabzug	200	100	100	-
Gewerbeertrag 08 nach Verlustabzug	100	0	100	-
Anteiliger GewSt-Messbetrag 3,5%	3,5	0	3,5	-

Im obigen Beispiel wird A durch die gesetzliche Regelung doppelt benachteiligt. Durch den Mitunternehmerwechsel kann der Gewerbeertrag nicht vollständig mit Verlustvorträgen verrechnet werden. Als zur Hälfte beteiligter Mitunternehmer entfällt damit wirtschaftlich gesehen auch 50% des Gewerbesteueraufwands der OHG auf A. Im Gegensatz zu B bleibt ihm allerdings eine Anrechnung der Gewerbesteuer auf seine persönliche Einkommensteuer verwehrt. Um derartige Nachteile auszugleichen, empfiehlt es sich entsprechende Gewerbesteuerklauseln in Gesellschaftsverträgen bzw. Veräußerungsverträgen aufzunehmen (vgl. § 3. A. IV. 11.).

C.   Unternehmensumstrukturierungen

33   Der Raum zur Nutzung gewerbesteuerlicher Verluste im Rahmen von Unternehmensumstrukturierungen ist in den letzten Jahren stetig kleiner geworden. Den vorerst letzten bedeutenden Beitrag in dieser Entwicklung hat das SEStEG geleistet, indem es die Verlustnutzung im Zusammenhang mit Umwandlungen nach UmwStG nochmals erheblich eingeschränkt hat.[83]

---

83 BGBl. I, 2782.

Unter dem Begriff der Umstrukturierung werden gemeinhin Maßnahmen zusammengefasst, die außerhalb des laufenden Geschäftsbetriebs des Unternehmens erfolgen und die Struktur des Unternehmens, insbesondere den Status des Unternehmens selbst, seiner Organe oder Gesellschafter, in rechtlich relevanter Weise verändern.

Die Nutzung von gewerbesteuerlichen Verlusten im Zusammenhang mit Umstrukturierungsmaßnahmen richtet sich grundsätzlich nach den allgemeinen gewerbesteuerlichen Regelungen, insbesondere nach §§ 2 Abs. 5, 7 und 10a GewStG. Unterfällt die Umstrukturierungsmaßnahme allerdings dem Anwendungsbereich des UmwStG, ist die gewerbesteuerliche Verlustnutzung vorrangig nach den Regelungen des UmwStG, insbesondere §§ 18, 19 UmwStG zu beurteilen. Die allgemeinen gewerbesteuerlichen Regelungen greifen dann nur ergänzend ein. Nachfolgend wird für die in der Praxis gängigsten Umstrukturierungsmaßnahmen dargestellt, welche Möglichkeiten zur Nutzung gewerbesteuerlicher Verluste bestehen. Dabei wird jeweils nach den durch die Umstrukturierungsmaßnahme selbst verursachten Verluste und den unabhängig von der Umstrukturierung vorhandenen gewerbesteuerlichen Verlusten unterschieden.

I. Verschmelzung

1. Merkmale der Verschmelzung

Verschmelzungen sind dadurch gekennzeichnet, dass das Vermögen eines Rechtsträgers im Wege   34
der Gesamtrechtsnachfolge als Ganzes auf einen übernehmenden Rechtsträger übertragen wird. Während der übertragende Rechtsträger dabei (ohne Abwicklung) aufgelöst wird, tritt der übernehmende Rechtsträger in die Rechtsposition des oder der übertragenden Rechtsträger ein. Den Anteilsinhabern des oder der übertragenden Rechtsträger(s) werden als Gegenleistung für die Übertragung Anteile am übernehmenden Rechtsträger gewährt.

Verschmelzungen sind als Verschmelzung durch Aufnahme und Verschmelzung zur Neugründung möglich. Während bei der Verschmelzung durch Aufnahme das Vermögen mindestens eines Rechtsträgers auf einen bereits bestehenden Rechtsträger übertragen wird, wird bei der Verschmelzung zur Neugründung das Vermögen von mindestens zwei Rechtsträgern auf einen durch den Verschmelzungsvorgang neu gegründeten Rechtsträger übertragen.

2. Verlustnutzung bei Verschmelzungen auf Körperschaften

a) Verschmelzung Körperschaft auf Körperschaft

aa)   Nutzung der durch die Verschmelzung entstehenden Verluste

Die Verschmelzung von Körperschaften richtet sich in steuerlicher Hinsicht nach §§ 2, 11 – 13   35
und 19 UmwStG. Grundsätzlich erfolgt die Verschmelzung zum gemeinen Wert, also unter Aufdeckung aller stillen Reserven und stillen Lasten aller übergehenden Wirtschaftsgüter. Sie kann unter weiteren Voraussetzungen jedoch auch zum Buchwert, also steuerneutral, oder zu einem Zwischenwert vorgenommen werden.

Entsteht bei der übertragenden Gesellschaft ein Übertragungsverlust, wird dieser nach den allgemeinen Vorschriften behandelt, d.h. er unterliegt bei der übertragenden Körperschaft grundsätzlich auch der Gewerbesteuer. Ein Übertragungsverlust kann insbesondere durch die Kosten der Vermögensübertragung entstehen.

Dagegen bleibt ein bei der aufnehmenden Gesellschaft infolge der Verschmelzung entstehender Übernahmeverlust für ertragsteuerlicher Zwecke (also auch bei der Gewerbesteuer) außer Ansatz, § 12 Abs. 2 Satz 1 UmwStG, § 19 Abs. 1 UmwStG.

bb)   Nutzung der bei den beteiligten Rechtsträgern vorhandenen Verluste

36   Grundsätzlich tritt die übernehmende Körperschaft bei der Verschmelzung in die Rechtsstellung der Übertragerin/-innen ein, §§ 12 Abs. 3, 4 Abs. 2-3 UmwStG. Für Verluste der übertragenden Gesellschaft/-en gilt dies jedoch nicht. Das bedeutet, dass Verluste der übertragenden Gesellschaft/-en nicht auf die übernehmende Körperschaft übergehen (§§ 4 Abs. 2 Satz 2, 12 Abs. 3 S. 2 2. Halbsatz, 19 Abs. 2 UmwStG). Etwaige gewerbesteuerliche Verlustvorträge und laufende Verluste der übertragenden Gesellschaft können von der übernehmenden Körperschaft folglich nicht genutzt werden. Sie gehen vielmehr unter.

Die Regelung des § 12 Abs. 3 Satz 2 UmwStG a.F., der eine Nutzung von Verlustvorträgen der übertragenden Gesellschaft/-en bei der übernehmenden Körperschaft unter bestimmten Voraussetzungen zugelassen hatte, ist durch das SEStEG ersatzlos gestrichen worden. Hintergrund für die Streichung soll die Befürchtung des Gesetzgebers gewesen sein, dass im Rahmen grenzüberschreitender Verschmelzungen ausländische Verluste nach Deutschland transportiert und hier steuermindernd geltend gemacht werden könnten.[84]

Ist die übertragende Kapitalgesellschaft Mitunternehmerin einer Personengesellschaft, die über gewerbesteuerliche Verlustvorträge verfügt, gehen auch die gewerbesteuerlichen Verlustvorträge der Personengesellschaft infolge der Verschmelzung unter und zwar insoweit, als die Verlustvorträge der Kapitalgesellschaft zuzurechnen waren.[85] Denn infolge der Verschmelzung wechselt der Gesellschafter der Personengesellschaft, so dass der Grundsatz der Unternehmeridentität insoweit bei der Personengesellschaft nicht gewahrt ist.

Etwaige gewerbesteuerliche Verluste der aufnehmenden Gesellschaft bleiben durch die Verschmelzung grundsätzlich unberührt. Ihr Bestand und ihre Nutzbarkeit richtet sich nach den allgemeinen Regelungen, insbesondere nach § 2 Abs. 5 und § 10a GewStG. Insoweit ist zu berücksichtigen, dass die Verschmelzung bei der aufnehmenden Körperschaft nach den Regelungen zum Mantelkauf einen Untergang ihrer eigenen Verlustvorträge zur Folge haben kann. Denn aufgrund der Verschmelzung wird der aufnehmenden Körperschaft Betriebsvermögen im Sinne des § 8 Abs. 4 KStG. zugeführt. Zudem kann die Verschmelzung einen schädlichen Wechsel der Anteilseigner der aufnehmenden Gesellschaft im Sinne des § 8 Abs. 4 KStG bzw. § 8c KStG bewirken. Die Voraussetzungen dieser Normen sind daher stets anhand der Umstände des jeweiligen Einzelfalls im Detail zu prüfen.

Sind an dem Verschmelzungsvorgang Gesellschaften beteiligt, die über erhebliche (gewerbesteuerliche) Verluste verfügen, kann ein Untergang dieser Verluste zumindest teilweise vermieden werden, indem die Verschmelzung nicht zum Buchwert, sondern zum gemeinen Wert oder

---

84   Zur Kritik an der Streichung des § 12 Abs. 3 Satz 2 UmwStG a.F. Rödder/Schumacher, DStR 2006, 1525, 1533; Maierth/ Müller, BB 2006, 1861.

85   Abschn. 68 Abs. 3 Satz 7 Nr. 6 GewStR hatte die Unternehmeridentität auf Grundlage einer entsprechenden Anwendung des 19 Abs. 2 i.V.m. § 12 Abs. 3 Satz 2 UmwStG befürwortet. Dies dürfte nach der Abschaffung des § 12 Abs. 3 Satz 2 UmwStG durch das SEStEG hinfällig sein.

einem Zwischenwert vorgenommen wird. In diesem Fall sind die Buchwerte in der Schlussbilanz der übertragenden Körperschaft aufzustocken. Durch die Aufstockung entsteht bei der übertragenden Körperschaft ein Übertragungsgewinn, der mit den bestehenden Verlusten verrechnet werden kann. Allerdings ist zu berücksichtigen, dass die Verrechnung des Übertragungsgewinns mit den nicht verbrauchten Verlusten der übertragenden Gesellschaft nur in dem durch die Mindestbesteuerung vorgegebenen Rahmen möglich ist.[86] Soweit die Grenzen der Mindestbesteuerung eingehalten werden, kann durch die Aufstockung der Buchwerte Abschreibungspotenzial generiert werden, ohne dass eine Steuerbelastung ausgelöst wird.

Beispiel:

Die A-GmbH, die über einen gewerbesteuerlichen Verlustvortrag i.H.v. € 2,0 Mio. verfügt, soll auf B-GmbH verschmolzen werden. Der Buchwert des durch die Verschmelzung auf die B-GmbH übergehenden Betriebsvermögens beträgt € 3,5 Mio., der gemeine Wert € 4,0 Mio.

Würde die Verschmelzung zum Buchwert vorgenommen, würde der gewerbesteuerliche Verlustvortrag der A-GmbH vollständig untergehen. Deshalb sollte die Verschmelzung zum gemeinen Wert vorgenommen werden. Durch die Aufstockung der Wirtschaftsgüter auf den gemeinen Wert erzielt die A-GmbH einen Übertragungsgewinn i.H.v. € 0,5 Mio. (€ 4,0 Mio. ./. € 3,5 Mio.). Dieser Übertragungsgewinn kann in voller Höhe mit den bestehenden Verlustvorträgen der A-GmbH verrechnet werden.

Beträgt der gemeine Wert des auf B-GmbH übergehenden Betriebsvermögens nicht € 4,0 Mio., sondern € 5,0 Mio., beläuft sich der Übertragungsgewinn auf € 1,5 Mio. (€ 5,0 Mio. ./. € 3,5 Mio.). Aufgrund der Regelungen zur Mindestbesteuerung kann dieser Übertragungsgewinn i.H.v. € 1,0 mio. uneingeschränkt mit den bestehenden Verlustvorträgen verrechnet werden. Der darüber hinausgehende Betrag von € 0,5 Mio. kann nur i.H.v. 60%, also € 0,3 Mio., verrechnet werden. Demnach müsste A-GmbH einen Übertragungsgewinn von € 0,2 Mio. versteuern und der bei A-GmbH ungenutzte Verlustvortrag von € 0,7 Mio. (€ 2,0 Mio. ./. € 1,0 Mio. ./. € 0,3 Mio.) würde infolge der Verschmelzung untergehen.

Ist an der Verschmelzung nur eine Körperschaft mit gewerbesteuerlichen Verlusten beteiligt oder sind die gewerbesteuerlichen Verluste einer der beteiligten Körperschaften vergleichsweise gering, kann eine Möglichkeit zur Gestaltung auch darin bestehen, auf die Körperschaft mit den (höheren) Verlusten zu verschmelzen. Zwar gehen die Verluste der übertragenden Körperschaft dann unter, die Verluste der aufnehmenden Körperschaft bleiben jedoch (vorbehaltlich § 10a GewStG i.V.m. § 8c KStG bzw. § 8 Abs. 4 KStG) bestehen.

b)   Verschmelzung Personengesellschaft auf Körperschaft

Die Verschmelzung einer Personenhandelsgesellschaft auf eine Kapitalgesellschaft wird für steuerliche Zwecke als Einbringung im Sinne des § 20 UmwStG behandelt. Die Auswirkungen der Verschmelzung einer Personengesellschaft auf eine Körperschaft sind daher im Abschnitt zur Einbringung behandelt.

37

---

86   Zur Mindestbesteuerung im Rahmen der GewSt siehe oben unter A.

3. Verlustnutzung bei Verschmelzungen auf Personengesellschaften oder natürliche Personen

a) Verschmelzung von Körperschaft auf Personengesellschaft oder natürliche Person

38 Die Verschmelzung von Körperschaften auf Personengesellschaften oder auf natürliche Personen als Einzelunternehmer richtet sich nach §§ 2, 3 – 10 und 18 UmwStG. Die Behandlung der gewerbesteuerlichen Verluste bei diesen Umstrukturierungsmaßnahmen ist in § 18 UmwStG geregelt. Über die Verschmelzung auf Personengesellschaften bzw. natürliche Personen hinaus erfasst § 18 UmwStG alle weiteren Vermögensübergänge auf Personengesellschaften oder natürliche Personen, auf die das UmwStG Anwendung findet.

aa) Nutzung der durch die Verschmelzung entstehenden Verluste

39 Ergibt sich bei der übertragenden Körperschaft bspw. aufgrund der Übertragungskosten ein Übertragungsverlust, ist dieser nach den allgemeinen Vorschriften zu behandeln, also grundsätzlich auch bei der Gewerbesteuer zu berücksichtigen. Entsteht bei der Umwandlung von Kapitalgesellschaften in Personengesellschaften für den übernehmenden Gewerbebetrieb ein Übernahmeverlust, kann dieser gewerbesteuerlich gem. § 18 Abs. 2 UmwStG nicht genutzt werden.

bb) Nutzung der bei den beteiligten Rechtsträgern vorhandenen Verluste

40 Gewerbesteuerliche Verluste der übertragenden Körperschaft gehen infolge der Verschmelzung unter. Das folgt aus § 18 Abs. 1 Satz 2 UmwStG, wonach der Gewerbeertrag der übernehmenden Personengesellschaft bzw. natürlichen Person weder um die Fehlbeträge des laufenden Erhebungszeitraums der übertragenden Körperschaft noch um die bei der übertragenden Körperschaft vorhandenen Verlustvorträge im Sinne des § 10a GewStG gekürzt werden kann. Die Regelung des § 18 Abs. 1 Satz 2 UmwStG ist im Rahmen des SEStEG angepasst worden, um sicherzustellen, dass auch ein laufender Verlust des bei der übertragenden Körperschaft laufenden Erhebungszeitraums vom Übergang auf die übernehmende Personengesellschaft bzw. natürlichen Person ausgeschlossen ist.[87]

Wie bei der Verschmelzung von Körperschaften auf Körperschaften lässt sich der Untergang der bestehenden gewerbesteuerlichen Verlustvorträge der übertragenden Körperschaft zumindest teilweise dadurch vermeiden, dass die Verschmelzung nicht zum Buchwert, sondern zum gemeinen Wert oder einem Zwischenwert vorgenommen wird. Der dabei entstehende Übertragungsgewinn kann bei der übertragenden Körperschaft in den Grenzen der Mindestbesteuerung mit den bestehenden Verlustvorträgen verrechnet werden.

Die gewerbesteuerlichen Verluste der aufnehmenden Personengesellschaft bzw. natürlichen Person werden durch § 18 Abs. 1 Satz 2 UmwStG nicht berührt. Der Fortbestand und die Nutzbarkeit dieser Verluste ist demnach allein nach den allgemeinen gewerbesteuerlichen Regelungen zu beurteilen. Insoweit ist zu berücksichtigen, dass der Verschmelzungsvorgang bei der überneh-

---

[87] Die Änderung des § 18 Abs. 1 Satz 2 UmwStG war eine Reaktion des Gesetzgebers auf das BFH-Urteil v. 31.05.2005 (I R 68/03, DStR 2005, 1182), in dem der BFH entschieden hatte, dass ein laufender Verlust der übertragenden Gesellschaft mit Gewinnen der übernehmenden Gesellschaft verrechnet werden kann. Der BFH hatte hierzu einen Nichtanwendungserlass herausgegeben (BMF v. 07.04.1006, IV B 7 – S-1978b – 1/06, DStR 2006, 797).

menden Personengesellschaft bzw. natürlichen Person insbesondere zu einem Verlust der Unternehmensidentität führen kann.[88] Die Verschmelzung kann im Einzelfall also nicht nur zum Untergang der Verluste der übertragenden Körperschaft, sondern auch zum Untergang der Verlustvorträge der aufnehmenden Personengesellschaft bzw. natürlichen Person führen.

b) Verschmelzung Personengesellschaft auf Personengesellschaft

Die Verschmelzung einer Personengesellschaft auf eine andere Personengesellschaft ist in steuerlicher Hinsicht eine Einbringung. Die Auswirkungen der Verschmelzung einer Personengesellschaft auf eine Körperschaft sind daher im Abschnitt zur Einbringung behandelt.   41

II. Spaltung

1. Merkmale der Spaltung

Spaltungen sind den drei Varianten Aufspaltung, Abspaltung und Ausgliederung möglich.   42

Für die Aufspaltung ist charakteristisch, dass der spaltende Rechtsträger sein Vermögen aufteilt und auf mindestens zwei schon bestehende oder neue gegründete Rechtsträger überträgt. Der übertragende Rechtsträger wird dabei ohne Abwicklung aufgelöst. Die Anteile an den übertragenden bzw. neuen Rechtsträgern werden den Anteilsinhabern des sich aufspaltenden Rechtsträgers zugewiesen.

Anders als bei der Aufspaltung bleibt der übertragende Rechtsträger bei der Abspaltung bestehen. Er überträgt im Wege der Sonderrechtsnachfolge einen Teil oder mehrere Teile seines Vermögens jeweils als Gesamtheit auf einen oder mehrere andere, bereits bestehende oder neu gegründete Rechtsträger. Die Anteilsinhaber des abspaltenden Rechtsträgers erhalten Anteile am übernehmenden oder neuen Rechtsträger.

Die Ausgliederung unterscheidet sich von der Aufspaltung lediglich dadurch, dass die Anteile am übernehmenden oder neuen Rechtsträger an den übertragenden Rechtsträger, nicht an dessen Anteilsinhaber gewährt werden.

2. Verlustnutzung bei Auf- und Abspaltungen

a) Auf- und Abspaltungen auf Körperschaften

aa) Körperschaft auf Körperschaft

Wird der Betrieb einer Körperschaft auf- oder abgespalten, erfolgt die Verschmelzung unter den Voraussetzungen der §§ 11, 15 Abs. 1 UmwStG grundsätzlich zum gemeinen Wert, sie ist unter weiteren Voraussetzungen aber auch zum Buchwert möglich. Die Spaltung nach § 15 UmwStG setzt unter anderem voraus, dass das übergehende Vermögen die Voraussetzungen eines Teilbetriebs erfüllt. Bei der Aufspaltung muss darüber hinaus auch das bei der übertragenden Körperschaft verbleibende Vermögen ein Teilbetrieb sein.   43

---

88 Pung in: Dötsch/Jost/Pung/Witt, vor § 18 UmwStG Rn 3 i.V.m. § 18 UmwStG n.F. Rn 23.

Führt die Spaltung bei der übertragenden Körperschaft zu einem Übertragungsverlust, wird dieser auch für gewerbesteuerliche Zwecke nach den allgemeinen Vorschriften behandelt. Er kann folglich insbesondere mit Gewinnen der übertragenden Körperschaft verrechnet werden. Entsteht dagegen bei der aufnehmenden Körperschaft ein Übernahmeverlust, bleibt dieser für gewerbesteuerliche Zwecke gem. §§ 12 Abs. 2, 19 Abs. 1 UmwStG außer Ansatz.

Die Auswirkungen der Spaltung auf bestehende gewerbesteuerliche Verluste der übertragenden Körperschaft unterscheiden sich bei der Aufspaltung und der Abspaltung.

Im Fall der Aufspaltung gehen bestehende gewerbesteuerliche Verluste der übertragenden Körperschaft vollständig unter und können von den aufnehmenden Körperschaften nicht genutzt werden. Dies ergibt sich aus dem Verweis des § 19 Abs. 2 Satz 1 UmwStG auf § 12 Abs. 3 UmwStG. Verfügen die aufnehmenden Körperschaften über eigene gewerbesteuerliche Verluste, berührt die Aufspaltung diese Verluste grundsätzlich nicht. Der Vermögensübergang auf die jeweilige aufnehmende Körperschaft und die Gewährung von Anteilen als Gegenleistung für die Vermögensübertragung können jedoch nach den allgemeinen Regelungen des § 10a GewStG i.V.m. § 8c KStG bzw. § 8 Abs. 4 KStG zu einem Untergang der bestehenden Verluste der aufnehmenden Körperschaft führen.

Bei der Abspaltung gelten die vorgenannten Grundsätze grundsätzlich entsprechend. Ein entscheidender Unterschied zur Aufspaltung besteht jedoch darin, dass die gewerbesteuerlichen der übertragenden Körperschaft (Verlustvorträge und laufende Verluste) nicht vollständig untergehen, sondern nur anteilig vermindert werden (§§ 15 Abs. 3, 19 Abs. 2 UmwStG). Der Unterschied zur Aufspaltung erklärt sich daraus, dass die übertragende Körperschaft bei der Abspaltung bestehen bleibt, während sie bei der Aufspaltung vollständig untergeht. In welcher Höhe die gewerbesteuerliche Verluste der übertragenden Körperschaft infolge der Abspaltung zu vermindern sind, ist im Gesetz nicht (mehr) geregelt. § 15 Abs. 4 Satz 1 UmwStG a.F. hatte hierfür auf den Spaltungsschlüssel abgestellt. Zwar ist diese Regelung im Rahmen des SEStEG abgeschafft worden. Es ist jedoch davon auszugehen, dass der Gesetzgeber inhaltlich an der Regelung festhalten wollte. Damit ist für die Verminderung des Verlustabzugs bei der übertragenden Gesellschaft auch weiterhin auf den Spaltungsschlüssel abzustellen.[89] Die bei der übertragenden Gesellschaft bestehenden Verluste sind demnach auf Grundlage des Verhältnisses der übergehenden Vermögensteile zu dem bei der übertragenden Körperschaft insgesamt vorhandenen Vermögen vor der Abspaltung aufzuteilen. Dieses Umtauschverhältnis wird üblicherweise im Spaltungsvertrag bzw. Spaltungsplan angegeben. Nur insoweit als das Umtauschverhältnis im Spaltungsvertrag bzw. Spaltungsplan nicht dem Verhältnis der übergehenden Vermögensteile zu dem vor der Spaltung bei der übertragenden Gesellschaft bestehenden Vermögen entspricht, ist auf das Verhältnis der gemeinen Werte der übergehenden Vermögensteile zu dem vor der Spaltung vorhandenen Vermögen maßgebend.

> **Beispiel:**

Die A-GmbH verfügt über zwei Teilbetriebe TB 1 und TB 2 und hat einen gewerbesteuerlichen Verlustvortrag i.H.v. € 100.000. Dieser Verlustvortrag wurde ausschließlich durch TB 1 verursacht.

TB 1 soll auf B-GmbH abgespalten werden. Der gemeine Wert des Vermögens der A-GmbH beträgt € 4 Mio. Davon entfallen € 1 Mio. auf TB 1 und € 3 Mio. auf TB 2.

---

89   Dötsch in: Dötsch/Jost/Pung/Witt, UmwStG, vor § 15 Rn 4.

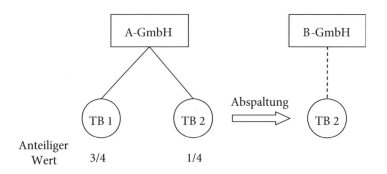

Nach der Abspaltung des TB 1 kann die A-GmbH ihren Verlustvortrag nur noch in Höhe von € 75.000 fortführen. In Höhe des Anteils des TB 1 am Gesamtvermögen der A-GmbH geht Verlustvortrag auf Ebene der abspaltenden Gesellschaft verloren ((€ 1 Mio./. € 4 Mio.) x € 100.000 = € 25.000), obwohl der abgespaltene TB 2 überhaupt keine Verluste verursacht hatte.

bb) Personengesellschaft auf Körperschaft

Die Auf- und Abspaltung einer Personenhandelsgesellschaft auf eine Kapitalgesellschaft stellt in steuerlicher Hinsicht einen Einbringungsvorgang dar. Die Auswirkungen dieser Spaltungen auf die gewerbesteuerlichen Verluste sind daher im Abschnitt über Einbringungen behandelt.   44

b) Auf- und Abspaltungen auf Personengesellschaften

aa) Körperschaft auf Personengesellschaft

Die Auswirkungen der Auf- oder Abspaltung einer Körperschaft auf eine Personengesellschaft auf die gewerbesteuerlichen Verluste richten sich nach § 18 UmwStG. Ein bei der Spaltung entstehender Übertragungsverlust wird für gewerbesteuerliche Zwecke folglich nicht berücksichtigt. Ferner gehen sämtliche gewerbesteuerlichen Verluste infolge der Spaltung unter.[90]   45

bb) Personengesellschaft auf Personengesellschaft

Auf- und Abspaltungen von Personengesellschaften auf Personengesellschaften sind für steuerliche Zwecke als Einbringungen im Sinne des § 24 UmwStG und nicht nach § 16 Abs. 3 EStG zu behandeln. Dies folgt nach unserer Auffassung aus § 1 Abs. 3 Nr. 1 UmwStG, wonach die Auf- und Abspaltung von Personenhandelsgesellschaften nunmehr ausdrücklich dem Regelungsbereich des UmwStG unterworfen werden.[91] Da § 24 UmwStG demnach anwendbar ist, wird § 16 Abs. 3 Satz 2 EStG verdrängt.   46

3. Verlustnutzung bei Ausgliederungen

Ausgliederungen sind in steuerlicher Hinsicht als Einbringungen zu behandeln. Die steuerlichen Konsequenzen richten sich folglich nach §§ 20 ff. UmwStG und den allgemeinen steuerlichen Regelungen.   47

---

90 Abschn. 68 Abs. 4 Satz 4 GewStR.
91 Zur Rechtslage vor dem SEStEG vgl. Schmitt in: Schmitt/Hörtnagl/Stratz, § 24 Rn 272.

III.   Einbringungsvorgänge

1.   Merkmale einer Einbringung

48   Die Einbringung von Wirtschaftsgütern in Kapital- oder Personengesellschaften richtet sich nach § § 20 ff. UmwStG, sofern Gegenstand der Einbringung (Teil-)Betriebe oder Mitunternehmeranteil (Sacheinlage) bzw. Kapitalgesellschaftsanteile (Anteilstausch) sind und die Einbringung gegen Gewährung neuer Anteile erfolgt.[92] Alle übrigen Einbringungsvorgänge, also z.B. die Übertragung von Einzelwirtschaftsgütern oder die Übertragung in Einzelunternehmen, richtet sich nach den allgemeinen ertragsteuerlichen Grundsätzen, insbesondere § 6 Abs. 3 ff. EStG. Gewerbesteuerliche Verluste gehen in diesen letztgenannten Fällen nicht über. Deshalb wird nachfolgend werden nachfolgend nur die vom UmwStG erfassten Fälle der Einbringung behandelt.

2.   Einbringung in Körperschaften

a)   Nutzung der durch die Einbringung entstehenden Verluste

49   Die Einbringung kann bei dem übertragenden Rechtsträger, beispielsweise aufgrund der Übertragungskosten, zu einem Übertragungsverlust führen. Wie ein solcher Verlust für gewerbesteuerliche Zwecke zu behandeln ist, hängt davon ab, durch wen eingebracht wird. Bei einer Einbringung durch eine natürliche Person wird der Einbringungsverlust beim Gewerbeertrag des Einbringenden nicht berücksichtigt. Dagegen gehört ein Einbringungsverlust bei der Einbringung durch eine Körperschaft zum Gewerbeertrag der einbringenden Körperschaft und wird bei dieser nach den allgemeinen Vorschriften behandelt. Dies kann dazu führen, dass ein Teil des Einbringungsverlusts infolge von § 8b KStG auch für gewerbesteuerliche Zwecke nicht berücksichtigt wird und zwar insoweit, als der Einbringungsgewinn auf eingebrachte Kapitalgesellschaftsanteile entfällt. Bei der Einbringung durch eine gewerbliche Mitunternehmerschaft ist der Einbringungsverlust nur zu berücksichtigen, wenn und soweit keine natürlichen Personen unmittelbar als Mitunternehmer an der einbringenden Gesellschaft beteiligt ist.

b)   Nutzung der bei den beteiligten Rechtsträgern vorhandenen Verluste

50   Verfügt die übertragende Gesellschaft bzw. natürliche Person über Verlustvorträge, gehen diese bei der Einbringung nicht auf die aufnehmende Gesellschaft über (§ 23 Abs. 5 UmwStG). Die übernehmende Körperschaft kann etwaige gewerbesteuerliche Verlustvorträge der übertragenden Gesellschaft bzw. natürlichen Person folglich nicht nutzen.

§ 23 Abs. 5 UmwStG schließt jedoch lediglich den Übergang der Verlustvorträge aus. Die Verlustvorträge gehen nicht etwa unter, sondern bleiben bei der übertragenden Gesellschaft bzw. natürlichen Person zurück. Die Nutzung der Verlustvorträge beim übertragenden Rechtsträger wird

---

92   Übersichten zu den von §§ 20 ff. UmwStG im Einzelnen erfassten Fällen finden sich bei Schmitt in: Schmitt/Hörtnagl/Stratz, vor §§ 20 - 23 Rn 2.

durch § 23 Abs. 5 UmwStG ebenfalls nicht eingeschränkt. Dies ist vielmehr nach den allgemeinen Grundsätzen des § 10a GewStG zu beurteilen.

Handelt es sich um eine Einbringung durch eine Körperschaft, bleiben die gewerbesteuerlichen Verlustvorträge der übertragenden Körperschaft durch die Einbringung grundsätzlich unberührt und können bei der Körperschaft weiterhin genutzt werden. Einschränkungen können sich insoweit lediglich aus § 10a GewStG i.V.m. § 8c KStG bzw. § 8 Abs. 4 KStG ergeben. Sind die Verlustvorträge durch den eingebrachten Betrieb entstanden, sind die bei der übertragenden Körperschaft verbliebenen Verlustvorträge bei dieser auch nach der Einbringung noch nutzbar. Eine Fortführung des verlustverursachenden Betriebs ist bei einer Körperschaft nicht erforderlich, da der Grundsatz der Unternehmensidentität bei Körperschaften durch die Anwendung des § 8c KStG bzw. § 8 Abs. 4 KStG verdrängt wird. Die Verlustvorträge der übertragenden Körperschaft können demnach auch zur Verrechnung mit Gewinnen aus einer erst nach der Einbringung aufgenommenen Tätigkeit genutzt werden, soweit die Grundsätze des § 10a GewStG i.V.m. § 8c KStG bzw. § 8 Abs. 4 KStG gewahrt bleiben.

Bei einer Einbringung durch eine natürliche Person bzw. Personengesellschaft wird die Einbringung dagegen aufgrund der in diesen Fällen zu beachtenden Unternehmens- und Unternehmeridentität oftmals zu einem (zumindest teilweisen) Untergang der beim Einbringenden bestehenden Verlustvorträge führen. Bei der Einbringung des gesamten Betriebs der natürlichen Person bzw. Personengesellschaft gehen die bestehenden Verlustvorträge des Einbringenden in vollem Umfang unter, da der Grundsatz der Unternehmensidentität dann nicht mehr gewahrt werden kann.[93] Wird dagegen ein Teilbetrieb eingebracht, setzt die weitere Nutzung der gewerbesteuerlichen Verlustvorträge des Einbringenden voraus, dass der Einbringende den verlustverursachenden Betrieb nach der Einbringung tatsächlich fortführt. Die ist nach dem Gesamtbild der Verhältnisse des jeweiligen Einzelfalls unter Berücksichtigung der Verkehrsanschauung zu entscheiden.

Die Nutzung etwaiger eigener Verlustvorträge der aufnehmenden Körperschaft wird durch § 23 Abs. 5 UmwStG ebenfalls nicht berührt. Diese Verlustvorträge bleiben vielmehr grundsätzlich bestehen und können zur Verlustverrechnung genutzt werden. So kann beispielsweise ein aus dem aufgenommenen Vermögen entstehender Gewinn mit den Verlustvorträgen aus dem Betrieb der aufnehmenden Körperschaft verrechnet werden. Zu berücksichtigen ist allerdings, dass die Einbringung nach § 10a GewStG i.V.m. § 8c KStG bzw. § 8 Abs. 4 KStG zu einem Untergang der eigenen Verlustvorträge der aufnehmenden Gesellschaft führen kann. Denn die im Rahmen der Einbringung ausgegebenen neuen Anteile an der aufnehmenden Körperschaft können einen Anteilseignerwechsel im Sinne des § 8c KStG bzw. § 8 Abs. 4 KStG bewirken. Zudem stellt das übertragene Vermögen eine Betriebsvermögenszuführung im Sinne des § 8 Abs. 4 KStG dar.

Werden bei der Einbringung Mitunternehmeranteile übertragen, gehen die gewerbesteuerlichen Verlustvorträge der Mitunternehmerschaft insoweit unter, als sie dem Mitunternehmer, der seine Anteile einbringt, zuzurechnen waren. Mit der Einbringung scheidet nämlich dieser Mitunternehmer aus der Personengesellschaft aus und die aufnehmende Körperschaft tritt in die Personengesellschaft ein. Nach dem Grundsatz der Unternehmeridentität kann der auf den ausscheidenden Mitunternehmer entfallende Anteil am Verlustvortrag bei der Mitunternehmerschaft zukünftig nicht mehr genutzt werden.

---

93 Abschn. 68 Abs. 3 Satz 7 Nr. 5 Satz 7 GewStR zur Verschmelzung einer Personen- auf eine Kapitalgesellschaft und zum Formwechsel einer Personen- in eine Kapitalgesellschaft. Beide Umstrukturierungsmaßnahmen werden für steuerliche Zwecke wie eine Einbringung behandelt.

3. Einbringung in Personengesellschaften

a) Nutzung der durch die Einbringung entstehenden Verluste

51 Entsteht durch die Einbringung beim einbringenden Rechtsträger ein Einbringungsverlust, so ist die gewerbesteuerliche Behandlung dieses Verlusts – wie bei der Einbringung in Körperschaften – davon abhängig, wer einbringt.

Bringt eine natürliche Person einen Betrieb oder seinen gesamten Mitunternehmeranteil ein, ist ein dabei entstehender Einbringungsgewinn bzw. -verlust grundsätzlich als Veräußerungsgewinn/-verlust zu behandeln. Als solcher unterliegt er nicht der Gewerbesteuer.[94] Ist der einbringende Rechtsträger eine Kapitalgesellschaft, unterliegt ein Einbringungsgewinn der Gewerbesteuer. Dementsprechend ist ein Einbringungsverlust bei der Gewerbesteuer zu berücksichtigen. Dies gilt allerdings insoweit nicht, als der Einbringungsgewinn bzw. -verlust auf der Einbringung von Kapitalgesellschaftsanteilen beruht und deshalb nach § 8b KStG, der auch für gewerbesteuerliche Zwecke zu berücksichtigen ist, steuerfrei sind. Bei einer Einbringung durch eine gewerbliche Mitunternehmerschaft ist ein Einbringungsverlust, der Einbringung in eine Kapitalgesellschaft entsprechend, nur insoweit bei der Gewerbesteuer zu berücksichtigen, als keine natürlichen Personen unmittelbar als Mitunternehmer an der einbringenden Gesellschaft beteiligt ist.

b) Nutzung der bei den beteiligten Rechtsträgern vorhandenen Verluste

52 Zum Übergang und zur Nutzung gewerbesteuerlicher Verlustvorträge bei der Einbringung in Personengesellschaften trifft das UmwStG keine Aussage. § 23 Abs. 5 UmwStG, die den Übergang von Verlustvorträgen bei der Einbringung in Körperschaften ausschließt, gilt bei der Einbringung in Personengesellschaften nicht. Der Übergang der gewerbesteuerlichen Verlustvorträge der übertragenden Gesellschaft bzw. natürlichen Person sowie die weitere Nutzbarkeit dieser Verluste bei der aufnehmenden Personengesellschaft sind demnach ausschließlich nach den allgemeinen gewerbesteuerlichen Grundsätzen zu beurteilen.

Bringt eine Kapitalgesellschaft ihren gesamten Betrieb ein, geht der gesamte Verlustvortrag der übertragenden Kapitalgesellschaft auf die übernehmende Personengesellschaft über und kann bei dieser insoweit genutzt werden, als die einbringende Kapitalgesellschaft nach der Einbringung an der Personengesellschaft beteiligt ist.[95] Wird dagegen nur ein Teilbetrieb eingebracht, bleibt der gewerbesteuerliche Verlustvortrag der übertragenden Kapitalgesellschaft in vollem Umfang bei dieser zurück und geht nicht auf die übernehmende Personengesellschaft über. Bei der einbringenden Kapitalgesellschaft kann der zurückbleibende gewerbesteuerliche Verlustvortrag mit den Gewinnen aus dem restlichen, zurückbleibenden Betrieb verrechnet werden.

Bei einer Einbringung durch eine natürliche Person geht ebenfalls der gesamte Verlustvortrag über. Er ist auf Ebene der aufnehmenden Personengesellschaft jedoch im jeweiligen Erhebungszeitraum nur insoweit abziehbar, als der Einbringende nach dem Gewinn- und Verlustvertei-

---

94 Zur Frage, wann ein Einbringungsgewinn als laufender Gewinn zu behandeln ist und damit der Gewerbesteuer unterliegt, vgl. Rn 24.17 UmwSt-Erlass und kritisch dazu Patt in: Dötsch/Jost/Pung/Witt, UmwStG n.F., § 24 Rn 146 i.V.m. § 24 Rn 137.
95 Abschn. 68 Abs. 4 Satz 6 i.V.m. Abschn. 68 Abs. 2 GewStR.

lungsschlüssel an der aufnehmenden Mitunternehmerschaft beteiligt ist.[96] Ist der Verlustvortrag im Einzelunternehmen des Einbringenden entstanden, gehen die Verlustvorträge in voller Höhe auf die übernehmende Personengesellschaft über. Erzielt die aufnehmende Personengesellschaft einen Gewinn, ist eine Verlustverrechnung mit dem auf die Personengesellschaft übergegangenen Verlustvorträgen allerdings jeweils nur in Höhe der Beteiligung des Einbringenden an der Personengesellschaft möglich.

Bei einer Einbringung durch eine Personengesellschaft gehen die Verlustvorträge der übertragenden Gesellschaft nur insoweit auf die übernehmende Personengesellschaft über, als an der übertragenden Gesellschaft dieselben Gesellschafter beteiligt sind wie an der übernehmenden Personengesellschaft.[97]

Die Nutzung der übergehenden Verluste ist bei einer Einbringung durch eine natürliche Person oder Personengesellschaft darüber hinaus nur dann möglich, wenn der eingebrachte Betrieb bei der aufnehmenden Personengesellschaft fortgeführt wird. Wird nicht der gesamte Betrieb, sondern ein Teilbetrieb eingebracht, ist dieser fortzuführen. Allerdings kann bei der Einbringung eines Teilbetriebs nur der (anteilige) Verlustvortrag auf die aufnehmende Personengesellschaft übergehen, der in dem eingebrachten Teilbetrieb entstanden ist. Auch dies ist eine Konsequenz des Grundsatzes der Unternehmensidentität.

IV.   Formwechsel

1.   Merkmale des Formwechsels

Der Formwechsel ist dadurch gekennzeichnet, dass ein Rechtsträger seine Rechtsform ändert, **53** wobei jedoch seine rechtliche Identität und grundsätzlich auch der Kreis seiner Anteilsinhaber gewahrt bleibt.

2.   Verlustnutzung beim Formwechsel in eine Kapitalgesellschaft

a)   Formwechsel einer Personengesellschaft in eine Kapitalgesellschaft

Der Formwechsel einer Personengesellschaft in eine Kapitalgesellschaft oder Genossenschaft ist gem. § 25 UmwStG für steuerliche Zwecke wie eine Einbringung zu behandeln. Für steuerliche Zwecke wird folglich der identitätswahrende Charakter des Formwechsels nicht in vollem Umfang nachvollzogen. Dies ist eine Konsequenz daraus, dass Personen- und Kapitalgesellschaften unterschiedlichen Besteuerungssystemen unterliegen.

---

96   Abschn. 68 Abs. 2 Satz 2 GewStR.
97   Abschn. 68 Abs. 3 Satz 7 Nr. 5 Satz 1 GewStR.

6

aa)   Nutzung der durch den Formwechsel entstehenden Verluste

Da der Formwechsel einer Personengesellschaft in eine Kapitalgesellschaft für steuerliche Zwecke als Einbringung zu behandeln ist, gelten die Ausführungen zur Einbringung in eine Kapitalgesellschaft entsprechend.

bb)   Nutzung der bei den beteiligten Rechtsträgern vorhandenen Verluste

Beim Formwechsel einer Personengesellschaft in eine Kapitalgesellschaft geht ein vortragsfähiger Fehlbetrag im Sinne des § 10a GewStG unter (§ 25 Satz 1 i.V.m. § 23 Abs. 5 UmwStG).

§§ 23 Abs. 5, 25 Satz 1 UmwStG betreffen jedoch nur die Ebene der formwechselnden Personengesellschaft selbst. Ist diese Gesellschaft an einer weiteren Personengesellschaft beteiligt, die über gewerbesteuerliche Verlustvorträge verfügt, bleiben die Verlustvorträge der Untergesellschaft durch den Formwechsel der Obergesellschaft in eine Kapitalgesellschaft unberührt.[98] Durch den Formwechsel bleibt die Unternehmeridentität der Untergesellschaft unberührt. Da die zivilrechtliche Identität der formwechselnden (Ober-) Gesellschaft bestehen bleibt, bewirkt der Formwechsel der Obergesellschaft keinen Gesellschafterwechsel bei der Untergesellschaft. Damit bleibt deren Unternehmeridentität unberührt.

> **Beispiel:**
>
> Die A-OHG und die C-GmbH sind zu jeweils 50 % an der B-OHG beteiligt. Die A-OHG wird im Wege des Formwechsels in die A-GmbH umgewandelt.

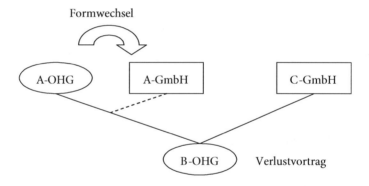

Durch den Formwechsel der A-OHG bleibt die Unternehmeridentität der B-OHG unberührt.

b)   Formwechsel einer Kapitalgesellschaft in eine Kapitalgesellschaft

54   Der Formwechsel einer Kapitalgesellschaft in eine Kapitalgesellschaft führt dagegen nicht zum Untergang gewerbesteuerlicher Verluste. In diesen Fällen vollzieht das Steuerrecht vielmehr den identitätswahrenden Charakter der handelsrechtlichen Umwandlung nach, so dass sich aus dem Umwandlungsvorgang keine unmittelbaren steuerlichen Konsequenzen ergeben, auch nicht in Bezug auf etwaige gewerbesteuerliche Verluste.[99]

---

98   OFD Düsseldorf v. 12.10.2000, G 1422 A – St 131, GmbHR 2000, 1218; Patt in: Dötsch/Jost/Pung/Witt, UmwStG n.F., § 25 Rn 37.
99   Abschn. 68 Abs. 4 Satz 1 GewStR.

3.   Verlustnutzung beim Formwechsel in eine Personengesellschaft

a)   Formwechsel einer Körperschaft in eine Personengesellschaft

Die gewerbesteuerlichen Folgen des Formwechsels einer Körperschaft in eine Personengesell-   55
schaft richten nach § 18 Abs. 1 Satz 2 UmwStG. Das bedeutet, dass ein Übertragungsverlust in gewerbesteuerlicher Hinsicht unberücksichtigt bleibt. Zudem gehen sämtliche gewerbesteuerlichen
Verluste der formwechselnden Körperschaft unter.[100]

b)   Formwechsel einer Personengesellschaft in eine Personengesellschaft

Der Formwechsel einer Personengesellschaft in eine andere Persongesellschaft ist vom UmwStG   56
nicht erfasst. Das Schicksal gewerbesteuerlicher Verluste der formwechselnden Gesellschaft richtet sich daher nach den allgemeinen gewerbesteuerlichen Regelungen, insbesondere § 10a GewStG.
Die Unternehmeridentität wird durch den Formwechsel einer Personengesellschaft in eine andere Personengesellschaft nicht berührt. Vor und nach dem Formwechsel steht das Recht auf Verlustabzug den Gesellschaftern zu.[101] Demnach bleiben die gewerbesteuerlichen Verlustvorträge
der formwechselnden Gesellschaft erhalten, wenn der Betrieb tatsächlich fortgeführt wird und
damit auch die Unternehmensidentität gewahrt wird.

Dies gilt allerdings nicht, soweit der Formwechsel nicht mit der Aufnahme neuer Gesellschafter
verbunden ist, beispielsweise beim Formwechsel einer OHG in eine KG durch Hinzutreten eines
Kommanditisten.

V.   Anwachsung

1.   Merkmale der Anwachsung

Auch die Anwachsung lässt sich in der Praxis als Umstrukturierungsinstrument nutzen. Tritt ein   57
Gesellschafter einer Personengesellschaft aus dieser aus, geht das Vermögen des ausscheidenden
Gesellschafters im Wege der Gesamtrechtsnachfolge auf die den übrigen Gesellschafter über,
§ 738 Abs. 1 Satz 1 BGB. Diesen Übergang nennt man Anwachsung. Bei einer Zwei-Personen-
Gesellschaft führt die Anwachsung dazu, dass die Personengesellschaft aufgelöst wird und das
Geschäft der Gesellschaft auf den letzten Gesellschafter übergeht. Dies kann beispielsweise dazu
genutzt werden, um eine GmbH & Co. KG in eine GmbH umzuwandeln.

---

100 Abschn. 68 Abs. 4 Satz 4 GewStR.
101 Abschn. 68 Abs. Abs. 3 Satz 7 Nr. 5 Satz 6 GewStR.

2.   Anwachsung auf eine natürliche Person oder eine Kapitalgesellschaft

58   Wird der Betrieb einer Personengesellschaft infolge einer Anwachsung auf eine natürliche Person übertragen, die den Betrieb als Einzelunternehmen fortführt, so gehen die bestehenden gewerbesteuerlichen Verlustvorträge der Personengesellschaft insoweit mit über, als der Fehlbetrag im Jahr seiner Entstehung auf den verbliebenen Gesellschafter (= Einzelunternehmer) entfiel. Insoweit ist die erforderliche Unternehmeridentität gewahrt, da Träger des Rechts auf Verlustabzug bei der Personengesellschaft nicht die Gesellschaft selbst, sondern der jeweilige Gesellschafter ist. Die auf die zwischenzeitlich ausgeschiedenen Gesellschafter entfallenden Anteile an den Verlustvorträgen gehen mangels Unternehmeridentität verloren.

Die auf den verbleibenden Gesellschafter übergehenden Verlustvorträge können in dessen Einzelunternehmen nur dann genutzt werden, wenn auch der Grundsatz der Unternehmensidentität gewahrt wird. Dies setzt voraus, dass die Identität des übergehenden Betriebs innerhalb der Gesamttätigkeit der aufnehmenden Gesellschaft gewahrt bleibt. Der Betrieb der (aufgelösten) Personengesellschaft muss folglich im Rahmen des Betriebs des aufnehmenden Gesellschafters unter wirtschaftlichen, organisatorischen und finanziellen Gesichtspunkten tatsächlich fortgeführt werden.

Geht bei der Anwachsung der Betrieb der Personengesellschaft auf eine Kapitalgesellschaft als letzten verbleibenden Gesellschafter über, können die Verlustvorträge der Personengesellschaft bei der Kapitalgesellschaft insoweit genutzt werden, als die Kapitalgesellschaft als Mitunternehmerin im Entstehungsjahr der Verluste an der Personengesellschaft beteiligt war. Im Übrigen richtet sich der Fortbestand der gewerbesteuerlichen Verlustvorträge ausschließlich nach § 10a GewStG i.V.m. § 8c KStG bzw. § 8 Abs. 4 KStG. Eine tatsächliche Fortführung des auf die Kapitalgesellschaft angewachsenen Betriebs ist nicht erforderlich, da der Grundsatz der Unternehmensidentität durch die Verweisung auf § 8c KStG bzw. § 8 Abs. 4 KStG verdrängt wird. Dies gilt unseres Erachtens auch für die durch Anwachsung übergehenden Verluste, da das Gesetz insoweit nicht differenziert.[102] Im Hinblick auf § 8 Abs. 4 KStG ist allerdings zu berücksichtigen, dass die Anwachsung bei der aufnehmenden Kapitalgesellschaft zu einer Zuführung von Betriebsvermögen führt.

3.   Anwachsung auf Personengesellschaften

59   Besonderheiten sind in doppelstöckigen Personengesellschaftsstrukturen zu berücksichtigen, d.h. in Fällen, in denen das Vermögen einer Personengesellschaft auf eine andere Personengesellschaft anwächst.

Ist eine Personengesellschaft (Obergesellschaft) an einer weiteren Personengesellschaft beteiligt (Untergesellschaft), so steht das Recht auf Verlustabzug nach der Rechtsprechung des BFH der Obergesellschaft und nicht den Gesellschaftern der Obergesellschaft zu.[103] Wächst das Vermögen der Untergesellschaft infolge des Ausscheidens des vorletzten Gesellschafters der Untergesellschaft bei der Obergesellschaft an, führt dies zu einem vollständigen Unternehmerwechsel und

---

102   Anderer Ansicht jedoch Kleinheisterkamp in: Lenski/Steinberg, § 10a Rn 43 der den Grundsatz der Unternehmensidentität auf den im Rahmen der Anwachsung übertragenen Betrieb anwenden will und dementsprechend eine Fortführung dieses Betriebs im Gesamtbetrieb der aufnehmenden Körperschaft verlangt.

103   BFH-Beschluß v. 03.05.1993, GrS 3/92, BStBl II 1993, 616.

damit zu einem Untergang der auf die Obergesellschaft entfallenden Verlustvorträge.[104] Etwaige Verlustvorträge der Obergesellschaft bleiben dagegen bestehen, da der Grundsatz der Unternehmeridentität gewahrt bleibt.

> **Beispiel:**
>
> An der D-OHG sind die C-OHG und die natürliche Person E beteiligt. E veräußert ihren Mitunternehmeranteil an die C-OHG, wodurch das Vermögen der D-OHG der C-OHG anwächst. Durch den vollständigen Unternehmerwechsel geht ein Verlustvortrag der D-OHG gänzlich verloren.

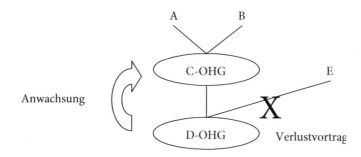

Wird der Betrieb der Obergesellschaft im Wege der Anwachsung auf eine natürliche Person oder Kapitalgesellschaft als letzten verbleibenden Gesellschafter der Obergesellschaft übertragen, gehen die Verlustvorträge der Obergesellschaft grundsätzlich auf den verbleibenden Gesellschafter über. Ist der verbleibende Gesellschafter eine natürliche Person, gilt dies allerdings nur insoweit, als die Verlustvorträge dem Gesellschafter im Entstehungsjahr zuzuweisen waren. Denn nur insoweit ist der Grundsatz der Unternehmeridentität gewahrt. Zudem muss der Gesellschafter den auf sein Einzelunternehmen übergehenden Betrieb tatsächlich fortführen, um auch dem Grundsatz der Unternehmensidentität zu genügen. Bei einer Anwachsung auf eine Kapitalgesellschaft richtet sich die Nutzbarkeit der Verlustvorträge der übergehenden Obergesellschaft dagegen ausschließlich nach § 10a GewStG i.V.m. § 8c KStG bzw. § 8 Abs. 4 KStG. Auch hier gehen die Verlustvorträge der untergehenden Personengesellschaft allerdings nur insoweit auf die Kapitalgesellschaft als letzte verbleibende Gesellschafterin über, als dieser die Verlustvorträge der Personengesellschaft im Entstehungsjahr zuzurechnen waren.

In Bezug auf die Untergesellschaft führt die Anwachsung der Obergesellschaft zu einem Gesellschafterwechsel und damit zu einem Wechsel des Trägers des Rechts auf Abzug der bei der Untergesellschaft bestehenden Verlustvorträge. Nach den Grundsätzen der Rechtsprechung, wonach die Obergesellschaft Träger des Rechts auf Abzug der Verlustvorträge der Untergesellschaft ist, müsste die Anwachsung der Obergesellschaft zu einem Untergang der Verlustvorträge der Untergesellschaft führen, soweit die Verlustvorträge der Untergesellschaft der Obergesellschaft zuzurechnen waren.

VI.   Realteilung

Realteilung ist die Übertragung des Betriebsvermögens einer Personengesellschaft vom gemein-   60
schaftlichen Eigentum in das Alleineigentum der einzelnen Gesellschafter unter gleichzeitiger Auflösung der Gesellschaft. Werden dabei Betriebe, Teilbetrieb oder Mitunternehmeranteile

---

104 Kleinheisterkamp in: Lenski/Steinberg, § 10a Rn 61.

auf den Mitunternehmer übertragen, sind die diese beim Mitunternehmer zwingend mit ihrem Buchwert anzusetzen, sofern die Besteuerung der stillen Reserven sichergestellt ist (§ 16 Abs. 3 Satz 2 EStG).

Ob und inwieweit ein gewerbesteuerlicher Verlustvortrag, der auf Ebene der Personengesellschaft entstanden ist, nach der Realteilung von dem übernehmenden Gesellschafter genutzt werden kann, ist nach den allgemeinen gewerbesteuerlichen Grundsätzen zu beurteilen. Dies führt im Ergebnis dazu, dass der Verlustabzug mehrfach eingeschränkt wird.

Ein Abzug der Verluste der Personengesellschaft im Gewerbebetrieb des einzelnen Mitunternehmers ist nur dann möglich, wenn der übergehende Betriebsteil die Voraussetzungen eines ertragsteuerlichen Teilbetriebs erfüllt. Diesen Teilbetrieb muss der ehemalige Gesellschafter in seinem Einzelunternehmen auch tatsächlich fortführen, um dem Grundsatz der Unternehmensidentität zu genügen.

Sind diese Voraussetzungen erfüllt, ist der Verlustabzug in dem durch die Realteilung gegründeten Einzelunternehmen des vorherigen Gesellschafters dem Grunde nach gerechtfertigt. Die Höhe der nutzbaren Verluste ist allerdings beschränkt. Zum einen können nur im Einzelunternehmen des ehemaligen Gesellschafters nur die Verluste genutzt werden, die dem übergehenden Teilbetrieb auf Grundlage der Buchführung der untergehenden Personengesellschaft zugeordnet werden können.[105] Diese Verluste können ferner im Einzelunternehmen des vorherigen Gesellschafters nur in der Höhe genutzt werden, als sie im jeweiligen Verlustjahr nach dem Gewinn- und Verlustverteilungsschlüssel der Personengesellschafter auf den jetzigen Einzelunternehmer entfallen sind.[106] Denn nur in dieser Höhe ist hinsichtlich der Verluste der Grundsatz der Unternehmeridentität gewahrt.

Insgesamt ergibt sich bei der Realteilung folglich eine doppelte Einschränkung des Verlustabzugs. Auf das durch die Realteilung entstehende Einzelunternehmen des Gesellschafters gehen nur die Verluste über, die dem auf den Gesellschafter übergehenden (Teil-)Betrieb entsprechen. Dies gilt allerdings nur in Höhe der Quote, zu der der Gesellschafter im Entstehungsjahr des Verlusts nach dem in diesem Jahr geltenden Schlüssel zur Gewinn- und Verlustverteilung an den Verlusten des entsprechenden (Teil-)Betriebs beteiligt war.

Gehen im Rahmen der Realteilung Betriebsteile auf eine Kapitalgesellschaft als Mitunternehmerin über, gelten die vorgenannten Grundsätze entsprechend.

Gehören zum Betriebsvermögen der durch die Realteilung beendeten Personengesellschaft alle Anteile an einer Kapitalgesellschaft, erfolgt die Übertragung ebenfalls zum Buchwert, da die 100%-ige Beteiligung an der Kapitalgesellschaft als Teilbetrieb gilt. Etwaige gewerbesteuerliche Verlustvorträge der Kapitalgesellschaft gehen infolge der Realteilung unter, da die Realteilung einen 100%-igen Gesellschafterwechsel bei der Kapitalgesellschaft zur Folge hat.

D. Mehrstufige Organschaftsstrukturen und Verlustverrechnung

61 Bis zum Erhebungszeitraum 2003 konnte eine Organgesellschaft ihren vororganschaftlichen gewerbesteuerlichen Verlustvortrag während der Zeitdauer der gewerbesteuerlichen Organschaft

---

105 Abschn. 68 Abs. 3 Satz 7 Nr. 7 Satz 2 GewStR.
106 Abschn. 68 Abs. 3 Satz 7 Nr. 7 Satz 1 GewStR.

bei der Ermittlung ihres Gewerbeertrags abziehen.[107] Mit dem Gesetz zur Änderung des Gewerbesteuergesetzes und anderer Gesetze vom 23.12.2003 ist seit dem Erhebungszeitraum 2004 durch § 10a S. 3 GewStG die Verrechnung vororganschaftlicher Verluste während des Bestehens der gewerbesteuerlichen Organschaft ausgeschlossen.[108] Die Verluste sind während der Zeitdauer der Organschaft „eingefroren" und leben erst nach Beendigung des Organschaftsverhältnisses wieder auf.

Nach dem Wortlaut des § 10a S. 3 GewStG kann die Organgesellschaft den maßgebenden Gewerbeertrag nicht um Fehlbeträge kürzen, die sich vor dem rechtswirksamen Abschluss des Gewinnabführungsvertrages ergeben haben. Es stellt sich die Frage, welche Auswirkungen die gesetzliche Neuregelung der gewerbesteuerlichen Verlustverrechnung in mehrstufigen Organschaftsstrukturen hat, in denen ein Organträger gleichzeitig Organgesellschaft ist und vor dem Eintritt in die Organstellung gewerbesteuerliche Verluste erlitten hat.

> **Beispiel:[109]**
>
> Die B-GmbH ist seit vielen Jahren Organträger der C-GmbH. Die B-GmbH hat eigene vortragsfähige Verluste nach § 10a GewStG. Mit Wirkung zum Erhebungszeitraum 2007 tritt die B-GmbH als Organgesellschaft in ein Organschaftsverhältnis zur A-GmbH (Organträger). Das Organschaftsverhältnis zwischen B-GmbH und C-GmbH bleibt bestehen.
>
> Fraglich ist, ob die vortragsfähigen Verluste nach § 10a GewStG der B-GmbH während der Zeitdauer des Organschaftsverhältnisses mit der A-GmbH nutzbar sind.

> **Lösung bis zum Erhebungszeitraum 2003:**
>
> Bei mehrstufigen Organschaftsstrukturen werden die Gewerbeerträge stufenweise ermittelt und dem jeweiligen Organträger der nächsten Stufe zugerechnet. Ein positiver Gewerbeertrag der C-GmbH wird zunächst mit dem gewerbesteuerlichen Verlustvortrag der B-GmbH ausgeglichen. Darüber hinaus kann die B-GmbH einen verbleibenden gewerbesteuerlichen Verlustvortrag mit eigenen positiven Gewerbeerträgen verrechnen. Ausgeschlossen hingegen ist die Verrechnung des vor der Begründung des Organschaftsverhältnisses mit der A-GmbH entstandenen gewerbesteuerlichen Verlustvortrages der B-GmbH mit positiven Gewerbeerträgen der A-GmbH.

> **Lösung ab dem Erhebungszeitraum 2004:**
>
> Die Zurechnung von Gewerbeerträgen im Organkreis folgt nach der tatsächlichen Eingliederung, so dass die Gewerbeerträge stufenweise zuzurechnen sind.[110] Aufgrund dieser stufenweisen Ermittlung der Gewerbeerträge könnte angenommen werden, dass die B-GmbH in ihrer Eigenschaft als Organträger positive Gewerbeerträge der C-GmbH mit ihrem eigenen gewerbesteuerlichen Verlustvortrag verrechnen kann und der Verlustvortrag der B-GmbH nur insoweit eingefroren ist, als er während der Zeitdauer der Organschaft zwischen der B-GmbH (Organgesellschaft) und der A-GmbH (Organträger) nicht mit eigenen positiven Gewerbeerträgen der B-GmbH verrechnet werden kann. Dem steht aber die insoweit eindeutige Gesetzesformulierung des § 10a S. 3 GewStG entgegen, wonach die Organgesellschaft den maßgebenden Gewerbeertrag nicht um Fehlbeträge kürzen, die sich vor dem rechtswirksamen Abschluss des Gewinnabführungsvertrages ergeben haben, so dass eine Verlustnutzung ab dem Erhebungszeitraum 2004 ausgeschlossen sein dürfte.

---

107 BFH v. 23.01.1992, XI R 47/89, BStBl II 1992, 630; v. 17.02.1972, IV R 17/68, BStBl II 1972, 582; v. 31.01.1956, I 254/55 U, BStBl III 1956, 91.
108 BGBl I, 2922.
109 Das Beispiel ist dem der Verfügung der OFD Hannover v. 07.10.2003, DStR 2003, 1836 nachgebildet.
110 BFH v. 24.3.1998, I R 43/97, BStBl II 1998, 447.

§ 7 Die Steuerermäßigung bei Einkünften aus Gewerbebetrieb gem. § 35 EStG

A. Überblick zur gesetzlichen Regelung

1   Im Zusammenhang mit der deutlichen Senkung der Körperschaftsteuer für Kapitalgesellschaften wurde erstmals für das Veranlagungsjahr 2001 für Einzelunternehmer und Gesellschafter einer Personengesellschaft eine pauschale Anrechnung der Gewerbesteuer auf die Einkommensteuer in § 35 EStG eingeführt.[1]

Begünstigt von der Regelung sind unbeschränkt und beschränkt steuerpflichtige natürliche Personen mit Einkünften aus Gewerbebetrieb als

- Einzelunternehmer (§ 15 Abs. 1 S. 1 Nr. 1 EStG),
- unmittelbar oder mittelbar beteiligter Mitunternehmer i.S.v. § 15 Abs. 1 S. 1 Nr. 2 EStG,
- persönlich haftende Gesellschafter einer Kommanditgesellschaft auf Aktien mit ihren Gewinnanteilen (§ 15 Abs. 1 S. 1 Nr. 3 EStG).

Kapitalgesellschaften erhalten für ihre Gewinnanteile keine Steuerermäßigung gem. § 35 EStG, auch nicht als Mitunternehmer einer Personengesellschaft.

Die Regelung bezweckt im Wesentlichen, steuerliche Benachteiligungen von Personengesellschaften und Einzelunternehmen gegenüber Kapitalgesellschaften zu vermeiden (sog. Belastungsneutralität). Gewerbliche Einkünfte sollten nicht doppelt mit Gewerbesteuer und Einkommensteuer belastet werden, indem die Gewerbesteuer pauschaliert auf die Einkommensteuer des (Mit-)Unternehmers – unabhängig von der tatsächlichen gewerbesteuerlichen Belastung – angerechnet wird. Die Anrechnung erfolgt in Höhe des 1,8 (bzw. ab dem Veranlagungszeitraum 2008 des 3,8)-fachen des nach § 14 GewStG – jeweils für den dem Veranlagungszeitraum entsprechenden Erhebungszeitraum – festgesetzten (anteiligen) Gewerbesteuer-Messbetrags. Der erhöhte Anrechnungsfaktor von 3,8 ab 01.01.2008 ist als Kompensation für das Betriebsausgabenabzugsverbot der Gewerbesteuer vorgesehen. Damit verbleibt die Anrechnung der Gewerbesteuer als einzige Möglichkeit, eine Entlastung von der Gewerbesteuer zu erreichen.[2] Der Verweis auf den Gewerbesteuer-Messbetrag und nicht auf den Gewinn führt dazu, dass das Ermäßigungspotenzial durch Hinzurechnungen und Kürzungen gem. der §§ 8 und 9 GewStG beeinflusst wird. Umgekehrt resultieren aus der Ermäßigungsvorschrift für die Gewinnermittlung keine Folgen. Es handelt sich um eine reine Tarifermäßigungsvorschrift.

> **Beispiel:**
> Vergleich der Gesamtsteuerbelastungen mit und ohne Steuerermäßigung nach § 35 EStG für die Jahre 2007 und 2008 (Einzelunternehmen):

---

1   Mit Schreiben v. 12.01.2007 (AZ: IV B 2 – S-2296a-2/07, nachfolgend als BMF-Schreiben I/2007 bezeichnet), 19.09.2007 (AZ: IV B 2 – S-2296a/0 2007/0220243, nachfolgend als BMF-Schreiben II/2007 bezeichnet) und 15.05.2002 (IV A 5 – S 2296a – 16/02, DStR 2002, S. 906) hat die Finanzverwaltung zu wichtigen Fragen der Anwendung der pauschalierten Gewerbesteueranrechnung Stellung genommen. Die nachfolgende Darstellung bezieht sich insbesondere auf diese drei Schreiben.
2   Förster, DB 2007, 769.

	Erhebungszeitraum	
	2007 €	2008 €
Gewerbeetrag	150.000	170.300
Freibetrag	-24.500	-24.500
Verbleiben	125.500	145.800
GewSt-Messbetrag	5.075	5.103
Tarifliche ESt (Splittingtabelle 2007)	47.188	55.716
Anrechnung nach § 35 EStG (1,8 bzw. 3,8-facher GewSt-Messbetrag)	-9.135	-19.391
Festzusetzende Einkommensteuer	38.053	36.325

Im dargestellten Fall beträgt die Minderung der Einkommensteuer durch die Steuerermäßigung für das Jahr 2007 € 9.135 und für das Jahr 2008 sogar € 19.391. Zusätzlich wird der Solidaritätszuschlag für das Jahr 2007 um € 502 und für das Jahr 2008 um € 1.067 gemindert.[3]

Die Steuerermäßigung des § 35 EStG setzt bei der tariflichen Einkommensteuer an und kann demzufolge auch nur in Anspruch genommen werden, soweit die Einkommensteuer gem. § 32a EStG anteilig aus im zu versteuernden Einkommen enthaltenen gewerblichen Einkünften besteht. Die festzusetzende Einkommensteuer ist wie folgt zu ermitteln:[4]

1.   Einkommensteuer nach § 32a EStG (gem. Grund-/Splittingtabelle) unter Berücksichtigung des Progressionsvorbehalts gem. § 32b EStG
2. + Steuer aufgrund der Berechnung nach §§ 34, 34b EStG
3. = Tarifliche Einkommensteuer (§ 32a Abs. 1 und 5 EStG)
4. - Ausländische Steuern nach § 34c Abs. 1 und 6 EStG, § 12 AStG
5. - Steuerermäßigung nach § 35 EStG
6. - Steuerermäßigung nach § 34f EStG (Baukindergeld)
7. - Steuerermäßigung nach § 34g EStG (Parteispenden)
8. - Steuerermäßigung nach § 35a EStG (haushaltsnahe Beschäftigungsverhältnisse)
9. + Hinzuzurechnende Steuern (§ 34c Abs. 5, § 10 Abs. 5 EStG), Zuschläge, Zulagen, Kindergeld
10. = Festzusetzende Einkommensteuer (§ 2 Abs. 6 EStG)

Wie aus der Darstellung ersichtlich ist, wirkt sich die Steuerermäßigung nach § 35 EStG direkt auf die Höhe der festzusetzenden Einkommensteuer aus. Die Steuerermäßigung verändert dadurch auch die Bemessungsgrundlage des Solidaritätszuschlags (§ 3 Abs. 2 SolZG); für die Höhe der Kirchensteuer ist sie jedoch ohne Relevanz (§ 51a Abs. 2 S. 3 EStG). Dadurch, dass die Steuerermäßigung auf die Einkommensteuer beschränkt ist, die auf die gewerblichen Einkünfte entfällt, mindert sich die Steuerermäßigung durch Verlustabzüge nach § 10d EStG, durch Sonderausgaben und außergewöhnliche Belastungen und durch den Abzug von ausländischen Steuern nach § 34c EStG und § 12 AStG. Ein Verlustabzug nach § 10d EStG kann die Steuerermäßigung somit gänzlich verhindern, wenn er zu keiner Einkommensteuerschuld führt. Dies führt dazu, dass das Anrechnungspotenzial vollständig ins Leere läuft.

3 Bei dem Gewerbeertrag für den Erhebungszeitraum 2008 ist berücksichtigt, dass die Gewerbesteuer nicht mehr als Betriebsausgabe geltend gemacht werden kann.
4 Darstellung in R 2 Abs. 2 EStR 2005.

🛈 **Praxishinweis:**

Durch gezielte Verteilung des Verlustabzugs nach § 10d EStG kann ein vorhandenes Gewerbesteueranrechnungspotenzial genutzt werden.

B.   Ermittlung der anzurechnenden Gewerbesteuer

2   Nach § 35 EStG bemisst sich der auf die gewerblichen Einkünfte entfallende Anteil an der tariflichen Einkommensteuer, vermindert um die sonstigen Steuerermäßigungen mit Ausnahme der §§ 34f und 34g EStG, nach dem Verhältnis dieser (gewerblichen) Einkünfte zur Summe der Einkünfte. Zu bestimmen sind somit die gewerblichen Einkünfte gem. § 35 EStG (sog. begünstigte gewerbliche Einkünfte) und die auf die begünstigten gewerblichen Einkünfte entfallende Einkommensteuer.

I.   Bestimmung der begünstigten gewerblichen Einkünfte

3   Gewerbliche Einkünfte i.S.v. § 35 EStG sind nach Auffassung der Finanzverwaltung grundsätzlich nur solche i.S.v. § 15 EStG. Einkünfte im Sinne der §§ 16 und 17 EStG sind grundsätzlich nicht begünstigt; sie sind vorweg zu eliminieren.[5] Zu den gewerblichen Einkünften i.S.v. § 35 EStG gehören aber von diesem Grundsatz abweichend

- Gewerbesteuerpflichtige Gewinne i.S.v. § 16 Abs. 1 S. 1 Nr. 1 S. 2 EStG aus der Veräußerung einer 100 %-Beteiligung an einer Kapitalgesellschaft, wenn sie außerhalb einer Betriebsveräußerung oder Betriebsaufgabe erfolgt;
- gewerbesteuerpflichtige Veräußerungsgewinne, d.h. Gewinne, die nicht auf natürliche Personen als unmittelbar beteiligte Mitunternehmer entfallen (§ 7 S. 2 GewStG);
- Veräußerungsgewinne gem. § 16 EStG, die nach § 16 Abs. 2 S. 3 EStG als laufender Gewinn gelten (sog. Veräußerung an sich selbst);
- Gewinne aus der Veräußerung oder Aufgabe eines Teils eines Mitunternehmeranteils i.S.v. § 16 Abs. 1 S. 2 EStG.

Nicht zu den begünstigten Einkünften i.S.v. § 35 EStG gehören hingegen:

- Gewinne aus der Veräußerung und Aufgabe eines Betriebs gem. § 16 EStG (Ausnahme: Veräußerung einer 100% -Beteiligung an einer Kapitalgesellschaft);
- Veräußerungsgewinne gem. § 17 EStG;
- Gewerbliche Einkünfte, die nach § 3 Nr. 40 EStG steuerfrei sind;
- Nachträgliche Einkünfte aus Gewerbebetrieb gem. § 24 EStG, die nicht der Gewerbesteuer unterliegen;
- Gewerbliche Einkünfte, die nach § 3 GewStG gewerbesteuerfrei sind;
- Veräußerungsgewinne gem. § 21 UmwStG;
- Veräußerungs- und Aufgabegewinne nach § 18 Abs. 3 UmwStG i.d.F. des SEStEG;
- Gewerbliche Einkünfte aus Betriebsverpachtung.

---

5   BMF-Schreiben II/2007, Rn 10.

Gewerbliche Einkünfte für Zwecke des § 35 EStG sind somit auf gewerbesteuerpflichtige Einkünf-te beschränkt, die nicht von der Anwendung des § 35 EStG ausgeschlossen sind. Unschädlich für die Anwendung ist, wenn die Gewerbesteuer auf die gewerblichen Einkünfte, die unmittelbar der natürlichen Person zugeordnet sind, von einem Dritten getragen wird.[6]

Zur Ermittlung der gewerblichen Einkünfte i.S.v. § 35 EStG kommt der Berücksichtigung von Verlusten eine wichtige Rolle zu. Hierbei ist zu unterscheiden, ob es sich um gewerbliche Verluste, Verluste aus anderen Einkunftsarten, gewerbliche aber nicht für Zwecke der Gewerbesteuer rele-vante Verluste oder um Verluste des zusammenveranlagten Ehegatten handelt.

Erzielt ein Steuerpflichtiger gewerbliche Einkünfte (Gewinne und Verluste) aus mehreren Gewer-bebetrieben, ist für die Ermittlung der maßgeblichen gewerblichen Einkünfte nach Auffassung des Bundesfinanzhofs zunächst ein horizontaler Verlustausgleich in der Weise vorzunehmen, dass positive und negative gewerbliche Einkünfte gem. § 35 EStG auszugleichen sind.[7] Die Verluste mindern das Anrechnungspotenzial. In der Literatur wird hierfür eine betriebsbezogene Berück-sichtigung des Ermäßigungshöchstbetrags gefordert, so dass nicht zunächst ein Verlustausgleich zwischen gewerblichen Einkünften i.S.v. § 35 EStG stattfindet.[8]

Gewerbliche Verluste nach §§ 15 Abs. 4 und 15a EStG sind nur beschränkt ausgleichsfähig, d.h. sie dürfen nur mit Gewinnen aus gewerblicher Tierzucht oder Tierhaltung bzw. soweit kein negatives Kapitalkonto entsteht oder sich erhöht, verrechnet werden. Gewinne aus diesen Einkunftsarten wirken sich hingegen – ggf. gekürzt um entsprechende Verluste – voll auf die Höhe des zu ver-steuernden Einkommens aus. Der beschränkte Verlustausgleich mindert das gewerbesteuerliche Anrechnungspotenzial.

Nach bisheriger Auffassung der Finanzverwaltung waren Verluste aus anderen Einkunftsarten anteilig, d.h. im Verhältnis der positiven Einkünfte zueinander, mit den gewerblichen Einkünf-ten und anderen positiven Einkünften zu verrechnen.[9] Diese Auffassung wurde jedoch mit dem BMF-Schreiben II/2007 aufgegeben, wodurch sich die Finanzverwaltung der aktuellen Rechtspre-chung des BFH anschließt.

In seinem Urteil vom 27.9.2006 teilte der BFH grundsätzlich die ursprüngliche Auffassung der Finanzverwaltung, jedoch mit der Modifizierung einer vorrangigen Verrechnung der Verluste aus nicht gewerblichen Einkünften mit nicht gem. § 35 EStG begünstigten Einkünften.[10] Nach der Auf-fassung des BFH sind die gewerblichen Einkünfte Ausgangsgröße für die Ermittlung des Ermäßi-gungshöchstbetrags. Bei der Berechnung des Ermäßigungshöchstbetrags nach § 35 Abs. 1 EStG sind nur die gewerblichen Einkünfte zu berücksichtigen, die in dem zu versteuernden Einkom-men enthalten sind. Positive gewerbliche Einkünfte sind deshalb mit negativen (Beteiligungs-) Einkünften zu verrechnen (so genannter horizontaler Verlustausgleich). Für die Berechung des Ermäßigungshöchstbetrags ist auch der so genannte vertikale Verlustausgleich durchzuführen. Negative Einkünfte sind jedoch vorrangig mit nicht gem. § 35 EStG tarifbegünstigten Einkünften des Steuerpflichtigen bzw. – bei zusammen zur Einkommensteuer veranlagten Ehegatten – mit solchen des Ehegatten zu verrechnen. D.h. nur wenn solche nicht oder nicht in ausreichender Höhe zur Verfügung stehen, ist der Verlustausgleich in Abweichung zur Verwaltungsauffassung mit den tarifbegünstigten Einkünften durchzuführen. Diese Abweichung zur Verwaltungsauffas-sung begründet der BFH mit dem Willen des Gesetzgebers, gewerbliche Einkünfte von der Ge-werbesteuer zu entlasten.

6   Glanegger, in: Schmidt, § 35 EStG Rn 6.
7   BFH v. 27.9.2006, X-R-25/04, BFH/NV 2007, 811.
8   Glanegger, in: Schmidt, § 35 Rn 13.
9   BMF-Schreiben I/2007, Rn 13.
10   BFH v. 27.9.2006, X-R-25/04, BFH/NV 2007, 811.

Das nachfolgende Beispiel stellt die Folgen der unterschiedlichen Auffassungen dar.

▶ Beispiel:

	€	€
Einkünfte aus Gewerbebetrieb (§ 15 EStG)	400.000	
Einkünfte aus Vermietung und Verpachtung	400.000	
Einkünfte aus Kapitalvermögen	-150.000	
Summe der Einkünfte	650.000	

Verlustverrechnung (Auffassung)	BMF (bisher)	BFH
Einkünfte aus Vermietung und Verpachtung	400.000	400.000
./. Verluste aus Kapitalvermögen	-75.000	-150.000
verbleibende Einkünfte aus Vermietung und Verpachtung	325.000	250.000
Einkünfte aus Gewerbebetrieb (§ 15 EStG)	400.000	400.000
./. Verluste aus Kapitalvermögen	-75.000	0
verbleibende Einkünfte aus Gewerbebetrieb	325.000	400.000
= gewerbliche Einkünfte i.S.v. § 35 EStG		
Summe der Einkünfte	650.000	650.000

Liegen Verluste aus Gewerbebetrieb vor, die dem Grunde nach nicht gewerbesteuerpflichtig sind, waren diese Verluste nach bisheriger Auffassung der Finanzverwaltung ebenfalls anteilig im Verhältnis der gesamten positiven Einkünfte mit den nach § 35 EStG begünstigten Einkünften und positiven Einkünften aus anderen Einkunftsarten zu verrechnen. Auch für diesen Fall wendet die Finanzverwaltung nach dem aktuellen BMF-Schreiben vom 19.09.2007 den Meistbegünstigungsgrundsatz an. D.h. Verluste gem. § 16 EStG sind vorrangig mit Gewinnen aus anderen Einkünften (nicht nach § 35 EStG tarifbegünstigten Einkünften) zu verrechnen und erst danach noch verbleibende Verluste mindern die tarifbegünstigten Einkünfte i.S.v. § 35 EStG.

Erzielen beide Ehegatten gewerbliche Einkünfte i.S.v. § 35 EStG, werden die gewerblichen Einkünfte zu einem Betrag zusammengefasst. Die Reihenfolge und Ebene der Zusammenrechnung von Einkünften bei zusammenveranlagten Ehegatten ist jedoch strittig.[11] Auch für diesen Fall wird nach dem BMF-Schreiben II/2007 das Meistbegünstigungsprinzip nunmehr angewendet. Der Ausgleich von positiven und negativen Einkünften der beiden Ehegatten kann in der für sie günstigsten Weise erfolgen. Nachfolgend wird die bisherige und aktuelle Auffassung der Finanzverwaltung gegenüberübergestellt.

---

11   Glanegger in: Schmidt; § 35 Rn 13.

> Beispiel:

	Bisherige Auffassung der Finanzverwaltung		Aktuelle Auffassung der Finanzverwaltung	
	Ehemann	Ehefrau	Ehemann	Ehefrau
	€	€	€	€
Einkünfte aus GewB (§ 15 EStG)	100.000	50.000	100.000	50.000
Einkünfte aus GewB (§ 16 EStG)		-30.000		-30.000
Einkünfte aus Kapitalvermögen	40.000	40.000	40.000	40.000
Summe der Einkünfte	200.000		200.000	
Verlustverrechnung:				
Einkünfte aus Kapitalvermögen	40.000	40.000	40.000	40.000
./. Verluste aus GewB (§ 16 EStG)	-10.435		-30.000	
Verbleibende Einkünfte aus Kapitalvermögen	69.565		50.000	
Einkünfte aus GewB (§ 15 EStG)	100.000	50.000	100.000	50.000
./. Verluste aus GewB (§ 16 EStG)	-19.565		0	
Gewerbliche Einkünfte i.S.v. § 35 EStG	130.435		150.000	

Aufteilung der Verluste im Verhältnis der positiven Einkünfte zueinander:

30.000 x (40.000+40.000)/(100.000+50.000+40.000+40.000) = 10.435

30.000 x (100.000+50.000)/(100.000+50.000+40.000+40.000) = 19.565

II.   Anteilige Einkommensteuer auf die begünstigten gewerblichen Einkünfte

In einem zweiten Schritt wird zur Bestimmung des Ermäßigungshöchstbetrags die anteilig auf   4
die gewerblichen Einkünfte entfallende Einkommensteuer aus dem Verhältnis der anrechnungs-
begünstigten gewerblichen Einkünfte zur Summe aller Einkünfte jeweils nach Berücksichtigung
des Verlustausgleichs nach § 10d EStG ermittelt:[12]

$$\text{Tarifliche Einkommensteuer} \times \frac{\text{begünstigte gewerbl. Einkünfte}}{\text{Summe der Einkünfte}}$$

---

12 In der Literatur war lange Zeit umstritten, ob die gewerblichen Einkünfte ins Verhältnis zur Summe der Einkünfte oder zum zu versteuernden Einkommen gesetzt werden müssen. Der BFH in seinem Urteil v. 27.09.2006 und das BMF in den Schreiben v. 12.01.2007 sowie 19.9.2007 haben jedoch klargestellt, dass die Summe der Einkünfte für die Ermittlung maßgebend ist.

III. Pauschalierung der anzurechnenden Gewerbesteuer

5 ## 1. Rechtslage bis 31.12.2007

Die festgesetzte Einkommensteuer wird nach bis zum 31.12.2007 geltender Rechtslage um das 1,8fache des (anteiligen) nach § 14 GewStG festgesetzten Gewerbesteuer-Messbetrags (Anrechnungsvolumen) – maximal bis zu dem sich nach der oben beschriebenen Berechnung ergebenden Betrag der anteilig auf die gewerblichen Einkünfte entfallenden Einkommensteuer (vgl. Stufe 1, sog. Ermäßigungshöchstbetrag) – ermäßigt. Soweit der Ermäßigungshöchstbetrag das Anrechnungspotenzial (1,8fache des Gewerbesteuer-Messbetrags) unterschreitet, kommt es zu keiner Ermäßigung nach § 35 EStG (sog. Anrechnungsüberhang).

> Beispiele:

Bei einem Einzelunternehmer liegen folgende steuerrelevanten Sachverhalte vor:

	Beispiel 1 €	Beispiel 2 €	Beispiel 3 €
Einkünfte aus Gewerbebetrieb	50.000	50.000	50.000
Einkünfte aus VuV	0	15.000	-30.000
Sonderausgaben	10.000	10.000	10.000
Hinzurechnungen nach § 8 GewStG	15.000	15.000	15.000
Lösung:			
Gewinn aus Gewerbebetrieb nach § 7 GewStG	50.000	50.000	50.000
Hinzurechnungen nach § 8 GewStG	15.000	15.000	15.000
Gewerbeertrag	65.000	65.000	65.000
Freibetrag nach § 11 Abs. 1 GewStG	-24.500	-24.500	-24.500
Steuerpflichtiger Gewerbeertrag	40.500	40.500	40.500
Gewerbesteuer-Messbetrag	900	900	900
Berechnung der Steuerermäßigung nach § 35 EStG:			
Einkünfte aus Gewerbebetrieb	50.000	50.000	50.000
Einkünfte aus VuV	0	15.000	-30.000
Gesamtbetrag der Einkünfte	50.000	65.000	20.000
Sonderausgaben	-10.000	-10.000	-10.000
Zu versteuerndes Einkommen	40.000	55.000	10.000
Tarifliche ESt (Grundtabelle 2007)	9.223	15.186	398
./. 1,8facher GewSt-Messbetrag unter Beachtung des Ermäßigungshöchstbetrags	-1.620	-1.620	-398
Festzusetzende ESt	7.603	13.566	0
Ermäßigungshöchstbetrag	9.223	11.682	398

Beispiel 3 zeigt, dass durch die negativen Einkünfte aus Vermietung und Verpachtung Anrechnungspotenzial aufgrund des Ermäßigungshöchstbetrags verloren geht (sog. Anrechnungsüberhang).

Durch die Steuerermäßigung kann ein (Mit-)Unternehmer unter bestimmten Voraussetzungen sogar vollständig von der Gewerbesteuerbelastung befreit werden (sog. Vollentlastung). Unter Einbeziehung des Solidaritätszuschlags, einem Einkommensteuersatz in Höhe von 42 % und einer Gewerbesteuer-Messzahl von 5 % wird die Vollentlastung von der Gewerbesteuer (bei Rechtslage bis 31.12.2007) bei einem Hebesatz von 341 % erreicht.[13]

Bei geringeren Hebesätzen wird die Gewerbesteuerbelastung überkompensiert, bei übersteigenden Hebesätzen hingegen tritt keine vollständige Entlastung von der Gewerbesteuer ein (Anrechnungsüberhange). Die Regelung des § 35 EStG ist als Steuerermäßigung ausgestaltet, so dass – wie das obige Beispiel 3 zeigt – die Entlastung auf die tarifliche Einkommensteuer im maßgeblichen Veranlagungszeitraum beschränkt ist, soweit diese anteilig auf die im zu versteuernden Einkommen enthaltenen gewerblichen Einkünfte entfällt (relative Anrechnungsbeschränkung). Ein Vortrag bzw. Rücktrag von Anrechnungspotenzial ist nicht möglich.

2.   Rechtslage ab 01.01.2008

Ab dem Veranlagungszeitraum 2008 können Steuerpflichtige das 3,8fache des jeweils für den dem Veranlagungszeitraum entsprechenden Erhebungszeitraum festgesetzten (anteiligen) Steuermessbetrags auf die eigene Einkommensteuerschuld anrechnen.[14] Der Abzug des Einkommensteuerermäßigungsbetrags ist auf die tatsächlich zu zahlende Gewerbesteuer beschränkt (§ 35 Abs. 1 Satz 2 EStG in der ab 2008 geltenden Fassung), um Überentlastungen bei niedrigen Hebesätzen zu verhindern.[15]

Beispiel:

Vergleich der Gesamtsteuerbelastung in 2007 und 2008 bei einem Hebesatz von 400%:[16]

	2007	2008	
	€	€	€
ESt-Satz	42%	42%	45%
Gewinn vor GewSt	100.000	100.000	100.000
GewSt	-16.667	-14.000	-14.000
Gewinn aus Gewerbebetrieb	83.333	86.000	86.000
Tarifliche ESt (vereinfacht)	35.000	42.000	45.000
Steuerermäßigung	-7.500	-13.300	-13.300
Festzusetzende ESt	27.500	28.700	31.700
Solidaritätszuschlag	1.513	1.579	1.744
Gesamtsteuerbelastung	45.679	44.279	47.444

13 Herzig/Lochmann, DB 2007, 1037.
14 Unternehmensteuerreformgesetz 2008, BR-Drs. 384/07.
15 Bergemann/Markl/Althof, DStR 2007, 693f.
16 Angelehnt an Förster, DB 2007, 769.

Die Tabelle belegt, dass die Ermäßigung bei gleichem Steuersatz ab 2008 zu einer höheren Entlastung führt als der bisherige Betriebsausgabenabzug der Gewerbesteuer zusammen mit der Steuerermäßigung. Beim Höchststeuersatz von 45 % wird eine maximale Entlastung von der zu zahlenden Gewerbesteuer bei einem Hebesatz von 380 % erreicht. Unter Berücksichtigung von Solidaritätszuschlag und Kirchensteuer ist die Entlastung sogar noch höher als die tatsächliche Gewerbesteuerschuld.

3. Maßgebender Gewerbesteuer-Messbetrag

6 Maßgebend für die Ermittlung des Anrechnungsbetrags ist der Gewerbesteuer-Messbetrag, der für den Erhebungszeitraum festgesetzt worden ist. Bei einem vom Kalenderjahr abweichenden Wirtschaftsjahr wird der Gewerbeertrag dem Erhebungszeitraum zugerechnet, in dem das Wirtschaftsjahr endet (§ 10 Abs. 2 GewStG).

Erzielt ein Steuerpflichtiger Gewinne aus mehreren Gewerbebetrieben, sind die jeweiligen Gewerbesteuer-Messbeträge für jeden Gewerbebetrieb und für jede Mitunternehmerschaft getrennt zu ermitteln und dann zur Berechnung des Anrechnungsbetrags zusammenzufassen. Bei zusammenveranlagten Ehegatten sind die Anrechnungsbeträge der Ehegatten zusammenzufassen.

Der Gewerbesteuer-Messbetrag, der auf einen Veräußerungs- oder Aufgabegewinn nach § 18 Abs. 3 S. 1 und 2 UmwStG entfällt, wird für den Ermäßigungsbetrag nicht berücksichtigt (§ 18 Abs. 3 S. 3 UmwStG).

Der anteilige Gewerbesteuer-Messbetrag ist nach § 35 Abs. 2 S. 4 EStG als Prozentsatz mit zwei Nachkommastellen gerundet zu ermitteln.

a) Einzelunternehmer

7 Für die pauschalierte Anrechnung der Gewerbesteuer bei einem gewerblichen Einzelunternehmer ist grundsätzlich der nach § 14 GewStG festgesetzte Gewerbesteuer-Messbetrag maßgeblich. Ist der Einzelunternehmer auch an Mitunternehmerschaften beteiligt, sind die anteiligen Gewerbesteuer-Messbeträge der Mitunternehmerschaften bei der Festsetzung seines maßgebenden Gewerbesteuer-Messbetrags einzubeziehen.

b) Mitunternehmerschaften

8 Bei Mitunternehmerschaften ist für die Ermittlung des anteiligen Gewerbesteuer-Messbetrags nach § 35 Abs. 2 S. 2 EStG der Anteil am Gewinn der Mitunternehmerschaft nach dem allgemeinen Gewinnverteilungsschlüssel maßgebend. Der allgemeine Gewinnverteilungsschlüssel bemisst sich grundsätzlich nach dem handelsrechtlichen Gewinnverteilungsschlüssel entsprechend den gesetzlichen Regelungen des HGB oder abweichenden gesellschaftsvertraglichen Vereinbarungen. Die handelsrechtliche Gewinnverteilung gilt jedoch nur insoweit, wie sie auch in steuerrechtlicher Hinsicht anzuerkennen ist. Der Aufteilungsschlüssel wird nach § 35 Abs. 2 S. 2 2. Halbsatz EStG nicht beeinflusst von

■ Ergebnissen aus Ergänzungs- und Sonderbilanzen[17]

■ Sondervergütungen i.S.v. § 15 Abs. 1 S. 1 Nr. 2 EStG sowie

■ Vorabgewinnen (§ 35 Abs. 3 S. 2, 2. Halbsatz EStG).

---

17 BMF-Schreiben II/2007, Rn 17f.

Eine Ausnahme bilden gewinnabhängige Vorabgewinnanteile bzw. gewinnabhängige Sondervergütungen i.S.v. § 15 Abs. 1 S. 1 Nr. 2 EStG; diese erhöhen die Beteiligungsquote. Damit erhalten Mitunternehmer mit hohen (gewinnunabhängigen) Sondervergütungen oder gewerbesteuerpflichtigen Veräußerungsgewinnen nur den ihrer Beteiligungsquote entsprechenden (zu geringen) Anteil am Anrechnungsvolumen, obwohl ihre Einkünfte mit höherer anteiliger Gewerbesteuer belastet sind. Die anderen Mitunternehmer erhalten stattdessen einen zu hohen Anteil am Anrechnungsvolumen. Somit führt die Nichteinbeziehung von Vorabgewinnen und Sondervergütungen zu einer verzerrten Zurechnung des anrechenbaren Gewerbesteuer-Messbetrags. Dieser Effekt zeigt sich noch stärker in den Fällen, in denen Mitunternehmer Verluste im Sonderbetriebsvermögen erzielen.

> **Beispiel: Gewinnunabhängige Vergütung**
>
> A und B sind zu jeweils 50 % an der AB-OHG beteiligt. A ist Geschäftsführer der OHG und erhält hierfür eine jährliche Vergütung in Höhe von € 60.000. Der Gewinn der OHG nach Abzug der Geschäftsführervergütung beträgt € 100.000.

	€	€	€
Gewinn vor Abzug der Geschäftsführervergütung	160.000		
Freibetrag nach § 11 GewStG	-24.500		
Steuerpflichtiger Gewerbeertrag	135.500		
GewSt-Messbetrag (2007)	5.576		
GewSt-Messbetrag (2008 ff.)	4.742		
Gewinnverteilung		A	B
Sondervergütung vorab		60.000	
Verteilung Restgewinn		50.000	50.000
Summe Gewinnanteile		110.000	50.000
Anteil am GewSt-Messbetrag			
2007		2.788	2.788
2008 ff.		2.371	2.371

A wird lediglich ein anteiliger Gewerbesteuer-Messbetrag von 50 % zugerechnet, obwohl sein Gewinnanteil aus der Beteiligung durch die gewinnunabhängige Geschäftsführer-Vergütung bei nahezu 70 % des Gesamtgewinns liegt.

Zur Vermeidung dieser Rechtsfolge könnten die beiden Gesellschafter vereinbaren, dass A anstelle einer fixen Geschäftsführungsvergütung vorab eine gewinnabhängige Sondervergütung erhält und der Restgewinn hälftig aufgeteilt wird.

> **Beispiel: Gewinnunabhängige Vergütung**

	A	B
Gewinnverteilungsschlüssel vorab	37,5%	
Gewinnverteilungsschlüssel Restgewinn	50,0%	50,0%
Gewinnverteilung	€	€
Sondervergütung vorab	60.000	
Verteilung Restgewinn	50.000	50.000
Summe Gewinnanteile	110.000	50.000
Anteil am GewSt-Messbetrag	69,0%	31,0%
2007	3.834	1.742
2008 ff.	3.272	1.470

Die Modifikation in der Geschäftsführervergütungsregelung führt dazu, dass A ein höheres Anrechnungspotenzial für die Gewerbesteuer zugerechnet wird.

c)   Doppel- bzw. mehrstöckige Mitunternehmerschaften

9   Bei mehrstöckigen Personengesellschaften sind gem. § 35 Abs. 3 S. 4 EStG die anteilig auf die Obergesellschaft entfallenden Gewerbesteuer-Messbeträge sämtlicher Untergesellschaften den Gesellschaftern der Obergesellschaft nach Maßgabe des allgemeinen Gewinnverteilungsschlüssels zuzurechnen. Dies gilt nach Rn 25 des BMF-Schreibens II/2007 auch für die Zurechnung eines anteiligen Gewerbesteuer-Messbetrags einer Untergesellschaft an den mittelbar beteiligten Gesellschafter, wenn sich auf Ebene der Obergesellschaft ein negativer Gewerbeertrag und damit ein Gewerbesteuer-Messbetrag von € 0 ergibt.

> **Beispiel:**

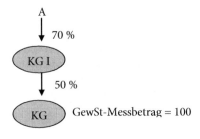

Für die KG II wird ein Gewerbesteuer-Messbetrag i.H.v. € 100 festgestellt. Bei der KG I wird damit für die Ermittlung des Ermäßigungsbetrags gem. Gewinnverteilungsabrede ein von der KG II zuzurechnender anteiliger Gewerbesteuer-Messbetrag i.H.v. € 50 (50% von 100) festgestellt. Erzielt die KG I einen negativen Gewerbeertrag, beträgt der Gewerbesteuer-Messbetrag der KG I € 0. Dieser Gewerbesteuer-Messbetrag ist um den anteiligen Gewerbesteuer-Messbetrag der KG II zu erhöhen und anteilig dem Gesellschafter A zuzurechnen. A kann damit für die Steuerermäßigung einen Gewerbesteuer-Messbetrag i.H.v. € 35 in Ansatz bringen.

Ist die Personengesellschaft an anderen Personengesellschaften beteiligt, gilt für die Feststellung der Gewerbesteuer-Messbeträge Folgendes:

■ Gewerbeerträge, die sich aus der Beteiligung der Mitunternehmerschaft an anderen Mitunternehmerschaften ergeben, gehen wegen der Kürzungsvorschrift des § 9 Nr. 2 GewStG nicht in den Steuermessbetrag des beteiligten Mitunternehmers ein. Aus diesem Grund sind anteilige Gewerbesteuer-Messbeträge, die aus einer Beteiligung an einer anderen Mitunternehmerschaft stammen, in die einheitliche und gesonderte Feststellung zusätzlich einzubeziehen.

■ Verluste aus der Beteiligung an anderen Mitunternehmerschaften kürzen den anzurechnenden Gewerbesteuer-Messbetrag des Mitunternehmers dagegen nicht.

d)   Sonstige Mitunternehmerschaften

Gem. dem BMF-Schreiben II/2007 Rn 27 führt bei einer KGaA nur der auf die persönlich haftenden Gesellschafter entfallende Teil des Gewerbesteuer-Messbetrags zu einer Steuerermäßigung. Für die Aufteilung gelten dieselben Regeln wie bei den übrigen Mitunternehmerschaften. Es ist das Verhältnis des Gewinnanteils des persönlich haftenden Gesellschafters an der Gesellschaft, soweit er nicht auf seine Anteile am Grundkapital (Kommanditaktien) entfällt, zum Gesamtgewinn der KGaA maßgebend.   10

Atypisch stille Gesellschaften, mitunternehmerische Bruchteils-, Erbengemeinschaften oder Unterbeteiligungen sind ebenfalls den Regelungen des § 35 EStG zu unterwerfen, wenngleich sie Besonderheiten hinsichtlich der gewerbesteuerlichen Steuerschuldnerschaft, Gewinnverteilung und Struktur des Betriebsvermögens aufweisen.[18]

e)   Unterjähriger Gesellschafterwechsel bzw. unterjährige Unternehmensübertragung

Bei unterjährigem Gesellschafterwechsel, der die Personengesellschaft in ihrem Fortbestand als Gewerbesteuer-Subjekt selbst nicht berührt, werden bei der Aufteilung der Steuerermäßigung (anteiliger Gewerbesteuer-Messbetrag) zusätzlich zum allgemeinen Gewinnverteilungsschlüssel die Vereinbarungen anlässlich des Ausscheidens (bzw. Eintritts) berücksichtigt. Der Gewerbesteuer-Messbetrag ist im Verhältnis der maßgebenden Gewerbeerträge auf die Zeiträume vor und nach dem Gesellschafterwechsel zeitanteilig zuzuordnen, insoweit zum Zeitpunkt des Gesellschafterwechsels abweichende Gewinnverteilungen vereinbart worden sind. Ohne Bedeutung für den allgemeinen Gewinnverteilungsschlüssel ist der Veräußerungs- oder Aufgabegewinn des ausscheidenden Gesellschafters.   11

---

18 Glanegger, in: Schmidt, § 35 Rn 31.

▶ Beispiel:

An der AB-OHG sind A und B zu je 50 % beteiligt. B veräußert am 1.7. die Hälfte seines Anteils an C

Veräußerungsgewinn B	50.000			
GF-Vergütung	60.000			
Gewinn nach Abzug GF	100.000			
Gewerbeertrag nach § 7 GewStG	210.000			
./. Freibetrag nach § 11 GewStG	-24.500			
steuerpflichtiger Gewerbeertrag	185.500			
GewSt-Messbetrag (nach Staffeltarif)	8.075			

	Gesamt	A	B	C
Gesamtgewinnverteilungsschlüssel 1. Hj.	50,0 %	25,0 %	25,0 %	0,0 %
Gesamtgewinnverteilungsschlüssel 2. Hj.	50,0 %	25,0 %	12,5 %	12,5 %
Gesamtgewinnverteilungsschlüssel Jahr	100,0 %	50,0 %	37,5 %	12,5 %
Veräußerungsgewinn	50.000	0	50.000	0
Sondervergütung (vorab)	60.000	60.000	0	0
Verteilung Restgewinn	100.000	50.000	37.500	12.500
Gewinnanteil aus Beteiligung an OHG	210.000	110.000	87.500	12.500
Feststellung des anteiligen GewSt-Messbetrags	8.075	4.037,50	3.028,13	1.009,38

Wird während des Kalenderjahres ein Einzelunternehmen in eine Personengesellschaft einge-bracht oder scheiden während des Kalenderjahres alle Gesellschafter bis auf einen Gesellschaf-ter aus einer Personengesellschaft aus, ist der für den Erhebungszeitraum ermittelte einheitliche Gewerbesteuer-Messbetrag dem Einzelunternehmer und der Personengesellschaft anteilig zu-zurechnen und getrennt festzusetzen. Die getrennte Festsetzung des anteiligen Gewerbesteuer-Messbetrags ist jeweils für die Anwendung des § 35 EStG maßgeblich. Eine gesonderte Aufteilung des Gewerbesteuer-Messbetrags zwischen dem Einzelunternehmen und der Personengesellschaft ist daher nicht erforderlich.[19]

Für Vorgänge nach dem UmwStG, bei denen zwar die sachliche Gewerbesteuerpflicht fortbesteht, der Schuldner der Gewerbesteuer aber wechselt, werden für jeden Schuldner der Gewerbesteu-er gesonderte Gewerbesteuer-Messbescheide mit den entsprechenden Anteilen des einheitlichen Gewerbesteuer-Messbetrags erlassen. Diese Anteile sind bei der Ermittlung der Steuerermäßi-gung nach § 35 EStG maßgebend.

---

19   BMF-Schreiben II/2007, Rn 29.

f) Organschaften

Bei Organschaften werden die Gewerbeerträge getrennt ermittelt. Für Zwecke der Feststellung des   12
Gewerbesteuer-Messbetrags werden beim Organträger die Organgesellschaften gewerbesteuerlich als Betriebsstätten behandelt. Der Gewerbesteuer-Messbetrag wird nur einem Subjekt – dem
Organträger – zugeordnet und ggf. über eine zwischengeschaltete Personengesellschaft an die
natürlichen Personen weitergereicht. Strittig wird in der Literatur der Fall gesehen, ob ein anteiliger Gewerbesteuer-Messbetrag, der auf die Organgesellschaft infolge ihrer Beteiligung an einer
gewerblich tätigen Personengesellschaft entfällt, weitergegeben werden kann.[20] Die Finanzverwaltung hat zu diesem Fall noch keine Stellung bezogen.

C. Anrechnungsüberhänge

Wie bereits dargestellt, können Anrechnungsüberhänge entstehen, wenn die im Einzelfall anzu-   13
rechnende Gewerbesteuer höher ist als die auf die Einkünfte entfallende anteilige Einkommensteuer. Da die Steuerermäßigung nach § 35 EStG veranlagungszeitraumbezogen vorzunehmen ist,
entfällt ein in einem Veranlagungszeitraum entstehender Anrechnungsüberhang. Insbesondere in
folgenden Fällen kann es zu Anrechnungsüberhängen kommen:

- Sind die Einkünfte aus Gewerbebetrieb eines Steuerpflichtigen im Verhältnis zu den übrigen
  Einkünften gering oder sogar negativ, entfällt auf sie nur ein geringer oder gar kein Anteil an
  der tariflichen Einkommensteuer, obwohl dem Steuerpflichtigen Gewerbesteuer-Messbeträge
  als Basis für die Gewerbesteueranrechnung zuzurechnen sind. Diese kann er jedoch nicht in
  (vollem) Umfang anrechnen.

- Ist das zu versteuernde Einkommen niedrig, z.B. durch Verlustausgleich, -abzug, Sonderausgaben oder außergewöhnliche Belastungen, so dass entweder keine oder nur eine geringe Einkommensteuer zu zahlen ist, können anteilige Gewerbesteuer-Messbeträge nicht (in vollem
  Umfang) angerechnet werden.

- Die für § 35 EStG maßgebliche tarifliche Einkommensteuer wird durch die vorrangigen Steu-
  eranrechnungen der § 34c EStG und § 12 AStG gemindert.

- Werden einem Mitunternehmer aus dem Anteil an einer Mitunternehmerschaft Einkünfte aus
  Gewerbebetrieb infolge von Ergänzungs- und Sonderbilanzergebnissen zugerechnet, weichen
  die Ergebnisse vom allgemeinen Gewinnverteilungsschlüssel ab. Folglich kommt es zu unterschiedlichen Zurechnungen im Rahmen der Gewerbesteuer-Messbeträge und der anteiligen
  gewerblichen Einkünfte.

- Bei der Beteiligung an mehreren Mitunternehmerschaften kann ein Anrechnungsüberhang
  entstehen, wenn insgesamt der Betrag der gewerblichen Einkünfte im Verhältnis zur anrechenbaren Gewerbesteuer zu gering ist. Ist ein Steuerpflichtiger an mehreren Mitunternehmerschaften beteiligt und entfällt auf ihn bei der einen Gesellschaft ein einkommensteuer-
  licher Verlust, während die andere Mitunternehmerschaft in gleicher oder geringerer Höhe
  Gewinne erwirtschaftet, sind die der Einkommensteuer zu unterwerfenden Einkünfte nicht
  vorhanden bzw. sogar negativ. Dennoch kann bei beiden Mitunternehmerschaften Gewerbesteuer entstehen, insbesondere bei der Gewinngesellschaft. Mangels entsprechender gewerblicher Einkünfte läuft die Gewerbesteueranrechnung jedoch ins Leere.

---

20 Bejahend Glanegger, in: Schmidt, § 35 Rn 44 und ablehnend Kollruss, DStR 2007, 378.

■ Infolge der Hinzurechnungsregelung des § 8 GewStG bzw. der Kürzungsvorschrift des § 9 GewStG kann der Gewerbeertrag vom einkommensteuerpflichtigen Gewinn erheblich abweichen.

> **Beispiel:**
>
> Der Mitunternehmer A erzielt negative Einkünfte aus Gewerbebetrieb aus seiner Beteiligung an einer Personengesellschaft. Aufgrund der gewerbesteuerlichen Hinzurechnungen fällt aber auf Ebene der Personengesellschaft Gewerbesteuer an. In dem entsprechenden Veranlagungsjahr hat A keine Einkommensteuer zu entrichten.
>
> Da A keine Einkommensteuer zu entrichten hat, kann er überhaupt keine Ermäßigung der Einkommensteuer in Anspruch nehmen. Selbst wenn er aber positive Einkünfte aus anderen Einkunftsarten erzielt hätte, hätte sich kein anderes Ergebnis ergeben, da aufgrund der gewerblichen Verluste für diese gewerblichen Einkünfte keine (anteilige) Einkommensteuer zu leisten ist.

■ Der gewerbesteuerpflichtige Veräußerungsgewinn gehört zu den gewerblichen Einkünften i.S.v. § 35 EStG. Gleichzeitig erhöht der Veräußerungsgewinn die Gewerbesteuerbelastung der Gesellschaft, deren Anteile veräußert werden. Im Fall der Anteilsveräußerung durch eine Kapitalgesellschaft steht dieser nur der (für sie nicht nutzbare) Anteil am Gewerbesteuer-Messbetrag entsprechend des Gewinnverteilungsschlüssels zu, obwohl auf sie der Veräußerungsgewinn in voller Höhe entfällt.

In den beschriebenen Fällen müssen nicht zwangsläufig Anrechnungsüberhänge entstehen. Diese entstehen nur, wenn die anrechenbare Gewerbesteuer die tarifliche Einkommensteuer der entsprechenden gewerblichen Einkünfte übersteigt. Mit der ab dem Veranlagungszeitraum 2008 geltenden Erhöhung des Anrechnungsfaktors wird die Gefahr von Anrechnungsüberhängen allerdings zunehmen. Eine Übertragung von Anrechnungsüberhängen auf andere Veranlagungszeiträume ist auch nach der neuen Rechtslage nicht gegeben.[21]

D.   Thesaurierungsbegünstigung und Gewerbesteueranrechnung

I.   Die Thesaurierungsbegünstigung

14   Mit dem neu eingefügten § 34a EStG können bei Betrieben bzw. Mitunternehmerschaften ab dem Veranlagungszeitraum 2008 nicht entnommene Gewinne aus Gewerbebetrieb auf Antrag ganz oder teilweise begünstigt mit – progressionsunabhängig – 28,25 % Einkommensteuer zzgl. Solidaritätszuschlag besteuert werden. Bei der späteren Entnahme der begünstigt besteuerten Gewinne findet eine Nachversteuerung mit 25% Einkommensteuer zzgl. Solidaritätszuschlag statt, soweit ein nachversteuerungspflichtiger Betrag (nicht entnommener Gewinn gemindert um Einkommensteuer und Solidaritätszuschlag) zum Schluss des vorangegangenen Veranlagungszeitraums festgestellt wurde (§ 34a Abs. 2, 3 EStG). Die Begünstigung ist bezogen auf den Betrieb (bei Einzelunternehmen) oder den Mitunternehmeranteil (bei Personengesellschaften). Für Personengesellschaften muss das Wahlrecht nicht einheitlich für alle Gesellschafter ausgeübt werden, aller-

---

21 FG München v. 22.11.2005, 12-K-2318/04, EFG 2007, 260; Die Feststellung eines verbleibender rücktrags- bzw. vortragsfähiger Anrechnungsüberhang ist aus verfassungsrechtlichen Gründen nicht geboten.

dings können nur solche Mitunternehmer das Wahlrecht ausüben, die mit mindestens 10% oder € 10.000 am Gewinn der Mitunternehmerschaft beteiligt sind. Ein Verlustausgleich und –abzug ist ausgeschlossen (§ 34a Abs. 8 EStG). Begünstigt sind nur „normal zu besteuernde" laufende Gewinne. Auf nach anderen Regeln tarifbegünstigte Gewinne, wie z.B. Veräußerungsgewinne, ist § 34a EStG nicht anwendbar. Die Thesaurierungsbegünstigung kann nicht für außerbilanzielle Hinzurechnungen, wie z.B. nichtabziehbare Betriebsausgaben, in Anspruch genommen werden.

II.   Auswirkungen der Thesaurierungsbegünstigung auf die Gewerbesteueranrechnung

Explizite Regelungen für das Zusammenwirken von § 35 EStG und § 34a EStG fehlen. Die In-   15
anspruchnahme der Thesaurierungsbegünstigung wirkt sich jedoch auf die Ermittlung des gewerbesteuerlichen Anrechnungsbetrags erheblich aus: Beantragt der Steuerpflichtige nämlich die
Tarifbegünstigung nach § 34a Abs. 1 EStG, erzielt er zwei unterschiedliche Steuertarife –den Son-
dertarif in Höhe von 28,25 % und den Normaltarif entsprechend seines persönlichen Einkommensteuersatzes. Fraglich ist nun, ob für Zwecke der Gewerbesteueranrechnung zwei separate
Ermäßigungshöchstbeträge festzustellen sind. Der Gesetzestext des § 35 EStG lässt dies offen: die
tarifliche Einkommensteuer ist zu ermäßigen, soweit sie anteilig auf die gewerblichen Einkünfte
entfällt.

> Beispiel:
>   Steuerermäßigung bei Inanspruchnahme der Thesaurierungsbegünstigung (Annahme: Hebesatz 400%)

Die Aufteilung der gewerblichen Einkünfte führt zum einen erneut zu einer Verkomplizierung der Anwendung steuerrechtlicher Vorschriften. Zum anderen kann die Vorgehensweise der Aufteilung zum Verlust von Anrechnungspotenzial führen. Demgegenüber können durch die Inanspruchnahme der Tarifbegünstigung Anrechnungsüberhänge durch einen Verlustausgleich oder -abzug vermieden werden, da die tarifbegünstigten Einkünfte für den Verlustausgleich und -abzug nicht berücksichtigt werden. Eine derartige Prüfung ist für jeden Einzelfall separat vorzunehmen.

Fraglich ist darüber hinaus, ob die im Fall der Nachversteuerung zu erhebende Einkommensteuer i.H.v. 25% in den Ermäßigungshöchstbetrag gem. § 35 EStG einzubeziehen ist. Da Entnahmen von der Nachversteuerung betroffen sind, liegen insoweit keine gewerblichen Einkünfte vor, was gegen einen Einbezug sprechen würde. Andererseits erhöht die Nachsteuer die tarifliche Einkommensteuer und damit auch den Ermäßigungshöchstbetrag. Es bleibt abzuwarten, wie sich die Finanzverwaltung zur Vorgehensweise beim Zusammentreffen der Thesaurierungsbegünstigung und der Anrechnung der Gewerbesteuer äußern wird.

E.   Verfahrensrechtliche Folgen

Der Betrag des Gewerbesteuer-Messbetrags und der bei Mitunternehmerschaften i.S.v. § 15 Abs.   16
1 S. 1 Nr. 2 und 3 EStG auf die einzelnen Mitunternehmer entfallende Anteil ist nach § 35 Abs. 3
S. 1 EStG gesondert und einheitlich festzustellen, wobei gem. Rn 31 des BMF-Schreibens II/2007
die gewerblichen Einkünfte i.S.v. § 35 EStG einzubeziehen sind. Gleiches gilt für Verluste gem.

§ 16 EStG, die bei der Ermittlung des Gewerbeertrags nicht zu berücksichtigen sind. Bei Beteiligung von mehreren Personen wird auch insoweit eine gesonderte und einheitliche Feststellung erforderlich.

Für die Ermittlung der Steuerermäßigung gem. § 35 EStG sind die Festsetzung des Gewerbesteuer-Messbetrags und die Feststellung des Prozentsatzes nach § 35 Abs. 3 EStG Grundlagenbescheide. Für die Ermittlung des anteiligen Gewerbesteuer-Messbetrags sind wiederum die Festsetzung des Gewerbesteuer-Messbetrags und die Festsetzung des anteiligen Gewerbesteuer-Messbetrags aus der Beteiligung an einer Mitunternehmerschaft Grundlagenbescheide.

Zuständig für die gesonderte Feststellung des Ermäßigungsbetrages ist das für die gesonderte Feststellung der Einkünfte zuständige Finanzamt (§ 35 Abs. 4 S. 1 EStG).

F.   Verfassungsmäßigkeit

17   Verfassungsmäßige Bedenken bestehen gegen die Regelung des § 35 EStG nicht. Gem. Urteil des Finanzgerichts München vom 22.11.2005 verlässt der Gesetzgeber mit der „geregelten pauschalierten Anrechnung der Gewerbesteuer auf die Einkommensteuer nicht den Bereich realitätsgerechter Typisierung und verhältnismäßiger Belastung".[22] Die fehlende Ermäßigungsmöglichkeit der Einkommensteuer für die Fälle der Anrechnungsüberhänge verstößt nicht gegen den allgemeinen Gleichbehandlungsgrundsatz. Der Grund für die unterschiedliche Behandlung der gewerblichen Einkünfte ist die Doppelbelastung der gewerblichen Erträge durch Einkommensteuer und Gewerbesteuer. Liegt eine Doppelbelastung – aus welchen Gründen auch immer – nicht vor, sei es nach Ansicht des FG München auch sachlich gerechtfertigt, die Steuerermäßigung zu versagen.

---

22   FG München, Urteil v. 22.11.2005, 12-K-2318/04, EFG 2007, 260. Zur Revision beim BFH zugelassen AZ: X-R-32/06.

§ 8 Einfluss der Gewerbesteuer auf die Standort- und Rechtsformwahl

A. Bedeutung des Unternehmensstandorts

I. Standortfaktor Hebesatz

Wie bereits in § 4 dargestellt, wird zwar in einem ersten Schritt ein einheitlicher Steuermessbe- 1
trag ermittelt, die Steuer berechnet sich aber erst in einem zweiten Schritt durch Multiplikation
des Steuermessbetrages mit dem jeweiligen Hebesatz der Gemeinde, in der sich das Unternehmen oder der betreffende Unternehmensteil befindet. Der Hebesatz beeinflusst damit maßgeblich die Höhe der Gewerbesteuer. Durch die – seit dem Erhebungszeitraum 2004 mit Einführung
des Mindesthebesatzes eingeschränkte – Wahlmöglichkeit der Höhe des Hebesatzes durch die
Gemeinden kommt der Standortwahl für die Höhe der Gewerbesteuerbelastung eine besondere
Bedeutung zu.

> **Beispiel:**

> Eine GmbH hat einen Gewerbeertrag von 100. Der Sitz der GmbH soll einmal in München (Hebesatz 490%) und einmal
> in Grünwald (Hebesatz 240%) liegen. Die Gewerbesteuerbelastung stellt sich ab dem Erhebungszeitraum 2008 wie folgt
> dar:

> - München: (100 Gewerbeertrag x 3,5 Steuermesszahl x 490% Hebesatz) 17,15%
> - Grünwald: (100 Gewerbeertrag x 3,5 Steuermesszahl x 240% Hebesatz) 8,40%

Ob und ggf. in welchem Maße sich der Unternehmensstandort auf die Gesamtsteuerbelastung
auswirkt, hängt von der Rechtsform des Unternehmens und der (Mit-)Unternehmer ab.

II. Weitere Standortfaktoren

Nicht zuletzt durch die Ausweitung der gewerbesteuerlichen Hinzurechnungen in § 8 GewStG 2
nimmt ab dem Erhebungszeitraum 2008 die Bedeutung sowohl der örtlichen Rahmenbedingungen als auch der Konzernstruktur für die Gewerbesteuerbelastung weiter zu. Während für
den „klassischen" Kleingewerbetreibenden aufgrund der Freibetragsregelung in § 8 Nr. 1 GewStG
die Hinzurechnungen und Kürzungen für die Standortentscheidung im Regelfall nicht erheblich
sind, ist dieser Aspekt bei größeren Gewerbebetrieben, insbesondere aber in Konzernstrukturen,
bei der Standortwahl künftig mehr als bisher schon zu beachten.

> **Beispiel:**

> Eine GmbH stellt ein Produkt her, das sie selbst auch vertreibt. Produktion und Vertrieb erfolgen durch zwei Tochterge-
> sellschaften, einer Produktions GmbH und einer Vertriebs GmbH. Die für Produktion, Vertrieb und Verwaltung benötigten
> Flächen und Gebäude mietet die GmbH von einem Dritten an. Der jährliche Mietaufwand hierfür beträgt € 2.000.000. Die
> Flächen und Gebäude werden zu 5% durch die GmbH selbst genutzt, zu 70% an die Produktions GmbH (jährlicher Mie-
> taufwand € 1.414.000) und zu 25% an die Vetriebs GmbH (jährlicher Mietaufwand € 404.000) untervermietet.

Gem. § 8 Nr. 1e GewStG gehören drei Viertel der Miet- und Pachtzinsen für die Benutzung der nichtbeweglichen Wirtschaftgüter des Anlagevermögens, die im Eigentum eines anderen stehen, zum Gewerbeertrag, soweit sie in Summe mit den übrigen Hinzurechnungen einen Betrag von € 100.000 übersteigt. Unterstellt, dass keine weiteren Hinzurechnungen nach § 8 Nr. 1 GewStG den Gewerbeertrag der GmbH erhöhen, beeinflusst allein die Hinzurechnung der pauschalierten Finanzierungsanteile in den Mieten auf Ebene der GmbH die Höhe des Gewerbeertrags, wie nachfolgend dargestellt:

	€
Mietaufwand p.a.	2.000.000,00
hiervon 75% pauschalierter Finanzierungsanteil	1.500.000,00
Freibetrag	- 100.000,00
Summe	1.400.000,00
Hinzurechnungsbetrag (25% der Summe)	350.000,00

Zu beachten ist, dass das GewStG keine Ausnahmen für konzerninterne Mietverhältnisse vorsieht. Demgemäß hat die Untervermietung im obigen Beispiel folgende Auswirkungen auf den Gewerbeertrag der Produktions GmbH und der Vertriebs GmbH:

Produktions GmbH:

	€
Mietaufwand p.a.	1.414.000,00
hiervon 75% pauschalierter Finanzierungsanteil	1.060.500,00
abzgl. Freibetrag	- 100.000,00
Summe	960.500,00
Hinzurechnungsbetrag (25% der Summe)	240.125,00

Vertriebs GmbH:

	€
Mietaufwand p.a.	404.000,00
hiervon 75% pauschalierter Finanzierungsanteil	303.000,00
abzgl. Freibetrag	- 100.000,00
Summe	203.000,00
Hinzurechnungsbetrag (25% der Summe)	50.750,00

In dem Beispiel erhöht sich die Gewerbeertrag im Konzern durch die 25%-tige Hinzurechnung der in den Mieten enthaltenen pauschalen Finanzierungsanteile um insgesamt (350.000 + 240.125 + 50.750=) € 640.875. Eine korrespondierende Kürzung auf Ebene der Muttergesellschaft sieht das Gesetz nicht vor. In einer Gemeinde mit einem Hebesatz von 490% kann diese Vermietungsstruktur eine Erhöhung der Gewerbesteuerbelastung um (17.15% x € 640.875) rd. T€ 110 bedeuten. Für Unternehmen, die in großem Umfang Immobilien und andere Anlagen mieten oder pachten, sind neben dem Hebesatz folglich beispielsweise auch der örtliche Mietpreis und die Konzernstruktur für die Gewerbesteuerbelastung zu beachtende Faktoren bei der Standortwahl.

B.   Kapitalgesellschaft versus Personenunternehmen

3   Neben dem Standort beeinflusst die Rechtsform des Unternehmens (und ggf. auch der Unternehmer) Gewerbesteuer- und Gesamtsteuerbelastung. Ursächlich hierfür sind in erster Linie die unterschiedliche Systematik der Ertragsbesteuerung von Personenunternehmen und Kapitalgesellschaften sowie die begrenzte Anrechenbarkeit der Gewerbesteuer auf die Einkommensteuer

von natürlichen Personen, die an einem gewerblichen Unternehmen oder einer Mitunternehmer-schaft beteiligt sind. Bei kleineren Gewerbebetrieben wirkt sich zudem insbesondere in Hochhe-besatzgebieten[1] der Freibetrag für Personenunternehmen aus.[2] Wie sich Standort und Rechtsform des Unternehmens auf Gewerbesteuer- und Gesamtsteuerbelastung auswirken, soll der nachfol-gende Vergleich zwischen Personenunternehmen und Kapitalgesellschaften an verschiedenen Beispielen zeigen.

I. Gewerbesteuerbelastung

Wie bereits dargelegt, unterscheiden sich Kapitalgesellschaften und gewerbliche Personenunter-nehmen bei der Bemessung der Gewerbesteuer dadurch, dass natürliche Personen und Personen-gesellschaften im Erhebungszeitraum einen Freibetrag in Höhe von € 24.500 erhalten, um den der Gewerbeertrag zu kürzen ist. Dieser wirkt sich bei Gewerbebetrieben mit geringem Gewerbeer-trag signifikant auf die Gewerbesteuerbelastung aus.

4

> **Beispiel:**
>
> Ein in gewerbliches Unternehmen mit Sitz in München (Hebesatz 490%) hat einen Gewerbeertrag von € 100.000. Einmal soll es in Rechtsform einer GmbH, einmal in Rechtsform eines Personenunternehmens betrieben werden. Die Gewerbe-steuerbelastung stellt sich ab dem Erhebungszeitraum 2008 wie folgt dar:
>
> **GmbH:**
>
> (€ 100.000 Gewerbeertrag x 3,5% Steuermesszahl x 490% Hebesatz) € 17.150,00
>
> **Personenunternehmen:**
>
> (€ 75.500 um Freibetrag verminderter Gewerbeertrag x 3,5% Steuermesszahl x 490% Hebesatz) € 12.948,25

Bei Gewerbebetrieben mit einem geringen Gewerbeertrag führt der für Personenunternehmen anwendbare Freibetrag nach § 11 Abs. 1 Satz 2 Nr. 1 GewStG zu einer deutlichen Gewerbesteu-erentlastung, wobei die entlastende Wirkung mit dem Hebesatz steigt. Bei einem Gewerbeertrag von € 100.000 wird dieser Vorteil jedoch bei großen Hebesatzunterschieden durch die Standort-wahl überlagert, denn die Belastung der GmbH in Grünwald (Hebesatz 240%) ist deutlich gerin-ger als die des Personenunternehmens in München (Hebesatz 490%). Standortunabhängig entfal-tet der Freibetrag nur bei sehr geringem Gewerbeertrag seine Wirkung.

5

Die Wirkung des Freibetrags für die Gewerbesteuerentlastung bleibt – absolut gesehen – unab-hängig von der Höhe des Gewerbeertrags konstant.

> **Beispiel:**
>
> Der Gewerbeertrag der Kapitalgesellschaft bzw. der Personengesellschaft beträgt € 1.000.000.
>
> **GmbH:**
>
> (€ 1.000.000 Gewerbeertrag x 3,5% Steuermesszahl x 490% Hebesatz) € 171.500,00
>
> **Personenunternehmen:**
>
> (€ 975.500 um Freibetrag verminderter Gewerbeertrag x 3,5% Steuermesszahl x 490% Hebesatz) € 167.298,25

Wie das Beispiel zeigt, nimmt die wirtschaftliche Bedeutung der Entlastungswirkung des Freibe-trags für die Gewerbesteuer als Kostenfaktor mit steigendem Gewerbeertrag ab. Dieser Effekt tritt unabhängig vom Hebesatz der Sitzgemeinde des Unternehmens ein.

---

1 Gemeinden mit einem Hebesatz von mehr als 380%.
2 § 11 Abs. 1 Satz 2 Nr. 1 GewStG.

II. Gesamtsteuerbelastung

6 Erhebliche rechtsformabhängige Unterschiede ergeben sich bei den Auswirkungen der Gewerbesteuerbelastung auf die Gesamtsteuerbelastung. Ursächlich hierfür sind neben der Gewerbesteueranrechnung im Rahmen der Einkommensteuerveranlagung von Personenunternehmern Faktoren außerhalb des Gewerbesteuerrechts, wie beispielsweise die nach dem 31.12.2008 geplante Einführung einer Abgeltungsteuer auf Einkünfte aus Kapitalvermögen. Über die unterschiedliche Ertragsteuersystematik bei der Besteuerung von Personenunternehmen einerseits und Kapitalgesellschaften andererseits wirkt sich zudem die im Zuge der Unternehmensteuerreform 2008 eingeführte Nichtabzugsfähigkeit der GewSt als Betriebsausgabe mittelbar auf die Gesamtsteuerbelastung aus. Deshalb sind Standort- und Rechtsformwahl nicht nur im Lichte der Gewerbesteuerbelastung, sondern auch im Hinblick auf die Gesamtsteuerbelastung zu betrachten.

1. Nichtabzugsfähigkeit der Gewerbesteuer als Betriebsausgabe

7 Die ab dem Veranlagungszeitraum 2008 geltende Nichtabzugsfähigkeit der GewSt als Betriebsausgabeentfaltet rechtsformabhängig unterschiedliche Auswirkungen auf die Gesamtsteuerbelastung, da die Besteuerung von Kapitalgesellschaften und Personenunternehmen auf Unternehmensebene mit Inkrafttreten der Unternehmensteuerreform 2008 noch stärker als bisher voneinander abweicht. Auf Unternehmerebene setzt sich diese Abweichung in vielen Fällen durch die Einführung der Abgeltungsteuer ab dem Veranlagungszeitraum 2009 fort.

Während die nicht als Betriebsausgabe abzugsfähige Gewerbesteuer bei einer Kapitalgesellschaft ab dem Veranlagungszeitraum 2008 auf Unternehmensebene mit dem Körperschaftsteuersatz von 15% zzgl. SolZ, also mit insgesamt 15,825% belastet wird, unterliegt diese beim Personenunternehmer dessen persönlichen Einkommensteuersatz zzgl. SolZ. Dies kann unter Berücksichtigung der Reichensteuer zu einer gegenüber der Rechtslage 2007 zusätzlichen Einkommensteuerbelastung von annähernd bis zu 47,475% der Gewerbesteuer führen.[3] Selbst bei der nur theoretisch denkbaren vollständigen Inanspruchnahme der Thesaurierungsbegünstigung wird die Gewerbesteuer beim Personenunternehmer mit 29,80375% mit Einkommensteuer zzgl. SolZ belastet, mithin deutlich höher als bei der Kapitalgesellschaft.

2. Gewerbesteueranrechnung nach § 35 EStG

8 Teilweise kompensiert wird die steuerliche Mehrbelastung der Personenunternehmen auf Unternehmensebene durch die pauschalierte Anrechnung der Gewerbesteuer auf die Einkommensteuer des Personenunternehmers. Eine (ggf. anteilige) Anrechnung der von einer Kapitalgesellschaft gezahlten GewSt auf die Einkommensteuer des Anteilseigners ist nicht vorgesehen. Die pauschalierte Anrechnungsmöglichkeit der Gewerbesteuer auf die Einkommensteuer des Personenunternehmers führt bei unterstellt vorhandenem Anrechnungspotenzial in Gemeinden, deren Hebesatz nicht mehr als 380% beträgt, zu einer vollständigen Neutralisierung der Gewerbesteuerbelastung. Für diese Unternehmer hat die Gewerbesteuerbelastung nur unter Liquiditätsgesichtspunkten Bedeutung.

---

3 Die Reichensteuer gilt ab dem VZ 2008 auch für gewerbliche Einkünfte.

Entscheidend für die Frage, ob dieser Aspekt bei der Rechtsformwahl zu berücksichtigen ist, ist die persönliche Steuersituation des Personenunternehmers. In der Höhe, in der eine Anrechnung aufgrund fehlenden Anrechnungspotentials bei der Einkommensteuer des Personenunternehmers ausscheidet, wirkt die Gewerbesteuerbelastung definitiv. Für Gesellschafter von Kapitalgesellschaften ist die Gewerbesteuerbelastung auf Gesellschaftsebene mangels Anrechnungsmöglichkeit auf Gesellschafterebene stets definitiv. Spielt der Vorteil der Gewerbesteueranrechnung bei der Rechtsformentscheidung eine Rolle, sollte immer auch die gegenwärtige und perspektivische persönliche Steuersituation des Unternehmers beachtet werden.

3. Auswirkungen der Rechtsform auf die Gesamtsteuerbelastung

Nachfolgend werden anhand von typisierten Beispielen die Auswirkungen der Gewerbesteuer auf die Gesamtsteuerbelastung von Personenunternehmen einerseits und Kapitalgesellschaften andererseits dargestellt. Aufgezeigt wird zunächst der Einfluss von Standort und Rechtsform auf ein Unternehmen mit geringem Gewerbeertrag, im Anschluss daran auf ein Unternehmen mit höherem Gewerbeertrag. Bei Personenunternehmern wir das Vorhandensein von ausreichend Anrechnungspotenzial bei der persönlichen Einkommensteuer unterstellt. 9

8

> Beispiel (geringer Gewerbeertrag, hoher Hebesatz):[4]

	Personengesellschaft		Kapitalgesellschaft	
	2009	2009	2009	2009
	VA	VT	PV	BV
Ebene Gesellschaft				
Gewinn vor Steuern	100.000	100.000	100.000	100.000
GewSt	-12.948	-12.948	-17.150	-17.150
Gewinn nach GewSt	87.052	87.052	82.850	82.850
KSt			-15.000	-15.000
SolZ			-825	-825
Gewinn nach Steuern			67.025	67.025
Ebene Gesellschafter				
Gewinn Gesellschaft	87.052	87.052	67.025	67.025
ESt	-34.071	-28.250	-16.756	-8.997
GewSt-Anrechnung	10.042	10.042	0	0
SolZ	-1.322	-1.001	-922	-495
Gewinn nach Steuern	61.701	67.842	49.347	57.533
Gesamtsteuerbelastung	38.299	32.158	50.653	42.467

---

4   Die Einkommensteuer wurde für den Fall der Vollausschüttung in 2009 auf Basis des gültigen Einkommensteuertarifs nach § 32a EStG unter Berücksichtigung des Sonderausgaben-Pauschbetrages nach § 10c Abs. 1 EStG (€ 36) sowie für den Fall der Vollthesaurierung mit dem Steuersatz von 28,25% ermittelt. Die Gewerbesteueranrechnung ermittelt sich durch Multiplikation des jeweiligen Steuermessbetrages mit dem Anrechnungsfaktor von 3,8. Im Kapitalgesellschaftsfall wird zwischen im PV und in einem BV gehaltenen Anteilen unterschieden. Für Beteiligungen im BV wurde die Einkommensteuer unter Berücksichtigung des Teileinkünfteverfahrens auf Basis des gültigen Einkommensteuertarifs nach § 32a EStG unter Berücksichtigung des Sonderausgaben-Pauschbetrages nach § 10c Abs. 1 EStG (€ 36) sowie des Werbungskosten-Pauschbetrages und des Sparer-Freibetrages für Kapitaleinkünfte (insgesamt € 801) ermittelt. Für Beteiligungen im PV wurde in 2009 hingegen die dann geltende Abgeltungsteuer von 25% angesetzt.

Hier zeigt sich, dass bei geringem Gewerbeertrag die Personengesellschaft in der vorliegenden Fallkonstellation Vorteile gegenüber der Kapitalgesellschaft sowohl im Hinblick auf die Höhe der Gewerbesteuer als auch auf die Gesamtsteuerbelastung bietet:

■ Die geringere Gewerbesteuerbelastung des Personenunternehmens im Vergleich zur Kapitalgesellschaft ist auf die Wirkung des Freibetrages gem. § 11 Abs. 1 Satz 2 Nr.1 GewStG zurückzuführen.

■ Die geringere Gesamtsteuerbelastung des Personenunternehmers ist neben der geringeren Gewerbesteuerlast hauptsächlich durch die Gewerbesteueranrechnung auf Gesellschafterebene bedingt. Fehlt das Anrechnungspotenzial, verkehrt sich der Vorteil ins Gegenteil, da der Anrechnungsbetrag (anteilig) entfällt und sich zudem Bemessungsgrundlage für den SolZ erhöht.

■ Wie die Variante Vollthesaurierung zeigt, führt der ermäßigte Einkommensteuersatz auf thesaurierte Gewinne zunächst zu einer weiteren Reduzierung der Gesamtsteuerbelastung des Personenunternehmers. Dies ist aber nur ein Vorteil auf Zeit, da die thesaurierten Gewinne bei Ausschüttung erneut der Besteuerung unterliegen, die - Zinseffekte außer Acht gelassen – im Ergebnis eine höhere Besteuerung als die sofortige Vollausschüttung zur Folge hat.

■ Der Nachteil der Kapitalgesellschaft in Bezug auf die Gesamtsteuerbelastung reduziert sich, wenn die Anteile in einem Betriebsvermögen gehalten werden. Ursache hierfür ist das auf Ebene des Gesellschafters anzuwendende Teileinkünfteverfahren, welches bei geringem zu versteuernden Einkommen nach dem progressiven Steuertarif zu einer geringeren Einkommensteuerlast führt, als die definitive Besteuerung mit der Abgeltungsteuer bei Dividenden aus im Privatvermögen gehaltenen Anteilen.

> Beispiel (geringer Gewerbeertrag, niedriger Hebesatz):

	Personengesellschaft		Kapitalgesellschaft	
	2009	2009	2009	2009
	VA	VT	PV	BV
Ebene Gesellschaft				
Gewinn vor Steuern	100.000	100.000	100.000	100.000
GewSt	-6.342	-6.342	-8.400	-8.400
Gewinn nach GewSt	93.658	93.658	91.600	91.600
KSt			-15.000	-15.000
SolZ			-825	-825
Gewinn nach Steuern			75.775	75.775
Ebene Gesellschafter				
Gewinn Gesellschaft	93.658	93.658	75.775	75.775
ESt	-34.071	-28.250	-18.944	-10.958
GewSt-Anrechnung	6.342	6.342	0	0
SolZ	-1.525	-1.205	-1.042	-603
Gewinn nach Steuern	64.404	70.545	55.789	64.214
Gesamtsteuerbelastung	35.596	29.455	44.211	35.786

Befindet sich der Sitz des Unternehmens in Gemeinden mit niedrigem Hebesatz, gelten die Ausführungen zu Unternehmen mit Sitz in Hochhebesatzgebieten im Wesentlichen entsprechend. Für die Standort- und Rechtsformwahl lassen sich im Vergleich zur Situation in Sitzgemeinden mit hohem Hebesatz zwei Effekte feststellen:

- Der geringere Hebesatz führt nicht nur rechtsformunabhängig zu einer Reduzierung von Gewerbsteuer- und Gesamtsteuerbelastung, sondern auch die Unterschiede zwischen den Rechtsformern verringern sich.

- Im Vollausschüttungsfall unterscheidet sich die Gesamtsteuerbelastung bei Personenunternehmen und Kapitalgesellschaften, deren Anteile in einem Betriebsvermögen gehalten werden, kaum, d.h. der durch den Freibetrag bei Personenunternehmen bedingten geringeren Gewerbesteuerbelastung des Personenunternehmens steht im Kapitalgesellschaftsfall eine durch die Anwendung des Teileinkünfteverfahrens bei niedrigen Einkünften bedingte geringere Ertragsteuerbelastung im Übrigen gegenüber.

> Beispiel (hoher Gewerbeertrag, hoher Hebesatz):

	Personengesellschaft		Kapitalgesellschaft	
	2009	2009	2009	2009
	VA	VT	PV	BV
Ebene Gesellschaft				
Gewinn vor Steuern	1.000.000	1.000.000	1.000.000	1.000.000
GewSt	-167.298	-167.298	-171.500	-171.500
Gewinn nach GewSt	832.702	832.702	828.500	828.500
KSt			-150.000	-150.000
SolZ			-8.250	-8.250
Gewinn nach Steuern			670.250	670.250
Ebene Gesellschafter				
Gewinn Gesellschaft	832.702	832.702	670.250	670.250
ESt	-434.570	-282.500	-167.563	-165.177
GewSt-Anrechnung	129.742	129.742	0	0
SolZ	-16.766	-8.402	-9.216	-9.085
Gewinn nach Steuern	511.108	671.542	493.472	495.988
Gesamtsteuerbelastung	488.892	328.458	506.528	504.012

Im Vergleich zu Unternehmen mit geringem Gewerbeertrag zeigt das Beispiel für Unternehmen mit einem hohen Gewerbeertrag folgendes:

- Im Verhältnis zu Unternehmen mit geringem Gewerbeertrag unterscheidet sich die Gewerbesteuerbelastung zwischen Personenunternehmen und Kapitalgesellschaften nicht mehr signifikant. Ursächlich hierfür ist die im Verhältnis zum Gewerbeertrag abnehmende Entlastungswirkung des Freibetrags gem. § 11 Abs. 1 Satz 2 Nr. 1 GewStG.

- Die für Kapitalgesellschaften und deren Gesellschafter geringeren Steuersätze bei Körperschaft- und Einkommensteuer können den Vorteil der Gewerbesteueranrechnung auf Ebene des Personenunternehmers in Hochhebesatzgebieten nicht kompensieren. Allerdings nimmt der Vorteil des Personenunternehmers gegenüber der Kapitalgesellschaft bei der Gesamtsteuerbelastung mit steigendem Gewerbeertrag ab. Zudem gilt hinsichtlich der Gewerbesteueranrechnung das zu Beispiel 6 Gesagte.

- Für die Gesamtsteuerbelastung verliert die Frage, ob Kapitalgesellschaftsanteile im Privatvermögen oder in einem Betriebsvermögen gehalten werden, mit steigendem Gewerbeertrag an Bedeutung. Grund hierfür ist der Verlust des Vorteils des progressiven Einkommensteuertarifs bei niedrigem zu versteuernden Einkommen im Rahmen des Teileinkünfteverfahrens.

> Beispiel (hoher Gewerbeertrag, niedriger Hebesatz):

	Personengesellschaft		Kapitalgesellschaft	
	2009	2009	2009	2009
	VA	VT	PV	BV
Ebene Gesellschaft				
Gewinn vor Steuern	1.000.000	1.000.000	1.000.000	1.000.000
GewSt	-81.942	-81.942	-84.000	-84.000
Gewinn nach GewSt	918.058	918.058	916.000	916.000
KSt			-150.000	-150.000
SolZ			-8.250	-8.250
Gewinn nach Steuern			757.750	757.750
Ebene Gesellschafter				
Gewinn Gesellschaft	918.058	918.058	757.750	757.750
ESt	-434.570	-282.500	-189.438	-188.802
GewSt-Anrechnung	81.942	81.942	0	0
SolZ	-19.395	-11.031	-10.419	-10.384
Gewinn nach Steuern	546.036	706.469	557.893	558.564
Gesamtsteuerbelastung	453.964	293.531	442.107	441.436

Vergleicht man dieses Beispiel mit den vorhergehenden Beispielen, fällt für Unternehmen mit höherem Gewerbeertrag in Niedrighebesatzgemeinden Folgendes auf:

■ Die Gewerbesteuerbelastung des Personenunternehmens einerseits und der Kapitalgesellschaft andererseits unterscheidet sich – wie auch in Hochhebesatzgebieten – bei Unternehmen mit höherem Gewerbeertrag nicht mehr signifikant. Folglich nimmt die Bedeutung des Hebesatzes für die Rechtsformentscheidung mit steigendem Gewerbeertrag ab.

■ Ähnlich wie bei Unternehmen mit geringem Gewerbeertrag führt auch bei hohem Gewerbeertrag der niedrigere Gewerbesteuerhebesatz bei beiden Rechtsformen im Vergleich zu Unternehmen mit Sitz in Hochhebesatzgebieten zu einer geringeren Gewerbesteuer und durch den Einfluss der Nichtabzugsfähigkeit der Gewerbesteuer als Betriebsausgabe auf die Einkommen- bzw. Körperschaftsteuer auch zu einer geringeren Gesamtsteuerbelastung. Für die Standortwahl bleibt der Hebesatz daher unabhängig von der Rechtsform des Unternehmens ein bestimmender Faktor.

■ Durch die in Niedrighebesatzgebieten deutlich geringere Gewerbesteuerbelastung wirkt sich bei hohen Einkommen der Entlastungseffekt der Abgeltungsteuer stärker aus, weshalb die Gesamtsteuerlast im Vergleich zu Personenunternehmen – anders als in Hochhebesatzgebieten – mit steigendem Gewerbeertrag stärker abnimmt. Bei Unternehmen mit hohem Gewerbeertrag mit Sitz in Niedrighebesatzgebieten ist die Gesamtsteuerbelastung für Kapitalgesellschaften gegenüber Personenunternehmen selbst bei voller Gewerbesteueranrechung geringer.

■ Bei Kapitalgesellschaften mit hohem Gewerbeertrag spielt es im Hinblick auf die Gesamtsteuerbelastung aus den genannten Gründen keine wesentliche Rolle, ob die Anteile im Privatvermögen oder in einem Betriebsvermögen gehalten werden.

Die vorstehenden Beispiele gehen allesamt davon aus, dass der Gewerbeertrag dem Gewinn aus Gewerbebetrieb des Unternehmens entspricht. Dies war bereits in der Vergangenheit aufgrund der gewerbesteuerlichen Hinzurechnungstatbestände häufig nicht der Fall. Mit Inkrafttreten der Unternehmensteuerreform 2008 wird der Gewerbeertrag durch die erhebliche Erweiterung der Hinzurechnungstatbestände noch weitaus öfter vom Gewinn aus Gewerbebetrieb bzw. dem zu versteuernden Einkommen des Unternehmens abweichen. Dadurch kann sich eine im Verhältnis zur Ertragsteuerlast erheblich höhere Gewerbesteuerbelastung auf Unternehmensebene ergeben. Dies hat auf die Standort- und Rechtsformwahl in zweierlei Hinsicht Auswirkungen: Für die Gewerbesteuerbelastung gewinnt der Hebesatz stark an Bedeutung, bei der Rechtsformwahl rückt der Aspekt der Neutralisierung der Gewerbesteuer durch die Gewerbesteueranrechnung bei Personenunternehmern weiter in den Vordergrund. Dies soll anhand der nachfolgenden Beispiele verdeutlicht werden, wobei wiederum zunächst der Einfluss von Standort und Rechtsform auf ein Unternehmen mit geringem Gewerbeertrag, im Anschluss daran auf ein Unternehmen mit höherem Gewerbeertrag dargestellt wird.

> **Beispiel (geringer Gewerbeertrag, hoher Hebesatz):**
> Das Unternehmen hat einen jährlichen Mietaufwand für Immobilien des Anlagevermögens in Höhe von € 1.000.000.

Mietaufwand p.a.	1.000.000,00
hiervon 75% pauschalierter Finanzierungsanteil	750.000,00
abzgl. Freibetrag	- 100.000,00
Summe	650.000,00
Hinzurechnungsbetrag (25% der Summe)	162.500,00

	Personengesellschaft		Kapitalgesellschaft	
	2009	2009	2009	2009
	VA	VT	PV	BV
Ebene Gesellschaft				
Gewinn vor Steuern	100.000	100.000	100.000	100.000
Hinzurechnungen	162.500	162.500	162.500	162.500
BMG GewSt	262.500	262.500	262.500	262.500
GewSt	-40.817	-40.817	-45.019	-45.019
Gewinn nach GewSt	59.183	59.183	54.981	54.981
KSt			-15.000	-15.000
SolZ			-825	-825
Gewinn nach Steuern			39.156	39.156
Ebene Gesellschafter				
Gewinn Gesellschaft	59.183	59.183	39.156	39.156
ESt	-34.071	-28.250	-9.789	-3.591
GewSt-Anrechnung	31.654	28.250	0	0
SolZ	-133	0	-538	-198
Gewinn nach Steuern	56.633	59.183	28.829	35.368
Gesamtsteuerbelastung	43.367	40.817	71.171	64.632

Vergleicht man vorstehendes Beispiel mit dem Fall, in dem der Gewerbeertrag dem Gewinn aus Gewerbebetrieb entspricht, werden die Auswirkungen eines im Vergleich zum Gewinn aus Gewerbebetrieb höheren Gewerbeertrags deutlich:

- Die Gewerbesteuerbelastung steigt rechtsformunabhängig signifikant an, denn die 25%-tige Hinzurechnung der pauschalierten Finanzierungsanteile in den Mieten erhöht den Gewerbeertrag des Personenunternehmens und der Kapitalgesellschaft gleichermaßen.

- Der Freibetrag gem. § 11 Abs. 1 Satz 2 Nr. 1 GewStG bleibt in seiner absoluten Wirkung weiter konstant, nimmt aber in seiner wirtschaftlichen Bedeutung als Kostenfaktor aufgrund des erhöhten Gewerbeertrags ab, da die relative Wirkung des Freibetrags ausschließlich von der Höhe des Gewerbeertrags abhängt.

- Die Gesamtsteuerbelastung des Personenunternehmens steigt – verglichen mit einem Unternehmen mit gleich hohem Gewinn aus Gewerbebetrieb ohne einen im Verhältnis hierzu erhöhten Gewerbeertrag – in Hochhebesatzgebieten an. Ursächlich hierfür ist die Begrenzung der Gewerbesteueranrechnung, die dazu führt, dass bei Personenunternehmen mit Sitz in Gemeinden mit einem Hebesatz von über 380% eine vollständige Neutralisierung der Gewerbesteuer nicht möglich ist. Auch relativiert sich vorliegend der Vorteil der Vollthesaurierungsvariante gegenüber der Vollausschüttungsvariante, da aufgrund des ermäßigten Einkommensteuersatzes bei Thesaurierung nicht genügend Anrechnungspotenzial zu Verfügung steht und die Ermäßigung maximal in Höhe der zu entrichtenden Einkommensteuer gewährt wird.

- Erheblich stärker wirkt sich der erhöhte Gewerbeertrag auf die Gesamtsteuerbelastung bei Kapitalgesellschaften aus: Im Beispielsfall beträgt die Gewerbesteuer ca. das Dreifache der Körperschaftsteuer. Aufgrund des Fehlens einer der Gewerbesteueranrechnung vergleichbaren Kompensationsmöglichkeit trifft den Gesellschafter einer Kapitalgesellschaft die Gewerbesteuerlast definitiv, was sich in der erheblich höheren Gesamtsteuerbelastung zeigt.

> Beispiel (geringer Gewerbeertrag, niedriger Hebesatz):

	Personengesellschaft		Kapitalgesellschaft	
	2009	2009	2009	2009
	VA	VT	PV	BV
Ebene Gesellschaft				
Gewinn vor Steuern	100.000	100.000	100.000	100.000
Hinzurechnungen	162.500	162.500	162.500	162.500
BMG GewSt	262.500	262.500	262.500	262.500
GewSt	-19.992	-19.992	-22.050	-22.050
Gewinn nach GewSt	80.008	80.008	77.950	77.950
KSt			-15.000	-15.000
SolZ			-825	-825
Gewinn nach Steuern			62.125	62.125
Ebene Gesellschafter				
Gewinn Gesellschaft	80.008	80.008	62.125	62.125
ESt	-34.071	-28.250	-15.531	-7.954
GewSt-Anrechnung	19.992	19.992	0	0
SolZ	-774	-454	-854	-437
Gewinn nach Steuern	65.155	71.296	45.740	53.734
Gesamtsteuerbelastung	34.845	28.704	54.260	46.266

Es lassen sich folgende Schlüsse ziehen:

- Für die Gewerbesteuerbelastung, den Freibetrag gem. § 11 Abs. 1 Nr. 2 GewStG und die Gesamtsteuerbelastung bei Kapitalgesellschaften gelten die Ausführungen zu Unternehmen mit geringem Gewinn aus Gewerbebetrieb, aber im Vergleich hierzu erhöhten Gewerbeertrag in Hochhebesatzgebieten grundsätzlich entsprechend, wobei sich die Effekte aufgrund der insgesamt geringeren Gewerbesteuerbelastung nicht so stark auswirken.

- Bei Personenunternehmen nimmt die Gesamtsteuerbelastung gegenüber dem vorhergehenden Beispiel deutlich ab. Der Grund hierfür liegt in der vollständigen Neutralisierung der Gewerbesteuer durch die Gewerbesteueranrechnung und der damit einhergehenden Reduzierung der Bemessungsgrundlage für den SolZ.

III. Parameter für die Standort- und Rechtsformwahl

Fasst man die Schlussfolgerungen aus den vorstehenden Beispielen zusammen, ergeben sich für die Standort- und Rechtsformwahl ab dem Erhebungszeitraum 2008 folgende Parameter:

Parameter	Personenunternehmen	Kapitalgesellschaft	Einflussfaktoren
Hebesatz	Höherer Hebesatz führt zu höherer Gewerbesteuerbelastung auf Unternehmensebene. Vollständige Neutralisierung der Gewerbesteuerbelastung bei vorhandenem Anrechnungspotential bei der Einkommensteuer des Unternehmers, wenn Hebesatz 380% nicht übersteigt. Bedeutung nur im Hinblick auf die Gewerbesteuerbelastung (Stichwort: Liquidität) und in Hochhebesatzgebieten (Hebesatz > 380%) sowie bei fehlendem Anrechungspotential auf Unternehmerebene auch für die Gesamtsteuerbelastung.	Höherer Hebesatz führt zu höherer Gewerbesteuerbelastung auf Unternehmensebene. Höhere Gewerbesteuerbelastung auf Unternehmensebene führt zu höherer Gesamtsteuerbelastung auf Unternehmerebene. Bedeutung sowohl für Gewerbesteuerbelastung als auch für Gesamtsteuerbelastung und somit stets entscheidender Standortfaktor.	Standort
Gewerbeertrag	Höherer Gewerbeertrag führt zu höherer Gewerbesteuerbelastung auf Unternehmensebene. Vollständige Neutralisierung der Gewerbesteuerbelastung bei vorhandenem Anrechnungspotential bei der Einkommensteuer des Unternehmers, wenn Hebesatz 380% nicht übersteigt. Bedeutung nur im Hinblick auf die Gewerbesteuerbelastung (Stichwort: Liquidität) und in Hochhebesatzgebieten (Hebesatz > 380%) sowie bei fehlendem Anrechnungspotential auf Unternehmerebene auch für die Gesamtsteuerbelastung.	Höherer Gewerbeertrag führt zu höherer Gewerbesteuerbelastung auf Unternehmensebene. Höhere Gewerbesteuerbelastung auf Unternehmensebene führt zu höherer Gesamtsteuerbelastung auf Unternehmerebene. Bedeutung sowohl für Gewerbesteuerbelastung als auch für Gesamtsteuerbelastung; für die Rechtsformentscheidung sind sowohl Höhe des Gewerbeertrags als auch dessen Verhältnis zum Gewinn aus Gewerbebetrieb des Unternehmens.	Gewinn aus Gewerbebetrieb bzw. zu versteuerndes Einkommen des Unternehmens Finanzierung des Unternehmens Betrieblich veranlasste Renten und dauernde Lasten Anmietung von Anlagevermögen Lizenznahmen Beteiligungen im In- und Ausland

Parameter	Personenunternehmen	Kapitalgesellschaft	Einflussfaktoren
Gewinn aus Gewerbebetrieb bzw. zu versteuerndes Einkommen des Unternehmens	Das zu versteuernde Einkommen des Unternehmens wird künftig aufgrund der Nichtabzugsfähigkeit der Gewerbesteuer als Betriebsausgabe maßgeblich durch die Gewerbesteuerbelastung beeinflusst. Dies wirkt sich durch die unterschiedliche Systematik der Ertragsbesteuerung von Personenunternehmen und Kapitalgesellschaften mittelbar auf die Gesamtsteuerbelastung aus. Maßgeblich für die Rechtsformentscheidung ist das Verhältnis zwischen Gewerbeertrag und zu versteuerndem Einkommen des Unternehmens.		Art des Unternehmens (z.B. produktions- oder Dienstleistungsunternehmen) Phase im Unternehmenszyklus (Investitionsphase …)
Zu versteuerndes Einkommen des Unternehmers	*Keine Auswirkungen auf Unternehmensebene.* Auf Unternehmerebene kann sich das zu versteuernde Einkommen auf das Anrechnungspotential für die Gewerbesteueranrechnung auswirken.	*Keine Auswirkungen auf Unternehmensebene.* Auf Unternehmerebene kann sich das zu versteuernde Einkommen dahingehend auswirken, ob für im Privatvermögen gehaltene Kapitalgesellschaftsbeteiligungen zur Veranlagung optiert werden kann (vorteilhaft bei geringem Gewerbeertrag).	Persönliche Steuersituation des Unternehmers jenseits des Unternehmens
Anteile im Betriebs- oder im Privatvermögen			Beteiligungshöhe (Schachtelprivileg)

Stichwortverzeichnis

Printed and bound by PG in the USA

USA2018PGIL